未牧

普明禪師頌
未牧第一
猙獰頭角恣咆
哮奔走溪山路
轉遙。一片黑雲
橫谷口誰知步
步犯佳苗。

初調

普明禪師頌
初調第二
我有芒繩驀鼻
穿。一迴奔競痛
加鞭從來劣性
難調制猶得山
童盡力牽。

受制

普明禪師頌
受制第三
漸調漸伏息奔
馳渡水穿雲步
步隨手把芒繩
無少緩牧童終
日自忘疲。

迴首

普明禪師頌
迴首第四
日久功深始轉
頭顛狂心力漸
調柔山童未肯
全相許猶把芒
繩且繫留。

馴伏

普明禪師頌·
馴伏第五
綠楊陰下古溪
邊放去收來得
自然日暮碧雲
芳草地牧童歸
去不須牽。

無礙

普明禪師頌
無礙第六
露地安眠意自
如不勞鞭策永
無拘山童穩坐
青松下一曲昇
平樂有餘。

任運

普明禪師頌
任運第七
柳岸春波夕照
中淡烟芳草綠
茸茸飢飡渴飲
隨時過石上山
童睡正濃。

相忘

普明禪師頌
相忘第八
白牛常在白雲
中人自無心牛
亦同月透白雲
雲影白白雲明
月任西東。

獨照

普明禪師頌
獨照第九
牛兒無處牧童
閒一片孤雲碧
嶂間拍手高歌
明月下歸來猶
有一重關。

雙泯

普明禪師頌
雙泯第十
人牛不見杳無
蹤明月光含萬
象空若問其中
端的意野花芳
草自叢叢。

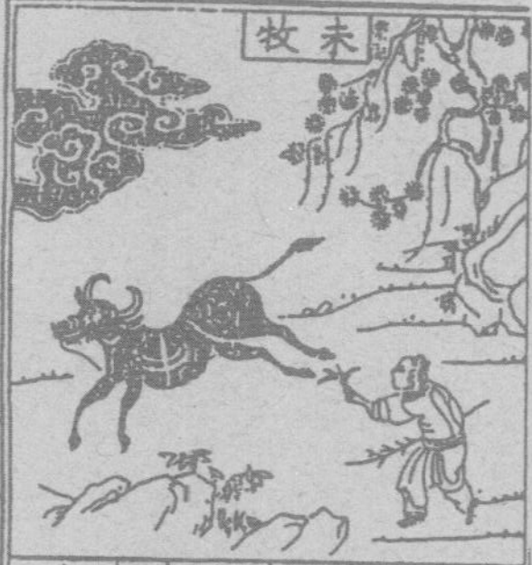

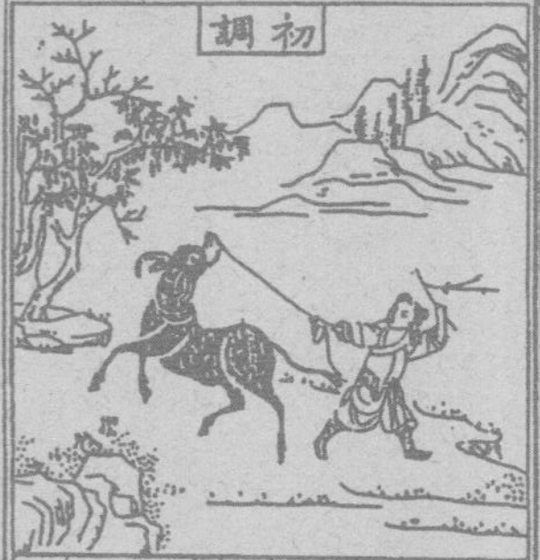

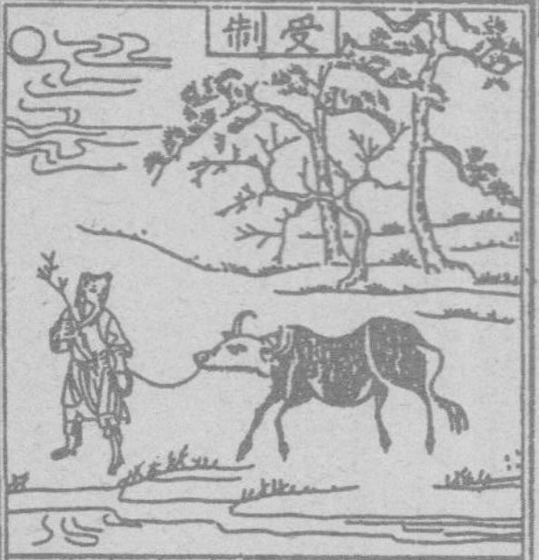

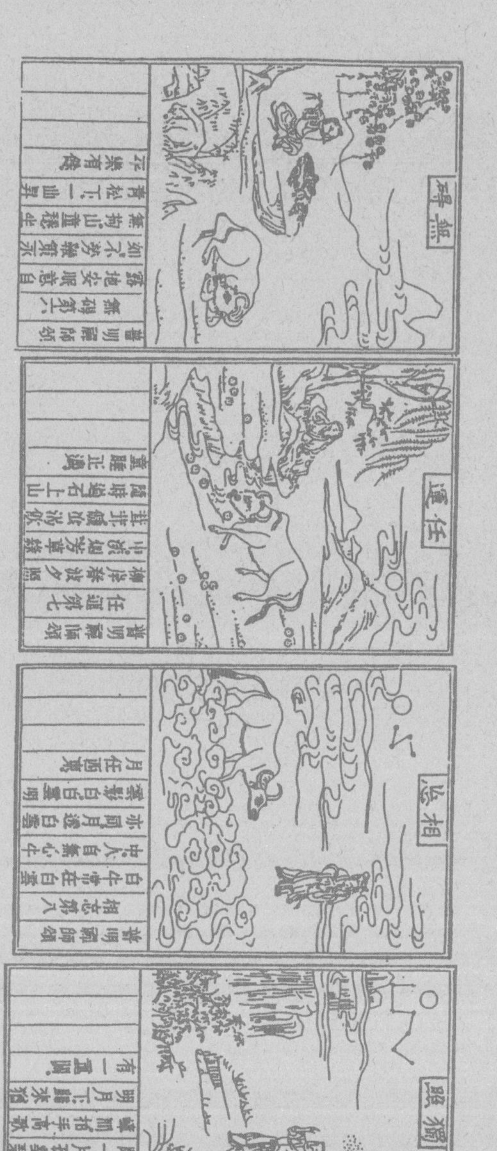

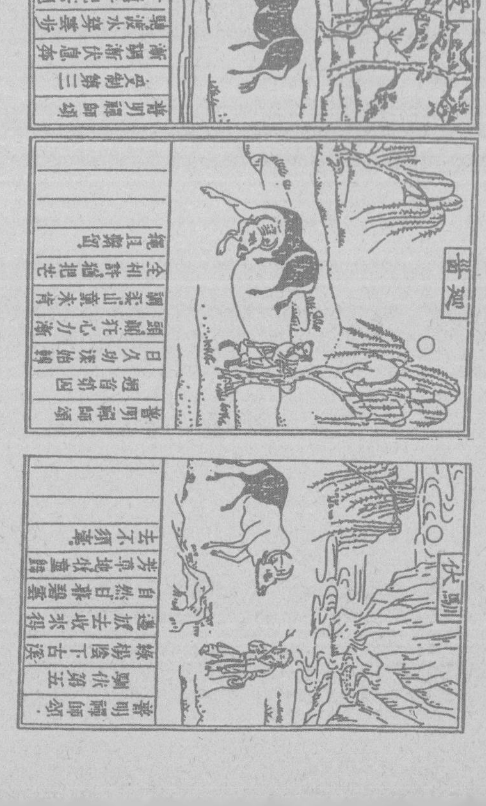

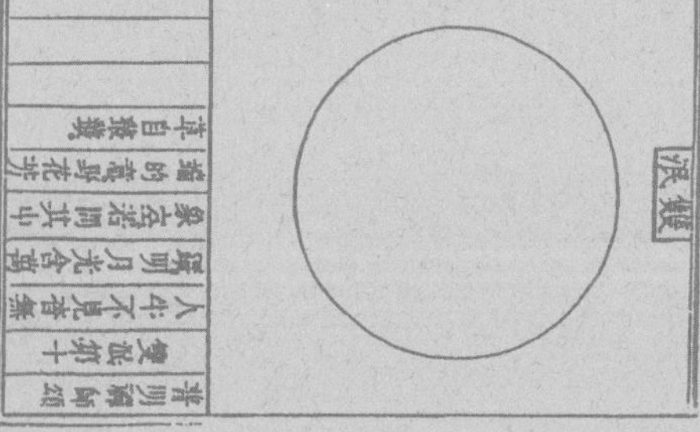

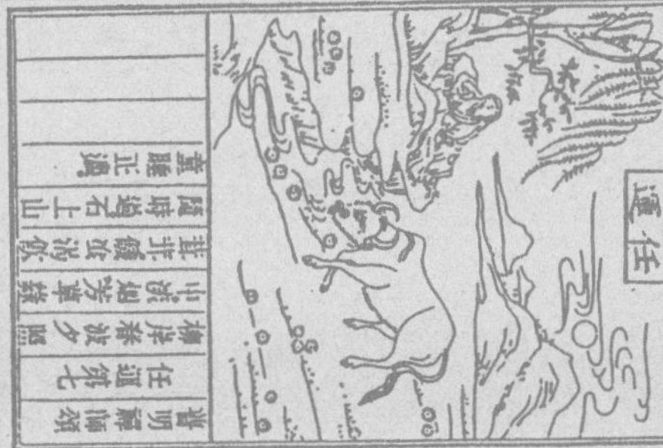
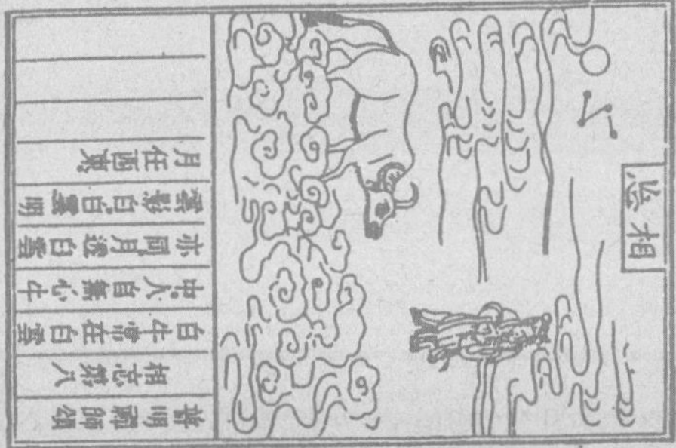
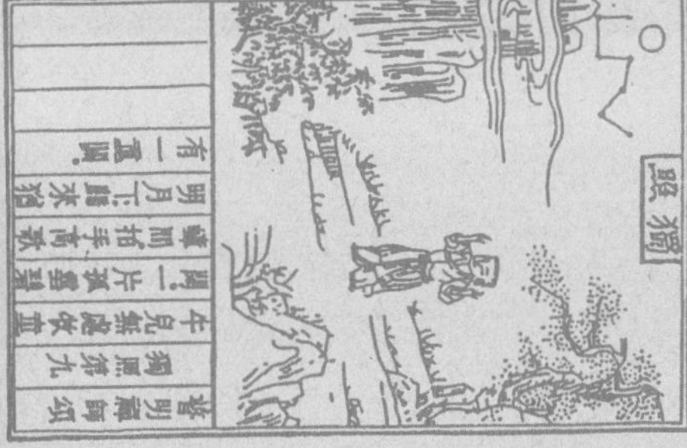
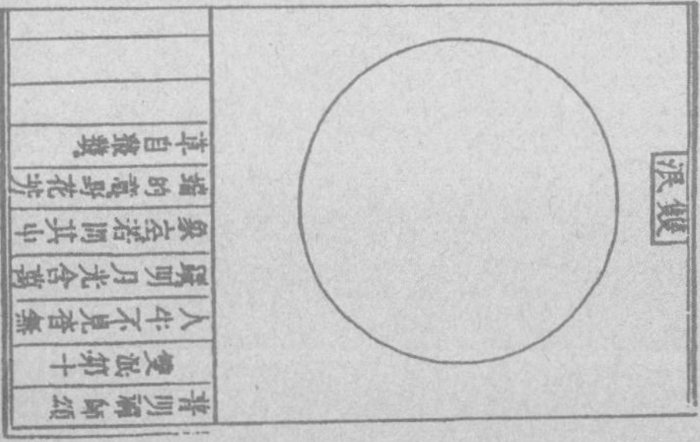

나의 통찰명상 어록
자극이 필요한 불교
BUDDHISM NEED STIMULATION

나의 통찰명상 어록

자극이 필요한 불교

초판 · 2010년 1월 15일 | 발행 · 2010년 1월 19일 | 지은이 · 석진오 | 펴낸이 · 김동금
펴낸곳 · 우리출판사 | 주 소 · 서울특별시 서대문구 충정로 3가 1-38호 | 전화 · (02) 313-5047 · 5056
팩스 · (02) 393-9696 | www. wooribooks.co.kr | E-mail · wooribooks@woribooks.com
ⓒ 석진오 2010, Printed in Korea | 등록 · 제9-139호 | ISBN 978-89-7561-292-3 03220
정가 15,000원

* 가격은 당신이 지불한 것이고, 가치는 당신이 얻은 것이다.

* 잘못 제작된 책은 교환해 드립니다.

나의 통찰명상 어록

자극이 필요한 불교

BUDDHISM NEED STIMULATION

석진오 지음

우리출판사

프 · 롤 · 로 · 그

황야의 늑대들에게

I

나는 내 불교사상의 글들을 마치 지혜의 장터에서 무조건 쏟아내며 헐값에 팔아넘기는 사람처럼 행동하기로 한다. 은유적으로 말한다. 반야바라밀(통찰력)에 굶주린 코가 예민한 늑대들은 즉시 다가와 내 몸과 피를 뜯어먹고 마실 것이다. 그리고 또, 어떤 늑대는 이 책 어딘가에 무슨 보물같은 통찰의 말이 있을지도 모른다는 호기심을 끝까지 잃지 않을 것이다. 반야바라밀(즉, 인식의 깊이를 열심히 파내다가 뜻밖에 발견하는 지혜의 보물 같은 것)을 찾는 늑대들에게 영광이 있기를!

반야바라밀(즉, 자비와 통찰을 겸비한 지혜)의 전염은 책의 결론에서보다 문장이 진행되는 과정 자체에서 독자 자신도 모르는 사이에 일어나는 법이다. 법우들이여! 불교라고 하는 가장 낡고 오래된 집에서 가장 새로운 생각을 하는 사상가가 나온다는 것은 얼마나 경이로운 일인가!

II

집필할 때 나의 고민은, 내가 주장하고자 하는 사상의 요점과 논증만 정확히 말하는 것이 아니라, 어떤 음악성이 있는 문체(즉, 문장의 어조, 문장의 선율)로 쓸 것인가이다. 왜냐하면 나의 독자는 내게 가르침을 받는 것보다는 마음의 자극을 받기를 원하기 때문이다. 물론, 이러한 자극은 자신만의 이기적인 감동을 넘어서 반야바라밀(통찰력을 완성하는 것)에 까지 나아가야 할 것이다.

그런데 니체가 《인간적인 너무나 인간적인》제 1권 6장 303절(우리는 왜 반대하는가)에 쓴 아포리즘처럼 "우리는 어떤 의견을 말하는 어조가 마음에 들지 않기 때문에 반대하는 경우가 많다."는 것도 사실이다. 어쨌든! 중국불교의 충실한 모방자이고 학습자인 한국의 전통불교는 이제 색다른 문체나 어조의 표현법이 필요하다.

나는 과감하게 시도해보기로 한다. 설사 이 책이 어떤 독자들에게 불편함을 주고, 감정을 상하게 하고, 반발심을 갖게 한다 할지라도! 내가 추구하는 것이 대중의 인기나, 대중의 존경을 받는 것이 아니라는 사실은 얼마나 다행인가!

나에게 정말 어울리는 그러한 독자는, 이 책을 통해 한국에서 사상가 한 명의 탄생이 얼마나 길고 지루하고 난해한가를 몸소 실감해보시기를 바란다.

단기 4343년 (불기 2554년, 서기 2010년) 1월 1일 석진오 돈수 합장

차 · 례

제1부

자극이 필요한 불교

&
청소기도 청소해야 한다.
석진오

&
정신이 자유로운 사람 역시 자신을 정화해야 한다. 그들 속에는 아직도 감옥과 썩은 요소들
이 많이 남아 있다. 그들의 눈은 더 순수해져야 한다.

F.W.니체(1844-1900)

■ 내 사상의 가라지 세일

자기 집 창고에 온갖 물건들을 내어놓고 이웃들에게 값싸게 파는 것(Garage Sale)처럼, 나도 여기서 내 불교사상의 글들을 닥치는 대로 쏟아내었다. 마음에 드는 문구가 있거나 필요한 사람은 이 모든 것을 값싸게 가지고 가서 매우 가치있는 것으로 다시 만들거나 즐겁게 사용해주시기 바란다.

우연히 읽은 한 문장의 글이 사람의 인생을 바꾸어 놓을지 누가 알겠는가?

■ 이웃집의 가라지 세일

저렇게 귀중한 물건을 가라지 세일에 내놓다니! 그것도 헐값에! 사는 자는 횡재지만, 파는 자는 그 귀중한 물건에서 어떤 환멸을 보았기에 저렇게 미련없이 팔아버리는 것일까?

■ 글자들로 만든 모래 만다라

내 글들은 내가 이곳에 잠시 머물렀다는 흔적을 망각의 벽에 남기는 낙서다. 또는 망각의 강(모든 기억이 흘러가버리는 곳, 또는 모든 기억이 소멸되는 곳)에 던지는 모래 만다라일 뿐이다.

이 책은 만들 때에는 온갖 공을 들여서 만들어도 '의식이 끝나면 흩어버리는 모래 만다라' 같은 책이다. 그래서 이 책은 생자의 유고집이다.

■ 글을 보면 그 사람의 마음을 알 수 있다

이 책은 내 불교사상의 성질이나 성향을 알 수 있는 책이다. 그러나 이 책

에 수록된 내 사상은 너무 잡다하고 또 일관성도 없고 또 모순점도 많아서
독자는 종잡을 수 없을 것이다.

그러나 독자는 내 생각의 길(The Ways of Thought. 또는 Train of Thought)
을 따라 함께 가노라면 뜻밖에 지적인 자극을 받을 수도 있을 것이다.

나는 독자에게 이 책을 학습시키려는 것이 아니라 지적인 자극을 주어 그
자신이 또 다른 책을 내기를 바랄 뿐이다. 이 책은 30년 이상 묵은 나의 잡
다한 성찰 노트에서 일부를 잘라내어 단행본으로 출판한 것이다. 이 책은
소극적으로 읽는 독자가 아니라, 적극적으로 쓰는 독자를 위한 것이다.

■ 내가 이해하는 불교사상사

인도불교는 과거를 중시하고, 중국선불교는 현재를 중시하고, 석가모니
불교는 변화와 평화를 중시하고, 나의 불교는 통찰과 창조성을 중시한다.

■ 법어록이란

짧고 간단한 말 속에 거대한 의미를 담아 적어 두는 것을 불가에서는 법어
록이라고 한다. 물론 깨달음(Awakening)의 과정은 짧고 간단한 것이 아니
다. 그러나 깨달음은 짧고 간단하게 말하거나 글로 쓸 수 있다.

■ 아포리스트의 날마다 한 생각

아포리스트(긴 이야기를 짧게 줄여 적절하게 표현하는 사람)의 날마다 한 생
각. 하루에 두 세 개의 아포리즘(짤막한 격언 형식의 글)밖에 생산을 못하는 내
두뇌의 아둔함과 무능력! 그러나 이 소량의 것일지라도 10년 이상 꾸준히

생산하다보면 언젠가는 많은 분량의 책이 될 수 있는 법!

■ 음악가, 연극인, 학자와 사상가의 다른 점

음악과 미술과 어학과 연극은 연습하면 할수록 실력이 탁월해진다. 그러나 나의 사상이나 철학이나 종교는 연습하면 할수록 유해하다. 왜냐하면 사상과 철학과 종교의 연습이란 자꾸 굳어지는 고정관념(즉 체계적인 관념)으로 아집과 편견과 독선과 독단과 독재에 빠지는 것을 의미하기 때문이다.

그래서 음악가와 미술가와 어학자와 연극인과 달리 나의 사상은 연습해서는 안된다. 왜냐하면 사상의 주업무는 즉각적인 성찰과 통찰이기 때문이다. 그리고 이 성찰과 통찰은 마땅히 집착하는 바가 없이 집착하는 자유로운 정신에서 나오는 것이다. 바로 이것이 왜 내가 30년 전부터 책을 발표해 오면서도 늘 처음 글 쓰는 것처럼 서툴고 원고작성에 시간이 많이 걸리는가 하는 이유다.

■ 문체로 내 마음을 꾸미는 것

나의 문체는 내 마음의 장식이다.

■ 한 주먹에 끝나는 헤비급 격투기 시합처럼

한 주먹에 끝나는 헤비급 격투기 시합처럼, 나는 잔소리를 길게 질질 끌어가고 싶지 않다. 그래서 나는 매우 간략하고 짧은 아포리즘 방식의 글(즉, 짤막한 격언형식으로 쓰는 글)을 쓴다.

■ 작가의 개성

어느 분야든지 비범한 사람은 첫마디에서 남다른 어조가 드러난다. 이와 같이 비범한 책이란 첫 페이지부터 남다른 문체와 분위기가 드러나는 법이다.

■ 단 한 번의 시선으로

단 한 번 흘낏 보는 것만으로도 깊은 속내를 꿰뚫어 보는 것은 나의 지나친 통찰력 때문이다.

■ 생이지지자와 학이지지자

아무리 되새김질하며 읽는다고 할지라도 모르는 자는 알 수 없다. 즉, 문제는 되새김질을 성실하게 하는 생각이 아니라, 이 생각의 성격과 방향감각이다. 그리고 이러한 생각의 성격과 방향감각은 타고난 천성 같은 것, 또는 커다란 깨달음 같은 것에서 체득되고 결정된다.

■ 대가들의 글쓰기

대가들은 글을 짧게 제멋대로 써 갈겨도 사상이 정확하고 문체가 빛나는 법이다. 하지만 이런 숙달은 하루아침에 얼렁뚱땅 이루어지는 것이 아니다.

그래서 프랑수아 라 로시푸코(1613-1680)처럼 아포리즘 문장의 대가인 F.W.니체(1844-1900)도 《인간적인 너무나 인간적인》제 2권 1장 127절에서 "간결하게 쓰는 것은 오랜 기간에 걸친 많은 사색의 성과이고, 수확이다."라고 썼을 것이다.

■ 독서와 집필의 이유

내가 책을 읽거나 책을 써내는 것은 내 두뇌의 신경세포의 수를 늘리기 위한 것이다. 나는 왜 내 두뇌의 신경세포의 수를 늘리려고 하는가? 그것은 사상을 창조하는 능력을 키우기 위한 것이다. 독서란 내 두뇌를 자극하여 더 많은 나를 만나게 해주는 경이로운 인연법이다.

■ 아무도 없는 한적한 공간에서

내가 혹시 못 본 책이 있는가 싶어서 나는 대학 도서관엘 종종 구경 간다. 도서관에 들어서면 나는 행복하다. 평온하다. 아무도 없는 이 한적한 공간이.

■ 도서관에서

기억의 혼돈으로부터 기억의 정리를 위한 열정.

도서관에서 정신 산책의 즐거움

무질서와 질서. 혼돈과 정리. 열정과 냉정.

■ 건망증과 도서관

인류는 건망증 때문에 (모든 것을 다 기억할 수 없기 때문에) 도서관과 반복적인 교육을 발명한 것 같다. 그래서 L.비트겐슈타인(1889-1951)은 "철학자의 작업은 어떤 특정한 목적을 위해서 기억들을 수집하는 것이다."라고 말했을까?

■ 도서관에서도 찾아볼 수 없는 지혜와 깨달음을

지식은 언제나 도서관에 보관되어 있다. 그러므로 정말 필요한 것은 도서관에도 없는 지혜와 깨달음이다. 지식에 방향과 가치를 부여하는 지혜. 기존의 지식을 다시 재구성하여 새로운 것을 발명해 내는 지혜의 창조적인 힘. 이래서 단순한 지식보다는 그 지식을 새롭게 배열하고 조합하는 지혜가 경이로운 것이다.

하지만 지식이라는 도구 자체는 누가 무슨 목적을 갖고 어떻게 사용하는가에 따라 대흉 또는 대길이 된다. 그러므로 중요한 것은 지식이 아니라 지식의 방향이다.

■ 도서관에서

모든 병법서의 목적은 승리하는 것이다.

모든 경영서의 목적은 부자가 되는 것이다.

모든 종교 책의 목적은 영원한 생명을 얻는 것이다.

모든 사상서와 명상서의 목적은 궁극의 깨달음을 얻는 것이다.

모든 행복에 관한 책의 목적은 풍요로운 자기만족이다.

모든 정치 책의 목적은 권력을 얻는 것이다.

모든 과학 책의 목적은 최고의 지식인이라는 명예를 얻는 것이다.

모든 예술 책의 목적은 최고의 인기를 얻는 것이다.

그런데 모든 사람이 이렇게 될 수 없다면, 즉 패배자와 가난한 자와 단명하는 자와 무지한 자와 무능한 자와 평범한 자와 인기가 없는 자들은 어떻게 해야 하는가? 그저 모든 분야의 강자들에게 그냥 당하고 괴로워하면서 살 수밖에 없는가?

이제 모든 책들의 목적은 방향이 바뀌어져야 한다. 왜냐하면 사람의 진리
는 아름다운 존재의 길이어야 하기 때문이다.

■ 나의 현존재 가치와 의미

나는 지혜의 기록을 찾아 지혜를 즐기는 사람이다. 나는 지혜의 기록을 비
판하는 사람이다. 나는 5천 년 전부터 있었던 아주 오래된 미래의 영혼이다.
그래서 나의 지혜는 야생적인 지혜다. 나의 지혜는 난폭하고 거칠고 사나운
지혜다. 마치 병든 들소를 사냥하는 사자처럼.[1]

■ 공사상이 만병통치약은 아니다

불교에서 말하는 무(아무것도 없다)나 공(텅 비어있는 것)은 무분별하고 무차
별한 것(즉, 선악과 미추와 강약과 귀천의 진리와 오류는 사실 똑같은 것)이기에,
잘못하면 대인관계에서 난폭한 독재자(가해자) 또는 무능한 바보(희생자)가
될 수도 있다.

그러므로 진공(입자와 파동이 없는 상태, 에너지가 없는 것)은 죽은 자에게
맡기고, 지금 여기 이 순간에 살아있는 자는 강한 지혜를 완성시키는 것이
좋다.

---

1) F.W.니체(1844-1900)는 《인간적인 너무나 인간적인》제 2권 1장 153절(훌륭한 책은 시간이
   필요하다)에서, "양서는 모두가 떫은 맛을 낸다. 그 새로움이 오히려 결점이 되기 때문이다.
   그래서 훌륭한 독자는 책을 점점 훌륭하게 만들어주고, 훌륭한 반대자는 책의 문제점을 해결
   해준다."

■ 현재의 인생만 생각해도 벅차다

죽음과 죽음 이후에 관한 것은 죽은 자들에게 맡기고, 지금 살아있는 우리는 삶에 대해 관심을 가져야 한다.

■ 불교의 공사상은 허무주의가 아니다

불교에서 주장하는 모든 존재를 진공이라고 하는 것은 허무주의가 아니다. 불교에서 모든 존재를 공이라고 하는 것은, 아무리 견고한 물체도 그것을 구성하는 것은 오직 에너지라는 뜻이다.

■ 내가 인식하는 불교

석가모니불교와 대승불교는 무아와 공성을 주장한 해체론이다. 그러나 무엇을 위한 해체론인가? 해체를 위한 해체? 행복을 위한 해체? 또는 진정한 삶을 위한 해체? 다행스럽게도 석가모니불교와 대승불교는 시설과 건립을 위한 해체를 주장했다. 이로써 불교는 허무주의를 적극적으로, 창조적으로 극복한 것이다.

■ 물음의 가치

물음을 제기하는 것은 이미 지적으로 발전하고 있다는 증거다.

■ 오직 모를 뿐이라는 것에 대하여

모른다는 것은 창조하려는 자의 설법이어야 한다. 왜냐하면 삶의 목적과 미래는 고정불변으로 정해져 있는 것이 아니기 때문이다. 그렇다. 모른다는 것은 예측할 수 없다는 것이다. 모른다는 것은 수많은 창조 가능성이 있다는 것이다. 중생이 부처(가장 계몽된 자)가 될 수 있다는 가능성, 말이다.

■ 인식의 전환

여태까지 부처의 가르침은 '중생은 부처가 되어야만 한다' 는 것이었다. 그러나 이제 나는 말한다. "부처는 중생이 되어야만 한다."라고.

■ 부처 되세요 라는 말에 대하여

'부처가 되자' 거나 '부처가 될 수 있다' 고 말하는 것과 자기가 직접 구체적으로 부처(망상에서 깨어난 자)로 사는 것은 전연 다른 문제다.

성불(부처 되세요!)이라는 인사말을 들을 때마다, 나는 즐겁게 크게 웃는다. 왜냐하면 나는 성불하고 싶은 생각이나 집착이나 강박관념이 일절 없기 때문이다.

■ 성불하세요?

보통 인간동물의 욕망은 '어떻게 하면 부처가 될 수 있는가?' 가 아니라 '어떻게 하면 부처를 내맘대로 부릴 수 있을까?' 이다.

■ 탐욕의 가면

부처가 되려는 강렬한 욕구도 일종의 탐욕이다.

■ 깨달음은 현상이지 존재가 아니다

깨달음이란 무엇에 대한 깨달음이지, 깨달음 그 자체가 (독립독존의 실체처럼) 있는 것은 아니다.

■ 무엇을 위한 깨달음인가

깨달음을 위한 깨달음은 깨달음의 희생자가 될 뿐이다.

■ 인식의 전환

부처가 된 사람은 그 부처마저 버려야 한다.

■ 대승불교의 통찰명상

깨닫는 자도, 깨달음도, 깨달음의 과정도 없다는 것은 모든 것이 전부 진공이라는 의미다.

그런데 대승불교 반야경의 놀라운 명제는 색즉시공 공즉시색(색은 공이 되고, 공은 색이 된다는 것) 또는 진공묘유(진공인데 묘한 유라는 것)이다.

■ 허공에 피어있는 푸른 장미

자기가 본래 부처라고 주장하는 자는, 자기 외부에 있는 어떤 부처에 대한 집착이 없다는 점에서 옳지만, 자기자신에 대한 집착이 있다는 점에서, 즉 자기가 본래 부처라고 주장하는 점에서는 틀린 것이다.

■ 부처님의 인연법에 대하여

원인과 조건조차도 덧없이 변하는 것!

■ 석가모니 부처에게 묻는다

실체가 없다면 누가 관계자인가?

무아라면 인연법의 주체는 누구인가?

■ 석가모니 부처에게 묻는다

부처는 "그 어떤 것도 원인이 없이 생겨난 것은 없다."고 말했다. 그렇다면, 우주 빅뱅의 원인의 원인과 조건의 조건은 무엇인가?

■ 인연의 발생과 소멸에 관련하여

부처는 인연법을 가르쳤다. 인연법이란 원인과 조건에 관한 진리라는 뜻이다. 그런데 원인의 원인과 조건의 조건을 제대로 보고 아는 것이 쉽지 않다. 왜냐하면 인연(causes and conditions)의 고리는 무수하고 무한할 정도로 불가사의한 것이기 때문이다.

■ 석가모니 부처에게 묻는다

부처는 이것과 저것의 상호의존적 관련성을 자신의 큰 깨달음으로 삼았는데, 이것이 없을 때도 저것이 있고, 저것이 있을 때도 이것이 없는 것은 무엇 때문인가?

■ 내 몸과 감수성과 생각과 의지와 앎을 성찰하며

오온(색수상행식)이 없다면, 어떻게 무아가 현존할 수 있겠는가! 오온이 바로 무아다!

오온(The five aggregates)이라는 토대가 없다면 어떻게 자비로운 시설과 건립이 가능하겠는가! 오온(name and formation. feeling. perception. action. consciousness)이 곧 시설이요 건립이다!

■ 산 자는 살아 있는 진리를 원한다

모든 조건에 의한 생성은 이미 공성이 아니며 중도(middle path)가 아니다. 왜냐하면 생성이란 이미 어떤 원인과 조건에 의해 발생한 것이기 때문이다.

■ 석가모니 부처에게 묻는다

이것과 저것이 모두 무명(아무것도 모르는 무지, 환상)이라면 이것과 저것은 모두 무엇인가?

■ 무명이라는 존재에 대하여

무명(밝음이 없는 것, 어둠)은 무명이 아니라, 그 명칭이 무명일 뿐이다.

■ 무상 무아보다 더 소중한 현상의 의미

죽음조차도, 파멸조차도, 헛된 것은 없다. 우리들의 의식이 다만 이해하지 못하고 있을 뿐이다.

■ **석가모니가 깨달은 고집멸도의 명제를 생각하며**

일체개고(모든 게 다 괴롭다, 모든 것이 고통스럽다, 삶 자체가 고통이다 라는 것)의 이유는 깊이 따지고 들어가면 죽음에 대한 두려움과 불안 때문이다.

■ **석가모니 부처의 명제**

일체개고(일체의 고)란, 삶의 고통만이 진실이라는 것이다. 또는 인간만큼 괴로운 생명체는 없다는 것이다.

■ **고통의 치료약인 열반적정에 대하여**

일체개고(모든 고통)에 대한 열반적정은 과연 고통의 치료와 위안이 될 수 있을까? 나는 회의적으로 본다. 왜냐하면 열반적정(열반의 고요함)은 고통을 느끼는 자가 직접 죽든지, 아니면 무억(무기억, 망각)의 식물인간이 되어야만 가능한 것이기 때문이다.

■ **일체의 고통에 대한 두 가지 해결방법**

일체개고(모든 것은 괴롭다는 것)에 대한 두 가지 해결방법은 괴로움의 원인을 제거하는 것과 괴로움에 대한 해석을 새롭게 하는 것이다. 부처는 괴로움의 원인을 완전히 제거하자는 쪽이고, 나는 괴로움에 대한 해석을 새롭게 하자는 쪽이다. 물론 나는 석가모니불교의 방법도 사용한다. 왜냐하면 사람마다 인식의 성격과 기질이 제각각 다르기 때문이다.

■ 모든 것이 괴롭다는 명제에 대하여

괴로움의 분석보다 괴로움의 체험과 변화가 더 중요하다. 왜냐하면 괴로움의 분석은 소멸(열반)을 위한 것이지만 괴로움의 체험과 변화는 성숙한 삶을 위한 것이기 때문이다.

■ 열반적정이라고 해서 무조건 좋은 것은 아니다

일체개고(모든 것은 고통이라는 불교의 기본 명제)라고 해서 열반적정으로 도피해 가야 하는가?

열반적정(완벽한 고요, 또는 번뇌의 종식)의 상태라고 무조건 좋은 것은 아니다. 왜냐하면 열반적정(안식과 평온) 때문에 인생이 망쳐질 수도 있기 때문이다.

우리는 거대한 침묵으로 존재하는 머나먼 우주가 아니라 이 지구에 적응해 사는 박테리아 미생물 같은 존재자들이다. 그러므로 열반적정(모든 것이 완전히 끝나는 고요함)은 거대한 머나먼 우주세계에 맡겨두고, 우리 인류는 창조를 열망하는 마음으로 최선을 다해 살아야 한다.

나는 일체의 고통(즉, 삶은 괴로운 것이라는 것)을 두려워하지 않는다. 즉, 일체의 고통이 나를 병들게 하고 죽게 한다면, 나는 기꺼이 병들거나 죽겠다.

그러나 일체개고(일체의 고통)도 어떻게 할 수 없는 우리 인류의 본능은 심오한 깨달음(자기 이해를 완성하는 것)과 성숙한 진화적 삶을 향한 열망이다.

■ 열반에 대하여

열반이란 번뇌와 갈등과 투쟁이 없는 것이 아니라, 애착의 굴레로부터 벗어난 자(buddha)의 깨달음과 삶으로부터 자연스럽게 드러나는 성숙한 존재의 방식이라고 이해하고 싶다.

■ 불교는 염세론인가, 낙관론인가에 대하여

일체개고(All things are suffering. 일체의 고통)란 쇼펜하우어의 염세론과
동의어인가? 그렇다. 시작은 이래야 한다. 즉 사람들이 생의 고통을 체험하
지 않는다면, 어떻게 치료와 건강을 향한 의지와 행동을 할 수 있겠는가?

그러면 일체자성(자신의 본질 전체, 또는 모든 것에 본질이 있다는 것)은 낙관
론과 동의어인가? 그렇다. 하지만 자성(자신의 본성)이 모든 원인과 조건을
초월해 있는 것이 아닌 이상, 자성(자신의 본질) 또한 수시로 변동하는 것이
다. 그러므로 일체자성이나 진여자성의 실체화는 고통의 근원이 될 뿐이다.

■ 불교의 허무주의에 대하여

불교의 허무주의는 세속에서 말하는 감상적이고 권태적인 허무주의와는
차원이 다르다. 즉 불교의 허무주의는 제법무아(모든 것에 실체성이 없다는 것)
또는 일체개공(일체가 공이라는 것)이라고 하는 근본적인 실제 사실을 의미하
는 허무주의이기 때문이다.

■ 철학의 계기

철학자의 삶은 일체의 경이가 아니라, 일체의 고통에서 시작되는 것이라
고 여겨질 때가 있다.

■ 석가모니 불교의 의미

조건이나 여건에 의해 생성된 것이기에 고정불변의 실체가 없다는 것이
불교 무아의 철학이다. 다시 말하면, 무아란 고정불변의 영원한 자아는 없
다는 것이고, 끊임없는 변화 속에서 자아가 만들어진다는 의미이다.

■ 무아라는 말의 의미

무아라는 말의 의미는, 이 세상에 독립적으로 독존하는 것은 없다. 왜냐
하면 모든 것은 상호의존적으로 서로 원인과 조건이 결과가 되어 나타난 것
들이기 때문이다.

■ 불교의 핵심

《상윳타 니카야(2,25)》에 적혀 있는 문구다.

"내가 가르치는 진리는, 모든 것은 상호의존관계에 의해 생성한다는 것이
다. 모든 것은 상황이나 조건적인 관계에 의해 생겨난다. 이것이 사물이 존
재하는 방식이고, 사물의 규칙이다."

불교의 핵심은 이렇게 상호의존적인 조건에 의한 발생, 또는 상호 관계적
으로 생성하는 것, 또는 arising from conditional causation, 또는
everything arises from condition, 또는 조건과 조건이 만나서 만들어내
는 어떤 결과라는 것이다.

참고로, 상호의존적인 생성의 범어 원어는 pratityasamutpada이다.
pratityasamutpada란 문자의 어원을 살펴보면, pratitya(-에 의해서, -으
로 인하여, -어떤 영향을 받아서) sam(함께, 더불어) samutpada(일어난다, 발

생한다, 생긴다, 성립한다) 라는 뜻이다.

《맛지마 니카야(3,63)》에 적혀 있는 문구다. "이것이 있을 때, 저것이 있다. 이것이 발생할 때, 저것이 발생한다. 이것이 없어질 때, 저것이 없어진다. 이것이 멈출 때 저것이 멈춘다."

이것이 석가모니 부처의 깨달음의 진수다.

그러나 연기무아도 연기무아다. 왜냐하면 연기무아라는 용어도 중국어 명칭일 뿐 실체성은 없는 것이기 때문이다. 그러므로 연기무아에도 집착하지 말아야 한다. 연기무아조차도 실체화, 절대화하지 말아야 한다.

■ 불교유식학의 문제

유식(모든 것을 창조하는 유일무이한 슈퍼의식)은 모든 병을 다 낫게 하는 만병통치약이 아니다. 의식의 근원이나 실체성이 있다고 보는 것은 망상일 뿐이다.

■ 상상력은 탁월하지만 무지몽매한 것

무수한 개인의 의식을 낳는 원초적, 원형적, 근원적 의식이나 단일한 실체로서의 의식이 있다고 주장하는 자는, 상상력은 탁월하지만 무지몽매한 자이다.

■ 의식과 무의식: 의식의 무의식화와 무의식의 의식화

그래, 의식이 모든 것을 다 알고 기억하고 싶다고? 그러나 의식이 알고 기억하는 것은 한정되어 있는 것이고, 또 오류도 많지. 의식은 육체에서 막내

자식일 뿐이야!

■ 의식의 배후에 있는 것

의식의 깊이와 의미의 깊이는 누가 정하는가? 이 또한 의미를 만들어내는 의식의 작용이 아닌가? 의식이란 무엇인가? 영원히 생존하고자 하는 욕망의 소산일 뿐이다.

■ 불교의식학(불교의 의식분석학)이란

불교의식학(유식학)이란 보통 일상적인 의식과 전연 다른 의식상태(즉, 부처의식, 크리슈나의식, 우주의식 상태)가 있다고 주장하는 것이다. 그러나 이 말은 의식에 대한 과장이다.

나는 유식(consciousness only)을 영적인 물질주의(Spriritual Materialism)의 증거라고 판단한다.

■ 가장 낮은 의식과 가장 높은 의식을 구분하고 차별하는 것은

높은 의식수준이란 것이 과연 객관적인 실체로 존재하는 것일까? 가장 낮은 의식(중생의 자기 생존유지를 위한 의식)과 가장 높은 의식(부처의식, 깨달은 자의 의식)이라는 구분과 차별은 인간 의식의 장난이 아닐까?

■ 불교TV에서 유식학의 전문용어들을 들으면서

교수들이나 스님들이 불교TV에 나와서 유식학을 설명하는데, 이 분들의 설명이 더 어렵다. 이것은 난해한 유식학의 전문용어를 아무런 반성 없이 그냥 학교나 강원에서 배우고 암기한 단어 그대로의 언어 문자를 사용하고 있기 때문이다.

나는 유식학을 초월적 주관주의의 관점에서 말하는 '불교 의식심리학'이라고 새로운 명칭을 정할 것을 제안한다.

그러니까 '식'이나 '본식'이라는 한자용어를 그대로 사용하지 말고, 식을 '아는 것', 본식을 '근본적인 인식' 또는 '모든 의식이 생겨나는 근본적인 인식'이라고 설명하거나 표현하는 게 좋겠다.

식은 범어 비즈나나(Vijnana)의 중국어 번역인데 '아는 것 또는 식별'을 의미한다. 내가 어릴 때 한 구절 한 구절 영어사전을 찾아보며 공 들여 읽었던 힌두경전인 《바가바드 기타》에도 즈나나와 비즈나나라는 용어가 나오는데, 이 경전에서 즈나나(Jnana)란 본체적이고 신성한 지식을 의미하고, 비즈나나(Vijnana)란 개별적인 세속의 지식을 의미한다.

그러니까 힌두철학에서 즈나나란 아트만이나 브라만에 관한 지식을 가리키고, 비즈나나란 모든 인식대상과 인식기관에 관한 지식을 가리킨다. 즉 즈나나란 본체에 관한 고급지식이고 비즈나나란 세속의 개별적 지식에 관한 것으로 하급지식을 의미한다.

《바가바드 기타》의 영향을 많이 받은 대승불교 유식학에서도 6식(the 6 objects of knowledge, 또는 Awarenesses six sense)을 하급지식이라고 하고, 8식(the 8 forms of knowledge, 또는 Alaya Vijnana)을 고급지식이라고 한다.

하지만 나는 6식이든 8식이든 식성(원인과 조건을 초월해 있는 영원불변의 독립독존적인 의식, Vijnana Svabhava) 자체를 부정하는 사상가이다. 왜냐하면 식성(인식의 자아와 주체성)도 어떤 원인과 조건에 의해 생성한 것이기에 덧없이 변하는 것이기 때문이다.

결론적으로 말한다면, 영원히 독립독존하면서 고정 불변으로 영생하는
식성(의식의 독립적 자체성, 주체성, 실체성)이란 실재하지 않는다. 그런데도 계
속 유식(궁극의 의식, 또는 슈퍼의식) 또는 유심을 실체성으로 주장한다면 그
것은 영적인 물질주의(Spriritual Materialism)에 사로잡힌 욕망과 집착이라
고 판단된다.

■ 유식과 유심의 목표

유심의 목표는 석가모니처럼 모든 것이 덧없이 변한다는 것을 깨닫는 것
이다.

■ 질문

본식에 대해 설명하고 있는 당신의 의식은 지금 본식(근본적인 인식)인가?

무의식(내가 의식하지 못하는 것, 또는 의식되지 않는 것)에 대해 설명하고 있
는 당신의 의식은 지금 무의식인가?

나는 당신이 무엇을 만들어내고 설명하든 모든 것은 당신의 의식
(Manavijnanam)이라고 바라본다.

참고로, 나의 통찰에 의하면 S.프로이트가 발견했다고 하는 '무의식' 이란
실재하지 않는다. 모든 게 의식의 장난(유희, 또는 작용)일 뿐이다. 본식(근본
적인 의식)도 마찬가지다.

■ 서양인들의 강점은 세련된 표현 능력에 있다

티베트의 불교 문헌 《죽은 자를 위한 책》에서 힌트를 얻은 것 같은 《사랑과 영혼》보다 《천국보다 아름다운(원제: what dreams may come)》영화가 더 세련된 방식으로 불교 유식학(모든 것을 창조하는 궁극적인 슈퍼의식에 관한 체계적인 이론)을 가르치고 있다. 관심있는 스님들은 꼭 한 번 보시도록.

■ 유물론자와 유심론자를 구별하는 질문

태양과 지구와 달은 내 마음속에 있는 있는가? 내 마음 밖에 있는 것인가?

■ 태양과 인간

우주의 암흑 속에서 불타며 빛을 내는 이 태양을 바라보며 생각하는 인간이 없다면, 태양은 얼마나 지루한 것인가!

■ 레닌의 비당파성에 대한 비판의 비판

레닌(1870-1924)은 《유물론과 경험론》에서 "철학에 있어서 비당파성이란 관념론과 종교철학에 봉사하는 불쌍하게 가장된 노예적 의무에 불과하다."라고 썼는데, 과연 당파적인 진실만이 진리인가?

비당파성이란 보편성이라는 뜻인데, 왜 보편적인(객관적인) 진리가 불가능한가? 나는 가능하다고 생각한다. 보편적인 진리란 무엇인가?

"이 세계는 유물이다." 라는 유물적 관념론은 "이 세계는 유심(Only Mind)이다."라는 유심적 관념론과 모두 똑같은 관념론이다. 왜냐하면 이 양자는 모두 인간의 관념에서 나온 것이기 때문이다.

그런데 (유물이든 유심이든) 관념 자체를 버리고 이 세계를 있는 그대로 보고 대하는 일은 불가능한 일일까? 나는 가능하다고 본다. 왜냐하면 실제로 입자와 파동의 물리학적 발견에 의하면, 유물 속에 유심이 있고, 유심 속에 유물이 있는 것이기 때문이다.

그러므로 나는 유물과 유심을 별개의 것으로 보지 않고, 동등한 것으로 본다. 즉, 어느 한 쪽으로 당파적으로 편협하게 기울지 않고, 유심과 유물에 대해 똑같은 무게의 가치를 준다는 것이다.

그리고 바로 이것이 일차적으로 철학에 있어서(사고하는 방식에 있어서) 보편적이고 통합적이면서도 양자 초월적인 관점이라고 나는 생각한다.

■ 우리가 집착하지 말아야 할 관념들

오직 유(유일하다)라는 아집은 버려야 한다. 유심과 유물이라는 대립적인 관념도 가치관도 버려야 한다. 왜냐하면 물질 속에도 정신이 있고 정신 속에도 물질이 있기 때문이다.

유물과 유심의 경계는 현대 양자물리학에 의해 무너져버렸다. 즉, 관찰자가 양자를 어떤 것으로 의식하는가에 따라 양자는 물결치는 파동처럼 활동하기도 하고, 딱딱한 입자처럼 활동하기도 한다. 이뿐만 아니라 양자가 움직이는 경로까지 관찰자의 의식을 따른다.

1984년 메릴랜드 대학교의 연구진이 실시한 실험에 의하면 "광자의 운동경로를 관찰자가 측정하려고 하기 이전까지 광자의 운동경로는 정해지지 않고 있었다."고 한다. 이 얼마나 경이로운 진리인가? 이 점에서 관찰자는 참여자이며 창조자이다.

■ 창조가들에게

창조적인 것에 너무 집착하면 현실이 가벼워진다. 극단적으로 창조적인 사람은 현실을 그저 부정하고 파괴하려고만 든다. 그러나 진정한 현자는 현실을 있는 그대로 긍정하고 유지하면서 창조성(발상의 전환)을 발휘한다.

■ 유심과 유물

'천상천하유아독존이다.' '일체가 마음의 조작이다.' 라고 외치는 인간 두뇌의 말은 틀린 것이 아니다. 왜냐하면 주관적인 사실도 사실이기 때문이다.

그러나 '무수한 자아가 있다.' '모든 것은 물질적인 조작이다.' 라는 지구 자연계의 다양한 존재자들을 생각해보면, 유심론자들의 유아독존은 허술하고 부족한 데가 있다. 왜냐하면 인간의 유심(즉, 마음이야말로 온갖 사물의 본질이며 핵심이라는 것)과 상관없는 객관적인 사실도 사실이기 때문이다.

■ 모든 것은 인연소생이기에 실체성이 없는 것이다

정신이든 물신이든 이 모든 것은 수많은 원인과 조건에 의해 변천하는 것이기에 일정한 자성(自性, 또는 자기 그 자체, 또는 자체성, 또는 자기안의 완전성)이 있는 것이 아니다. 그런데 왜 우리는 정신과 물신을 나누어 서로 대립시키며 투쟁하는가? 나는 정신과 물신을 입자와 파동처럼 하나로 보고 대할 뿐이다.

■ 청정한 마음이라고 하는 쓰레기

무아(고정불변의 실체가 없는 나)와 진공은 대승불교에서 텅 비어있는 청정한 마음을 의미한다. 과학 용어로는 텅 빈 시공간을 의미한다. 그런데 대승불교는 이 텅 빈 시공간을 '청정한 마음' 이라는 쓰레기로 가득 채운다.

■ 이상과 현실

내 마음은 허구 그 자체다. 이것은 내 마음이 느끼는 결핍을 사실로 인정하기 때문이다.

그래서 나의 이상은 나의 결핍 또는 과잉에서 탄생한 것이라고 나는 말한다.

■ 유전자의 가능성

모든 아동들에게서 장래 최악의 인간과 최선의 인간을 본다.

■ 인간 두뇌의 존재 목적은

인간의 두뇌가 아무리 경이롭고 신비한 구조와 기능을 갖고 있다고 하더라도, 인간 두뇌의 존재 목적은 생존이다. 심지어 자살하는 두뇌조차도 생존을 위한 것(즉, 기이한 에너지 보존방법)이라고 나는 생각한다.

■ 간격과 구분은 기억의 간격과 구분이다

간격과 구분은 기억의 간격과 구분이다.

■ 기억의 무상성

기억의 무상성(덧없이 변하는 성질)이란 기억하는 자와, 기억되는 자와, 기억 그 자체조차도 원인과 조건이 사라지면 덧없이 사라진다는 것이다.

■ 마음의 그릇

백년도 못사는 인생. 10만년 뒤의 일까지 걱정해야 하는가?

■ 유식학

유식학이란, 국가 사회적 책임을 개인에게 전가시키고 그리고 그 개인의 심리적 책임을 의식(즉, 일체유식조 또는 일체유심조)에 물어서 만사를 개혁하겠다는 사상이다.

■ 대승불교의 유식학이란

대승불교의 유식학이란 불교의식심리학 또는 불교가 안내하는 의식세계의 비밀스러운 여행을 의미한다. 그리고 이 지적인 여행에 필요한 준비물은 '객관적인 질문'이다.

대승불교에서 가르치는 '모든 것을 지어내는 유식'은 물리학자 아미트 고스와미가 말하는 비범한 의식 상태(Non-ordinary State of Consciousness)와 똑같은 것이다.

그리고 내가 이해하는 비범한 의식상태란 인연무아(즉, 어떤 원인과 조건에 의한 발생이기에 고정불변의 실체성은 없다는 것)의 깨달음과 우정과 연민으로 시설하는 마음이라고 성찰한다.

■ 일체유심조와 자유의지

대승불교 화엄경의 일체유심조(모든 세계는 인간의 인식능력이 만들어낸 것이라는 명제)란, 자기 외부에 존재하는 하나님의 뜻과 인간의 원죄[2]를 주장하는 예수교와 달리 인간에게 완전한 자유의지(free will) 또는 초월적인 슈퍼의식이 있다는 의미다.

■ 나의 관점

고타마 싯달타의 두뇌와 각성은 인류 정신의 진화사에서 최고의 성과를 얻은 것이라고 여겨진다.

아직도 절대신과 천도와 일체자성론에 빠져 있는 무지몽매한 자들이 얼마나 많은가! 그러므로 브라만(절대신)과 아트만(절대자아) 없이 자기를 극복한 부처의 가르침이란 얼마나 대단한 것인가!

그러나 부처도 한 명의 인간이었다는 점을 우리는 잊어서는 안된다. 왜냐하면 인류정신의 진화는 계속되어야 하기 때문이다.

---

2) "모든 존재는 죄가 없다. 인식이란 이 죄없는 것을 통찰하는 것이다." F.W.니체의 《인간적인 너무나 인간적인(Menschliches, Allzumenschliches. 또는 Human, All Too Human》 제 1권 2장 107절로부터. 이하 이 책 《자극이 필요한 불교》에서 보이는 니체의 《인간적인 너무나 인간적인》책의 모든 인용은 내 책의 원고교정 과정에서 최근에 덧붙인 것이다. 니체(1844~1900)의 《인간적인 너무나 인간적인》 이 방대한 책은 1878년 니체 나이 32세에 집필을 시작하여 1876년(34세)에 완성한 책이다. 나는 이 책을 2009년 11월 1일부터 12월 1일까지 일독하였다. 그런데 이 책을 읽어보니 《자유로운 너무나 자유로운》이라는 책제목이 더 적합한 것이 아닌가 여겨졌다. 물론, 이 책에서도 '진정한 자유정신' 은 충분하지 않다.

■ 뇌 속의 환상

"내 마음은 나의 뇌 속에 있는 신경세포의 활동으로만 이루어진 것인가? 그렇다면 자유의지가 발현되는 영역은 어디인가?" 자유의지(free will)는 없다. 자유의지란 뇌 속의 환상일 뿐이다.

■ 자유의지와 정업의지

깨달은 자는 스승의 인가조차도 구하는 마음이 없어야 독립독존의 의지력을 발휘할 수 있다.

그러나 이러한 의지의 힘을 누가 어떻게 쉽게 품을 수 있겠는가? 타고난 유전인자의 발현이 아니고서는 매우 어려울 것이다. 자유의지와 정업의지를 생각하며.

■ 마음이 태어나는 곳

마음이 태어나는 곳은 가슴이 아니라 두뇌다. 감성이 풍부한 사람들은 이 간단한 상식마저도 인정하려고 들지 않는다.

■ 나의 관점

화엄경의 일체유심조 이론과 유사한 관념은 '개인의 의식이 바뀌면 국가와 사회도 근본적으로 바뀌고 변화한다.' 는 신념이다.

나는 이러한 주장을 비록 긍정적인 것일지라도 망상과 착각이라고 통찰한다. 왜냐하면 개인의 의식을 지배하고 조종하고 관리해나가는 것은 개인의 의식이 아니라 국가와 사회이기 때문이다.

물론 개인의 의식이나 국가와 사회의 실체는 영원히 독립독존하는 고정불변의 실체는 아니다. 왜냐하면 이 모든 것들은 항상 수많은 조건과 원인에 의해 생성하고 발전하고 소멸하고 변화하는 것이기 때문이다.

나는 개인의 의식이나 유심(또는 유식)은 수많은 조건과 원인 중에서 한 부분을 차지하고 있는 것들에 불과한 것이라고 성찰한다. 그러니까 내 말의 요점은, 개인의 초월적인 슈퍼의식이나 유심(또는 유식)을, 절대적인 실체성이 있는 것으로의 변화, 절대 진리로의 변화, 이상적인 목적으로의 변화, 신비화, 우상화 하지 말라는 것이다.

■ 내가 인간의 두뇌를 신뢰하지 않고 집착하지 않는 이유

"상상할 수 없는 에너지가 인간의 두뇌 속에 있다."는 주장은 인간의 두뇌(또는 자기두뇌)를 지나치게 신뢰하는(자기두뇌의 상상력에서 나오는) 관점이다.

인간의 두뇌는 그 누구의 두뇌이든 삶과 죽음 앞에서는 모두 평등하고 차별이 없는 것이다. 즉, 인간의 두뇌는 살아있을 때에는 생존하려고 노력할 수밖에 없고, 또 죽어야만 하는 때에는 죽음을 그저 받아들일 수밖에 없다는 실제상황(조건) 속에 있다는 것이다.

■ 의식과 그 안에서 움직이는 정기신들에 대하여

의식이란 바탕일 뿐이다. 중요한 것은 의식의 마당에서 움직이며 오고가는 무수한 생각과 온갖 희노애락들이다. 심오하고 경이로운 생각. 그리고 존재를 더욱 성숙하게 하는 희노애락, 말이다.

■ 일심 또는 유심에 대하여

무수한 개인의 마음을 낳는 근원적인 마음 또는 단일한 마음이 존재한다
고 생각하는 것은 인간의 상상이요, 망상일 뿐이다. 그러므로 마음을 실체
화하지마라. 몸이 없어도 마음은 이와 상관없이 영원히 독립독존한다는 생
각은 인간의 상상이요, 망상일 뿐이다.

■ 벗어날 여러 개의 마음도 없고, 지켜야 할 한 개의 마음도 없다

일심(One Mind)에 대하여. 벗어날 여러 개의 마음도 없고, 지켜야 할 한
개의 마음도 없다.

■ 나의 관점

"중요한 것은 마음이다. 왜냐하면 일체유심조(일체는 오직 마음이 만들어내
는 것)이기 때문이다." 이 가르침은 틀린 말이 아니다. 왜냐하면 그 어떤 외
부 환경조건과 사건에 반응하는 자는 바로 그 자신의 마음이기 때문이다.

그러나 나는 외부 환경조건이나 사건도 매우 중시한다. 왜냐하면 우리들의
마음이란 외부 환경조건이나 사건에 의해 결정적인 영향을 받기 때문이다.

■ 유심과 무심

한마음이란 한 생각일 뿐이다. 석가모니불교의 핵심은 무심, 무념, 무아
론에 있다.

■ 내가 이렇게 말하는 이유

나는 일(一)이라는 단어에 알레르기 증상이 있는 자이다. 나는 일(一)보다는 다(多)를 중시하고 다(多)의 공존을 주장한다. 이 시대는 단 하나의 신(또는 일심, 유심)이나, 단 하나의 종교, 정치, 경제, 군사, 문화나, 단 하나의 이념과 철학이나, 단 하나의 목표를 주장하고 몰두하기에는 너무나 복잡한 하이브리드(잡종, 복합성, 전체성) 시대다.

■ 일체유심조의 아만

사람의 내면 속에 있는 마음이 주장하기를, 모든 것은 오직 자기마음에서만 구하고 얻으라고 하니, 마음은 자기 외부에 운동하는 환경(조건)이 있다는 것을 모르는가?

마음은 주장하기를 "원인도 없고, 결과도 없고, 모양도 없고, 생사도 없고, 더러움과 깨끗함도 없는 것"이라고 하면서 자기 마음을 신비화하고 절대화하니, 나는 반야검(지혜의 칼, 또는 예리한 통찰력)으로 이 마음의 목을 베노라.

■ 무자성과 무심

사물 그 자체(Thing in itself; 자체성, 실체성, 본체)가 존재하지 않는 것이라면, 일체유심조(All things are Only Mind)도 존재하지 않는다.

■ 불교의 자유정신

무자성이란 자기 고유성이 없다는 것! 그래서 그 어떤 것에도 고유성을 부여하지 않는 것!

■ 불교의 진리를 제멋대로 풀이하는 사람들

어느 독실한 천주교인이 쓴 무자성, 일체유심조, 무심이라는 서예 글을 보고 경악을 금하지 못했다. 왜냐하면 그는 입만 열면 하느님을 운운하는 분이었기 때문이다. 불교에서 무자성이란 '하느님이라고 하는 영원불변의 실체성은 없다'는 뜻이다. 그래서 불교에서는 무자성을 토끼의 뿔, 거북이의 털이라고 부르기도 한다. 그리고 일체유심조란 '하느님이라고 하는 것도 사람의 마음이 지어낸 것'이라는 뜻이다. 그래서 불교에서는 일체유심조를 허공에 활짝 피어있는 장미꽃이라고 부르기도 한다. 그리고 또, 무심이란 '하느님은 없다'는 뜻이다. 유대교에서는 하느님을 자기 스스로 있는 존재라고 말하지만, 불교에서는 자기 스스로 있는 존재란 없다고 설파한다. 왜냐하면 모든 존재와 현상은 무수한 원인의 원인과 조건의 조건에 의해 생성되고 소멸되는 것이기 때문이다.

■ 석가모니 불교에서의 해탈의 의미

인간의 자유정신은 브라만과 아트만, 절대적인 신과 상대적인 신, 본성론적인 자성과 유심을 제거해버린 상태에서 비로소 창발할 수 있는 것이다.

■ 유심의 과대망상

일체유심조(모든 것은 마음이 창조한 것이다)라고 하는 이론은 인간의 마음에 대한 과대평가다.

■ 중요한 것은 마음이 아니라 환경조건의 개선이다

원인과 여건이 바뀌면 새로운 마음을 경험한다. 즉, 마음이 이동하면 생각이 변하고, 생각이 변하면 행동이 변하게 되어 비로소 보람을 느끼는 터전을 마련하게 된다.

■ 일체유심조와 돈

일체유심조(모든 것은 마음의 창조다)라고 하는 마음도, 돈이 있어야 제대로 기능하며 가치 있는 일을 할 수 있다.

■ 일체유심조의 의미

일체유심조(모든 것은 오직 마음이 조작해내는 것이다)란 마음이 집중하는 곳에서만 현실이 존재한다는 믿음이다.

모든 것은 마음에서 만들어진다. 예를 들면, 경험자에게 모든 경험은 분명히 진짜로 느껴지는데, 이것은 어느 하나의 현실 가능성을 향해 마음이 집중하여 진짜 경험으로 만들기 때문이다.

■ 돈벌이 비법의 이론적 근거에 대하여

지구상의 모든 국가에서 돈벌이 방법에 관한 책을 써내는 지자들이 비법으로 삼는 이론적 근거는 '관찰자가 곧 관찰대상이다.' 라는 양자역학의 이론과 '일체유심조(모든 것은 마음이 만들어낸다)' 라는 대승불교 화엄경의 이론이다. 미래는 또 다른 비법이 유행할 것이라고 예상된다.

■ 마음은 독립적인 실체가 아니다

마음은 외부의 자극에 반응하는 감정(느끼는 감정)일 뿐이다. 마음은 망심과 진심으로 나누어 분별하는 작용일 뿐이다. 어찌 마음이 두 개의 상일 뿐이겠는가? 마음은 무수한 상으로 외부의 자극적인 종류 수만큼이나 많은 것이다.

그러나 석가모니의 깨달음인 "모든 존재와 현상은 수많은 조건에 의해 생겨난 것이기 때문에 실체성이 없는 것이다." 라는 설법에 의하면 마음은 인연에 의한 것이므로 실체성이 없는 것이다. 그러므로 마음 또한 무심인 것이다.

■ 마음이란 별게 아니다

마음은 일체유심조(모든 것은 오직 마음이 만들어내는 것이다)가 아니라 경계(환경, 조건, 인연)에 따라 흘러가는 것이다.

■ 마음에 대한 나의 명제

마음은 존재가 아니라 과정이다.

■ 사람의 불행은 대부분 대인관계로 인해 생겨난다.

마음 탓이라고? 상대방의 마음 탓이지! 내가 어쩔 수 없이 처해있는 외부 환경조건 탓이지! 사람의 불행은 대부분 대인관계로 인해 생겨난다.

■ 세계와 마음

내가 변하면 세계도 변한다고? 아니다. 세계가 변하면 나도 변할 수밖에 없다.

■ 마음중심적인 생각도 넘어서야 한다

내가 웃으면 세계도 웃고, 내가 울면 세계도 운다는 것은 자기 마음 중심적인 생각을 넘어서지 못한 것이다. 나는 나이고, 세계는 세계일 뿐이다. 생물과 무생물의 경계. 우주의 먼지 덩어리들.

■ 대승기신론과 내 생각이 다른 점

《대승기신론》에 "마음이 생기면 곧 여러 가지 법이 생기고, 마음이 소멸하면 곧 여러 가지 법도 소멸한다." 라는 글이 있다. 이것은 원효(617~686)대사의 오도송이기도 하다.

그런데 나는 다르게 생각한다. 마음은 저절로 생기는 것이 아니라, 외부 환경조건인 여러 가지 존재와 현상의 상호작용력에 의해 생겨나는 것이다.

마음의 소멸도 마찬가지다. 마음은 저절로 소멸하는 것이 아니라, 외부의 환경조건이 변하면 마음도 따라서 소멸하거나 변하는 것이다. 그러므로 온갖 마음의 발생과 소멸은 모두 인연의 법칙에 의한 것이라고 할 수 있다.

나는 특별한 일심(하나로 결합되어 있는 전체적인 마음)도 없고, 특별한 무심(무에 근거해 있는 마음)도 없다고 통찰하는 자이다.

■ 불자가 매달려 있는 것

불교는 아직도 자기 '한 마음' 에만 매달려 있다.

■ 마음은 발견하는 것이 아니라 어떻게 사용하는가가 중요한 것

일심(또는 부처의 마음)을 기독교의 하나님처럼 모든 것을 알아서 해결해주는 것으로 이해하는 자는 오해하는 자이다.

일심(전체적이고 평등한 마음) 자체의 세계와 기능이란 없다. 그러므로 우리는 일심과 자기 자신을 분리해 별개의 것으로 분별하면서 수동적, 의존적, 신앙적 사고습관을 키우는 것을 금지해야 한다.

모든 것을 아는 자성(존재의 본질적인 고유성, 영원한 실체, 천성적인 자아, 또는 자신의 근본적인 본성)이라는 반야바라밀(즉, 통찰의 면에서 볼 때, 만물에 대한 완전한 이해, 또는 완벽한 인식, 또는 이러한 인식을 이루어내는 것)에 대한 것도 마찬가지다.

■ 반야바라밀은 반야바라밀이 아니라 그 명칭이 반야바라밀이다

반야바라밀이 대단한 이유는 반야바라밀(근원적이면서도 전체적인 통찰력)이 모든 문제를 명백하게 하기 때문이다. 그런데 이러한 반야바라밀(완전한 통찰)은 고정불변의 실체성이 아니다. 고로 반야바라밀은 획득되거나 성취하거나 소유할 수 있는 물건이 아니다. 즉, 반야바라밀은 그 무엇에 대한 반야바라밀이지, 반야바라밀(완전한 지혜) 그 자체란 없다. 이렇게 이해해야 올바른 불교일 것이다.

■ 내가 이해하는 불교신자의 정체

불교신자란 의존심리 중독자, 게으른 기회주의자, 만사를 사랑과 연민이라는 애정으로 해결하려는 자, 지혜조차도 어리석게 만들어 버리고 마는 직

관적 신비주의자, 감성이 풍부한 위선자, 고양이 같은 자이다.

■ 일심은 존재가 아니라 작용이다

일심(또는 깨달은 자의 마음)은 내 속에서 발견하는 아트만(진아, 진면목, 자성) 같은 한 물건이 아니라, 내가 만들어 내는 것이다. 하지만 자기가 만든 일심을 실체화, 절대화, 신성화, 우상화하는 것은 얼마나 많은 죄를 짓는 일인가!

■ 조종당하는 자가 아니라 조종하는 자가 되어야 한다

자기인생의 가치의 순위는 수천년 전에 이미 죽은 부처와 보살신이 아니라 바로 지금 여기 이 순간에 생존하는 현재의 자기 자신이어야 한다.

■ 생존욕구가 시각인지 과정에 무의식적으로 영향을 미친다는 것

우리 눈이 세상을 보기 전에 두뇌는 자기가 보고 싶어 하는 대로 세상을 해석해버리는 경향이 있다.

■ 시각 착시와 인지 착각

제한적이고 편협할 수밖에 없는 인간의 한계

■ 불교승려들이 강원에서 반드시 공부해야 할 것

우리에게 지금 당장 필요한 것은 인류학, 생물학, 인지과학, 진화심리학, 특히 두뇌과학에 대한 공부이다.

두뇌과학의 책들은 선진국에서는 엄청난 자료들을 남기는 연구를 하고 있는데 "마음은 인체의 어디에 있을까? 마음이란 무엇인가? 마음은 어떻게 생겼는가? 정신병자의 마음은 어디에 있을까?" 에 대한 우리나라의 두뇌과학 수준은 아직도 동양의학서와 해부학적인 소재확인 수준을 벗어나지 못하고 있는 것 같다.

■ 마음공부가 아니라 뇌의 구조와 작용에 대해 공부해라

불교가 마음에 집중한 것은 모든 것이 마음에서 생겨난다고 보았기 때문일 것이다. 하지만 나는 마음이 아니라 마음의 근원인 두뇌의 구조와 작용에 관심을 집중한다. 왜냐하면 문제는 마음이 아니라 마음의 근원인 두뇌의 구조와 작용이기 때문이다.

■ 매점에서 생수를 사 마시며

갈증을 느껴서 물을 찾아 마시는 것은 내가 아니다. 바소프레신 호르몬이 뇌하수체의 후엽에서 체내 수분량을 조절하기 위해 안지오텐신 호르몬으로 하여금 갈증을 느끼게 하여 수분을 보급케 하는 것이다. 나는 그저 이 호르몬의 명령대로 실행하는 자일 뿐이다.

■ 양자물리와 불교 뇌의학

로저 펜로스가 "뇌신경 세포의 정보처리는 양자역학적 상태에 의한 것"이라고 성찰할 때, 그는 불교의 유식학(모든 것을 창조하는 최고의 궁극적인 의식상태에 관한 가르침)에서 말하는 〈불교 뇌의학〉사상에 접근해 온 셈이다.

■ 두뇌의 무억과 돈오에 관한 문제

좌절과 고통을 느끼게 하는 과거의 경험들(기억들)을 없애버리면 만물은 다시 평온한 심리상태를 누리게 될 것이다. 그런데 문제는 두뇌의 기억 삭제 과정이 매우 천천히 진행된다는 것이다.

물론 이러한 두뇌의 기능은 아픈 만큼 성숙하게 한다는 장점도 있지만, 괴로워하는 사람은 가능한 한 매우 신속하게 즉각적으로 자기 두뇌가 기억 삭제 과정을 끝내주기를 바라는 법이다.

불가에 돈오돈수와 점오점수라는 견해가 있다. 돈오돈수(sudden awakening-sudden cultivation)란 한 순간의 커다란 깨달음에 의해 새로운 신경구조(중추신경계)가 창조되는 것을 의미한다.

■ 인간이 신성에 집착하는 이유와 그 운명

인류가 자신의 생체 속에서 전지전능하고 무소불능한 유전자가 어느 곳에 어떻게 있는지 명확하게 알고 그것을 움직일 수 있다면, 인류의 미래는 영원한 것이 되는 것일까? 어쩌면 그 유전자가 발견되는 순간 인류는 '색다른 멸망' 을 경험하게 될지도 모른다.

■ 모든 유전자들의 왕을 상상하며

모든 생명체들의 모든 이치가 다 드러나도 은미한 것이 그 기미를 잡고 있는데, 그의 이름은 모든 유전자들의 왕이다.

■ 내게 가장 경이로운 것은

우주의 기원과 현황이 어찌 되었든 내게 가장 경이로운 것은 질문할 줄 아는 인간의 의식이다.

■ 내가 하는 일

사상가로서 내가 할 일은 핵심 되는 주제를 찾아내어서 가장 중요한 질문을 올바르게 하는 것이다.

■ 뇌는 뇌 자신을 초월할 수 있는가

하오왕 논리학 교수는 "정신은 뇌를 능가할 수 있는가?"라고 물었다. 그러나 '정신은 뇌가 하는 작용이다.' 라고 했을 때 이런 질문은 올바른 질문인가?

나는 "정신은 뇌를 능가할 수 있는가?"라는 질문보다 "뇌는 뇌 자신을 초월할 수 있는가? 뇌는 뇌를 넘어설 수 있는가?" 라는 질문으로 바꾸고 싶다.

나의 관점은 뇌는 뇌를 충분히 넘어설 수 있고, 초월적일 수 있다는 것이다. 왜냐하면 뇌는 뇌를 넘어서 충분히 초월적이지 않으면 현실적일 수도 없다는 사실을 잘 알고 있기 때문이다.

■ 내가 생각하는 종교

종교는 어떤 고정적인 교리에 대한 믿음이 되어서는 안된다. 왜냐하면 종교는 교리나 믿음이 없이 매순간마다 새롭게 생성하는 삶의 깨달음의 순간과 같은 것이어야 하기 때문이다.

■ 무상 스님이 가르친 무억에 대하여

기억을 빼주는 뇌구조의 정밀함에 대한 이해가 없이 어떻게 무억(무기억)의 경지와 의미를 실제적으로 터득할 수 있겠는가?

무억(망각)이란 아무런 실체가 없는 기억, 또는 기억에 집착하거나 영향을 받지 않고 반응하거나 행동하는 것, 또는 편도체의 경험과 기억에 사로잡히지 않는 것, 또는 정화된 기억, 또는 내 과거의 부정적인 기억을 깨끗이 청소하는 것, 또는 완전한 열반, 또는 초월적인 자유, 또는 해탈을 의미한다.

티베트의 오래된 역사서에도 기록되어 있는 한국인 출신의 무상 스님. 보당무주와 마조도일의 스승이었던 한국인 출신의 정중무상(684~762) 스님의 핵심적인 가르침인 무억과 무념과 막망의 명제를 생각하면서.

■ 무기억과 올바른 기억

불교수행(즉, 자신의 번뇌소멸에 관한 수행)에 있어서는 무억(무기억)이 중요하지만, 미래 역사와 정치문제를 위해서는 과거와 현재의 정억(올바른 기억)이 매우 중요하다.(2009년 11월 12일의 메모)

■ 두뇌 편도체의 장단점

기억에 대한 고정관념은 나를 제한적이고 한정적인 인생을 살게 한다. 기억은 나의 수호신이면서 동시에 장애물이다.

■ 새로운 상상력은 새로운 명칭을 낳는다

초기불교든 대승불교든 불교에서 사용하는 무나 공이라는 용어는 불자로서는 더 이상의 상상력이 불가능하기 때문에 그렇게 표기했을 것이다.

그러나 이제 우리는 무나 공이라는 용어에 대해 새로운 명칭을 만들어내어야 할 것이다. 왜냐하면 무는 무가 아니요, 공은 공이 아니기 때문이다.

■ 난데없이 나타난 것들을 바라보며

나는 오늘 무가 어떻게 모든 것을 창조하는가에 대한 증거를 보았다.

■ 니체의 무기억의 원인

니체는 《지식》에서 "본래의 너 자신이 되라."고 쓴 바 있다. 그런데 그는 거울에 비친 자기 얼굴도 알아보지 못했다. 그가 누구일지라도 머리가 돌아버리면(즉, 두뇌 신경계가 손상이 되면) 이렇게 되는 것이다.

■ 무상 스님이 주장하는 무기억의 난해한 점

모든 수학자와 물리학자가 무기억 상태(아무런 기억이 없는 상태)가 된다면 인류는 무엇을 알 수 있으며 어떻게 발전할 수 있었겠는가? 그리고 또 만약 아무런 기억이 없다면, 고통과 구제의 경험은 불가능할 것이다.

■ 무상 스님이 주장한 무기억의 극치는

김무상(694–762) 스님이 주장한 무기억의 극치는 죽음이다. 과거와 현재의 모든 기억을 빼앗아버리는 죽음, 말이다.

■ 한국 영화 《중천》을 보고

영화 《중천(The Restless: 2006년 개봉작)》을 2007년 8월 8일 캐나다 앨버타 주 에드몬톤에서 DVD로 보다. 이 영화는 '중천이 지켜져야 하는 이유'에 대해, 중천이 사라지면 죽은 자는 승천하지 못하고, 새 생명은 다시 태어나지 못하기 때문이라고 말했다.

이 영화를 보면서 나는 기억과 무기억에 관한 주제에 대해 사색해보았다.

그리고 죽음보다는 삶이 더 놀라운 것이고, 죽은 자보다는 살아있는 자가 더 뜻 깊은 것 같다는 느낌을 받았다. 그럼에도 불구하고 소화를 향한 이곽의 사랑, 이곽을 향한 효의 사랑은 슬프다.

이 영화에 나오는 인물 중에 내 성질과 비슷한 자는 반추이다. 그러나 이곽을 사랑했던 효가 죽을 때 나는 오랜만에 많은 눈물을 흘렸다. 대단한 러브 스토리이다. 《중천(2006)》은 《은행나무 침대(1996)》보다 모든 점에서 세련되고 완성도가 높은 영화인 것 같다.

■ 무아의 응집력과 해탈

무아(자아는 환상이라는 깨달음)의 응집력은 자유로움을 낳는다.

■ 생사윤회는 내가 원한 것인가

나는 일념심(a concentration of mind)도 없는 자인데, 어떻게 해서 이 삼계(욕망의 세계와 물질의 세계와 정신세계)에 들어왔는가?

나는 일념심도 없는 자인데, 어떻게 해서 이 삼계를 벗어나야 하는가?

■ 마음은 마음만이 아니요, 물질은 물질만이 아니다

무착(310-390)이 쓴 《대승장엄경론》에 "마음 밖에 물질이 있을 수 없다. 그리고 또 물질이 없다면 마음 또한 없다."라는 문구가 있다. 보리달마(460-536)도 《무심론》에서 "마음 밖에 물질이 없고, 물질 밖에 마음 없다."고 썼다. 그렇다. "마음이 곧 물질이요, 물질이 곧 마음이다." 그러므로 마음은 마음만이 아니요, 물질은 물질만이 아니다.

■ 훈습

사람의 두뇌와 마음은 한번 사용하고 버릴 수 있는 기계나 물건이 아니다. 사람의 두뇌와 마음은 훈습되어지는 것이다. 훈습되면 곧 바로 업이 된다. 그러므로 사람은 직업, 결혼, 종교 등의 환경조건을 잘 선택해서 자기를 함양해야 한다.

■ 참선의 가치

참선(Dhayana; quiet meditation, 또는 quieting of thought)은 완벽한 고요 속에서 모든 생각을 쉬게 하는 것이다. 완벽한 침묵의 세계다. 그러나 이 휴식이 극도에 이르면 지극반전의 법칙처럼 생각의 활동이 생겨나기 시작한다. 즉, 완벽한 고요와 침묵 속에서 순수해진 생각(즉, 에너지와 정보)은 뇌화학뿐만 아니라 신체화학을 통해 우리들의 온몸을 이루는 세포(세포의식의 핵)에 전염되고, 입력되고 퍼져가서, 그동안 외부에서 보이지 않는 것을 '보이는 것' 으로 변형시킨다. 즉, 운명을 만들어낸다.

■ 상대를 배려하지 않고 배려하는 방법

대화가 통하지 않으면, 불통 그대로 일단 종결(침묵)할 것. 그리고 꿈을 의식하고 기억하지 않는 깊은 잠을 청할 것. 자고 나면, 왜 대화가 불통인지 그 원인을 알게 될 것이다. 우리가 정말 정직하고 예민한 사람이라면!

■ 사용하고 남은 것은 그냥 버리든지 아니면 필요한 누구에게 선물로 준다

상황이 급해지면 염불선이든 참선이든 막 가지고 와서 쓰게 된다. 마치 상황이 급해지면 무당도 찾고, 선사도 찾는 것처럼! 그런데 급한 상황이나 문제가 종결되면 남아 있는 염불선과 참선은 그만 애물단지가 되고 만다.

■ 반야바라밀과 염불삼매

통찰은 지성으로 인식하는 것이고, 염불은 온 마음을 다해 갈구하는 것이다.

■ 깨달은 자의 사회적 습관

아무런 불안과 욕구와 갈등이 없는 데에도 염불 기도하는 종교에 소속되어 있는 것은 사회적 습관 때문이다.

■ 이제 예불하는 방식도 변해야 한다

예불은 자신의 진정한 자유정신을 죽이는 짓이다. 왜냐하면 예불이란 자기보호와 발전을 위한 아첨, 자신의 전부를 내맡긴다는 열정을 위한 희생과 헌신, 행복과 기쁨을 위한 구걸행위이기 때문이다.

물론, 불교의 조석예불은 내 기분을 아주 숭고한 감동과 예감에 젖어들게
한다. 그러나 아침저녁 예불은 아침저녁으로 맛보는, 그래서 의존중독되는
안전한(?) 마약이다. 그러나 석가모니 부처는 평생동안 그 어느 신에게 아침
저녁으로 예배하거나 기도한 한 적이 없다! 우리는 이 사실을 깨달아야 한
다. 반평생 예불을 해온 자가 이제 예불을 시작하는 사람에게. (더 읽고 싶은
독자는, 《선사상(1984년 2월호)》에 게재된 석진오의 〈예불〉에 관한 글을 참조해보시
기 바란다.)

■ 인생의 '진실한 모순'

석가모니 부처는 가진 것을 모두 버리고 떠난 분이다. 그런데 우리가 이러
한 석가모니를 향해 '보다 많은 것을 가지기 위해' 열심히 믿고 기도하고 소
원을 빈다면 이것은 이상한 사고방식과 행위가 아닌가?

■ 보통사람으로서는 도저히 이해가 되지 않는 것에 대하여

현금과 재산이 너무 많아서 골치가 아픈 자의 심정을, 극빈자가 어떻게 무
슨 수로 이해하고 공감할 수 있겠는가! 불교(온갖 종류의 망상에서 깨어난 자의
가르침)도 마찬가지다.

■ 염불과 기도란

염불과 기도란 공명을 안팎으로 증폭하는 소리를 신비화하고 실체화한
것에 불과하다. 다른 종교의 기도란 것도 마찬가지다. 염원이란 자신의 간
절한 욕망이 한순간에 이루어지게 바라는 동시성에 관한 도박적인 게임에

·53

관한 것이다.

■ 내가 염불하지 않는 이유

염불은 기도(탄원, 청원, 소원, 희망, 구걸, 자기도취)가 아니다. 염불(Recollecting Buddha's name)은 내가 스스로 잠에서 깨어난 자가 되는 것이다. 그런데 염불(Chanting)소리는 우리의 정기신을 더 깊이 잠재우기만 한다. 그러나 내가 평소 하는 것처럼, 죽비소리를 내는 예불은 우리를 깨어있게 한다.

■ 기도자와 기도와 기도의 대상은 모두 실체성이 없는 환상일 뿐

자기의 기도(탄원, 호소, 아부, 찬양)에 의해 자기의 소원(욕구, 탐욕, 욕망)을 무조건 성취해주는 그런 바보 같은 아흐라마즈다, 여호와, 브라만, 부처와 보살이 있다고 믿는가? 인생이 그렇게 쉬운 것이라면 누가 기도를 하지 않겠는가? 그리고 또, 모든 종교의 교주들과 신들은 기도에 의해 움직이는 나약한 자들이 아니다. 그들은 그들만의 목적과 방법이 있는 것이다. 만약 기도하는 자들이 그들의 목적과 방법을 안다면, 그는 즉시 공포와 불안에 휩싸이게 될 것이다. 그러나 그것이 곧 축복이요, 은총의 가능성(씨알)일지 누가 알겠는가!

■ 관세음 보살과 지장 보살이 함께 산책하는 탱화를 바라보며

비굴하게 아첨하거나 거지근성이 없는 자의 기도는 어떤 것일까?

■ 염불에 대하여

염불이란 글자 그대로 읽으면 부처를 생각한다는 뜻이다. 그런데 우리가 보통 행하는 염불이란 자기 욕망의 소원 성취를 위해 열심히 반복적으로 중얼거리는 것(Chanting) 또는 어느 일정한 보살신의 이름을 부르는 것을 의미한다.

긍정적으로 생각하면, 염불이란 부처를 '큰 소리로 생각하는 것(thinking out loud)이다. 어느 인디언의 말처럼, 인생은 소리로 만들어진 집이다. 그 소리의 울림이 바로 그 사람을 만들기 때문이다.

하지만 부처는 염송한 적이 없다. 염송이란 반복적인 생각으로 자기를 중독시키는 것이다.

그래서 염불위주로 불교를 신앙하는 중국과 한국과 일본에서 종교 재단 법인체로 있는 종단적인 사업 불교는 진짜 불교가 아니다. 가짜 불교다. 이에 관한 증명은 석가모니 부처의 깨달음과 가르침으로 언제든지 충분히 할 수 있다. 그리고 또 나의 이 책으로도 증거를 삼을 수 있다. 불교가 얼마나 치열하고 진지하고 고독한 종교인지를!

■ 염불의 장단점

염불은 사람의 마음을 달래주고 진정시키는 효과가 분명히 있는 방법이다. 그러나 너무 심취하여 중독이 되면 흉해지니, 장기복용은 하지 않는 것이 좋다.

■ 염불행위의 문제점

염불행위는 자기 욕망을 자기 소리로 자기 두뇌에 각인시켜 그대로 이 세상에 실현하려는 의지(Will)이다. 문제는 이 의지가 매우 집요한 탐욕의 마음이라는 것이다.

■ 석가모니는 염불한 적이 없다

어떤 종교의 신자일지라도 매시 매일 매월 매년 열심히 기도한다면 그대로 이루어질 가능성은 매우 높다.

그러나 이렇게 기도하는 자와 기도 내용과 기도 성취는 석가모니 부처(즉, 현실세계의 망상과 덧없음을 철저히 깨달은 자)와는 아무런 상관이 없는 것이다. 석가모니는 염불한 적이 없다.

■ 내가 이렇게 말하는 이유

온갖 종류의 음식물을 상단에 쌓아놓고, 예불과 염불과 기도를 통해 부처와 보살신들이 자기를 위해 신통술을 부리도록, 뇌물과 아부하는 방법으로 압력과 협박을 가하는 것은 얼마나 야만적이고 어리석은 짓인가! 만약 부처와 보살신이 이러한 자들의 압력과 협박에 못이겨 또는 기도자의 명령대로 신통술을 부린다면, 그러한 부처와 보살신들이란 얼마나 가련하고 천박한 것들인가? 인간동물의 영악성과 편리한 사고와 감정에 분노를 느낀다.

■ 염불의 단점

염불하지마라. 그러면 너의 두뇌는 암시당하거나 최면당하지 않을 것이다.

■ 진언명상의 실제

진언명상을 하기 위해 의식이 진언에 집중하는 순간, 의식은 당연히 시간 초월을 체험하게 된다. 그러나 의식이 진언을 멈추면 의식은 다시 본래 의식상태로 돌아온다.

문제는 의식이 착각을 초월로 인지하고 그 초월적인 체험을 자꾸 반복적으로 원하여 자기도 모르게 중독되어 간다는 점이다.

■ 부처를 염원한다는 것에 대하여

한 번도 만나 본 적이 없는 부처님을 염원한다는 것은 그 사람의 마음이 그려내는 부처님일 뿐이다. 문제는 "자기가 곧 부처"라는 미신과 아상(self-image)을 만들어 낸다는 것이다.

■ 연민피로증

불교신자는 연민과 우정의 마음 때문에 아무나 껴안아 주어야 하는가? 나는 우정과 연민의 마음으로 아무나 껴안아 주다가 가슴에 병이 난 적이 있다. 병명은 연민 피로감(compassion fatigue).

■ 연민피로감이라는 병

중생(Sentient Being, 또는 모든 생명체들)을 구제하는 사람은 구제 과정에서 자기도 구제받아야 할 중생이 되고 만다. 그래서 유마 거사는 《유마경》에서 타인에 대한 동정심이나 배려로 인한 우울증(병)은 종교적 우울증(병)이라고 말했을 것이다. 유마 거사의 병에 관련된 문제로는 니체의 《인간적인 너무나 인간적인》제 1권 2장 47절의 문구와 대조해보시기 바란다.

■ 유마 거사의 병

중생이 아프면 자기도 아프다. 중생이 우울하면 자신도 우울하다. 중생이 슬프면 자기도 슬프다. 중생이 외로우면 자신도 외롭다. 중생이 불행하면 자신도 불행하다.

이것이 유마 거사의 마음병이다. 병이란 심신이 건강하지 못한 상태를 말한다. 즉 쇠약한 자의 상상적인 구걸, 또는 상호 의존적 상상이라는 병, 말이다. 병을 앓는 것, 병을 견디어내는 것, 병을 극복하는 것은 일종의 능력이다.

■ 황스님으로부터 송보살의 종교배신에 관한 이야기를 듣고

오늘 M사의 주지스님으로부터 어느 보살님의 종교배신에 관한 이야기를 듣고 이 글을 쓴다.

절에 나가던 사람이 교회에 나가 목사와 하나님(완전히 허구적인 것)을 믿는다고 한다. 이런 사람은 처음부터 불교와 상관없는 자이거나, 절에 나가면서도 주지스님에게 아무것도 배운 것이 없는 자라고 여겨진다. 이런 사람에게 종교는 처음부터 자기 욕심을 채워줄 일종의 로또복권 같은 것에 지나지 않은 것이고, 또 자신의 에고를 무조건 포용하고 위안해주는 술과 노래방 같은 것에 지나지 않은 것이다. 나의 제자들 중에도 이런 양심불량자가 나올까봐 걱정이 된다. 의존중독만 더 병적으로 강화시켜서 안전하게 착취해가는 종교 선택이 아니라, 차라리 무종교인이 되어 살겠노라고 했다면 좋

앞으련만! 그 어리석은 자에게 니체의 《인간적인 너무나 인간적인》책 제1권 3장 109절의 문구를 선물로 주고 싶다.

성찰과 통찰을 주업무로 삼고 있는 사상가의 입장에서 말한다면, 믿음(절대적인 신념 즉 신앙)이란 바꿀 수 있거나 또 아예 없애버릴 수도 있다. 왜냐하면 믿음(절대적 신념 즉 신앙)이란 고정불변의 실체성이 없는 것이기 때문이다. 그리고 이 세상에 다양한 믿음(절대적 신념 즉 신앙)이 있다는 것은, 고귀한 배신행위와 성숙된 재회의 변동행위도 가능하다는 이유가 되기도 한다. 그런데 종교 배신행위의 문제점은, 자기 인간성의 큰 자각이 없는 배신이며, 미신과 오류로 가득찬 교리에 대해 아무런 조사가 없이 행하는 무지와 탐욕과 어리석음을 보여주는 배신이라는 점이다.

■ 종교를 이용하는 사람들을 바라보며

노자 도덕경 제 5장에 나오는 '짚으로 만든 개' 처럼 종교를 사용하는 사람들은 얼마나 철저히 자기중심적인가? 이런 사람에게 종교는 자신의 탐욕을 기만적으로 충족하려는 신통술일 뿐이다.

■ 불교를 믿는다는 어느 무당의 굿을 보고

매일 강박적인 기도행위를 통해 자기가 모시는 보살신을 찬탄하고 감사하는 것은, 비굴한 아첨과 아부로 압력을 가해 복을 받아내려는 인간동물의 영악성과 천박함이다.

부처(망상에서 깨어난 자)는 예불과 예불과정과 예불대상과 그 보상에 대하여 모두 무아요, 공성이라고 설파했는데!

■ 부처의 마음병은 누가 치료하는가

중생의 마음병은 부처가 치료해준다면, 부처의 마음병은 누가 치료하는가?

■ 우정이란

우정은 서로 이익을 계산을 하지 않아도 될 정도로 동등한 사람 사이에서만 가능한 것!

■ 우정을 맺기 전에

우정에 관해 몇 권의 책을 쓸 정도로 말의 분량이 많아야 하는가? 우정을 맺는 과정에서는 현명한 지성(성숙한 판단력)이 필요하다. 왜냐하면 선택을 잘못한 우정은 행복이 아니라 불행을 겪게 하기 때문이다. 본의든 본의 아니든 서로 상처를 주고 받는 우정은 차라리 우정관계가 없는 것만도 못하다.

그리고 성숙한 판단력이 생기기 이전에 지연이나 학연으로 맺은 우정은 우정이 아니라 운명이다. 운명에는 불행한 운명과 행복한 운명이 있다.

■ 악한 친구 사귈 바에야 외롭더라도 차라리 혼자가 낫다

세속에서 내가 원하는 친구의 조건은 다음과 같다.

---

3) 니체(1844-1900)는 《차라투스트라는 이렇게 말했다》 제1부〈14. 벗에 대하여〉에서 "벗에 대한 우리의 그리움은 우리가 누구인지를 드러내는 누설자(배신자)이다...친구를 적으로서도 존경해야만 한다. 당신은 친구를 변화시키는 일 없이 그에게 다가갈 수 있는가? 인간이란 초극되어야 할 무엇이다. 당신은 친구에 대한 동정(함께 괴로워하는 것)조차 물어뜯어야 한다. 그렇게 하면 동정은 섬세한 단맛을 지니게 될 것이다. 당신은 당신의 친구에게 대해 맑은 공기이며, 고독이며, 빵이며, 약인가?"라고 쓴 바 있다.

술과 담배를 즐기지 않는 사람. (길거리나 공공장소나 금연하는 친구를 만날 때에는 절대 담배를 피우지 말아야 한다.) 식습관이 청결한 사람. 여자와의 성관계가 복잡하지 않은 사람. 시기질투심이 적은 사람. 돈이 많은 이성에 집착하지 않는 사람. 지인에게 항상 손 내밀며 민폐만 끼치지 않는 사람. 말다툼할 때에도 인신공격이 아니라 문제중심적으로 말싸움하는 사람. 유모어 감각이 있는 사람. 한달에 한 번 정도는 서점에 가서 책 사는 사람. 남을 이용하여 자신만의 성공과 출세를 추구하지 않는 사람. 꿈과 포부가 크고 진지하고 성실하고 항상 얼굴이 밝은 사람. 만날 때마다 삶의 관점과 성찰의 깊이가 느껴지는 친구를 만난다는 것은 정말 대단한 행운이라고 생각한다.

■ 가짜 우정 판별법

소인배란 그가 어떤 부유한 직업을 가지고 있든 상관없이 보잘 것 없는 사람, 쓸 데 없는 사람, 천박한 사람, 장사꾼 같은 사람이다. 이런 사람들은 사귀기도 쉽고, 헤어지기도 쉽다. 그래서 평소에 쉽게 사귀고 쉽게 헤어지는 사람들과의 만남을 자주 갖는 사람은, 심지가 곧고 바른 교양인 즉 선비가 아닐 가능성이 매우 높다.[3]

■ 현명한 인연법

교제할 사람은 잘 선택해야 한다. 왜냐하면 대인관계에는 긍정적인 상호작용과 부정적인 상호작용이 있기 때문이다.

■ 대인관계는 인생의 교사

인간관계만큼 인간의 본성에 대해 정확히 가르쳐 주는 교육자도 없다.

■ 나의 건망증

나는 나의 깨달음을 붙잡지 않는다. 그것을 한번 쓰고 곧 잊어버리기 때문이다.

■ 꿈과 꿈을 꾸는 자

꿈은 예지자요, 상황을 있는 그대로 보여주는 자이다. 그래서 꿈 이야기를 들어보면 꿈 꾼 자의 내면을 적나라하게 알 수 있다.

오늘도 나는 도저히 알 수 없고, 느낄 수 없었던 내 마음의 세밀한 부분까지 미리 보여주는 꿈의 예지력을 보고, 어디서 어떻게 이런 신통력이 나타나는 것인지 신기해할 뿐이다.(2009년 11월 19일)

■ 영화 장면같은 꿈을 매일 꾸며

과거 기억의 자료들을 끌어와 꿈 이야기 대본을 쓰는 자와, 꿈을 만들어내고 보여주는 감독과, 장소로서의 의식과, 이 꿈을 보며 의식하며 해석하고 판단(또는 기억)하는 자는, 서로 제각각 다른 자인가? 동일한 자아인가?

■ 그만 둠과 관찰에서 그만둠

길몽이든 악몽이든 하루 종일 집에 가만히 있으면 아무런 일도 일어나지 않는다.

■ 잠에서 깨어나도 여전히 지루한 사람은

잠에서 깨어나도 여전히 지루한 사람에게는 차라리 잠자면서 꿈꾸는 것이 더 재미있는 것일 수도 있다. 나는 요즘 캐나다 앨버타주 에드몬톤에 머물고 있는데 두 달 동안 하루도 빠짐없이 뚜렷한 영상의 꿈을 꾼다.

■ 불면증의 이유

한국의 부산과 시간대가 바뀐 곳(캐나다 앨버타주 에드몬톤)에서 잠이 오지 않을 때, 내 두뇌 속에서 시끄러운 생각의 수다 소리가 들린다. 그칠 줄 모르는 수다소리를 들으며 잠을 자야만 하는 내 처지란!

■ 시간과 경험의 의미를 생각하며

우리들 각자가 경험하는 시간은 다르다. 너는 이 시간에 어떤 것을 경험하고 있는가? 나는 이 시간에 이런 것을 경험하고 있다.

그러나 시간과 모든 경험은 강물처럼 흘러간다. 우리들의 생은 마치 물결에 의해 어떤 그림이 그려지는 강돌처럼, 온갖 기억으로 새겨지는 영혼의 돌!

■ 인간화된 시간

시간은 내가 체험하는 시간이다. 시간 그 자체는 무의미한 것! 시간은 마치 계절같은 것! 나는 시간을 어떻게 체험하고 있는가? 하지만 무슨 체험을 어떻게 하든 모든 것은 강물처럼 흘러가는 법! 오늘 지금 바로 여기 이 자리, 이 순간에서.

■ 잘못된 동일시

장주(369-286.B.C.E)가 남화진경(제물론)에서 한 말이다.

"내가 나비인가? 나비가 나인가?"

칼 융(1875-1961)도 다음과 같이 말했다.

"내가 바위인가? 바위가 나인가?"

■ 동시성의 효능

동시성을 보여주는 인연법의 세계, 절묘하구나!

나는 크게 웃었다. 이것은 경험해본 사람만이 알 것이다.

■ 꿈을 꾼다는 것과 욕망이 있다는 것

꿈을 꾼다는 것과 욕망이 있다는 것은 동의어다. 그래서 예부터 불교심리학에서는 '부처(즉, 모든 망상에서 깨어난 자)는 꿈이 없는 잠을 잔다.' 고 말했다. 하지만 나는 욕망의 종식(열반)을 추구하는 자가 아니라, 분명한 욕망을 가지고 있는 자이며, 그 어떤 왜곡되거나 억압된 욕망 자체도 흥미롭게 관찰하는 사상가다. 왜냐하면 나는 이 순간에 현존하는 인간생명체이기 때문이다.

■ 좋은 꿈보다는 나쁜 꿈이 더 맞는 이유는

좋은 꿈은 뇌에서 이미 자기만족적인 쾌락이 방전되고 해소된 상태이고, 나쁜 꿈은 억압된 불만족이 해소되지 않은 상태여서, 좋은 꿈보다는 나쁜 꿈이 더 기억에 남아 꿈꾸는 자에게 영향을 준다.

즉, 나쁜 꿈은 꿈꾸는 자가 스스로 자기 삶의 경고와 방어를 위해 충격과 고통을 남기는 것이기에, 좋은 꿈보다는 나쁜 꿈이 더욱 선명하고 자극적인 것이다.

■ 누구의 무엇을 위한 호흡인가

잠을 잔다는 것은 감각의 문을 닫고 휴식한다는 것이다. 그런데 잠자는 중에서도 휴식하지 않는 것이 있는데 그것은 호흡하는 일이다. 그렇다면 과연 누가 호흡하게 하는 것일까? 도대체 호흡은 생명체(즉, 태양의 에너지인 병화 양기를 분산시키는 매개체)가 잠자고 있을 때 무슨 일을 하고 있는 것일까?

■ 호흡 잘한다고 저절로 부처가 되더냐

요즘 '뇌호흡' '우주호흡' 등 많은 호흡법이 이야기되고 있는데, 호흡법의 목적은 너무나 세속적이다. 호흡 잘한다고 저절로 부처(망상에서 깨어난 자)가 되더냐? 호흡만 잘하면 온갖 번뇌가 저절로 사라지더냐? 호흡은 암세포도 매우 특이하게 잘한다. 대체 인간은 호흡을 통해 암세포처럼 어떤 특별한 영생을 얻고자 하는가?

■ 영생에 대하여

인간은 영생이 영원한 형기인 줄 모르기 때문에 영생을 원하는 것이다. 그런데 만약 영생이 영원한 형벌이라는 사실을 안다면, 그는 영생이 아니라 순간이 곧 마지막이라는 이 생을 선택할 것이다.

■ 내가 스승으로 삼고 있는 명구를 소개하며

"영원히 살 것처럼 배우고, 내일 죽을 것처럼 살아라.(Learn as if you would live forever, live as if you would die tomorrow.)"라는 명구는 나의 좌우명이다. 그런데 이 문구는 "백 년을 살 것처럼 일하고, 내일 죽을 것처럼 기도하라."는 미국 문필가이며 정치가였던 B.프랭클린(1706-1790)의 글을 M.간디(1869-1948)가 모방응용한 말이다. B.프랭클린과 M.간디는 노동과 기도에 대해서도 엄청난 중요성을 강조하고 있다. 하지만 나의 노동은 정신노동이요, 나의 기도는 가치와 보람을 추구하는 삶 자체다.

나는 이 사실을 다시 구어체로 말하고 싶다! 돈벌이에 환장한 사업가가 말하는 노동이란 착취(즉, 강자가 약자를 이용해먹는 것)일 뿐이야! 그래서 나는 노동이라는 말보다는 정직한 사상을 일구어낸다는 말을 좋아해! 내 사상의 양심을 정직하게 자유롭게 열정적으로 깨달아낸다는 거지!

그리고 기도란 이 세속에서 무엇인가를 바라고 염원한다는 거야. 그래서 기도는, 이 세속에서의 성공과 출세라는 망상을 깬 사람(buddha)에게는 부끄러운 일일 뿐이야! 그래서 나는 기도라는 말보다는 이 삶 그대로 만족해! 내 삶을 있는 그대로 받아들인다는 거지!

■ 진실 속에 허상이 있고, 허상 속에 진실이 있다

일본의 만화영화 《애니 매트릭스》에서 대화 한 토막.

"왜 꿈이 현실보다 더 현실인 것처럼 느껴지는 걸까? 어떤 것이 진짜인지 어떻게 알 수 있지?"

"진실 속에 허상이 있고, 허상 속에 진실이 있다. 그리고 이 진실을 알고 싶다면, 너는 모든 위험을 감수해야 돼."

《매트릭스》와 《공각기동대》는 정말 철학적인 사유를 깊게 자극하는 영화
이다.

공각기동대에 나오는 대사 한 토막을 소개한다.

"인간의 몸과 마음을 구성하는 요소는 수없이 많아. 그 요소들이 모여서
하나의 인격을 만들어내지. 나라고 인식할 수 있는 건 생김새와 목소리뿐만
아니라 내가 가진 기억이나 추억에 의해서야. 나라는 건 수많은 정보와 타
인과의 관계 속에서 온갖 정보들을 나만의 방식으로 섞어서 만들어낸 일종
의 허상이야."

이 말은, 불교에서 말하는 '조건에 의한 생성이기에 실체성은 없다'는 해
체론이나 무심(無心)에 대한 가장 쉬운 해설이라고 여겨진다.

■ 부처와 속인

초월해보아도 자유롭지 않고 여전히 평범한 인간이라면, 차라리 세속에
서 공업(함께 짓는 업)의 속박을 희생과 봉사로 알고 사는 것이 더 의미와 가
치 있는 것일 수도 있다.

■ 인생이란 유전자의 변신이야기

내게 있어서, 업이란 내가 부모로부터 상속받은 유산인 유전자를 뜻한다.

그리고 우리들의 인생이란 이 상속받은 유산을 그냥 꼭 지키고 있기만 하
는 사람과, 그냥 낭비만 하는 사람과, 자기가 상속받은 유산을 처분하여 다
른 것으로 바꾸는 사람들이 함께 지어내는 이야기들이다.

■ 선정과 지혜를 함께 닦는다는 문제

지관쌍수(그만두는 것과 지켜보는 것을 동시에 함께 수련함)하라고 주장하지만, 같이 수련할 지관(멈춤과 바라봄)의 실체성은 없다. 그저 조건과 원인에 따라 명상하고, 통찰할 뿐이다.

■ 불교의 금연 비법

불교의 금주와 금연 비법은 위빠사나(주시와 주의, 알아차림과 마음 챙김)에 있다.

■ 마음이 정지되는 이유

불교에서 말하는 지관(멈춤과 관찰)의 지(멈춤, 그침, 무위)는 마치 뱀을 만난 쥐처럼 극단적인 공포의 순간을 겪는 마음의 정지상태가 아니다.

■ 무위법의 효능

미로에 빠진 자가 방황하지 않으려면 우선 자기가 서 있는 자리에 주저앉아 마음이 텅 비어질 때까지 가만히 있는 것이다.

■ 앎과 실천에서 행동의 가치

만약 네가 무엇인가를 가지기 원한다면, 여태까지 네가 하지 않은 것을 해야만 할 것이다. 그러나 누가 이런 어려운 일을 감행할 수 있겠는가? 이순신(1545-1598) 장군의 말씀이 생각난다. "목숨을 거는 자는 반드시 살 것이요, 살려고 집착하는 자는 곧 죽을 것이다.(必死卽生必生卽死)."

■ 동남아 불교승려들과 나의 다른 점

동남아시아 불교승려들이 알아차린다는 경지와 내가 알아차리는 것에는 많은 차이점이 있다. 즉, 동남아시아 불교승려들의 알아차림은 매우 안전하고 평온하고 행복한 것이다. 그러나 나의 알아차림(통찰력, 직관)은 매우 위험하고 불안하고 불행한 것이다. 왜냐하면 나의 알아채는 능력은 모든 전통적인 인식방법과 관념을 뒤집어 엎어버리는 일에 능숙하기 때문이다.

■ 석가모니는 왜 윤회로부터 벗어나고 싶어 했을까

석가모니는 "생존에 대한 집착을 끊고, 마음을 다스린 수행승은 이 생을 다시 반복하는 윤회를 초월한다. 그는 더 이상 태어남을 받지 않는다." 라고 말했다.

그러나 이 말은 어떻게 증명할 길이 없다. 그가 정말 윤회하는지, 윤회하지 않는지를 우리가 무슨 수로 알겠는가? 그가 재생했는지 하지 않았는지를 우리가 어떻게 무슨 수로 알겠는가?

그러므로 석가모니가 이런 말을 하는 한, 그는 분명히 염세적인 분이라고 여겨진다는 사실이다. 왜 석가모니는 윤회를 그토록 싫어했을까? 왜 석가모니는 윤회를 긍정적으로 적극적으로 설법하지 않았을까?

만해 한용운(1879-1944) 스님은 일제시절 감옥에서 "내가 감옥에서 느낀 것은 고통 속에서 쾌락을 얻고, 지옥 속에서 천당을 구하라는 말이었다.(동아일보 1921,12,24)"고 말한 바 있다.

이 말의 의미는 번뇌가 곧 각성인 것처럼 고통이 곧 쾌락이 될 수 있다는 뜻이다. 만해는 "고통을 기쁘게 즐겁게 영적 활동으로 나아간다면 고통이란 없을 것이다."라고 쓴 바 있다. 바로 이것이 중생구제를 위해 스스로 몰락(Down going)하는 보살의 도라고 생각한다.

■ 사랑은 감정의 문제인가 의지의 문제인가

칸트는 사랑은 의지의 문제가 아니라 감정의 문제라고 썼다. 그런데 법장(아미타불), 관세음, 지장 같은 대승불교 보살들은 사랑을 의지의 문제로 표현하고 있다.

■ 정직한 부처에게

금강경(Diamond sutra)의 중생구제는 사실은 중생구제가 아니라 그 이름이 중생구제이다. 왜냐하면 중생구제란 존재하는 것이 아니기 때문이다.

중생이란 무엇인가? 백팔번뇌 그 자체다. 그러므로 번뇌를 충분히 하는 것, 근원적으로 하는 것, 심오하게 하는 것, 높고 넓게 하는 것만이 인간의 운명이다.

구제란 무엇인가? 절대 안전이다. 불안과 공포가 없는 상태다. 안심입명이다. 그러나 삼법인(부처의 세 가지 결정적인 가르침; 무상과 무아와 괴로움)의 세계에서 이런 구제란 없다! 내 경험과 관찰에 의하면, 구제하는 척하는 자, 또는 구제된 것처럼 연기하는 배우(광대)가 있을 뿐이다.

■ 나의 정직한 언론

중생구제란 곧 부처와 그의 가르침과 그의 제자들의 구제를 의미한다.

■ 파멸당하는 것의 가치

때로는 파멸이 새로운 탄생이 되기도 한다는 점을 생각해보면, 인생이란 정말 역설적인 것 같다.

■ 마음은 결코 부처가 아니다

《관무량수경》에 "마음이 부처를 만드는 것이니, 마음이 곧 부처다."라는 문구가 있다. 하지만 이보다 더한 미신의 말도 없다. 마음은 결코 부처가 아니다. 마음은 당신의 가장 강력한 적일 수도 있다.

■ 대인관계에서의 마음공부

마음공부란 자기 마음을 달래는 공부라고 여겨질 때가 종종 있다.

■ 대인관계의 동기와 결과에 대하여

대인관계에서 매사에 뭔가 맞지 않을 때에는, 대부분 돈 문제를 개입하거나, 또는 상대방에게 바라는 것이 강한 것이 원인이다.

그러면 대인관계가 잘 맞는 때에는 원인이 무엇인가? 그것은 서로 원하는 것이 똑같거나, 이익을 경험하는 마음이 항상 충족되기 때문이다.

■ 번개 같은 직관

너는 그것이 그렇게 작용하는지를 어떻게 알았느냐? 번개 같은 직관으로 알았다. 직관이란 추리나 판단에 의하지 않고 감각적 또는 직접적으로 사물을 파악한다는 뜻이다.

■ 생의 비극에 눈을 뜬 자의 명제

모든 존재와 현상은 실체가 없는 것이요, 덧없는 것이다. 그래서 어쨌단 말인가? 모든 존재와 현상을 모두 열반(종식)시켜야 한다는 말인가? 불교의 세 가지 기본적인 명제의 성질은 지나치게 소극적이다.

■ 영원한 생명이란 없다

싯달타는 보리수(인식의 나무) 밑에서 크게 깨닫고 난 직후에 "나는 불사(죽지 않는 것, 또는 영원한 생명)를 얻었다." 라고 말했다. 하지만 정말 죽지 않는 것일까? 싯달타는 정말 죽지 않는 영원함을 얻었는가? 그렇다면 그는 지금 어디에 있는가?

조건에 의한 생성이기에 공성(자성이 텅 비어있는 것)이라는 진리는 과연 실체인가? 그것은 우주세계 어디서도 동일한 절대법칙인가?

나는 아니라고 말한다. 왜냐하면 조건에 의한 생성이기에 공성(즉, 심리적으로 자기를 비우는 것, Emptying The Self)이라는 진리는 다만 우리들이 사용하는 명칭일 뿐이기 때문이다.

■ 영원한 삶의 문제점

영원한 생명을 얻는 것이 좋다는 사람은 미노스의 딸 페드르(Phedre)의 비극과 불행을 모르고 있는 사람이다. 아니면, 영원한 삶에 대한 지나친 욕망을 가지고 있는 사람이다.

■ 영원히 사는 것도 귀찮다

사람들은 어떤 방식으로든 영원불멸의 생을 추구한다. 그런데 이 영원불멸의 생이 나에게는 어찌 이리도 지루한가? 도대체 영원불멸은 무엇을 위한 것인가? 하찮은 인간의 맹목적 의지를 채우기 위한 것이라면 영원불멸이란 얼마나 추악한 시간인가?

■ 아라한의 욕망

왜 아라한(불교의 최고의 경지를 이룬 수행승)은 이 세상에서 다시 태어나지 않는 것을 유일한 이상으로 삼고 있는가? 아라한은 그러한 궁극적인 해탈에의 관념에서조차도 벗어나야 한다는 것을 왜 깨닫지 못하는가?

■ 서로 다른 인연법

똑같은 설법도 누가 어떤 성격으로 어떤 상황과 조건에서 어떻게 말하는가에 따라 완전히 서로 다른 것일 수도 있다.

■ 두뇌가 보는 눈에 대하여

용수는 《중론》에서 "눈이라고 하는 것은 스스로 그 자체를 볼 수 없다. 만약 자기를 보지 못한다면 어떻게 다른 것을 볼 수 있겠는가?" 라고 썼다.

물론 눈이 눈을 볼 수 없다 그러나 눈만 눈이 아니다. 우리가 보통 눈이라고 하는 것은 두뇌가 외부대상을 보기 위해 이용하는 기관이다. 이 두뇌가 사물을 보는 일차적인 목적은 생존을 위한 것이다.

그런데 이 눈이 고장이 나서 더 이상 외부상황을 볼 수 없게 되었을 때에는 두뇌는 눈 아닌 눈으로 보지 않고 보기 시작한다. 바로 이것이 두뇌의 신비한 작용력이다. 다시 말하면 눈으로 보지 못하게 되면 이제는 두뇌로 보기 시작한다. 이 두뇌가 보는 눈은 눈 아닌 눈이다.

만약 용수에게 이러한 두뇌가 없었다면 그가 어떻게 《중론》을 쓸 수 있었겠는가? 물론 자기든 타인이든 보는 자와 보는 과정과 보는 것이 실재가 아닌 것이라면 그는 아무 것도 볼 수 없을 것이다. 귀, 코, 혀, 몸, 의식도 마찬가지다.

■ 논사의 지적 습관

"핵심이 뭐냐? 원하는 게 뭐냐? 말하고자 하는 요점이 뭐냐?" 하고 묻는 자의 정신만큼 핵심과 요점이 없는 것도 없을 것이다.

■ 나타나 있는 것은 이미 허공 허무한 것이 아니다

용수는 《중론》에서 "연기(conditioned arising)를 공이라고 말한다."고 썼다. 그러나 연기는 공이 아니다. 왜냐하면 이미 발생한 것이기 때문이다.

■ 조건적인 발생이라는 말의 의미

불교에서 연기(Dependent Origination)라는 말 뜻은, 모든 것이 서로 의존하는 변수들로 이루어져 있는 체제라는 것이다.

■ 나의 관점주의

일어난 모든 것은 사라진다고? 물론, 모든 것은 사라진다. 그러나 왜 모든 것의 사라짐(덧없음) 쪽으로만 보려고 하느냐? 일어나 있는 모든 것은 '일어나 있는 모든 것' 그대로 보는 게 좋다. 왜냐하면 우리는 '일어나 있는 것'이기 때문이다.

■ 소극성과 적극성

용수는 《회쟁론》에서 "공성과 연기와 중도는 하나다." 라는 관념을 고정함으로써 석가모니의 진리는 소극적인 성질을 갖고 있는 것임을 드러냈다.

그러나 나의 연기설(상호의존적 생성에 관한 가르침)은 적극적으로 시설하고 건립하는 무한한 다양성을 낳는 연기법(The theory of dependent origination. 즉 만사는 여건과 상황에 의해 생겨난 것)이다.

■ 텅 비어야 시설할 수 있는 것

시설과 건립은 빈 터에서만 가능하다.

■ 근본불교의 연기의 연에 대하여

발생과 소멸은 자연법칙으로 이루어지는 것이지만 인위적인 조작도 얼마든지 가능하다.

불교는 자연과학 이론으로 등장한 것이 아니라 마음을 중시하는 심리적인 가르침이기에 연기의 연(여건, 조건)은 인위적(의식적, 심리적) 조작의 의미가 매우 강하다.

그래서 후대의 대승불교는 일체유심조(모든 것은 오직 마음이 만들어낸다는 화엄경의 원리)라는 이론을 완성해냈는지도 모른다.

■ 앎과 행동을 동시에 함께 하는 것

이해와 행동을 동시에 함께 하는 사람은 행운아다.

■ 왕위를 포기한 고타마 싯달타를 생각하며

석가모니가 왕이었다면 누구나 언제나 왕을 만나 볼 수 없었다. 그런데 석가모니가 일개 슈라마나(떠돌이 구도자)였기 때문에 신심과 존경심만 가지고 있으면 누구나 언제나 그를 만날 수 있었다.

이 점을 생각해보면 왕위를 버리고 일개 몰락한 떠돌이가 된 싯달타 왕자는 가난하고 외로운 보통사람들에게는 큰 기회이며, 영광이며, 행운이었다고 여겨진다.

석가모니 부처는 사람들에게 신심과 존경의 표시로 자신에게 삼천배 또는 친견비(면접 수수료)를 내라고 요구하지 않았다.

■ 불교의 율장을 읽은 소감

하지만 타인을 향한 강한 권력의지와 통제력에 대한 집착심을 버린다는 것은, 석가모니 부처도 하지 못한 것이라고 여겨진다.

■ 괴로움의 의미

괴로움으로부터 어떻게 해탈할 것인가를 가르치는 것이 불교이다. 그러나 괴로움으로부터의 해탈은 죽지 않고서는 불가능하다. 그러므로 나는 다음과 같이 말한다.

살아 있는 자에게 괴로움이란 인생의 엔진에 힘을 주는 연료에 해당하는 것이기에, 괴로움을 피할 게 아니라 도리어 마음에 안고 사는 것이 더 좋다.

모든 존재와 현상 자체가 괴로움이라는 사실을 확인하는 것, 마치 진주알을 만들어내는 조개의 고통처럼 체험하는 것, 깊이 이해하고 자각하는 것, 의미 있는 것으로 변형하는 것이다. 이것이 산 자에게 주어지는 괴로움(일체개고)의 의미다.

■ 내가 수용하는 것: 기꺼이 받아들이는 것

일체가 모두 괴로운 것(all things are suffering)이라는 석가모니의 명제에 대하여.

괴로움은 존재의 본질이다. 그러므로 우리는 괴로움에서 한 치도 벗어날 수 없다. 아무리 노력한다 할지라도 괴로움의 형태를 약간 바꿀 수 있을 뿐이다.

불교에서 말하는 '일체가 모두 괴로운 것' 이란 모든 일이 내 뜻대로 되지 않는 것을 의미한다. 그런데 가만히 생각해보면 내 뜻대로 되지 않는 것도 결과적으로 좋은 것일 수도 있다.

■ 진주알과 지혜 생성의 길

외부의 자극으로부터 상처를 받는 조개가 스스로를 보호하기 위해 항체를 만드는 과정에서 생겨나는 진주알처럼, 사상가도 충돌적인 대인관계에서 발생하는 온갖 문제에 대한 심사숙고 과정에서 빛나는 깨달음이 생겨나는 것이다.

그리고 완벽한 진주는 백만 개 중에서 하나 있을까 말까 할 정도로 매우 희귀한 것처럼 비범한 사상가의 존재도 마찬가지라고 생각한다.

■ 나쁜 것이 변하여 좋은 것이 되는 이유

나쁜 것이 변하여 좋은 것이 되는 이유는 형충파해 속에 깊이 숨어있는 힘찬 회복력 때문이다.

■ 과학적인 진리와 인간적인 진실은 서로 다를 수 있다

후기불교 반야사상(대승불교에서 부처의 지혜를 가르치는 계통에 속한 사람들이 주장하는 가르침)은 철저하게 '무아상' 을 주장하고 있다. 무아상이란 아상이 없다는 것이다. 아상이란 '자아가 영원히 고정적으로 불변하는 실체라는 생각이나 관념' 을 뜻한다.

그런데 무아상이라고 해서 자신에 대한 믿음과 자기 주체성과 자기 동일성(Identity, Sameness)에 관한 생각도 버려야 하는가? 불교에서 무아상을 이야기하는 핵심은 '고정불변의 자체성이나 실체성 같은 아트만이나 푸루샤(The Universal Spirit), 또는 절대신, 하나님(Real Being of Beyond)은 없다' 는 것이다.

그러니까, 이밖에 누가 우정과 연민으로 여러 사람들을 위해 일부러 시설하는 말과 행위는 또 다른 별개의 문제다. 마치 후기불교에서 말하는 이판과 사판의 자유로움처럼.

■ 아상과 무아

아상이란 자신이 '불멸의 영혼' 을 가지고 있다고 생각하는 착각을 의미한다.

무아(아트만의 부재)란 궁극적인 자아의 실체(즉, 영원불멸의 참된 자아)란 존재하지 않는다는 것이다.

성찰하건대, 아상이란 자기 긍정적인 착각이요, 무아란 자기 부정적인 착각이다.

■ 불교의 기본적인 명제에 대한 비판적 지지

초기불교는 4가지 진리와 8가지 올바른 길에 대해 말한다. 그러나 이 4가지 명제 중에서 집착과 고통만이 진실한 것이다. 그 밖에 소멸의 진리는 존재하지 않는다. 왜냐하면 소멸은 소멸하는 것이 아니라 변화 둔갑하는 것이기 때문이다.

그리고 8가지 올바른 길에 있는 올바름이란 무엇인가 하는 것도 문제가 있다. 과연 어떤 것이 올바른 것일까? 나의 진리는 상식에서 상반되는 개념을 똑같은 것으로 섞어서 표현하는 역설적인 것이며 모순적인 것이다. 그러므로 올바른 것조차 올바른 것이 아니다. 왜냐하면 올바른 것이란 다만 명칭일 뿐이기 때문이다.

■ 석가모니 부처의 사상과 영향력

석가모니 부처는 진리의 세 가지 명제를 세워서 수많은 추종자들을 만들어낸 사람이다. 수천 년이 지난 오늘날에도 추종자들은 계속 생겨나고 있다. 이것은 위대한 현상인가? 아니면 동물인간(아직 자연과 분리되지 않은 인간) 세계의 현상인가?

■ 오래된 것을 좋아하는 마음의 종교

수천 년 전부터 전해져 온 종교(조로아스터교, 브라만교, 불교, 유교, 기독교, 이슬람교 등) 사상만이 무조건 옳다는 생각만큼 완고한 관념도 없을 것이다. 그런데도 내가 고대의 모든 종교 서적과 건축과 조형물들과 그림들을 무조건 좋아하는 이유는 내 두뇌 속에 아주 오래된 물건들을 좋아하는 취향이 있기 때문인지도 모른다.

■ 과학자들과 불교승려

과학자들이 "우리는 어디서 왔고, 어떻게 만들어졌으며, 우주의 미래는 어떤 것인가?"라고 묻는 행위는, 생사문제에 대해 평생을 걸고 구도하는 불교승려의 내성적인 행위와 같은 것이다.

■ 과학과 종교의 관계에 관한 아인슈타인의 명제를 생각하며

과학을 배제해도 성립할 수 있는 게 종교다. 왜냐하면 종교의 기본 핵심은 기적과 초능력(신통력)을 원하는 신앙심이기 때문이다.

그리고 종교를 배제해도 성립할 수 있는 게 과학이다. 왜냐하면 과학의 기본 핵심은 사실에 관한 지식이기 때문이다.

그러므로 종교와 과학은 양립 공존할 수 있는 게 아니다. 이른바 종교적 과학이란 매우 흥미로운 불학적 또는 신학적 문학일 뿐이다.

■ 지식은 인간의 운명이다

우주세계에, 생물체인 인간이 맨몸으로 진입할 수는 없지만 바라볼 수는 있다. 왜냐하면 인간에게는 우주(또는 천체물리학의) 지식이 있기 때문이다.

나는 과학자들이 발견하고 개발한 지식을 신뢰하고 존경하고 즐긴다. 나는 1920년대에 양자역학의 진리를 발견한 닐스 보어, 하이젠베르크, 에르빈 슈뢰딩거, 막스 보른 등과 같은 정신과 지성을 가진 과학자들을 아주 좋아한다.

■ 내가 과학을 좋아하면서도 싫어하는 이유

나는 과학을 아주 좋아한다. 왜냐하면 과학은 객관적 사실을 다루는 학문이기 때문이다.

하지만 과학은 현재의 모든 문제를 해결할 수 있는 대안은 아니다. 왜냐하면 현재의 과학은 개인 또는 국가의 돈벌이, 또는 전쟁의 하수인 노릇을 하고 있기 때문이다. 나는 과학이 철학적일 때에만 좋아한다.

■ 인문학적인 지성이 없는 과학지식만큼 위험한 것은 없다

철학자가 왕이 되어서는 안된다. 왜냐하면 왕은 타협하는 자이며, 인내하는 자가 되어야 하기 때문이다. 나의 철학은 인내와 타협이 아니라, 즉각적이며, 폭발적이다.

이에 비해 과학자는 반드시 철학자가 되어야 한다. 만약 과학자가 철학적이고 인문학적인 교양을 갖춘 자가 아니라면 인류의 미래는 정말 절망적으로 위험해질 것이다.

■ 현실주의 과학자와 대학교수들의 현실적 가치

재래식 무기로는 전쟁에 자신이 없는 북한처럼 원자폭탄이나 수소폭탄을 만들어내는 것만이 최고의 지혜라고 성찰한다면 그것은 약한 자의 과대망상에 불과한 것이다.

이와 똑같이 극빈가정의 출신인 대학교 교수가, 현실적으로 부귀와 권세를 성취해주는 것만 최고의 지혜라고 성찰하고 주장하는 것은, 열등감이 강한 자의 의지에 불과한 것이다.

■ 악의 문제

원자가 악한가? 모든 국가를 지배하려는 인간의 마음이 악한가? 세균들이 악한가? 전쟁에서 세균을 이용하여 인명을 살상하려는 인간의 마음이 악한가?

■ 변태적이고 천박한 현대인의 자아

자아를 잃어버린 현대인이라고? 내가 볼 때에는 자아(Ego)를 지나치게 갖고 있는 현대인 같은데!

그런데 이토록 강한 자아를 가지고 있는 현대인의 모든 인문학 수준은, 어째서 19세기의 서양유럽 인문학이 성취해있는 깊이에는 결코 가닿을 수 없는 천박성을 띄고 있을까?

■ 현대인간의 자기모순

비이성적인 이성의 비합리적 합리화.

서점에서 자크 아탈리(1943–)가 쓴 《합리적인 미치광이》라는 책 제목을 보고.

■ 나의 시기질투

매일 시장에 가면서도, 서점에는 일 년에 단 한번도 가지 않는 아줌마들,

이틀이 멀게 느낄 정도로 술집에 가면서도, 서점에는 일 년에 단 한번도 가지 않는 아저씨들,

매일 틈날 때마다 오락게임을 즐기면서도, 일 년에 단 한 권의 책도 읽지 않는 어린이들,

평생을 돈벌이, 사교, 운동, 섹스, 건강, 행복을 위해 항상 시간이 모자랄 정도로 바쁜 생활을 하면서도, 일 년에 단 한번의 템플 스테이도 하지 않는 속인들, 이 모든 자들에게 내가 어찌 경멸감을 품지 않을 수 있겠는가! 이들의 성공과 출세는 나의 실패요, 몰락이요, 이들의 실패와 몰락은 나의 성공이요, 출세다. 어때? 내가 아주 악마적인 사상가라고 느껴지지?

■ 일인당 국민 소득과 일인당 국민의 정신소득은 서로 다른 것

일인당 국민 소득이 2천만원 이상이라고, 일인당 국민의 정신소득도 똑같이 2천만원 이상이라고 단정하는 것은 쓸데없는 애국심의 과잉에 지나지 않은 것!

우리 한국인들의 최대! 단점은 타인을 배려할 줄 모르는 자기만 아는 근성이다. 그런데 자신이 문제를 전업적으로 통찰하는 사상가도 아니면서, 수치감도 모르고 오늘도 모든 곳에서(즉, 각종 모임에서, 식당에서, 노래방에서 음주가무와 담배연기를 가득 피워대는 짓으로) 자기 무례함을 떳떳하게 행하고 있다.

■ 과학자들과 불교승려들의 똑같은 안목

현대 과학자들이, 마치 고대 한국 고전 《천부경》에 적혀있는 첫 구절처럼 "우주는 무(nothing)에서 시작되었으며, 시간과 공간도 없었다."라는 진리를 안 것과, 불교승려들이 제법무아(모든 것은 인연에 의해 생겨난 것이므로 하나님이나 아트만은 없다) 또는 제법개공(모든 것은 허공에서 생겨나 허공으로 돌아간다는 것)을 깨달은 것은 모두 똑같은 안목이다.

■ 하이데거와 불교의 차이성

M.하이데거의 무는 "존재는 존재자가 아니다."라는 명제에서 드러나는 것처럼 신학적(신비적) 무다. 내가 이해하는 하이데거의 존재(나는 스스로 있는 자, 존재 그 자체)란 하나님(Real Being of Beyond)의 현대적 명칭이다.

그러나 내가 이해하는 불교의 무는 아트만(실체성, 고유성)을 부정하는 무다. 즉, 존재도 존재가 아니다 왜냐하면 존재란 수많은 원인의 원인과 조건의 조건에 의해 생성된 것이기 때문이다.

■ 서양철학의 명제와 불교반야경의 명제

'드러남은 곧 감춤이고, 감춤은 곧 드러남' 이라는 명제는 '색즉시공이요, 공즉시색' 이라는 불교의 명제와 서로 통하는 데가 있다.

■ 불교의 무에 대하여

불교의 무(없다는 진리)는 우주에서 가장 근원적인 존재방식이다.

■ 불교 삼법인에 대한 첫 번째 성찰의 단계

불교 삼법인(불교의 세 가지 기본적인 명제, 또는 불교의 기초)에 대한 첫 번째
성찰의 단계.

제행무상(모든 것은 변한다는 것)이란 시간의 문제다.

제법무아(모든 것은 실체성이 없다)란 본질 또는 존재에 관한 문제다.

일체의 고통(모든 것은 괴롭다는 것)은 죽음에 관한 문제다.

■ 삼법인에 대한 현대적 이해

삼법인(불교의 세 가지 명제, The Three Marks of Existence; impermanence.
suffering. no-self)에 대한 현대적 이해.

제행무상이란 사물과 작용, 본체와 현상은 덧없다는 것이다. 모든 것은
생성과 소멸의 변화를 반복할 뿐이라는 것이다.

제법무아란 실재와 가상에는 실체성이 없다는 것이다. 또는 영혼과 육체
에는 실체성이 없다는 것이다. 즉 절대적인 것은 없다는 것!

일체개고란 자아와 타자의 관계에서 오는 모든 괴로움과 기쁨이라는 뜻
이다. 또는 삶을 관계로 경험하는 이성과 감성의 의지와 욕망을 의미하는
것이다. 그래서 일체개고(일체의 고)란 삶 자체가 고생이라는 것, 생은 고통
을 주는 그 자체라는 것, 또는 일체가 고생이라는 뜻이다.

■ 부처가 깨달은 위대한 고통의 진리

일체개고란 일체의 고통, 또는 각성을 위한 고통, 또는 고통이 없이 생성
하거나 존재할 수 없는 생을 의미한다. 그래서 우리는 부처가 설한 고통의

진리를 위대하게 깨달아낼 줄도 알아야 할 것이다.

■ 생사윤회와 해탈의 의미를 생각하며

"일체개고(모든 게 다 고통일 뿐이야! 산다는 것 자체가 처절한 고생일 뿐이지!)"
를 항상 부르짖으면서도 80세가 넘도록 장수하는 것은 얼마나 모순된 사람
인가? 그가 설사 부처일지라도!

■ 강자와 약자, 부자와 빈자의 모든 고통이란

일체개고(삶은 오직 고통일 뿐이다 라는 명제)란, 왕자도 부자도 항상 자기 뜻
대로 되지 않는 것이 있다는 것, 범부도 거지도 항상 자기 뜻대로 되지 않는
것이 있다는 것이다.

■ 자크 라캉의 명제와 불교 명제의 유사성

"주체는 비어있다."는 자크 라캉(1901,3,13~1981,9,9)의 사상은 정확하게 불
교의 제법무아(모든 것은 무아이다, 또는 고정불변의 실체가 없는 나, 또는 오온개
공)의 프랑스어 번역어이다. 불교는 영혼(푸루샤, 또는 아트만)의 실재를 믿지
않는다.

나는 자문자답한다. 왜, 어째서, 주체는 그 자체로 비어 있다고 주장하는
가? 그것은, 주체는 수많은 인연(주된 원인과 온갖 보조적인 여건)에 의해 생겨
난 것이기 때문이다. 그렇다면 인연이란 무엇인가? 요소와 요소의 작용은
왜 일어나는 것인가?

■ 오온개공(다섯 가지 요소가 모두 텅 비었다는 것)의 명제로부터

유쾌한 표상이든, 불쾌한 표상이든, 고상한 표상이든, 비천한 표상이든 표상은 표상일 뿐이다. 그래서 망상에서 깨어난 자는 그 어떤 표상에도 사로잡히지 않는다.

■ 불교의 연기무아론

고유성은 없다. 관계성이 있을 뿐이다. 왜냐하면 그 어떤 고유성도 관계성에서 생성된 것이기 때문이다. 절대신조차도!

■ 산책길에서

자아론자와 무아론자 중에서 가장 공격하기 힘든 논사는 무아를 주장하는 논사일 것이다. 왜냐하면 자아는 자아를 위한 것이지만, 무아는 자아가 아닌 것, 자아를 넘어서는 것, 자아를 초월하는 것을 주장하기 때문이다. 그래서 무아론자는 자아론자들보다 더 우월하다는 깨달음과 자부심을 가지고 있다. 하지만 내가 볼 때에는, 자아론자든, 무아론자든 한 쪽의 이론이 없으면 성립될 수 없는 것들이라는 점에서 서로 똑같은 것이라고 여겨질 때가 종종 있다.

■ 시간의 조건에 대한 탐구

시간 자체란 없는 것! 왜냐하면 시간도 어떤 조건의 산물이기 때문이다. 시간의 어떤 조건이란 무엇인가? 그것은 '시간이 아닌 것' 이다. 즉, 모든 태양계와 모든 은하계와 모든 우주의 불가사의한 움직임 같은 것!

■ 쟈크 데리다의 해체주의와 불교방법론의 유사성

플라톤(428-347.B.C.E) 이후의 서양철학사와 모든 이론과 사상 그리고 진리에 대한 학설들을 해체(Deconstruction)했다는 것.

쟈크 데리다(1930-2004)의 해체주의(Deconstructism)는 불교방법 즉 연기 무아 공성의 이론에 대해서는 어떻게 생각하고 있을까?

■ 프랑스의 지성을 대표하는 십대 철학자들에 대하여

프랑스의 지성을 대표하는 십대 철학자들은 수많은 책에서 지식을 도둑질 한다. 가장 정중한 예의를 갖춘 인용의 방법에서부터 교만하게 보증하는 도도한 미인의 허영심 같은 것에 이르기까지.

■ 심증은 있지만 물증은 없는 나의 추측

프랑스에는 루이 드 라 발레 뿌셍(1869-1938)과 에띠엔 라모뜨(1903-1938) 같은 불교지식 전문가가 많다. 그래서 프랑스에는 오래전부터 금강경, 유마경, 수능엄삼매경, 해심밀경 등의 불경들이 이미 번역 출판되어 있고, 중관학파의 논서와 유식학파의 논서들인 대지도론, 중론, 뿌라산나빠다, 섭대승론, 대승성업론 등의 사상서들이 1935년부터 이미 번역 출판되고 있었다. 그리고 이러한 불교경전과 논서들이 누구에게 어떤 영향을 주었는지는 아무도 모른다.

만약 누가 이 문제에 대해 똑똑한 한국인 불교학자가 석박사학위 논문으로 쓴다면, 우리는 보다 많은 것을 알 수 있게 될 것이다.

■ 금강경의 변증법을 모방 응용한 헤겔의 변증법

헤겔의 변증법(정반합의 논리: 테제(these)와 안티테제(antithese)와 신테제(synthese)에 관한 것)은 세계철학계에 유명한 것이다. 그러나 이러한 변증법은 헤겔(1770-1831)의 조상들이 태어나기도 훨씬 이전에, 지금으로부터 2천년 전에 대승불교 반야부 경전들(예를 들면, 팔천송반야경과 금강반야경 등)에서 수없이 나오는 변증법(즉, 시설즉비시명론)을 서양인들이 모방응용한 것이라고 여겨진다.

■ 금강경과 헤겔의 변증적인 논리학

헤겔(1770-1831)의 변증적인 논리가 테제(thesis)와 안티테제(antithesis)와 신테제(synthesis)로 정리된다면, 2000년 전부터 있었던 금강경의 논리는 시설(명제)과 즉비(반대명제)와 시명(명칭으로 시설된 것)이다.

■ 포스트모더니즘은 불교사상의 모방 응용이다

포스트모더니즘의 핵심이론인 상호텍스트성(intertextuality)은 인연무아를 가르친 불교사상의 현대적인 모방응용일 뿐이다.

■ 현대천체물리학과 금강경의 직관적 상상

미세한 먼지가 모여 우주의 모든 별들이 만들어졌다는 금강경의 관점은 정말 대단한 직관적 상상력이다.

■ 쟈크 데리다와 금강경

니체(1844-1900)가 《인간적인 너무나 인간적인》 제 1권 9장 497절(자기도 모르는 사이에 고귀해지는 것에 대하여)에서 "사람들에게 아무것도 바라는 것이 없이 항상 주기만 하는 일에 익숙해지면, 그는 자기도 모르는 사이에 고귀한 행동을 한 것이다."라고 썼을 때, 쟈크 데리다(1930-2004)가 《주어진 시간1》에서 "선물이 존재하려면 어떤 상호관계, 반환, 교환, 대응선물, 부채의식도 있어서는 안된다."라고 썼을 때, 이들은 《금강경(제4장)》에 나오는 응무소주 행어보시론에 근접한 사유를 드러내고 있다고 여겨진다. 응무소주 행어보시란 "어떤 관념에 집착하는 것이 없이 베푸는 행동"을 의미한다.

■ 학문의 상인들이 차별하는 이유

왜 유명한 카프카가 자기 자신에 대하여 쓰거나 말하면 위대한 '카프카학자' 이고, 내가 나 자신에 대하여 쓰거나 말하면 자기애착이 강한 소인배인가?

■ 말의 가치

똑같은 말일지라도 누가 말했는가에 따라 말의 가치가 달라진다. 하지만 그 누구는 누가 결정하는가?

■ 철학의 최전선에 있는 사람들

철학의 최전선에 있는 자들은 대학교 철학자가 아니라 양자물리학자들이다.

■ 고행을 하지 않아도 현자가 될 수 있다

예수처럼 33세에 십자가에 못 박혀 처참하게 죽지 않아도, 석가처럼 29세에 모든 것을 버리고 가출하여 고생을 하지 않아도, 아인슈타인과 보어처럼 진리를 발견할 수 있다.

■ 양자물리학이 제공하는 깨달음

원자와 분자 수준에서는 원인과 결과라는 상식적인 법칙(인과법)이 더 이상 통하지 않는다. 이 세계에서는 물리법칙 대신 일종의 무질서 또는 혼돈이 지배력을 갖는다. 이것이 양자물리학(quantum physics)이 제공하는 깨달음이다.

■ 양자물리학자들의 진리

언어와 심리의 대가 셰익스피어(1564-1616.4.23)는 《로미오와 줄리엣》에서 "한꺼번에 여기 있고, 저기 있고 할 수는 없다."고 썼다. 그러나 "동시에 여기 있고, 저기 있는 진리"가 발견되었다. 양자물리의 세계이다.

■ 과학자들이 깨달은 언어도단의 경지

닐스 보어(1885-1962)는 "통찰을 공식화하려는 모든 시도가 말장난이라고 할 수 있을 정도로 우리는 언어에 갇혀 있다."고 쓴 바 있다.

막스 보른(1882-1970)도 "궁극적으로 어려운 점은 우리가 현상을 서술하려고 할 때 보통 사용하는 언어를 써야 하고 또는 상상력에 호소하는 그림으로 표현해야만 한다는 데에 있다. 그러나 보통의 언어는 일상의 경험에서 생겨난 것이므로 어떤 한계를 뛰어 넘을 수 없는 것이다.” 고 말했다.

하이젠베르크(1901~1976)도 “언어의 문제는 여기서 정말 심각한 것이다. 우리는 원자의 구조에 관하여 어떤 방식으로든 말하려고 하지만 그러나 일상의 언어로는 아무래도 이야기 할 수 없다.”고 말했다. 그는 또 말하기를 “가장 어려운 문제는 양자론에서 야기되는 언어의 사용에 관한 것이다. 우리가 처음부터 알고 있는 단 한 가지는 우리들의 통상개념들이 원자의 구조에 그대로 적용될 수 없다는 사실뿐이다.” 라고 하였다.

■ 쿼크의 상태에서 일어나는 변화의 가치

쿼크의 상태에서 일어나는 변화는 쿼크가 구성하는 양성자와 중성자에 변화를 가져온다.

이 이치는 한 개인의 사상이 그가 속해 있는 사회전체의 변화를 일으킬 수 있다는 이치와 똑같은 것이다.

■ 철학자의 질문이 과학자의 질문보다 더 심오하고 어려운 이유

과학자의 질문은 ‘어떻게?’ 이다.

그러나 철학적인 질문은 ‘왜?’ 이다.

‘왜?’ 가 없는 ‘어떻게?’ 는 지식의 범위를 벗어날 수 없다.

■ 중력의 법칙

중력은 물질과 에너지(Energy)의 모든 형태에 작용한다.

내 속에도 중력이 있다. 자아의식. 주체성. 아집이 바로 그것이다.

■ 중력이 중력에 작용하는 것

중력자체가 중력에 끌린다. 즉 중력은 중력파를 공간에 퍼뜨린다. 그런데 중력파는 에너지의 일종이다. 따라서 이 에너지가 다시 그 자신의 중력장을 형성한다. 중력은 이처럼 그 자신에게도 작용한다.

이것은 빛에서는 볼 수 없는 독특한 현상이다. 자아 자체의 간섭현상. 자아의식의 변형. 주체성과 아집의 발전적(?) 변화.

■ 직관적인 깨달음과 실험적인 발견

인체의 모든 조직을 만들 수 있는 세포주의 발견은 고대 인도의 정업(유전자 결정)사상과 석가모니 부처의 상호작용주의 덕분이라고 여겨진다.

참고로, 여기서 불교의 업사상은 전통인도사상의 업사상처럼 인간의 자유로운 의지를 부정하는 결정론이 아니고, 또 자유의지를 인정하는 비결정론도 아니다. 불교는 양립가능한 업사상을 가르치고 있다.

■ 불행의 종류

불행에는 두 종류가 있다. 하나는 내가 만든 원인에서 생긴 것과, 또 하나는 내가 태어나기 이전에 인류선조들이 지은 공업(인류 공통의 정업)에서 생긴 것이다. 그러므로 불행의 종류에 따라 그 치료법은 다르다.

■ 내 힘으로 어떻게 해결할 수 없는 것은

내가 어떻게 할 수 없는 공업(타인이 저지른 잘못 때문에 자신이 고난을 받는 것)은 운명으로 여기고 마음 평안하게 지내는 것이 차라리 좋다.

■ 물이라고 다 물이 아니다

물이라고 다 물이 아니다. 바다 한 가운데에서 갈증으로 죽는 경우도 있지 않은가.

■ 소수와 연기무아

합성수처럼 소수도 연기무아(임시로 가설된 것이기에 실체성이 없다는 불교의 명제)다. 왜냐하면 모든 수는 무(zeroness)에서 나오는 것이기 때문이다.

■ 수학과 불교사상

소수를 생성해내는 공식(formulae for prime)을 알려면 불교의 진공묘유론 (진공인데 경이롭게 존재하는 이유에 관한 통찰)을 이해하면 가능하다.

■ 연기무아의 수학적 논리

1, 2, 3, 4, 5, 6, 7, 8, 9, 10이라는 수도 '변하지 않는 절대 수(짝이 없는 수)' 는 아니다. 왜냐하면, 모든 수는 영에서 나왔고, 또 수는 고정 불변하는 것이 아니기 때문이다. 즉, 영이 없이 수가 있을 수 없다는 것이다.

그리고 1이 없이는 2가 있을 수 없고, 2가 없이는 3이 있을 수 없고, 3이 없이는 4가 있을 수 없고, 4가 없이는 5가 있을 수 없고, 5가 없이는 6이 있을 수 없고, 6이 없이는 7이 있을 수 없고, 7이 없이는 8이 있을 수 없고, 8이 없이 는 9가 있을 수 없고, 9가 없이는 10이 있을 수 없다. 그러므로 각각의 수는 고정불변의 수가 아니며, 모든 수는 끊임없이 변하는 것이다. 그러니까, 수조차 씨와 올로 짜여져 생겨난 것이므로 풀어버리면 무아(실체가 없는 것)인 것이다.

■ 주역의 64괘를 바라보며 깨달은 것

완전수(Perfect number)는 존재하지 않는다. 왜냐하면 이 완전수 (Complete number)도 연기적(즉, 공리상)의 존재이기에 절대적 실체는 아니기 때문이다.

■ 분해할 수 없는 수의 모체

분해할 수 없는 수(prime number)는 존재하지 않는다. 왜냐하면 모든 수는 제로(0, 빔)에서 나왔으며 결국 제로(0, 빔) 그 자체이기 때문이다.

■ 수학적 우아함과 미학적 우아함

수학은 진리만이 아니라 우아한 패턴(아름다움)를 가지고 있다는 말을 나는 B.러셀처럼 감정적으로 체험하지 못했다. 수학을 모르기 때문이다. 물론, 프랙탈(점점 더 미세한 구조로 자기스스로를 복제해나가는 기하학 도형)은 정말 아름답다. B.러셀의 여성관에는 어떤 수학의 영향이 있었는지 궁금하다.

■ 수의 양면성 또는 다변성에 대하여

같은 수(number)를 가지고도 아주 나쁘게 또는 아주 좋게 말할 수 있다. 왜냐하면 분석과 평가방법에 따라 수의 가치는 달라지기 때문이다. (주역의 64괘를 바라보며.)

■ 보이는 것과 보이지 않는 것에 대하여

패턴(질서와 규칙)이 있는 것은 이해하기 쉽다. 그러나 패턴(질서와 규칙)이 없는 것은 이해하기 어렵다. 왜냐하면 이 모든 것을 이해하려는 인간의 두뇌조차도 일종의 패턴(질서와 규칙을 가지고 있는 것)이기 때문이다.

■ 언어문자도 연기무아다

글자와 언어도 연기무아다. 즉 한글의 경우 24개의 자음과 모음이 모여서 글자가 된 것이고, 이 글자들이 모여서 단어가 되고, 단어들이 모여서 문장이 되는 것이므로 한글도 상호관계의 법칙에 의해 생긴 무아(즉 본래공)이다.

■ 연기무아와 분자생물학

연기무아(조건에 의한 발생이기에 고정불변의 영원한 실체성은 없다는 불교의 명제)를 깨달은 분자생물학자는, 자아를 이루고 있는 의식과 기억과 정체성(준거의식, 소속감, 동질감)이란 신경세포의 무수한 집합과 그 세포들이 결합한 분자들의 작용이라는 사실을 상식처럼 안다.

■ 무아공성의 보편성과 평등성

인종과 성별과 지능과 정신이라는 것도 연기무아(조건적인 발생이기에 덧없이 변한다는 것)이다. 그러므로 이 근원적인 무아(고정불변의 실체가 없는 나)의 진리 앞에서는 우리는 모두 평등하고 변화가 가능한 존재자들이다.

■ 진술과 해명에서 중요한 것

진술과 해명은 참말일 수도 있고, 거짓말일 수도 있다. 중요한 것은 진술하는 자와 해명하는 자 모두에게 치료와 구원을 받는 것이다. 그리고 또 진술을 듣는 자와 해명을 읽는 자에게는 깨달음의 계기를 얻는 것이다.

■ 사실과 진실에도 집착하지 마라

사실은 진실이 아닐 수도 있다. 왜냐하면 진실은 사실을 초월할 수도 있는 것이기 때문이다. 그러나 진실이 언제나 올바른 것은 아니다. 왜냐하면 우리 자신의 진실이란 그저 환경조건과 여건에 영향을 받은 신념과 사상일 뿐이기 때문이다.

■ 모든 종교의 경전 이야기는 인류의 삶을 반영한 것

바가바드 기타의 전쟁터는 우리 인간 마음속에 있는 모든 선과 악의 전쟁의 상징이다. 그런데 바가바드 기타만 아니라 모든 종교의 경전들도 마찬가지다. (종교만 아니라 문학과 영화 이야기도 마찬가지다.)

나의 관찰에 의하면 모든 종교의 경전들은 고대 페르시아 조로아스터의 종교시대에서부터 오늘날 앤턴 래비가 설립한 미국의 사탄교회에 이르기까지 선과 악의 싸움을 보여주고 있다. 하지만 내 눈에는 선과 악의 싸움이 아니라, 악과 악의 싸움으로 보여진다.

■ 인간의 마음속에 각인되어 있는 것과 죽음 이후

형사 사무실에는 각종 범죄자의 인물 사진이 (그 범인이 잡힐 때까지) 걸려 있다.

내 서재에는 각종 성현들의 인물 사진들이 (그들의 정체가 밝혀질 때까지) 걸려 있다.

그러나 인간의 마음속에 잔혹한 범인을 항상 담고 있든, 똑똑한 성현을 항상 담고 있든, 가치의 차이는 없다. 인간의 두뇌는 그저 의식작용을 하고 있을 뿐이기 때문이다.

형사든 범인이든, 승려든 부처든(또는 목사든 하나님이든) 두뇌가 죽는 순간 이 모든 작용은 종식된다. 만약 내 말이 믿어지지 않으면 직접 한번 죽어보시기 바란다.

■ 우리가 모르는 것

찾을 수 없는 곳에, 찾을 수 없는 물건이 존재한다는 것은 '죽음' 밖에 없다.

■ 순수한 현재란

순수한 현재란 추악한 현재다. 그래서 현재는 난해하면서 동시에 쉽고 단순한 현재이다.

■ 현재만이 영원하고 유일하다고 하는 생각도 버려라

모든 인도 성자들과 모든 서양 철학자들이 한결같이 주장하는 '지금 여기' '현존 그 자체'도 수많은 원인과 조건에 의해 생겨난 것이므로 고정되어 있는 상태가 아니다. 따라서 '현재(오늘 지금 바로 여기 이 순간, 이 자리)'라는 것도 실재하는 것이 아니다. 동물만큼 현재에 충실한 것들이 어디 있는가? 그러나 우리는 천박한 동물이 아니라 고귀한 인간이 아닌가?

■ 세월은 흐르고, 노화와 소멸의 순간은 다가오고

그 어떤 종류의 의식(즉, 부처의식, 크리슈나의식, 예수의식, 우주의식, 슈퍼의식 등)을 갖고 놀든, 시간이 흐르면 생명체는 노화되고 소멸하게 된다. 아니, 시간조차도! 생노병사하는 것이다.

■ 인도의 성자들도 어떻게 제 맘대로 할 수 없는 정업

바바하리다스가 전하는 말에 의하면 "라마크리슈나와 라마나 마하리시 두 사람 다 암으로 고생했으며, 그들은 모두 살기 위해서 약을 복용했으나 죽었다."고 한다.

운명이다. 이렇게 피할 수 없는 사실은 받아들여야만 하는 게 인간에게 정해진 업이다.

■ 인생의 아이러니

무위당 장일순(1928-1994)의 연보를 읽고. 독실한 천주교 신자이며, 밥을 중시하고, 무공해 생명운동을 실천하며, 노자의 마음으로 인생을 살았다는 분이 위암에 걸려 죽은 것은 얼마나 아이러니한 일인가!

■ 업장소멸의 방법

수백만 년 동안 쌓아 온 생명체들의 업식(activity consciousness)을 하루아침에 한순간에 소멸하는 유일한 방법은 실제로 죽으면 된다.

■ 아상을 없애라는 불교 고승의 설법에 대하여

현실적으로, 내가 인간의 탈을 쓰고 있는 존재 자체가, 또는 내가 어떤 종교나 직업이나 직위에 속해 있다는 것 자체가 아상인데, 이 아상을 가지지 말라고 하면 그냥 죽어라, 이 말인가?

■ 각종 동기부여의 교육론에서 허영심이 차지하는 것

만약 불교가 사부대중 앞에서 "당신은 정말 부처다." "당신은 대선사다." "당신은 대종사다." "당신은 대율사다." "당신은 모든 사람들의 스승이다." "당신은 가장 위대한 깨달음을 얻은 자다." 라는 인정과 보증의 말을 해주지 않는다면 불교수행만큼 재미없는 것도 없을 것이다. 인간이란 그런 것이다.

■ 허영과 사치의 근원

허영과 사치의 근원은 결핍과 외로움이다.

■ 무엇을 위한 변화인가

변화는 좋을 수도 있고, 나쁠 수도 있다. 만약 자신이 인생과 사상의 연금술사가 아니라면, 그 어떤 변화든 무의미한 것일 수도 있다.

■ 생존과 적응만이 생활의 전부인 사람들에게

현대인이라면 일 년에 한 번 정도는 두꺼운 인문학 교양서 한 권 정도는 읽어야 한다. 오로지 직업과 성공을 위해 학교 다니는 대학생들도 마찬가지다. 만약 일 년 동안 두꺼운 인문 교양서 한 권 읽지 않는다면, 오로지 생존과 적응만이 생활의 전부인 뉴기니아의 원시부족인과 무엇이 다른가?

동양의 현대인들이 동양 고대와 중세의 지성인들보다 더 후진적인 이유는 돈이 안되는 공부에 자기인생을 전부 거는 순수성이 없기 때문이다.

이것은 서양인들도 마찬가지다. 서양의 현대인들이 서양 19세기의 지성인들보다 더 후진적인 이유는 '올바른 방향을 아는 지성'에 관한 공부를 하지 않기 때문이다.

■ 아는 자와 모르는 자의 자기 표현

문장으로 절묘하게 표현하고 설명을 잘하는 것도 정말 재능이라고 여겨지는 하루.

내가 '모른 채 알고 있는' 감정은 얼마나 미흡한 것인가!

■ 과학자와 승려

진리의 과학적 발견의 역사와 진리의 정신적 발견의 역사를 별개로 보는 사람은, 물질과학과 정신과학 모두에 대해 무식한 사람이다.

■ 마음의 본성은 바위보다 바람 같은 것

승려든 과학자든 자신의 마음을 큰바위처럼 확고부동하다고 주장하는 사람은, 고지식하고 편견이 강한 사람이다. 왜냐하면 마음은 퍼지(fuzzy; 애매모호)한 것이기 때문이다.

■ 일체가 허무라고 하는 사상과 일체가 유물이라고 하는 사상

부정적인 사상도 긍정적으로 활용할 수 있고, 긍정적인 사상도 부정적으로 활용할 수 있다. 문제는 사람의 의도에 있다.

■ 미륵 반가사유상과 나

실제로 사유하는 미륵은 지금 여기 이렇게 있는데, 국립중앙 박물관에 있는 전라도 출신과 경상도 출신의 금동미륵반가사유상은 천년이 넘도록 저기서 사유하는 폼만 잡고 있구나. 일본에서도. 칼 야스퍼스(1883~1969)가 극찬한 미륵반가사유상은 일본의 국보 제1호다.

■ 내가 이해하는 무아란

무아(실체가 없는 나)란, 자아가 허무하다거나, 자아를 체념하고 포기한다거나, 자아를 잃어버리라는 것이 아니다. 내가 이해하는 무아란 자유이며, 고정관념을 갖지 않는 것이며, 차별이 없는 것이며, 끊임없는 변화 속에서 자기를 성숙시키는 것이다. 즉, 무아란 변화가 가능한 나인 것이다.

■ 불교의 무상과 무아를 생각하며

모든 것이 흩어진다는 것은 더 다양한 모임을 낳는다는 점에서 창조적이다. 무아(고정불변의 실체성이 없는 나)도 마찬가지다.

■ 무아의 부정적인 측면에 대하여

무아(Egolessness)의 부정적인 측면은 '자신을 중시하지 않는 것, 또는 자

신에 대한 무관심의 상태'를 자연스럽게 만들어버린다는 점이다. 이것은 정상이 아닐 수도 있다.

생각하건대, 자신을 방관하는 사람이 어떻게 타인을 방관하지 않을 수 있겠는가?

■ 무아의 실용적인 가치에 대하여

무아(고정불변의 실체가 없는 나, 또는 영원불변의 자아라는 생각을 하지 않는 것. 또는 자아에 대한 무집착)이기 때문에 자유롭고 새롭게 시설을 할 수 있다는 점에서 무아의 실용적인 가치가 있다.

무아(영원불변이라는 생각이 없는 것, 또는 자아중심적인 아집이 없는 것, 또는 변화가 가능한 나)이기 때문에 과거의 일을 잊고 현재를 자유롭고 새롭게 살 수 있다는 점에서 무아의 실용적인 가치가 있다.

무아이기 때문에 과거와 현재와 미래의 업(숙명)에 사로잡히지 않고 자유롭고 새롭게 살 수 있다는 점에서 무아의 실용적인 가치가 있다.

무아이기 때문에 자유롭고 새로운 유(something)를 창조할 수 있다는 점에서 무아의 실용적인 가치가 있다.

그리고 무아이기 때문에 자유롭고 새롭게 유전적 돌파(Genetic Breakthrough)가 가능하다는 점에서, 무아가 진화에도 기여할 수 있다고 나는 생각한다.

■ 쉽고 간편한 불교 교리 속에 들어있는 것

가장 쉽고 간단한 불교교리에는 매우 난해하고 복잡한 진리가 들어 있다.

■ 깨달은 부처도 주소와 전화번호와 이름을 기억한다.

깨달은 부처도 주소와 전화번호와 이름을 기억한다. 부처란 별종의 우주 외계인이 아니다.

■ 인연법의 영원한 순환

불교의 윤회 전생담은 생명체 내에 있는 유전자들의 존재와 기능을 은유적으로 설명한 것이다.

■ 번뇌가 즉 보리다 라는 의미를 생각하며

불교가 극도로 부정하는 세 가지 명제는 탐욕과 분노와 어리석음이다. 그러나 이 세 가지 명제는 단순한 부정 또는 단순한 긍정으로 끝나는 문제가 아니다. 나는 탐욕과 분노와 어리석음을 저주하거나 비난하거나 혐오하지 않는다. 왜냐하면 이 탐욕과 분노와 어리석음 속에는 인류의 큰 깨달음과 지혜가 섞여 있기 때문이다. 그래서 불교 반야계(부처의 지혜를 가르치는 계통의) 논사 용수는 "번뇌가 곧 보리(Bodhi; 부처의 깨달음)이다!" 라고 설파한 것이다.

■ 의지함이 없는 해탈이라는 명제에 대하여

불교에서 천상천하유아독존은 무의(의지함이 없는 마음 상태)와 해탈의 경지를 가리킨다. 그러나 이러한 천상천하유아독존(즉, 자기자신만이 세계의 중심에 서 있다는 자부심, 또는 자아의 교만함)은 그만큼 고독한 것이다. 즉, 자유로운 만큼 고독한 것이다.

그리고 음식, 배설, 수면, 생식력, 각종 질병에서 누가 벗어날 수 있겠는가? 이러한 자유는 인간 두뇌의 희망사항일 뿐이다.

물론, 나의 두뇌는 일상적으로 먹으면서 먹는 바가 없고, 싸면서 싸는 바 없고, 자면서 자는 바 없고, 아프면서 아픈 바 없고, 하면서 하는 바 없다고 오묘하게 말할 수 있다. 그래도 우리는 여전히 의지하고 있는 것이다. 왜냐하면 우리들의 삶은, 오랫동안 살고 싶은 자기보존 욕구, 남이 모아둔 영양소 약탈, 자기 힘의 낭비, 자기도취의 유희로 이루어져 있는 것이기 때문이다.

■ 지나치게 깊이 생각하지 않고 음식 먹기

불가에서는 음식을 먹을 때 항상 '이 음식이 어디서 왔는가'를 생각하라고 가르친다. 하지만 음식을 먹으려는 자가 정말 '이 음식이 어디서 왔는가'를 깨닫는다면 그는 음식을 결코 먹을 수가 없을 것이다.

그러나 다행히 두뇌는(불살생을 주장하는 부처의 두뇌일지라도) 생존을 위한 것이기에 식물들 또는 동물들이 모아둔 영양소를 약탈하는 것을 큰 죄로 생각하지 않는다.

식물은 태양빛을 영양소로 훔친다. 그리고 사슴과 코끼리 같은 동물들은 식물들이 저장한 영양소를 빼앗아 먹는다. 그리고 더 강력한 사자나 하이에나 같은 동물이 나타나 식물에서 빼앗은 동물의 영양소를 통째로 약탈해버린다. 그리고 인간은 이 먹이사슬에서 최상의 강자로 군림하면서 마치 유령처럼 모든 식물들과 동물들에게 다가가 싹쓸이를 해버린다.

■ 생존이냐 인식이냐 하는 문제

오직 생존을 위하여 먹고 있는 자는 그저 먹히고 있는 자일 뿐이다.

■ 석가모니 탄생의 의미만 존숭하지마라

석가모니가 자신의 깨달음을 선포하고 자신의 가치를 천상천하유아독존이라고 찬양하는 것은 어리석은 짓이 아닌가? 천상천하유아독존(하늘 위 하늘 아래 나만이 유일한 독존)이라는 문구 속에는 태어날 때부터 자신이 매우 특별한 존재였다고 가장하면서 다른 이들을 비하하는 심리적 측면이 있다. 자신의 희유성을 강조하는 이유는 그만큼 자신의 가치가 높다는 것을 선전하기 위한 것이다. 그러나 희유성, 희소성, 희귀성이란 알고 보면 정말 너무나 흔한 것이다.

■ 최고라는 자부심을 주는 쾌락

천상천하유아독존도 일종의 쾌락이다.

■ 서양과 동양의 자신감에 대하여

자신감에 관련하여 에머슨이나 니체의 주장보다 더 과격한 자신감을 보여주는 말은 불교의 천상천하유아독존이라는 용어다.

■ 무심과 유심

마음속에 아무것도 없다고 말하는 사람의 마음속을 들여다 보니, 어떤 것이 너무 많이 있어서 유쾌한 웃음이 크게 터져 나올 정도다. 부디, 서예와 서예자를 똑같이 보지 말 것!

■ 허영심과 자부심에도 사로잡히지 않아야 한다는 것

내가 허영심이나 자부심에 사로잡히지 않으려고 스스로 항상 경계하는 것은 내 사상이 근본적으로 회의적이기 때문이다.

■ 산 봉오리가 높으면 그만큼 골짜기도 깊다

천상천하유아독존(우주와 지구에서 오직 나만이 존귀하다는 것)이라고 외치는 사람은, 금수상관격(金水傷官格; 이제마의 사상의학적인 용어로는 태양인 또는 소양인의 체질이라고 부를 수 있는 것)의 천성을 타고난 사람이어서 그런가? 어찌 이리도 독선과 아집이 가득한가? 산 봉오리가 높으면 그만큼 골짜기도 깊다. 즉, 깨달음의 높이가 '천상천하유아독존' 이면 고독과 슬픔과 소외의 깊이도 그만큼 깊은 것이다. 우리는 이렇게 '높이는 곧 낮음' 이라는 양면을 인정해야 할 것이다.

■ 내가 이렇게 말하는 이유

나는 누구에게나 있는 허영심을 인정한다. 만약 이 허영심을 인정하지 않는다면, 우리는 더 초라해질 것이다. 그런데 어쩔 수 없이 숙명처럼 이 허영심을 인정하고 수용할 수밖에 없다면! 이 허영심이 아주 세련되고 우아하고 기쁜 것으로 선택하자. 그리고 자기표현과 깊이를 창조적으로 불어넣자. 혹시 아는가? 내가 조각한 작품이 실제의 여성으로 둔갑할런지! 마치 피그말리온 효과(Pygmalion Effect)처럼!

■ 감각과 지각의 효능

감각과 지각이 없는데 어떻게 반응할 수 있겠는가? 반응할 수 없다. 그러므로 석가모니 부처의 천상천하유아독존(자기자신만이 세계의 중심에 서 있다는 자부심, 또는 주체적인 자아)의 깨달음은 감각과 지각의 산물이다.

■ 천상천하유아독존이라는 명제에 대하여

천상천하유아독존이란 이 태양계에 인류만이 홀로 존재한다는 의미로 비약적인 사색을 해볼 수 있다. 그러나 이 태양계와 은하계와 우주에 인류만이 홀로 존재한다는 것은 도저히 믿어지지 않는다. 왜냐하면 태양계에 지구와 생명체와 지적인 인류가 존재하듯이, 이 은하계와 우주에는 우리의 뇌가 인지하지 못하는 곳에 생명체(우주에너지의 상호작용으로 생겨난 존재)가 있다고 나는 직관하기 때문이다. 직관이란 판단과 추리와 경험에 의지하지 않고 대상을 마음으로 파악한다는 뜻이다.

■ 천상천하 유아독존하는 것만큼 비천한 것도 없다

영장류와 동물과 식물과 곤충들이 모두 하나하나 천상천하유아독존이라면, 이 천상천하유아독존만큼 하찮은 것도 없을 것이다. 천상천하유아독존이란 하늘과 땅 아래 오직 나만이 존귀하다는 뜻이다.

니체(1844-1900)도 "누구나 자신이 이 세상에서 하나밖에 없는 특별한 존재라는 것을 잘 알고 있다."고 쓴 바 있다. 그러니까 이 세상 누구나 아니, 생명을 가지고 있는 모든 것은 천상천하유아독존(우주세계의 중심적 존재)인 셈이다. 그렇다면 왜 석가모니 부처만이 유독 천상천하유아독존이라고 주장하는가? 이 주장은 아상(자아의 교만함)이라고 여겨진다.

■ 인간중심적인 사고에 갇혀 있는 사람의 말

"천상천하유아독존"이라는 말과, "인간은 만물의 척도다."라고 주장하는
사람은 둘 중의 한 사람이다. 즉, 매우 교만한 두뇌를 가지고 있는 사람이거
나, 아니면 인간중심적인 사고에 갇혀 있는 사람이다.

■ 최고의 깨달음이라는 함정

아뇩다라삼막삼보리(최고의 깨달음)이라는 함정에 빠진 사람은, 자신이
함정에 빠졌다는 인식이나 위기의식이 없기 때문에 함정에 빠져 있는 것이
다. 이런 그가 자유가 무엇인지 어떻게 알 수 있겠는가! 물론, 함정으로 보
면 함정이 아닌 것이 없고, 자유로운 것으로 보면 자유롭지 않은 것이 없을
것이다.

■ 천상천하유아독존의 최고 깨달음도 어떤 원인과 조건에 의해 생겨난 것

아무리 객관적인 깨달음이라고 할지라도, 그 깨달음은 사람의 두뇌에서
나온 것이다. 그리고 사람의 두뇌란 어떤 생물적인 원인과 조건에 의해 생
겨난 것이다. 그러므로 아무리 석가모니가 천상천하유아독존의 아뇩다라삼
막삼보리를 체득했다 할지라도 그것은 석가모니 자신의 어떤 특별한 심리
적 원인과 조건에 의해 생겨난 것일 뿐이다. 즉 무상한 것이다.

■ 끊임없이 깨달아야 하는 것

고타마 싯달타가 "내가 깨달은 진리는 너무 오묘하고 심오해서 보통사람들은 이해할 수가 없을 것이다."라고 말하는 순간 그는 자신의 깨달음에 너무 오묘하고 심오한 장식을 행하고 있다는 것을 알아야 한다.

■ 마음에 걸리는 게 없다고?

마음에 걸림이 없다고? "마음에 걸림이 없다."고 주장하는 자체가 마음의 걸림이다.

■ 겸손하게 산다는 것에 대하여

겉으로는 겸손하게 살자고 하면서, 속으로는 천상천하유아독존(하늘과 땅에서 나만이 홀로 존귀하다는 것)과, 일체유심조(모든 게 마음의 창조)라고 오만을 떨며 사는 사람이 있다. 이런 점을 보면, 인류는 겸손하든 거만하든, 지구의 박테리아 또는 암세포일 뿐이다.

■ '겸손' 아무나 하는 게 아니다

심신이 허약한 자나 극빈자는 겸손도 할 수 없다. 겸손이란 심신이 강한 자나 부강한 자만이 할 수 있는 보기 드문 능력이다. 그래서 겸손의 미덕을 실천하려면 우선 개인적으로 사회적으로 강력한 성공을 해야 할 것이다. 겸손한 실천은 그 다음의 문제다.

■ 꼴불견

아무것도 없는 자(즉, 궁핍한 자, 결핍이 많은 자, 약자, 비천한 자)가 겸손한 말과 행동을 하는 것은 얼마나 꼴불견인가!

■ 내가 이해하는 무의식이란

무의식(The Unconscious)이란 '의식이 없다' 는 뜻이 아니라 수십억 년 전부터 집적해온 생명체(즉, 변형된 태양 빛)의 본능적 의식이라는 뜻이다. 즉, 무의식이란 내가 기억하고 의식할 수 없는 의식이란 뜻이다.

■ 깨달음과 현실

깨달음이란 의식하든 의식하지 않든 자신을 위한 깨달음이기 때문에 깨달음은 강한 자기충족감을 느끼게 해주는 기쁨이다. 그러나 이러한 깨달음도 현실에 부딪치는 순간 심란한 것이 되고 만다. 마치 석가모니가 보리수 아래에서 큰 깨달음을 얻고 난 직후 생긴 소극적으로 허무해지는 마음을 극복하고, 적극적으로 자기를 알아줄 동료들을 찾아가는 여행을 시작했을 때, 강가에서 뱃삯을 요구하는 뱃사공 때문에 강을 건너지 못하고 있을 때의 심란함 같은 것.

그러나 마음이 심란해지는 것은 하나의 과정일 뿐이다. 우리들의 정신과 육체에 좋은 작용을 하는 비타민 C는 얼마나 쓴 맛인가. 깨달은 자는 심란하고 우울하고 흔들리는 만큼 깊어지고, 숙성되고, 완성되어 타인에게 좋은 열매를 선물하게 된다.

■ 모든 것은 자연의 법칙에 맡긴다는 원칙

어리석은 사람을 그냥 내버려두는 자는 무관심한 자이거나 또는 정신적으로 여유가 있는 자이다.

■ 자기위안과 진리탐구는 별개의 문제다

음식을 탁발할 수 있는 승려는 아직 외로운 삶이 아니다. 그는 만족할 줄 알아야 할 것이다.

그리고 결혼한 사람은 몸과 마음이 건강하고, 음식 욕구와 성적 욕구가 충족되고 있는 것만으로도 인생은 충분히 행복하다는 것을 알아야 한다.

아무리 좋은 것도 너무 지나치게 되면 불행해진다는 것은 자연의 법칙이다. 그러므로 식욕과 성욕의 적절한 충족은 그 자체가 행복한 것이다. 하지만, 이러한 행복감과 진리란 무엇인가 하는 것은 또 다른 별개의 문제다.

■ 부모와 나

생물학적으로 나는 어느 남자와 여자의 아들이다. 그러나 사상가로서의 나는 그 남자와 여자에게 매우 낯선 이방인이다. 다양한 유전자의 세계는 얼마나 경이로운 것인가!

■ 기후생물물리적 탄생

타고나는 기질과 성격은 어느 시점에서 어떻게 결정되는 것일까? 다큐멘터리 《영상으로 보는 자궁 속 태아 (수정에서 4개월까지)》를 바라보며.

■ 내가 태어나기 이전의 진면목

생명체의 임신과정과 배아와 태아의 모습은(나도 저 과정을 모두 겪었겠지만) 언제 보아도 신비하다.

■ 절묘한 인연법의 주인공들

시대적 환경조건과 지적 유전자들의 절묘한 인연법(상호작용의 법칙, 또는 모든 것은 연결되어 있다는 것)이 만들어내는 경이로운 이야기의 주인공은 바로 너와 나 우리다.

■ 부정명제를 한 번 더 부정하면

있는 것을 부정하면 없는 것이 된다. 그리고 없는 것을 부정하면 있는 것이 된다. 이렇게 그 어떤 명제일지라도 부정할 수 있다. 그러나 부정을 한 번 더 부정하면 긍정이 되고 만다.

■ 칼 종류와 칼 싸움

반야검(지혜의 칼)이나 도검(도의 칼)은 함광과 승영과 소련과 같은 것이다. 이 세 개의 칼은 열자(제5편 탕문)에 있다. 모름지기 녹이 가득 슬어있는 칼은 예리하게 갈아야 하고, 예리한 칼은 신중하게 다루어야 한다. 왜냐하면 매사 중요한 것은 균형을 유지하는 일이기 때문이다.

■ 석가모니의 침묵에 대하여(1)

모든 문제가 무수한 원인과 조건에 의해 생겨나고 없어지는 사실을 이해하는 자는 더 이상 궁금해하는 질문을 하지 않는다.

■ 석가모니 부처의 침묵에 대하여(2)

사회적 권세가 있는 학자 또는 유명인사로부터 차원 높은 형이상학적인 질문을 받았을 때 침묵을 지킨다는 것은 아무나 할 수 있는 것이 아니다. 아마 부파불교와 대승불교의 사상가나 논사들이 어느 누구에게 형이상학적인 질문을 받았다면 즉시 대답하거나 설명할 것이다. 나도 이들처럼 가능한 한 친절하게 내가 아는 정보를 말하곤 한다. 왜냐하면 정보는 투명하게 공유되어야 하기 때문이다.

하지만 석가모니 부처의 침묵은 왕의 후손다운 자신감이 몸과 마음에 배여있지 않으면 불가능한 것이다.

■ 내가 대답하지 않을 경우의 의미

모든 질문에 대해 설명을 남김없이 전부 해주는 것만이 능사는 아니다. 때로는 질문에 아무런 대답을 하지 않거나 질문 자체를 무시하는 듯한 반응도 일종의 가르침일 수도 있다.

생각하건대, 진정한 대화란 그 어떤 질문일지라도 차원을 높여주고, 의식을 변혁시키고, 인생을 보람있게 해준다. 침묵할 때조차도.

■ 내가 당연한 말을 부정하고 불신할 때의 의미

당연한 말을 부정하고 불신하는 것은, 더욱 깊은 깨달음과 절묘한 표현의 말을 원하기 때문이다. 그런데 더욱 깊은 깨달음과 절묘한 표현의 말이란 무엇일까?

사실은 이마저 없는 것이다. 왜냐하면 그 어떤 깊은 깨달음일지라도 절묘한 표현의 말 또는 글자에 지나지 않는 것이기 때문이다.

■ 부처의 침묵

더 이상 말하지 않겠다는 것은, 첫째의 경우 더 이상 모른다는 것이고, 둘째의 경우 잘 알면서도 말하지 않는 경우다. 전자는 정직함이요, 후자는 교육적이다. 교육적이란 스스로 체득하는 것만이 참으로 자신의 것이라는, 가르침의 일종이다.

■ 부처의 침묵과 열반의 인연법

석가모니 부처의 침묵만큼 격렬한 웅변이 어디 있을까?

석가모니 부처의 열반만큼 전세계를 뒤흔든 것이 또 어디 있을까?

■ 일체유심조는 가짜약 효과다

화엄경에서 주장하는 일체유심조(일체는 오직 마음이 창조한 것, 또는 마음을 중시하거나 절대시하는 것)도 플라시보(Placebo: 가짜 약) 효과다. 물론 일체유심조(모든 것은 마음이 만들어낸다는 것)의 긍정적인 착각의 면도 있다. 그러나 만병통치약은 결코 아니다.

■ 오직 자기만 아는 마음이기에

마음은 어린이요, 자기만 아는 동물 같은 것이기에 (마음의 먹이만 준비하면) 매우 다루기가 쉽다.

그래서 나는 내 마음이든 남의 마음이든 마음을 신뢰하지 않는다. 왜냐하면 정말 중요한 것은 마음이 아니라, 마음이 처해 있는 (유전자 또는 외부의) 조건과 환경이기 때문이다.

■ 단순한 마음

내 대인관계 경험에 의하면, 내가 어떤 종류의 기분을 느끼는지와 상관없이 마음은 얼마든지 달랠 수 있다. 마음은 결코 복잡하지 않다. 마음은 정말 단순하다. 짜증이 날 정도로.

■ 대승불교의 청정무구한 마음에 대하여

대승불교가 중시하는 청정무구한 마음이란, 순진하고 겸손하면서도 역동적 생동적인 통찰의 에너지로 가득 차 있는 상태에 있는 마음을 가리킨다.

그러나 나는 이 마음에 대해 다르게 생각한다. 즉, 청정무구한 마음(the original purity of one's self nature)이란 존재하지 않는다. 정직하게 말하면, 존재하는 것은 청정무구한 마음이라는 가면을 쓰고 있는 혼탁한 마음일 뿐이다. 그리고 이 더러운 마음은 남에게 해꼬지를 하거나 상처받는 마음으로 지구상의 인간의 수만큼이나 다양하고 복잡한 것이다.

이와 관련하여, 신플라톤주의 철학자인 플로티누스(205-270)는 "그대 안의 신을 우주안의 신성에까지 끌어 올리도록 노력하라"고 유언한 바 있고, 또 예수교 신학자인 스코투스는 "신성은 선성이다(Deity is goodness)"라고 주장했는데, 이것은 "네 안에 있는 불성을 깨달아 성불하라"는 말과 "불성은 청정무구한 것이다"라는 대승불교인들의 관념과 똑같은 명제이다.

하지만 석가모니 부처는 불성(Buddha nature)을 집착해 주장하거나 불성은 어떤 것이라고 고집한 바 없다. 왜냐하면 일체무상(모든 것은 덧없이 변한다는 것)이요, 제법무아(모든 것은 고정불변의 실체가 없다는 것)이기 때문이다.

■ 힌두교적 불경과 도교적 불경의 명제들에 대하여

자성(自性)이란 자연의 참모습, 또는 본래의 바탕, 또는 존재 그 자체의 본성, 또는 존재 자체의 물질성을 의미한다. 고로 자성은 자아의 본성이다. 그런데 이 자성(self nature)은 진아의 본성이다. 즉 아트만의 본성이다. 그리고 아트만의 본성은 니르구나(본성이 없음)이다.

불가에서 말하는 여래장(개인 안에 이름없이 있는 존재의 궁극적인 본성, 또는 그 비물질적인 본질)과 청정무구한 진여자성(이 세계의 본질 그 자체, 또는 사물과 현상 그 자체, 또는 실체적 존재로서의 자성, 또는 근본적인 본체, 또는 있는 그대로의 자기 자신)과 불성(석가모니 부처의 본성, 또는 부처의 지성을 체득할 수 있는 가능성)은 이러한 자성(천성적인 자아 또는 아트만의 본성)을 변장시킨 자성(니르구나, 본성이 없는 본성)이라고 여겨진다.

그래서 힌두교적 불교경전과 도교적 불교경전은, 석가모니의 네 개의 명제 즉 고집멸도(suffering, cause of suffering, cessation, the path of cessation)와 세 개의 결정적인 가르침(impermanence. suffering. no-self)을 생각하며 다시 읽고 비평하는 것이 필요하다.

■ 라마나 마하리쉬의 어록을 읽고

라마나 마하리쉬의 어록을 읽고. 참된 자아와 가짜 자아를 구별하고 차별하는 자는 자아가 무엇인지 아직 모르는 자라고 여겨진다. 불교는 참된 자아와 가짜 자아를 분별하지 않을 뿐만 아니라, 자아의 근거가 되는 실체성 조차도 연기법(상호의존 법칙의 부산물)으로 부정해버린다.

■ 가짜 약의 효과 또는 긍정적인 착각의 효과

우리 내부에 여래장(즉, 개인 안에 명칭없이 있는 존재의 궁극적인 본성, 또는 투명하고 형태가 없는 비물질적인 본성), 불성(석가모니 부처의 본성, 또는 부처의 지혜를 터득할 수 있는 가능성), 진여자성(사실 그대로의 존재 또는 현상, 또는 근본적인 본체성)이 있다는 설법은 플라시보(Placebo: 가짜 약) 효과 또는 긍정적인 착각의 효과일 뿐이다.

플라시보란 실제의 약보다는 약의 효과에 대한 믿음 때문에 치료가 되는 경우를 말한다. 이 플라시보 효과는 의사와 환자 사이에서 가장 두드러지게 나타난다. 그러나 객관적 진리는 주관적 진실과 상관이 없다. 긍정적인 착각의 효과도 마찬가지다.

■ 불교의 언어 분석철학

명칭(Naming)에 관한 사상은 노자 도덕경 제1장에서부터 대승불교 반야부 경전(부처의 지혜를 가르치는 계통의 경전들)인 팔천송반야경과 반야심경에 이르기까지 그리고 L.비트겐슈타인(1889-1951)의 언어분석 철학에 이르기까지 동서양에 널리 성찰되고 있는 주제다.

그러나 불교의 기본적인 안목은 이 명칭도 어떤 조건과 원인에 의해 생성된 가정적인 것이라는 것이다. 그래서 언어는 조건화(Associations, 조합)일 뿐이다.

■ 니야야 경전의 해탈사상과 불교사상이 다른 점에 대하여

300년 경의 사상가인 고타마는 《니야야 수트라》에서 "해탈에 이르게 하는 것은 허위 지식의 제거다." 라고 썼다. 그런데 나는 그에게 묻는다. 허위의 지식을 제거하고 해탈에 도달하는 자는 누구인가? 그 또한 불멸의 자아인 아트만(영원한 생명 또는 그 불멸의 실체성)이 아닌가?

브라만과 아트만과 하나님과 상제를 믿는 자는 허위의식에서 벗어날 수 없다. 왜냐하면 믿음자체가 허위의식이기 때문이다.

■ 아트만과 불성을 찾는 목적의식의 망상성

아트만(내부의 신)만 찾으면 불사신(죽지 않는 몸)이 되고, 불성(Buddha-Nature)만 찾으면 불멸의 법신(진리의 몸, 또는 외부의 신, 또는 영원불변의 몸)이 된다고 하는 믿음은 망상이다.

■ 가건물같은 시설의 말

'너도 하나님의 아들이다' 라는 말과, '너도 부처가 될 수 있는 종자를 가지고 있다' 는 말은 동의어다. 그런데 나는 이 모든 관념을 부정하는 사상가다. 왜냐하면 신성과 불성조차도 실체성은 없는 가설(가정, 가건물 같은 시설의 말)일 뿐이기 때문이다.

■ 내 안에 다이아몬드가 있다는 망상에 대하여

내 안의 다이아몬드는 없다! 그리고 지구 안에 있는 모든 다이아몬드도 덧없는 것이다. 아니, 지구 자체도 덧없는 것이다.

■ 대승불교와 도교의 법신사상에 대하여

불교와 도교의 약점은 '금강처럼 부서지지 않는 영원불멸의 법신'을 인정하고 주장하는 것에 있다.

단언하건대, 태양과 달과 지구도 언젠가는 덧없이 소멸되고, 은하계조차도 소멸되고, 이 우주 자체도 덧없이 소멸되는 것인데 어찌하여 불교와 도교는 '법신(영원불멸의 몸)'이라는 관념에 사로잡혀 있는가?

■ 믿음의 본질은 없다

믿음의 본질은 무심이다. 무심이란 아무런 욕망이 없는 텅 빈 마음상태를 의미한다. 그리고 왜 무심이 믿음의 본질인가하면, 믿는 자와 믿음의 대상과 믿음의 과정은 모두 공성(자성을 부정하는 공 또는 통일장)이기 때문이다.

■ 초기불교와 후기불교의 서로 다른 마음에 관한 정의

대승불교에서 가르치는 무심이란 마음이 없다는 뜻이 아니라 시간과 공간을 초월한 어떤 마음이 있다는 것을 의미한다. 하지만 근본불교의 무심이란 마음에 고정된 영원불변의 실체(또는 상태)가 없다는 뜻이다.

■ 무심: 존재가 아닌 마음

마음이 모든 생명체를 인도하는 것은 사실이다. 그러나 이 마음은 내 두뇌 외부에 독립 독존하는 영원한 본체가 아니라는 것도 사실이다.

■ 신앙심이 돈독한 사람은 부처(망상에서 깨어난 자)가 될 수 없다

《열반경》은 "모든 중생에게 불성(Buddha-Nature, 또는 부처의 가능성을 현실로 만드는 능력 또는 그 힘)이 있다"고 가르치고 있다.

그러나 신앙심이 깊은 사람(의타심이 강한 자, 또는 강력한 의존 심리 중독에 빠져 있는 사람)은 결코 부처가 될 수 없다는 것을 깨달아야 할 것이다. 신앙심이 깊은 자는 그만큼 자기사랑(자기애착과 집착)이 강한 자이다. 평생 동안 단 한 개의 우상적인 신앙심도 없었던 석가모니 부처(즉, 모든 망상에서 깨어난 자)를 사람들이 평생동안 우상적으로 신앙한다는 사실은 얼마나 놀라운 일인가!

■ 톨스토이와 나의 다른 점

톨스토이는 "신앙심이 없는 사람은 이 세상에서 가장 위험한 상태에 있다고 생각해야 한다."고 말했다. 하지만 나는 이와 반대로 "신앙심은 강하면 강할수록 매우 위험한 것"이라고 말한다. 왜냐하면 신앙심은 고정관념, 아집, 불변의 망상이라고 불리어지는 것이기 때문이다.

내 인생 경험과 깨달음에 의하면, 신앙심이 없는 것이 가장 평온하고 선한 것이다.

■ 종교적인 방법

그럴듯한 논리로 무장한 망상(착각)은 실제의 현실생활을 왜곡 또는 변형시킨다.

■ 깨달음에 중독되어 있는 사람들

대승불교는 나무아미타불과 관세음보살이라는 신앙심에 중독되어 있는 사람들(즉, 강박적인 집착과 의존증세가 심한 사람들)의 가르침이다.

■ 자기 사랑

성질이 아무리 더러운 사람도 자기자신(ego, selfishness)과 50년 이상 잘 살고 있는 것을 보면(즉, 서로 헤어지지 않고, 또는 자살하지 않고, 또는 잘 참고, 또는 사이가 아주 좋은 것을 보면) 대단한 존재라고 여겨진다.

■ 깨달음에 이르는 길

'깨달음에 이르는 길(또는 방법)'은 불교적 표현이 아니다.

불교의 똑바른 표현은 '깨달음이 곧 길(또는 방법)'이다.

그런데 문제는 언제나 깨달음의 상태가 아니라 깨달음의 방향이다.

■ 무심과 무아에 대하여

무심이란 '마음이 없다'는 뜻이 아니라 오만가지 인연(원인과 조건)에 의해 만들어진 마음이라는 뜻이다.

무아란 '자아가 없다'는 뜻이 아니라 오만가지 인연(원인과 조건)에 의해 만들어진 자아라는 뜻이다.

무심이란 양자역학의 이치로 설명한다면 '관찰자와 관찰되는 것 사이에 분열이 없는 마음'을 의미한다. 즉, 완전히 텅 빈 마음, 또는 과거의 부분적인 경험과 기억에서 자유로운 마음을 의미한다.

그러나 무심은 관찰자가 되고 간섭자가 되고 참여자가 될 때 적극적으로 움직이는 것(에너지원)이 된다.

■ 살아 움직이는 무

불교는 '무(無)'의 진리를 주장한다.

그러나 그것은 '살아 움직이는 무'가 되어야 한다.

■ 허심과 애심의 목적은 같은 것

마음을 텅 비운 상태와 사랑이 가득 찬 상태는 똑같은 상태이다.

마음을 텅 비우는 것의 목적은 하나됨을 위한 것이다.

그리고 사랑이 가득 차 있는 것의 목적도 하나됨을 위한 것이다.

그런데 사랑이 없이 마음만 텅 비어있다면 무슨 생의 의미와 보람을 느낄 수 있겠는가?

■ 중도에도 집착하지 마라

중국인과 한국인과 일본인들의 중도적인 사고방식은 매사에 균형 조화를 중시한다. 하지만 중도라는 감옥에 한번 갇히게 되면 벗어날 기약이 없게 된다.

내 사상은 중도조차 집착하지 않는다는 것이다. 편도와 중도를 넘어서는 무집착의 자유로움. 여기서 중요한 것은 나의 행복이 아니다.

■ 불교진리의 퍼지한 맛

구복신앙(자기 행복만을 구하는 신앙)을 가진 자와 회의론자와 신비론자 중에서 나는 어느 한 부류에 속한 자가 아니다. 나는 이 세 가지 모두에 속한 자이다.

■ 인간적으로 이해되고 생각된 실재

유일자, 기도를 들어주는 분, 태양 같은 황금알, 과거와 미래의 모든 것, 모든 것의 주인, 무한한 존재, 만물의 창조주, 브라흐만, 비쉬누, 쉬바, 아트만, 있는 것도 아니고 없는 아닌 것, 궁극적 실재, 실재 그 자체, 불멸의 실체는 동의어이다. 하지만 그 어떤 것일지라도 모든 것은 인연소생일 뿐이다.

■ 큰 마당

지식도 경험도 아닌 것. 그러나 존재하는 이것은 무엇인가? 마당(Field)이다.

■ 이것은 무엇인가

생겨나지도 않고, 소멸하지도 않으며, 영원하지도 않고, 소멸되지도 않는 것.

같지도 않고, 다르지도 않으며, 오는 것도 아니고 가는 것도 아닌 이것은 무엇인가? 그것은 마당(Field, 통일장)이다.

■ 모든 것은 상호관계적인 생성이기에 실체가 없는 것

인식의 근거와 인식의 수단방법 또한 상호의존적으로 생성한 것 (interdependent arising)이기에 실체가 없는 것이다.

■ 유혹적인 망상의 속임수

해탈을 추구하는 자는 태양계와 은하계와 우주의 자연법칙에 대해 아무 것도 모르는 사람이다.

■ 산자에게는 삶의 깨달음이 필요한 것

열반(궁극적인 평안, 또는 번뇌와 갈등의 완전한 종식)은 육체와 함께 인간의 욕망이 죽어버린 것이다. 그러나 산 자에게는 삶의 감각이 필요하다.

석가모니는 자기 육체를 더럽게 대하면서 자기 사상의 희생물로 삼았다. 그런데 그는 80세까지 그 육체로 잘 살았다.

■ 육체와 지구의 중요성

부처가 큰 깨달음으로 삼고 있는 '이것과 저것의 상호의존성'이 이루어지는 장소는 영적인 유식이 아니라 물질적인 육체와 지구다.

■ 깨달음은 계속 이루어져야 한다

마치 마약이 사람을 희생시키듯이, 깨달음이 깨닫는 자를 희생물로 삼을 수 있다. 그러므로 그 무엇에도 희생자가 되고 싶지 않은 사람은, 자신의 깨달음조차 다시 객관적으로 통찰해야 한다고 나는 말한다.

■ 열반은 불교의 마지막 종착지가 아니다

열반(불교의 평화 또는 투쟁으로부터 도피하려는 본능에 충실한 마음)은 불교의 마지막 종착지가 아니다.

이러한 열반(적멸)으로부터도 해탈해야 비로소 진정한 삶의 여행을 시작할 수 있다.

■ 완전한 열반에 대하여

자아의 완전한 해방은 가능한가? 가능하다. 어떻게 가능한가? 죽으면 된다.

■ 오묘한 진리

석가는 악마로부터 나왔고, 예수는 사탄으로부터 나왔다.

■ 악마에 대하여

악마는 악마가 아니다. 즉, 예수교에서 말하는 악마적인 순간은 불교의 관점에서는 크게 깨달을 수 있는 순간일 뿐이다. 자기확신과 법력을 크게 흔들리게 하거나 쇠약하게 하는 것이 악마라면, 이러한 악마는 악마가 아니라 오히려 화현한 보살신이 아니겠는가! 악마도 자주 만나보면 그렇게 전적으로 저주만 받을만큼 흉악한 것이 아니라, 오히려 내 정기신을 인간답게 유지해주는 기능과 역할도 한다.

■ 성스러운 직업

힌두교에서 말하는 아트만과 브라만.

대승불교에서 말하는 불성과 여래장과 진여자성(세계의 본질 그 자체, 존재 그 자체, 또는 궁극의 본체, 또는 실체적 존재로서의 자성)과 일심(순수한 본질, 또는 모든 생명체에 들어있는 지극히 투명하고 절대 청정한 마음).

도가에서 말하는 상도와 천기.

주역에서 말하는 태극과 음양오행.

예수교에서 말하는 하나님과 예수, 신성.

이 모든 것은 생계수단에 불과한 것이다.

■ 올바른 생계 방법을 생각해보면서

남을 이용하지 않고 생계를 이어간다는 것은 재벌회장과 대통령과 부처도 불가능한 일이다.

우리는 자신도 모르게 남을 이용하거나 이용당하면서도 살고 있는 것이다.

■ 불교는 나의 취미일 뿐이다

내가 불교를 가지고 돈벌이를 하지 않는 한, 불교는 나의 지루한 생활의 취미일 뿐이다.

■ 불성도 갇혀 있는 것

불성(Buddha-Nature)은 불성이라는 속성에 갇혀 있다.

■ 속성은 속성에 갇혀있다

한국 국민성, 미국 국민성, 백인성, 흑인성, 유태인성, 공격성, 야만성, 예수성, 마호메트성, 석가모니성, 신성, 인간성 등 그 어떤 속성이든 속성은 속성에 갇혀 있다.

속성은 좁고 작고 대립되고 투쟁되는 것이다. 그러므로 영원히 실체로 있다고 하는 속성은 없애버려야 한다. 속성은 없다. 인연의 법칙으로 생겨나는 것이 있을 뿐이다.

■ 자아와 무아의 관계에 대하여

석가모니는 무아가 존재를 얼마나 쉽게 부서지게 할 수 있는지 알고 있는가?

'무아는 연기이므로 무아' 라고 성찰했을 때 존재는 이미 실체가 아닌 것이므로 무아이긴 하다.

하지만 만약 '나는 실체다' 라는 주체적인 자아의식이 없어져 버리면, 존재로서의 몸(세포들의 집인 몸)은 졸지에 파괴될 수도 있는 위험에 노출되어 버린다는 것을 그는 알고 있는가?

왜 석가모니의 자아는 무아를 원했을까?

열반에 들어가기를 원한다는 것은 자아의식과 몸의 죽음(에너지의 완전한 연소)을 의미한다. 하지만 석가의 몸을 이루고 있었던 세포들은 과연 스스로 자살을 원하고 있었을까?

초기불교 경전에 의하면 석가모니는 깨달음을 얻은 후에 네 가지 결정적인 원칙을 설했다고 한다.

이 네 가지 결정적인 원칙 중에서, 삶의 도는 팔정도(여덟 개의 올바른 삶의 방법인 바른 관찰, 바른 생각, 바른 말, 바른 일, 바른 직업, 바른 노력, 바른 성찰, 바른 집중)이다.

그러니까 석가모니의 자아는 예전의 자아가 아닌 새로운 자아(고통과 집착과 소멸에서 정화된 새로운 자아)의식으로 자기 몸을 보호하며 이끌어나갔다. 이제 몸의 하인이 아닌, 몸의 주인으로.

■ 바르게 살기 운동과 불교의 팔정도

경남 진해 소도시를 지나가면서 "바른 생각, 바른 행동이 바른 미래를 만듭니다." 라는 플랜카드를 보았다.

서울시나 부산시에는 이런 순박한 플랜카드가 사라진 지 오래다. 왜냐하면 대도시생활에서는 돈벌이만이 중요한 목적과 가치가 되어있기 때문이다.

이 플랜카드는 초기불교의 팔정도(즉, 正見, 正思, 正語, 正業, 正命, 正精進, 正念, 正定)를 응용하여 작성한 것 같다.

문제는 여러 국가의 인민의 성격에 따라 올바름(正)에 관한 인식과 실천이 서로 다르다는 것이다.

개인 간에도 나의 올바름이 타인에게는 그릇된 것이 될 수도 있고, 또 타인의 올바름이 나에게는 그릇된 것이 될 수도 있다.

그러므로 중요한 것은 '정말 올바름이란 무엇인가? 과연 보편적인 올바름이란 있을 수 있는가?' 하는 것에 대한 성찰을 한 번 해보는 것도 계기를 얻는 것이 될 것이다.

참고로, 불교에서는 올바름(正)을 고정불변의 실체로 파악하지 않고, 어떤 원인과 조건에 의해 설정한 것으로 파악하고 있다. 그러니까, 올바름(正)이란 상황과 여건에 따라 수시로 바뀌어 질 수 있다는 것이다.

■ 여덟 가지 바른 진리대로 산다는 의미는

팔정도(바른 통찰, 바른 생각, 바른 말, 바른 행동, 바른 생활, 바른 노력, 바른 기억의 상념, 바른 명상)대로 사는 사람은 불안과 공포, 불면과 악몽에 시달리지 않는다. 왜냐하면 여덟 가지 올바른 삶의 방법대로 사람은 균형적인 중도의 삶을 유지하기 때문이다.

■ 팔정도에서 정명의 의미

팔정도에서 정명(正命, right livelihood)의 의미에 대하여. 올바른 생계수단을 가진 자는 그 어떤 세속의 여론 앞에서도 떳떳하고 행복하다.

■ 팔정도의 의미에 대하여

근본불교의 팔정도(여덟 가지 올바른 삶의 방법 또는 진리. Noble Eightfold Path: right view, right thought, right speech, right action, right livelihood, right effort, right mindfulness, right concentration.)란 자연과 인간의 이치에 맞게 사는 것을 의미한다.

■ 속인의 지혜와 석가모니의 지혜의 차이

속인(즉, 일하고, 재산을 모으며, 소비하고, 과시하는 사람들)의 지혜와 석가모니의 지혜의 차이는, 애착결속을 다지는 지혜와 애착의 줄을 끊어버리는 지혜의 차이이다.

■ 석가모니 부처

석가모니 부처는 어떤 인식과 체험을 만들어낸 사람일 뿐이다.

■ 출가승려들의 초연함과 자유에 대하여

스님처럼 세속으로부터 초연해 있다고 모두 진정한 자유인은 아니다. 어떤 것이 진정한 자유인인가 하는 여부는 그의 사상과 행동처세를 보면 안다.

■ 고타마 싯달타의 출가에 대하여

출가는 고통인가? 쾌락인가? 아니면, 고통이라는 이름의 쾌락? 쾌락이라는 이름의 고통인가?

■ 일불주의와 다불주의

《열반경》에 보면, 동물을 도살하는 직업을 갖고 있는 광액도아라는 자가 "자기 마음이 곧 부처의 본성이므로 이 마음을 깨달으면 생사해탈하여 부처가 될 수 있다"는 말을 듣고 크게 깨달았다. 그는 춤을 추면서 "나 역시 천 명의 부처 가운데 한 명이구나!" 라고 하면서 매우 기뻐했다는 기록이 있다.

이와 같은 기록은 보수적인 장로파 상좌부 불교의 일불주의를 극복하는 다불주의라고 생각된다.

일불주의(one buddha)란 부처는 오직 석가모니 부처 한 분일 뿐이다, 라는 관념이다. 이에 비해 대승불교는 다불주의(many buddhas)를 설하고 있다.

묻는다. 독자는 일불주의자인가? 다불주의자인가? 만약 이것도 저것도 아니면 이제 한 말씀 일러주시기 바란다.

■ 사물 자체도 없고, 마음 자체도 없다는 것

일물이든 일심이든, 다물이든 다심이든 무슨 물(Thing)과 심(Mind)이 실재한다는 말인가? 여기서 사물 자체란 자기 스스로 자기존재의 이유인 사물 즉 독립독존으로 영원불변하는 사물을 가리킨다. 마음 자체란 것도 마찬가지다. 나는 이 모든 것을 부정한다.

■ 마음도 아니고, 부처도 아니다

보리열반(Boddhi Nirvana)은 한 물건이 아닌데, 어떻게 찾고 얻을 수 있는 것이라고 말하는가?

"마음이 곧 부처(Mind is Buddha. 또는 The Identity of Mind and Buddha.)" 라고 하는 것은 마음의 아만이다. 나는 말한다. 마음은 아무것도 아니다. 마음을 낳은 이 지구와 태양계와 은하계와 이밖에 우주세계에 비하면!

■ 진리는 고정관념을 넘어서 있다

불교인들은 보살이니 부처니 하는 관념에 사로잡혀 있어서는 안된다. 절대적인 신을 주장하는 다른 종교도 마찬가지다.

■ 불교의 안신이나 안심의 명제에 대하여

안신입명이란 자기 몸의 안전만을 생각하는 생활방식을 의미한다. 그런데 이 안신입명만큼 불안한 몸도 없고, 위태로운 명(命; 생명 또는 운명)도 없을 것이다.

또 안심입명이란 오로지 자기 안전만을 생각하는 생활방식을 고수하는 마음을 의미한다. 그런데 이 안심입명만큼 불안한 마음도 없고, 위태로운 명(생명 또는 운명)도 없다.

안신(安身)이나 안심(安心)의 단점은 편안하고 게을러서 모험과 충돌을 싫어하고 진취성이 없다는 점이다. 왜냐하면 안심이란 자기충족의 상태에 있는 마음이기 때문이다.

마치 안심은 전자 층마다 전자를 가득 채운 비활성 기체처럼 스스로 충족감을 느낀다. 그래서 안심은 외부로부터 다른 것을 빼앗기거나 빼앗을 필요성을 느끼지 않는다. 그래서 안심은 다른 마음과는 거의 반응하지 않는 것이다. 이런 안심으로는 아무것도 성취할 수 없고 실현해낼 수 없다.

■ 변형과 승화를 위한 법칙

권태를 느끼고, 싫증을 내고, 참을성이 없고, 적응력이 없어야 자신(천성)의 창조적 변화와 발전이 가능하다!

■ 역설적인 행복론

모든 것이 인연에 의한 생성이기에 실체가 없다. 그리고 이 사실에 대한 깨달음이 안심입명(마음이 갈등 없이 안정된 삶을 영위하는 것)을 준다는 것은 얼마나 역설적인가!

■ **수행은 특별한 재능일 뿐이다**

고행과 수행을 무슨 특별한 재능인 것처럼 보이는 사람들이 있다. 하지만 고행이 아닌 인생이 어디 있고, 수행이 아닌 인생이 어디 있는가?

■ **고행하는 성자들에 대하여**

고통이나 괴로움을 무슨 쾌락처럼 즐기는 고행자가 있다. 이런 사람은 자기 몸을 학대하는 일에 능숙하다. 하지만 이러한 고행자는 이상심리의 소유자라고 여겨진다.

나는 고행주의자도 아니고 쾌락주의자도 아니다. 그래서 나는 가능한 한 죽을 때까지 균형 조화의 도를 지키며 살고 싶다.

■ **허영심의 가면**

부처의 고행도 일종의 허영심이다. 고로 허영심을 극복하면 인위적인 고행은 하지 않게 된다.

■ **니체의 허영심에 대하여**

니체는 《인간적인 너무나 인간적인(제 2권 1장 46절)》에서, "내가 가장 극복하기 어려운 것은 허영심이다." 라고 썼지만, 이것은 극복을 원하는 허영심과 극복이 잘 이루어졌다는 허영심이 쓴 글이다.

■ **허영심과 유쾌하면서도 우울한 게임**

허영심이 언제나 이기는 것은 아니다. 허영심을 허영심으로 알아차리는 것은 허영심이 아니라, 꿰뚫어보는 것이다.

그리고 자기 자신을 꿰뚫어본다는 허영심 또한 허영심이라는 사실을 꿰뚫어본다는 것! 하지만 개가 자기 꼬리를 물고 도는 듯한 이런 말은 이제 그만 하자, 피곤하니까!

■ 석가모니 부처의 미묘한 가르침

석가모니의 가르침은, 믿음이 없는 믿음과 깨달음이 없는 깨달음에 관한 것이다.

■ 석가모니 불교와 나의 다른 점

석가모니가 부정한 세속의 모든 것을 나는 있는 그대로 긍정하고 수용한다. 즉 나는 인류의 탐욕과 불만족과 망상에서도 긍정적인 면을 적극적으로 찾아내어 성찰한다. 이것이 석가모니 불교와 나의 다른 점이다.

■ 이렇게 말하는 이유

삼법인(부처의 세 가지 결정적인 가르침, 또는 불교라는 건축물의 기초가 되는 것)의 일관성과 불변성과 항구성에 관련하여. 수 천 년전의 부처일지라도 그가 만약 오늘날에 태어났는데도 계속 제행무상(모든 것은 덧없다는 것)과 제법무아(모든 것에 실체성이 없다)와 일체개고(모든 것이 고통이라는 것)만 반복적으로 주장한다면, 그는 무시무시한 편협성과 배타성을 가지고 있는 고집쟁이든가, 아니면 최악의 끔찍한 스승이라고 여겨진다.

■ 부처의 속마음

속마음을 드러냈으면 이미 속마음은 아니다. 드러냈기 때문이다.

그러나 이 드러낸 속마음은, 드러냄으로써 더 속이 깊어지는 마음이 된다는 점에서 여전히 속마음이다. 누가 석가모니의 속마음을 알 수 있겠는가?

■ 석가모니 불교와 대승불교의 다른 점을 생각하며

석가모니의 해탈은 '그 무엇으로부터의 해탈'이다. 그런데 우리가 행동해야 하는 해탈은 '그 무엇에로의 해탈'이다. 마치 창업보다 수성이 더 어려운 것처럼, 그 무엇으로부터의 해탈보다 그 무엇에로의 해탈이 더 어렵다.

책임감이 없는 해탈은 허무적인 무질서만 초래한다. 그래서 대승불교는 책임감이 있는 자비와 시설을 가르쳤을 것이다.

■ 대승불교의 후득지(자기만의 각성 이후에 얻은 지혜)에 대하여

깨달음을 얻은 후에는 반드시! 깨달음에 흥미를 잃지 않기 위해 무엇인가 자신을 위해 현실적이고 구체적인 기획을 세워 실천하는 것이 현명하다.

■ 힌두교의 해탈 이론과 불교의 해탈 이론

해탈은 무엇으로부터의 해탈이요, 무엇에로의 해탈이지 '해탈 그 자체'라고 하는 해탈의 본체(즉 브라만 같은 본체)가 있는 것이 아니다.

일체개고(인생자체가 괴롭다는 명제)와 제행무상(모든 현상은 자신의 뜻과 다르게 배신적으로 변한다는 것. 아니, 자신의 뜻조차도 덧없이 변한다는 것)과 제법무아(고정불변의 실체성은 없다는 것)를 직시하는 통찰의 세계가 불교라고 나

는 이해한다.

■ 힌두교와 불교의 깨달음

힌두교의 깨달음은 브라만과 아트만의 편재성(omnipresence)과 작용에 관한 것이다.

그런데 불교의 깨달음은 브라만과 아트만조차도 무수한 원인과 조건에 의해 생겨난 것임을 아는 것이다.

■ 석가모니가 깨달은 진리는

부처가 깨달은 진리는 모든 것이 인연에 의해 발생하고 소멸하는 것이기에 고정불변의 아트만이나 브라만(하느님)의 존재는 없다는 것이다.

예를 들면 《카우시타키 우파니샤드》에 "우리가 알아야 할 것은 말이 아니라 그 말을 하는 사람이다. 우리가 알아야 할 것은 눈에 보이는 사물이 아니라 그 사물을 보는 사람이다. 우리가 알아야 할 것은 소리가 아니라 그 소리를 듣는 사람이다. 우리가 알아야 할 것은 정신이 아니라 그런 생각을 하는 사람이다."라는 문구가 있다.

그러나 부처는 이러한 '사람(존재와 현상)'도 덧없는 인연소생이므로 무아라고 통찰한다.

■ 부처와 조사의 설법은 지나치게 중도적이다

중도를 주장하는 사람은 이 세상에서 적극적으로 무슨 일을 이루어낼 수가 없다. 왜냐하면 언제나 중도만 옳다고 생각하기 때문이다. 그러므로 나는 부처와 조사가 가르치는 지나친 중용의 도에도 사로잡히고 싶지 않다.

■ 불교는 인연무아법과 자비시설이다

만약 인연무아(즉, 상호 관계적으로 생성한 것이기에 영원불변의 독립독존적인 자아는 없다는 것)를 자각하지 못하면, 법당에 있는 불상은 우상일 뿐이요, 관세음보살, 지장보살, 아미타불 등 온갖 보살상도 악마일 뿐이다.

그러나 인연무아(즉, 무수한 원인과 조건에 의해 생성하고 소멸하는 것이기에 영원불변의 독립적이고 독존적인 아트만은 실재하지 않는다는 것)를 자각한 후라면, 법당에 불상도 우상이 아니요, 관세음보살, 지장보살, 아미타불도 악마가 아니다.

왜냐하면 불교의 모든 시설은 자비심(즉, 전체적이고 상호 화합적인 불교의 사랑)에서 만들어진 것이기 때문이다. 그러나 사랑이라고 모든 것이 허용될 수 있는 것은 아니다. 불교를 돈벌이 사업으로 아는 자들은 정신을 차려야 할 것이다.

■ 스님에게 침을 뱉는 천박한 자들에게

불교가 직업인 스님과 인연을 맺고 스스로 자진해서 보시를 해놓고나서 나중에 기분이 변해 자신이 사기를 당하고 손해를 보았다는 생각에 사로 잡혀 있는 자는, 《주역》에 나오는 산택손(山澤損)에 대한 설명과 가르침(손해를 만나면 스스로 덕을 닦고 수신하라는 것, 손해난 것으로써 해를 멀리 한다는 것, 손해가 나도 끝까지 믿음을 지키라는 가르침)을 배우시기 바란다.

나도 대인관계에서 사기와 분통터지는 배신과 상처를 받을 때마다 주역에서 이 교훈점을 생각하곤 했다. 손해나는 일을 경험한다는 손괘(損卦)란 항상 현실의 실제상황에 이미 내재해 있는 것이다.

■ 환멸 또한 환멸적인 것

환멸을 느낀다는 것에도 수준이 있다. 그러므로 환멸 또한 환멸적인 것이다.

■ 대인관계

경멸이 때로는 가장 존중하는 것일 수도 있다. 그런데 경멸의 종류 중에서 자신을 경멸하는 것이 가장 고급스러운 정신을 가진 자들이라고 여겨진다.

■ 하나의 깨달음 후에 또 하나의 깨달음이 있으니

하나의 깨달음 후에 또 하나의 깨달음이 있으니, 깨달음의 지성은 항상 명석해야 한다. 관찰하건대, 어떤 자는 단 한 개의 큰 깨달음 때문에 열 개의 깨달음을 추악하게 만들어버리기도 한다.

■ 정반대의 조화

올바르고 순수한 것만이 진보의 역할을 하는 것은 아니다. 잘못되고 혼탁한 것도 진보의 역할을 한다. 그러므로 중요한 것은 정반대의 조화이다.

■ 부처가 말한 일체의 고통에 대하여

인간의 탈을 쓰고 있는 한, 대인관계를 완전히 끊고 살수는 없다. 바로 이 점이 모든 출가 승려들의 괴로움이다. 하지만 악취와 구토의 원인인 대인,

대물관계 속에서 부처의 진리가 발효되고 숙성된다는 것은 얼마나 놀라운 일인가! 일체의 고통이라는 생의 조건 속에서 열반과 해탈의 진리를 체득한다는 것은 얼마나 놀라운 일인가!

■ 일체가 고통이라는 것의 가치

부처(깨달은 자)가 탄생하기 위해서는 수많은 고통과 괴로움과 변화가 필요하다. 바로 여기에 일체개고(일체가 괴로움이라는 것)의 가치가 있다.

■ 모든 것이 고통이라는 명제에 대하여

괴로움이란 실체성은 없다. 왜냐하면 괴로움 또한 조건이 바뀌면 따라서 덧없이 변할 수밖에 없는 것이기 때문이다! 만약 고(suffering) 또한 덧없는 것이 아니라면, 어떻게 무아가 진리일 수 있겠는가!

무아의 진리는 모든 괴로움을 열반하고 해탈하게 하는 구극의 진리다.

■ 손덕(손해를 보는 인덕)의 효능

나는 대인관계에서 항상 얻는 것보다는 잃는 것이 더 많았다. 이 덕분에 나는 사상가(전업적으로 생각하는 자, 또는 통찰하는 자)가 될 수 있었다.

■ 수행심리에 관한 성찰

수행하는 마음의 동기에 유익함만을 원하고, 손상되는 것은 꺼려한다면 그는 수행하지 않는 것이 좋다.

■ 석가모니는 아리안족이 아니고 동이족 출신이다

석가모니는 오랜 옛날시대에 동쪽에서 네팔지역으로 이동한 코리부족 출신이다. 코리부족은 몽골리안 인종 중에서 한민족의 일파였다. 그러면 석가모니는 우리와 같은 종족인 동이족이었는가?

■ 불교가 증명하려고 했던 경지

언어가 없어도 생각할 수 있다. 다시 말하면, 언어로 된 기억을 동원하지 않고도 생각할 수 있다. 불교는 이러한 경지를 증명하려고 했다.

■ 우리가 모르는 싯달타의 마음

무아론은 공성의 증명을 위한 것이 아니라, 자기를 잊으려고 하는 의지일 수도 있다. 싯달타는 대체 무엇을 잊으려고 했을까?

■ 큰 깨달음을 얻은 직후 자살충동에 시달렸던 싯달타

싯달타는 보리수 아래에서 대오각성을 한 후에 한동안 심한 자살충동(즉, 자신이 에너지를 완전히 방전시켜 전부 소멸시켜버리겠다는 충동, 또는 죽음에의 본능)에 사로잡혀 있었다.

싯달타는 어찌 이리도 현대적인 인간인가? 동서양의 모든 천재 사상가들 중에는 싯달타처럼 자살충동(즉, 죽음에의 본능)에 잡혀 있다가 풀려난(극복한) 사람들도 많았지.

■ 초기불교와 후기 대승불교의 동질성과 차이성에 대하여

초기 근본불교 경전과 후기 대승불교 경전은 서로 똑같은 결론을 주장하는 다른 경전들이다.

■ 인도 아리안족의 업적

외부에서 쳐들어 온 아리안족이 원주민족을 정복한 후에 원주민족을 천민계급 또는 불가촉민(접촉하지 않아야 할 천민)으로 만들어버린 것은 힌두교의 업적(업을 쌓은 것)이다

■ 한국불교학을 세계화하기 위한 세 가지 방법

독일의 불교학자 슈미트하우젠(1939-) 교수는 한국불교학을 세계화하기 위한 방법으로 세 가지 방안을 제시했다.

그 첫번째는 논문이나 저술을 영문으로 발간해야 한다는 것이다. 아무리 탁월한 논문이 있어도 다른 나라에서 읽지 않으면 아무 소용이 없듯이 세계 불교학계의 보편어로 자리잡은 영어로 한국불교 및 한국불교학의 성과를 알려야 된다는 것이다. 독일어나 불어, 일본어로 쓴 논문조차 그 파급효과가 적은 상황에서 한국어로 쓴 논문을 그들이 읽기란 기대하기 어렵다는 것이다.

다음으로는 세계적인 권위자들에게서 한국 학생들이 배울 수 있도록 해야 한다고 말했다. 그 옛날 한국이나 일본 스님들이 불교를 배우기 위해 중국이나 인도로 갔듯이 수많은 학술잡지와 필사본을 접할 수 있는 곳에서 공부할 때에 보다 빨리 국제적인 수준에 도달할 수 있다는 것이다.

마지막으로 그는 범어와 팔리어에 대한 완벽한 습득을 꼽았다. 굳이 인도 불교를 전공하지 않고 중국불교나 한국불교를 공부하더라도 불교 원전어에 대한 이해는 불교를 보다 폭넓고 깊이 있게 연구할 수 있도록 하는 필수적 인 요소라고 강조했다.

그러나 진오 사상을 이해하고 연구하려면 한글을 공부해야 한다. 왜냐하 면 내 책은 한글이 원서이기 때문이다.

■ 어느 한국인 불교승려가 창안한 새로운 불교학 조류

나의 불교학은 부정불학(不定佛學)이다. 마치 니체의 사신신학(死神神學)처 럼! 마치 부정철학자들의 철학처럼! 즉, 철학을 부정하는 철학자들의 철학 처럼!

■ 부처는 언어학의 문제가 아니다

팔만대장경을 원문으로 모두 기억한다고 해서 부처(망상에서 깨어난 자)가 되는 것은 아니다.

■ 경제학 교수라고 해서 모두 부자가 아니다

경제학 교수라고 해서 모두 부자가 아니다.

평론가라고 해서 모두 잘 실천하는 사람은 아니다.

불교학 교수라고 해서 모두 부처가 아니고,

유학 교수라고 해서 모두 공자가 아니고,

신학 교수라고 해서 모두 예수는 아니다.

■ 부처가 아트만을 부정하는 이유

석가모니가 깨달은 제법무아(모든 존재에는 아트만이 없다는 것, 또는 색수상 행식은 모두 텅 빈 것이다)의 관점은, 삶뿐만 아니라 죽음조차도 실체로 인정하지 않는 것이다.

■ 불교는 죽음의 종교가 아니라 삶의 종교가 되어야 한다

열반적정(고요하고 적막한 멸진의 상태에 있는 것)을 불교의 결론으로 삼으면 안된다. 왜냐하면 적정(적막과 고요)하다는 것조차 열반(종식)시켜버려야 비로소 에너지가 물질화 될 수 있기 때문이다.

불교는 공동묘지를 지키는 죽음의 종교가 아니라 역동적인 생명체들의 종교가 되어야 한다.

■ 모든 조건에서 구원이 가능하다는 것

그저 불행해져야만(불행하면 불행할수록) 대자대비하신 보살신을 친견하는 체험을 할 수 있다면! 그저 고통을 받아야만 최고의 깨달음을 얻는 체험을 할 수 있다면! 그저 모든 것을 버려야만 최고의 해탈을 맛볼 수 있다면! 무슨 체험의 조건이 왜 이래야만 하지? 왜 충만한 행복감, 황홀한 쾌락, 엄청난 소유에서는 최고의 보살신과 최고의 깨달음과 최고의 해탈을 체험할 수 없는가? 나는 오히려 이러한 조건에서야말로 더 현실적으로 가능하다고 생각하는데!

■ 불성사상은 힌두교사상의 영향이다.

불성(붓다다투)이나 여래장(타다가타가르바; 개인 안에 이름없이 있는 존재의 궁극적인 본성, 또는 그 비물질적인 본질)은 힌두교의 황금알(히라누야가르바) 사상에서 창조적으로 모방한 것이다.

황금알은 아트만이다. 아트만은 브라만이다. 이 아트만과 브라만은 니르구나[무성(無性), 속성이 없는 것, 모든 성품을 초월해 있는 것]이다.

그러나 석가모니의 가르침은 이 아트만과 브라만을 부정하는 니르아트만(아트만도 없다는 것, 비실체성)이다.

그런데 어째서 대승불교인들은 여래장과 불성과 비로자나불을 주장하고, 중국 선사들은 진여자성(즉, 자기 스스로 자기존재의 이유인 존재라고 하는 실체 또는 실체적 존재로서의 자성, 또는 있는 그대로의 자기 자신)과 일심(순수한 본성 또는 Clear Light Mind)을 주장하게 되었을까? 그것은 중생를 구제하기 위한 방편으로 시설한 것 때문이었을 것이다.

그러나 이 중생 구제에의 시설적 사상은 이미 《바가바드 기타》에서 결정적으로 완료하고 있다.

그러므로 사실 대승불교 경전 특히 《법화경》이나 〈관세음보살품〉같은 경전들은 박티경전인 《바가바드 기타》의 직접적인 영향 아래 제작되어진 것이라고 여겨진다.

■ 내가 상상하는 힌두교 황금알의 원형

힌두교에서 말하는 황금알의 원형은 진핵생물(핵막으로 둘러싸여 있는 핵을 갖고 있는 분열 가능한 세포 미생물)의 모습이라고 나는 생각한다.

■ 내가 추측하는 힌두교 황금알의 원형

황금으로 빛나는 우주알 개념은, 붉은 색이나 주황색이나 흰색으로 빛나는 우주 행성을 보고 인상적인 신비감으로 지어낸 것이라고 여겨진다.

■ 불상숭배와 경전숭배

사람들이 숭배하는 불상을 만들어낸 마음과, 체계적이고 조직적인 교리를 담은 경전을 만들어낸 마음은 똑같은 것이다. 그러므로 불상이나 경전의 숭배의 가치는 동등하다. 모두 덧없다는 점에서도.

■ 죽는 순간까지도 미신을 품에 안고 가려고 하는가

죽어가는 자에게 불생불멸의 불성을 가르칠 때, 불성은 가장 최면적인 것이 된다.

■ 내가 내 두뇌에 시험해보고 싶은 것

내가 죽기 직전에 강력한 환각제를 주사로 투입하면 뇌세포에 무슨 일이 일어날까? S.프로이트는 죽어가면서 마약주사를 맞았는데. 그는 과연 자기 두뇌에서 무슨 환상을 경험했을까? 티베트인들의 《죽은 자를 위한 책》을 생각하며.

■ 환상적인 죽음: 삶과 죽음을 결정하는 전쟁터에 음악이 있는 이유

일 년에 한 번씩 보여주는 한국 부산시 광안리 바닷가의 대단한 불꽃놀이처럼! 그렇게 벅찬 환희심을 안고 죽어갈 수 있다면, 얼마나 환상적일까! (슈트라우스가 작곡한 음악 《차라투스트라는 이렇게 말했다》를 시작으로 내 영혼을 장엄하게 진동시키며 퍼져나가는 시간에. 2009년 10월 17일 토요일 밤 8시 한국 부산 광안리 바닷가에서.)

■ 죽음을 알면 삶을 이해하게 된다는 것

공자는 '삶도 모르는데, 죽음을 어떻게 알 수 있겠는가?' 라고 말했다지만, 죽는 것이 무엇인지 그 진상을 알 수만 있다면, 산다는 것이 무엇인지 곧바로 알 수 있다!

■ 빠져있으면서도 깨어있는 것

삼매(samadhi; 신비적인 체험)의 삼은 정(正)이요, 삼매의 매는 정(定)이다.

그러나 내 삼매경험(집중상태에서 얻어지는 체험)에 의하면, 정(正)은 정(正)이 아니요, 정(定)은 정(定)이 아니니, 일체 고정불변의 법은 없다. 왜냐하면 모든 현상은 변하는 것이요, 모든 존재는 실체성이 없는 것이기 때문이다.

■ 내가 이해하는 불교의 공의 심리학

불교의 정신심리적인 분석으로 설명한다면, 마음이 텅 비어 있다는 말은 무억, 무념, 무망을 의미한다. 관심있는 분은 무상 스님의 가르침을 조사해 보시기 바란다.

■ 진정한 교류는 상호 호환적이어야 한다

티베트 불교 책들이 우리나라에 일방적으로 출판 붐을 이루고 있다. 한국

말을 능숙하게 구사하는 티베트 승려들도 늘어나고 있다. 그들은 한국불교와 티베트 불교 간의 교류를 원했다. 절도 만들어지고 단체도 생겨났다. 그런데 티베트 승려들과 대화를 해보면 한국불교에 대해서는 아무 것도 모르고 있었다. 그들은 오로지 티베트 불교 우수성과 자부심과 전파방법과 모금에만 몰두하고 있었다. 그리고 한국에 와 있는 티베트 승려들은 돈을 너무 지나치게 좋아한다.

나는 티베트 불교 승려들과 한국 불교 승려들에게 묻고 싶다. 여러분들은 한국불교사상사에 나오는 인물들 중에서 단 한 명이라도 그의 저서를 단 한 권이라도 티베트어로 번역 출간한 적이 있는가? 진정한 교류는 상호 호환적이어야 한다.

내가 만난 티베트 승려들은 무상 스님, 원측 스님, 혜관 스님, 진각 스님, 서산 스님 등의 인명도 모르고 있었다. 그래도 나는 그들에게 한국불교사의 천재적인 승려들에 대해 일절 선전하지 않는다. 왜냐하면 그들 스스로 관심을 가지고 알아야 진정한 것이 될 수 있기 때문이다.

■ 대승불교의 진수

서양사회에서, 산티데바가 지은 《입보리행경》이 대중적인 인지도가 매우 높은 것은 전적으로 달라이 라마의 영향력 때문이다. 우리나라에서도 최근에 와서야 《입보리행경》이 서점에 보이기 시작했다. 이 책은 내가 20년 전에 읽은 난해한 일본어 번역본 《입보리행경》과는 비교도 할 수 없을 정도로 쉬운 문장과 감동적인 언구가 많이 보인다. 하지만 나는 불교의 자비론에 대해서는 비판적으로 지지하는 사람이다. 아무튼. 이 책은 불교신자가 아니라고 하더라도 꼭 읽어보아야 할 동서양 최대의 교양서이다. 그러나 한국의 그 어느 대학교 교양 목록서에도 이 책의 제목이 보이지 않는다. 반성해보아야 할 것이다. 화두 공안선에만 집착하는 대한불교 조계종 스님들의 책임이 크다.

■ 티베트 불교미술 전시회에서

인도와 중국과 한국과 일본과 동남아 어느 나라 불교미술과 불상보다도 매력적인 쾌락중독을 일으키는 티베트 불교미술과 불상은 어떻게 해서 가능하게 된 것일까? 경이롭다. 가난한 촌부같이 생긴 사람들이 정말 세련되고 풍요하고 의미깊고 생기있는 작품들을 만들어낸다는 것은.

■ 그림(또는 글)이 곧 그 사람은 아니다

달마 그림을 잘 그린다고 해서 그 화가가 곧 달마는 아니다. 그림을 잘 그린다는 것과 깨닫는 지성과 성숙한 삶의 문제는 서로 완전히 다른 문제다.

■ 자기만을 존대하는 사람에게

고대 중국 한나라 시대에 있었던 야랑국의 왕처럼 무지하거나 아니면 자부심이 지나치게 강한 사람은 크게 발전할 수 없다. 그래서 노자는 자타지명(자기와 남을 투명하게 잘 아는 것)을 말했고, 손자는 지피지기(자기 자신을 알고 남도 잘 아는 것)를 말한 것이다.

■ 달라이 라마 텐진갸초와 나의 다른 관점

달라이 라마 텐진갸초는 다음과 같이 말했다. "수행에서 가장 적합한 사람들은 지성적 재능을 타고났을 뿐만 아니라, 오로지 한 길에 신앙심과 헌신을 갖고 있으며 지혜로운 이들이다. 이런 사람들은 정진 수행을 가장 잘 받아들인다. 두 번째 부류는 지성은 특별히 뛰어나지 않지만 바위처럼 흔들림 없는 신앙심을 가진 이들이다. 마지막으로 운이 없는 수행자 부류가 있다. 이들은 지성적으로는 대단히 뛰어나지만 늘 회의와 의심에 빠져 질질 끌려 다닌다. 꾀는 있지만 주저하고 회의하는 경향이 있어서, 제대로 자리 잡지 못하는 부류이다. 이런 사람들은 정진 수행을 잘 받아들이지 못한다."고 말했다.

전세계 사람들의 종교심을 이용하는 정치 지도자다운 말씀이다. 그러나 진정한 불교수행자는 불행하거나, 좋은 운이 없어야 한다고 나는 생각한다. 예를 들어 달라이 라마 문하에서 운이 좋은 수행자는 그의 희생자가 될 뿐이기 때문이다.

그리고 달라이 라마의 경우 외부로부터 인적 물적 후원을 받지 않고는 문제를 풀어나갈 수 없는 처지에 있다. 하지만 내 구도경험에 의하면, 부처를 이루는 데 있어서 희생적인 신앙심이나 기계적인 수행론은 오히려 큰 장애가 될 뿐이었다.

그러므로 나는 말한다. 순응하고 순행하면 일반인이 되고, 반역적으로 생각하고, 반역적으로 역행하며 역전하면 크게 깨닫는 자가 될 것이다. 다시 말하면 보통사람들은 위험한 환경조건에서만 탈출을 꿈꾸며 노력한다. 그러나 비범한 사람은 안전한 환경조건에서도 탈출을 꿈꾸며 노력하는 법이다. 고타마 싯달타도 그런 사람이었다. 그러나 이런 생각과 행동은 아무나 할 수 있는 것이 아니다.

■ 석가모니 불교와 세속의 혁명가들

동북아와 동남아 역사에서 보면, 국가 권력을 잡은 통치자들이 불교를 정치, 군사, 경제, 문화, 생활철학으로 이용한 것은 많지만, 불교 종단 자체가 (예를 들면 서양 중세의 카톨릭 교황처럼) 국가를 일으키거나 혁명을 해서 정치 군사 경제 등 모든 분야를 지배한 적이 있는가? 물론, 티베트 불교의 경우 달라이 라마는 교황과 비슷한 지위와 권세를 가지고 국가의 종교와 정치의 수장을 겸직하고 있지만.

■ 나의 비판적 지지

상상도 자주하면 실제가 되는 것처럼! 평생동안 자비사상을 습관적으로 (반복적으로) 설교하다보면 어느 날 그 자신이 자비의 화신이 된다. 그러나 이것은 망상가의 착각이요, 습관적인(매우 익숙한) 연출일 뿐이다. 그러나 누가 감히 달라이 라마의 자비사상을 착각이요 망상이요, 연출된 것이라고 말할 수 있겠는가? 나는 말할 수 있다. 나는 그의 졸개나 추종자가 아니기 때문이다.

■ 대승불교가 남발하는 거짓 백지수표

대체 얼마나 많은 자비심(우정과 연민의 마음)이 남아돌기에 무정물(아무런 감정이 없는 사물들)에게조차 자비하라고 말하는 것일까?

■ 산티데바의 보살도를 강의하는 달라이 라마를 바라보며

대승불교의 자비심(커다란 우정과 연민의 마음)도 일종의 권력의식이다. 그런데 이 자비심마저 무아화(즉, 무아라는 실체성을 만들어내는 것)함으로써 마치 자신은 권력의식이 없는 것처럼 사유하고 행세한다. 위선자로 보인다.

■ 잔인한 자비

불교와 예수교에서 주장하는 대자대비(커다란 우정과 연민의 사랑)는 때때로 자비의 처형자이며, 그 신자들은 자비의 희생자라고 여겨질 때가 있다.

대자대비의 진정한 의미는 우리 모두 상호의존적인 존재라는 사실을 철저히 깨닫는 것과 관련이 있는 것이다.

■ 연민의 허위성

부자들보다는 극빈자들에게 동정심을 가지고 베푸는 자는, 자신의 동정심과 극빈자들의 극빈을 사랑하는 자이다.

■ 대자대비의 정체

국가든 개인이든, 외부든 내부든, 타인이든 자기자신이든, 대자대비의 문제점은 타국 또는 타자의 마음을 완전히 정복하기 위한 무기로 사용되고 있다는 점이지! 이 점에서 나는 대자대비를 경멸해! 자타에 대해 심오한 경멸의 체험이 없이 고귀한 지도자가 된다는 것은! 글쎄! 멍청한, 아무런 생각이 없는, 원숭이 같은, 천박한자라니까!

■ 대자대비의 가면

대자대비란 커다란 욕정이 가면을 쓴 것이다. 바로 이것이 왜 관세음보살의 모습이 그토록 유혹적인가 하는 이유다. 내 말이 믿어지지 않으면, 인도와 중국과 한국과 일본에서 그려진 온갖 종류의 관세음보살 얼굴과 자태를 참조해보시기 바란다.

■ 구체적인 사랑과 추상적인 사랑

(개개인이 아닌) 모든 중생을 사랑하라는 말만큼 아무도 사랑하지 않는다는 말도 없을 것이다. 만인의 연인은 누구의 연인도 아니다.

■ 맹세하지 말라, 얽매이게 된다

보살은 서원하고 맹세하지 말라. 맹세 때문에 얽매이게 되고, 희생자가 될 것이다. 그리고 또 말한다. 남에게 희생의 가치를 설교하지 말라. 왜냐하면 희생은 자기자신의 문제이기 때문이다.

■ 사형제도 폐지보다는 먼저 정의를 올바로 세우도록

사형 제도를 없애려는 자비심(즉, 전체적이고 상호 화합적인 불교의 사랑)은, 범죄행위의 시비를 분명히 하는 정의의 법칙 뒤에 서 있어야 한다.

자신의 사악한 욕망을 위해 남을 여사로 살인한 사람은 즉시 사형하는 것이 살인자에 대한 최소한의 예의와 인권이라고 성찰한다.

왜냐하면, 살해당한 자와 살해자가 하루빨리 만나게 하여 저 저승세계에서 염라대왕인 지장보살 앞에서 대화로 서로의 한(恨)을 풀어야 하는 문제는 매우 중요한 일이기 때문이다.

살인마들을 이용해 자신의 자비철학과 명예와 영향력을 얻으려는 사람들의 마음은 얼마나 비정하고 잔인한 것인가!

■ 정의와 자비의 우선순위 문제

정의로운 것(즉, 정신적으로 물질적으로 줄 것은 주고, 받을 것은 받는 것, 또는 서로 공평하게 나누는 것)이 먼저 실행되어야 한다. 자비(우정과 연민의 마음으로 관대하게 용서하는 행위)는 그 다음이어야 한다.

■ 내가 대인관계에서 정의를 주장하는 이유

내가 대인관계에서 정의(즉, 정신적으로 물질적으로 줄 것은 주고, 받을 것은 받는 것)를 주장하는 이유는 대인관계의 올바른 균형과 조화 때문이다.

■ 사회적 정의의 중요성

왜 정의(즉, 옳고 그름을 분명히 한다)가 중요한가 하면 진실을 제대로 보존하고 육성할 수 있기 때문이다. 그런데 만약 사악한 자에게 인정을 베풀면 선한 사람에게 피해가 돌아간다는 사실을 명심해야 한다. 인간사회는 야수들의 정글이 되어서는 안된다.

■ 가치와 윤리는 인간적인 시설과 건립이다

가치 그 자체는 존재하지 않는다. 가치는 인간들이 만들어낸 것이다. 이와 같이 윤리적인 명제는 고정불변의 실체가 아니다. 윤리는 인간들이 만들어낸 것이기 때문이다. 이렇게 가치와 윤리는 인류가 집단적으로 사회적으로 사는 한, 필요악이다.

■ 강자와 약자

강자의 솔직함은 차원이 높은 위선이요,

약자의 거만함은 차원이 낮은 열등감이다.

강자의 양보는 차원이 높은 약탈방법이요,

약자의 탐욕은 차원이 낮은 두려움 때문이다.

■ 소유와 상실에 관한 문제

상실은 존재하지 않는다. 왜냐하면 애초부터 소유는 존재하지 않기 때문이다.

■ 오늘 번개와 천둥이 내게 해준 이야기

달라이 라마가 집착하는 것에 대하여; 국가가 없어도 수많은 인생은 어쨌든 살아있다. 마치 달라이 라마도 잘 살고 있는 것처럼! 티베트 인민은 반드시 티베트 국가의 군주에 의해 통치되어야 한다는 국가망상을 버려야 한다. 달라이 라마는 국가와 아무 상관이 없는 인생행로를 보여주어야 한다. 마치 석가모니 부처의 삶처럼!

아니면, 앞으로 티베트에 달라이 라마 텐진갸초만한 인물(즉, 세계적인 영향력을 가진 인물)이 나오기 힘들 것이다. 그러므로 나는 말한다. 달라이 라마 텐진갸초가 정말 간디의 방법(즉, 자기희생적인 비폭력 저항의 방법)을 아는 분이라면, 스스로 아무런 조건없이 중국에 들어가 체포, 구속, 재판의 고난을 직접 받는 것이 차라리 큰 효과가 있을 것이다. 노인으로서는 큰 모험이지만!

■ 성찰의 가치

슬픔이 무엇으로 구성되어 있는 것인지 가만히 성찰해보는 자는 슬픔으로부터 벗어날 가능성이 80%이상이다.

■ 선악으로 구성된 자아가 균형을 이루어내려면

외부의 적에 대해서는 단호하게 방어하거나 살해할 수 있지만, 내 마음속의 적은 살해할 수 없다. 왜냐하면 내 마음속의 적이 −선악으로 구성되어있는 바로 자기자신이기 때문이다. 고로 자신을 스스로 용서하는 수밖에는 별도리가 없을 것이다.

■ 연민의 희생자

자비란 우정과 연민이라는 뜻이고, 구제란 정신적 육체적 건강을 의미한다. 그런데 대승불교 보살신들은 자비와 구제라는 음식 때문에 체한 적은 없는가? 소화불량을 경험한 적은 없는가?

나는 우정의 마음에는 강한데, 연민의 마음 앞에서는 속수무책으로 당한다. 아마도 내가 어처구니없이 파멸하거나 몰락한다면 바로 이 동정심(연민의 감정)때문일 것이다. 이것은 아마도 내 사주팔자에 인성(印星)의 힘이 지나치게 센 탓일까? 그럴지도 모른다.

■ **니체와 나의 다른 점**

동정이나 연민의 감정에 대해 무슨 철천지원수처럼 경멸천시하고 증오하는 니체의 냉철한 사상이 부럽다. 나도 따지고 보면 매우 강한 사상가인데, 이상하게 연민이나 동정심 앞에서는 정말 꼼짝 못하고 무너지는 편이다. 불교의 자비사상은 이미 내 피와 살이 되어버린 것 같다. 그래서 가능한한 동정심과 비애감을 유발하는 사람이나 장소는 일부러 가까이 하지 않는다. 내 우울증이 더 심해지는 것을 방어하기 위해!

■ **애욕의 가치**

불교에서는 애욕을 무슨 철천지원수처럼 대하라고 가르치는데, 애욕도 자신의 행복을 위한 것이다. 그러니까 이성에 대해 시체같은 감정과, 자아에 대한 무관심은 죽은 자에게 맡기고, 산 자인 우리는 발랄한 삶에 강한 에너지를 가지는 것이 좋다.

■ **고독은 똑똑한 인간의 운명**

열반의 극치는 고독이다. 똑똑함의 극치는 고독이다.

■ **석가모니 부처에게 아부하다가 혼난 사람**

바아싯타가 석가모니 부처님을 지나칠 정도로 극찬하면서, 부처님이야말로 이 세계에서 가장 뛰어난 지혜와 행을 갖춘 사람이라고 말했다.

그러자 석가모니가 그에게 물었다.

"그대가 하는 말은 거창하고도 대담한 데가 있다. 그런데 그대는 과연 과거의 모든 숭앙할 만한 인물들을 대해 본 적이 있는가? 그대는 그 숭앙할 만한 사람들의 정신을 자기의 정신 속에 현재 스며들게 하였는가? 그리고 또, 그대는 미래의 모든 숭앙할 만한 사람들에 대해서까지도 이미 충분히 알고 있는가?"

바아싯타가 당황하여 "그렇지 않다."고 대답했다.

그러자 석가모니는 다시 그에게 물었다.

"그렇다면, 적어도 그대는 나에 대해서는 제대로 알고 있으며, 또 나의 정신까지도 꿰뚫어 보고 있는가?"

바아싯타는 이 점에 대해서도 역시 "그렇지 않다."고 말했다.

그러자 석가모니는 다시 그에게 물었다.

"그렇다면, 그대의 말이 어떻게 그렇게도 거창하고 대담할 수 있는가? 어찌하여 그대는 그런 황홀경 같은 상태만을 노래하고 있는가?"

필자가 의역한 이 대화에 관심있는 분은, 영국《팔리어 불교경전 출판협회》가 낸 《Digha-Nikaya(장아함경)》에서, 《붓다의 대화들(3)》〈27. Agganna Suttanta(A book Genesis)〉. 또 이 책의 일본어 번역 《남전대장경(제 8권 장부경전(3))》에 수록되어 있는 〈27. 기세인본경〉을 참조해보시기 바란다.

■ 부처는 부처고 나는 나다

석가모니는 석가모니고, 나는 나이다.

석가모니 인생은 석가모니가 산 것처럼, 내 인생은 내가 산다.

그런데 왜 내 한평생을 그의 노예나 희생자 또는 졸개로 지내어야 하는가?

■ 나의 길

불교와 성리학의 가르침대로 '이기적인 욕구를 완전히 제거하는 것'이 이상적인 인간상이라면, 나는 그 이상적인 인간상을 기꺼이 포기하겠다. 왜냐하면 '이기적인 욕구를 완전히 제거하겠다.'고 하는 것도 이기적인 욕구이기 때문이다.

■ 내가 전체성과 평등성을 완전히 체험한다는 의미에 대하여

왜 부처와 조사와 선사들은 승속을 차별하여 말하기를, 출가는 좋다하고, 속가는 허망한 것이라고 하는가? 왜 부처와 조사와 선사들의 사상과 논리는 진공(Emptiness, Zeroness)과 무아(Not Self)에 치우쳐 있는가? 나는 승속을 가능한 한 동등하게 본다. 나는 출가와 재가의 진리를 동등하게 본다. 나는 삶과 죽음을 동등하게 본다. 나는 해탈과 윤회를 동등하게 본다. 나는 부처와 속인을 동등하게 본다.

■ 무집착이라고 해서 무조건 좋은 것은 아니다

무집착이라고 해서 무조건 좋은 것은 아니다. 왜냐하면 매사 무집착의 마음 때문에 인생이 망쳐질 수도 있기 때문이다.

무집착은 반드시 무아(Egoless, 또는 Selflessness)의 공성을 깨달은 사람만이 하는 행위가 아니다. 왜냐하면 자기가 현재 소유하고 있는 것을 잃을지도 모른다는 불안과 공포심에서도 무집착의 행동을 할 수도 있기 때문이다. 그러므로 중요한 것은, 인생이란 무엇인가 하는 질문에 대해 각자 최선을 다해 답하는 것이다. 물론, 생의 의문에는 정답이 없다. 하지만 최선을 다해

보는 수밖에 없는 것이 인간의 운명이다.

■ 법구경의 대인관계론에 대하여

법구경에서 석가모니는 "착함을 지키는 것이 지혜로운 사람이다."라고 말했다. 그러나 무조건 착한 것은 문제가 있다. 왜냐하면 우리 모두 알고 있는 바와 같이 인생은 착한 것으로만 구성되어 있는 것이 아니기 때문이다. 인생의 선악문제는 비빔밥처럼 섞여 있다. 그러므로 나는 선악을 이분법적으로 보지 않고 퍼지한 것으로 본다.

■ 석가모니 불교의 단점에 대하여

석가모니는 "탐욕이 없는 곳에는 걱정과 두려움이 없다."고 말했다. 그러나 걱정만 없으면 최고인가? 두려움만 없애면 최고인가? 나는 그렇게 생각하지 않는다. 걱정 근심이 없는 사람이야말로 이기적인 자요, 두려움이 없는 자야말로 교만한 자이기 때문이다.

그래서 나는 '적당한 탐욕과 적당한 근심과 공포는 인생을 살아있게 만든다' 고 주장하고 싶다. 물론, 탐욕을 버리면 물론 평안해질 것이다. 그러나 탐욕이 없으면 자기발전도 없다는 사실을 안다면, 차라리 적당한 탐욕은 인생의 자극이라고 생각한다.

■ 내가 욕심을 긍정적인 것으로 보는 이유

불교의 단점은 욕심을 부정하는 것에 있다. 나는 욕심을 긍정적인 것으로 본다. 그래서 나는 다음과 같이 말한다. 욕심을 버리지 마라. 그리고 욕심의 방향을 잘 선택하라. 무욕무심은 살아있는 송장들에게 맡기고, 너는 유욕유심으로 생을 빛내라!

■ 헛된 것도 없고, 헛되지 않은 것도 없다

헛된 것으로 본다면, "모든 것이 헛된 것"이라고 말한 석가모니의 말도 헛된 것(무상한 것)이다. 만약 출가 승려가 세상 사람들을 향해 "세상만사는 부질없는 것"이라고 설교하고, 재가의 일반인들은 출가 승려들을 향해 "절에서 행하는 온갖 종교관련 행사란 부질없는 짓이요, 허망한 것이요, 헛된 것"이라고 일갈한다면, 서로에게 남는 것은 무엇일까? 그래서 나는 승속의 일을 두 개의 일로 차별하지 않고, 서로 똑같은 하나의 일로 본다.

■ 석가모니가 주장하는 무아의 의미

무아는 자아상실(또는 자아단절)이 아니고, 자아충실도 아니다. 무아는 상호관계적인 현상이다.

■ 용수의 명제의 관한 성찰

용수논사는 "원인 때문에 생긴 것은 원인을 없애면 존재할 수 없다."고 했는데, 원인 때문에 이미 생긴 것은 원인을 없애도 계속 있는 것이다. 이러한 예는 얼마든지 들 수 있다. 그래서 나는 죽음만이 모든 원인과 조건과 생성과 소멸을 끝장낼 수 있다고 생각한다. 하지만 죽어도 죽지 않고 계속 존재하면서 영향력을 행사하는 부처의 가르침은 얼마나 대단한 것인가!

■ 석가모니 부처의 기본명제에 대하여

'일체가 괴로운 것' 이라고 하는 말은, 괴로워하는 자기자신에게 아부하는 말이다. 왜냐하면 일체는 괴로운 것도 기쁜 것도 아니기 때문이다. 어째서 그런가 하면, 온갖 희노애락을 낳는 모든 것은 서로 인연으로 소생하고 소멸하는 것이기 때문이다. 그러므로 내 사상은 비관적인 자와 낙관적인 자에게 결코 아부하지 않는다.

■ 무자성이라는 명칭도 실체화하고 집착하지 말라는 것

용수처럼 "자성이 없다"고 주장하는 것도 일종의 자성에 근거한 주장이다. 자성만 자성인 줄 아는가? 자성이 아닌 것도 자성이다. 왜냐하면 무자성을 실체화하고 집착했기 때문이다.

■ 허무한 경지를 넘어서

공을 자성으로 아는 자는, 색(formation)을 자성으로 아는 자를 깨우쳐 줄 수 있다.

그러나 공이라는 자성(즉 공성)에 사로잡혀 있는 자신은 무엇으로 깨우칠 것인가?

■ 존재즉 비존재, 비존재즉 존재

존재란 무엇이며, 비존재란 무엇인가? 존재란 우주세계이며, 비존재란 우주 빅뱅 이전의 진공이다.

■ 용수 존자의 한계에 대하여

양극단의 논리를 부정하는 용수(150-250년경)의 중론은 균형감각과 심리치료적인 효과는 있다. 그런데 세속사회에서 무엇인가를 적극적으로 이루어내는 박력이 없다.

■ 말과 글을 통한 실천의 한계

용수존자가 나처럼 책을 쓴 것 말고 그가 행한 것이 무엇이 있는가? 실제의 인생이란 용수의 중론처럼 그렇게 논리적으로 정확하거나 완벽하거나 이상적인 것이 결코 아니다.

■ 죽은 자는 공한 것에 맡기고, 산 자는 삶을 직시하라

왜 모든 것이 소멸하며 공한 것만 알고, 생성하는 것은 모르는가?

왜 끊어야 할 번뇌와, 얻어야 할 평온함만 알고, 번뇌와 불안 공포 그 자체에 대해서는 모르는가?

■ 나의 강점은 나의 약점의 결과라는 것

사상가로서 나의 강점은 내 인생실패와 약점의 결과이다.

■ 석가모니 불교와 나의 불교와 대승불교의 차이점

충족시킬 것인가, 근절시킬 것인가? 이것이 문제다.

석가모니 부처는 근절을 중시했고, 나는 충족을 중시한다. 왜냐하면 근절은 죽은 자의 종교요, 충족은 산 자의 종교이기 때문이다.

그런데 대승보살들은 충족시키면서 근절하고, 근절시키면서 충족하는 이상적인 경지를 중시했다.

■ 죽음은 삶의 사냥꾼

《조론》의 저자로 유명한 승조 스님으로 하여금 《보장론》을 쓰게 한 인연법은 자신이 일주일 후에 처형된다는 사실이었다. 죽음만큼 삶의 초조함을 즐기는 것도 없는 것 같다.

유가에 "선비는 요절이 없다, 자기 이름을 세우는 것이 근본이다."이라는 말이 있는데, 승조 스님은 요절했지만 그의 이름과 책 제목은 지금도 이렇게 장수하며 전해지고 있다.

■ 인간이란 단 하나로 이해할 수 없는 매우 오묘한 존재

수십 명의 자식들과 손자 손녀들을 남겨두고 죽는 사람과, 수십 권의 책과 수백 개의 강연녹음테이프를 남겨두고 죽는 사람의 업적을 비교해볼 때 어느 사람이 더 현명하게 살다 죽는 것인지는 확실히 말할 수 없다. 인간이란 단 하나로 이해할 수 없는 매우 오묘한 존재인 것 같다. 지구상의 모든 성현들과 천재들을 낳은 부모들은 얼마나 평범한 사람들이었는가를 생각하면.

■ 처형당하는 기억

죽음 앞에 서 있는 기억이란 무엇인가?

■ 생사 게임은 누구를 위한 것인가

우리는 태어나는 순간부터 죽을 때까지 평생 쫓기기 시작한다.

■ 저승사자의 쾌락

저승사자의 쾌락은 죽어가는 자의 고통에서 얻는다.

■ 지구상에서 가장 흔한 것

지구상에서 가장 흔한 것은 삶과 죽음이다.

■ 죽음은 생명체의 필수조건

죽음도 일종의 생명으로 가는 다리이며, 과정이다. 죽음이 없는 생명체의 상태란 얼마나 끔찍한 지옥인가!

■ 내가 집착과 무집착을 동시에 행하는 이유

마치 저승사자가 왔을 때는 그 어떤 중요한 일을 하고 있는 중일지라도 아무런 논란이 없이 곧바로 만사가 끝장난다. 죽음이란 모든 것을 즉시 멈추라는 저승사자의 명령이다. 그래서 인생의 매사를 집착과 무집착, 집요한 매달림과 한순간의 방하착을 동시에 행하는 것은 현명한 처세이다. 나는 매 순간마다 전체성(만물의 통일성)과 평등성을 완전히 체험한다. 나의 깨달음이란 항상 '순간이 곧 최후'라는 것을 통찰하는 것이다. 그리고 현재 살아있는 것 자체를 충분히 즐긴다.

■ 상상적 성찰

죽는 것이 두려워 태어나지 않으려고 하는 자도 있을 수 있다. 그리고 사는 것이 두려워 영원히 죽음만 지키고 있는 자도 있을 수 있다.

■ 우주와 인간의 무상함

어떤 형태로든 흔적을 남기지 않고 사라진다는 것은 얼마나 한탄스러운 일인가! 하지만 언젠가는 이 지구와 태양조차도 흔적 없이 사라질 것인데 무엇이 한탄스러운 일인가!

■ 존재와 무

실존하는 것으로 말하면, 분자 원자 소립자도 실존이다. 그런데 공으로 말하면 이 공조차도 없는 것이다.

■ 초기불교의 인연무아론

초기불교의 핵심은 이런 것이다; 모든 존재는 모든 존재와 서로 인과적 관계를 맺고 있기 때문에 그 어떤 것도 홀로 스스로 존재할 수 없다는 가르침이다. 다시 말하면, 모든 것은 상호 관계적이며, 홀로 분리되어 있는 "독립독존의 나"라는 핵은 존재하지 않는다는 것이다.

■ 내가 불교에서 터득한 진리

내가 불교에서 터득한 진리는 인연기멸의 원리에 대한 지혜이다. 인연기멸이란 모든 것이 끊임없이 무수한 원인과 조건에 의해 발생하고 소멸하는 과정 속에 있다는 것이다.

그 다음 내가 대승불교에서 터득한 것은 중생(Sentient Being, 모든 생명체, 또는 타인으로서 이웃, 또는 나 자신)들에게 가장 좋은 것을 되돌려준다는 사상이다.

■ 인연기멸의 진리에 대하여

인연기멸이란 글자 그대로 풀이하면 인(因)으로 연(緣)하여 기(起)하고 멸(滅)한다는 법칙이다. 즉 원인과 조건에 의해서 발생하고 소멸한다는 법칙(dharma)에 관한 것이다.

그리고 이러한 인연기멸의 법칙(무수한 원인과 조건에 의해 발생하고 소멸한다는 법칙)은 석가모니가 창작한 작품은 아니다. 이 인연기멸의 법(즉, 무수한 씨와 올로 인해 짜여지고 풀어지는 법칙)은 석가모니의 탄생 여부에 상관이 없이 이 세상에 항상 존재하는 법칙인 것이다. 석가모니는 다만 사실 그대로의 진리를 직관적으로 깨닫고 발견하고 표현한 사람일 뿐이다.

그리고 나도 여래(Tathagata, The Buddha)처럼 이렇게 모든 것은 서로 관계적인 조건(여건)에 따라 발생하고 소멸한다는 인연법(모든 것은 서로 밀접하게 관련되어 있다는 것)과 무아법(자아는 고정불변의 실체가 아니다 라는 것)을 철저하게 터득한 사상가이다.

■ 일체의 고통과 열반적정

일체의 고통은 무여열반(즉, 안정과 평온과 침착한 마음)으로 인도하는 안내자다. 모든 문제와 괴로움으로부터의 완벽한 탈출. 그 탈출 방법은 무념무상(즉, 상념과 행위 사이에 간격이 없는 상태) 또는 무억(망각)이다.

여기서 무억이란 기억이 필요 없는 마음의 상태, 또는 모든 선입관념적인 기억을 텅 비운 상태, 또는 마치 아무것도 모르는 상태를 의미한다.

■ 무념무상과 지복상태

무념무상(non-thought)은 특별한 종교적인 마음의 상태가 아니다. 즉 무념무상이란 자기 마음속에 신념으로 새겨두는 것이 없는 상태를 의미한다.

■ 무념무상에 대하여

무념무상이란 상념이 없다는 뜻이다. 이것은 현실적으로 불가능하다. 왜냐하면 삶 자체가 상념이기 때문이다. 그러므로 무념무상은 상념의 근거로서 실체성이 없다는 것, 즉, 상념은 수시로 여건에 의해 변하는 것이기에 항상 고정불변의 실체성은 아니라는 것, 따라서 상념은 고정화, 실체화, 절대화 하지 말라는 뜻으로 이해해야 한다. 무아에 관한 문제도 마찬가지다.

■ 실체성이 없는 자아와 생각과 신과 신앙에 대하여

무아(無我)이기 때문에 무상(無想)이라고 한다. 즉, 실체성이 없는 자아! 실체성이 없는 생각!

무신(無神)이기 때문에 무신(無信)이라고 한다. 즉, 실체성이 없는 신(神)! 고정불변의 실체성이 없는 신(信)!

■ 무념무상의 비겁한 타협성

매우 사소한 잡념의 배후를 조사해보면, 엄청나게 큰 비리 또는 부조리라
는 이름의 권력자를 목격하게 될 것이다.

■ 아는 것이 많은 자는 자기합리화의 천재다

아는 것이 많은 자는 자기합리화의 천재이다.

■ 모든 설교는 유혹이다

모든 설교는 유혹이다. 그렇다면, 무엇을 위한 유혹인가? 유혹의 목적은
무엇인가?

■ 싯달타가 석가모니로 변모하여 자신의 교단을 만든 이유는

왕자였던 싯달타가 출가하여 석가모니로 변모한 것은 무슨 이유 때문이
었을까? 운명적인 것인가?

내가 석가모니가 아니어서 그의 심정을 속속들이 다 알 수는 없지만, 한
가지 분명한 것은 그가 자신의 종교교단을 만들었다는 것이다. 그리고 그의
종교교단은 오늘날에 이르기까지 동남아시아, 동북아시아에서 성공적으로
잘 유지되고 있다는 점이다.

그러나 석가모니가 종교교단을 만든 것은 잘한 것일까? 잘못한 것일까?
사업적인 종교조직의 존재는 인류의 심리적 약점이라고 생각된다.

■ 가해자와 피해자의 미신을 생각하며

국가주의와 민족주의가 미신에 불과한 것이라면 진리란 무엇인가? 침략자가 강도 및 살인자처럼 쳐들어와서 우리를 죽이려 할 때까지 그저 가만히 기다리고 있어야 하는가? 그때에서만 비로소 반응하고 반격하는 것이 진리인가? 아니면 자기를 살해하는 자를 향해 축복을 빌며 살해당해야 하는가?

■ 고타마 싯달타의 선택

싯달타가 깨달음을 얻고 난 후에 보여준 그의 행동은 설법자로서의 인생을 선택했다는 것이다. 왜 그는 자기가 본래 있는 곳으로 돌아가서 자국민에 대해 이상적인 봉사활동을 하며 사는 것을 선택하지 않았을까? 어차피 설법자로서의 스승의 길이나 정치 지도자로서의 길은 똑같은 진리실현의 일인데. 예를 들면 아쇼카 왕이나 간디나 암베드카르처럼.

어차피 깨달음과 교육문제에 방편(skillful means)이 필요하다면, 아무리 소국이라 하더라도 자국에서 자신의 이상을 실현하는 실험을 왜 하지 않았을까? 왜 그는 그저 왕자 출신의 성자라는 배경만 가지고 사는 방편만 사용했을까? 《탈무드》에 나오는 문구가 생각난다. "이 세상에는 두 종류의 왕이 있는데 하나는 땅을 지배하는 왕이요, 또 하나는 마음을 지배하는 왕이다."

■ 석가모니 부처에 대한 나의 비판적 관점

석가모니 부처가 출가 은둔자로서 산 것은, 일반적인 것이 아닌 특별한, 전체적인 것이 아닌 부분적인, 승속의 경계선이 분명히 있는 자기한정적인 삶을 의미한다. 그러므로 걸림이 없는 자유로움과 실용성과 창조성을 중시하는 미래불교의 성자들은 반드시 승속을 겸비(즉, 이사원융)해야 할 것이다.

■ 부처와 그의 설법과 제자들을 존숭하는 것에 대하여

삼보(부처와 그의 설법과 제자들을 존숭하는 것)는 진제가 아니라 속제 즉 세속적인 방편일 뿐이다. 그래서 만해 한용운(1879-1944) 스님은 "불교는 사찰에 있고, 승려에게 있고, 경전에 있는가? 아니다. 불교는 참으로 각 개인의 정신적 생명에 존재하며, 그 자각에 존재하는 것이다."라고 설법한 것이다.

■ 일체가 고통이라는 문제의 해결방향에 관련하여

일체개고(모든 것이 고통이라는 것)의 문제를 불법승 삼보귀의라는 것으로 해결해서는 안된다. 이보다는 스스로 깨닫고, 자신을 깊이 긍정하는 것으로 해결해야 한다.

■ 내가 이렇게 설법하는 이유

불법승에 대한 귀의든, 신과 율법과 성직자에 대한 절복이든, 나는 이 모든 것을 비굴한 복종이라고 성찰한다. 왜 불법승과 친해지는 조건이 꼭 절대복종이어야 하는가?

나는 솔직하게 나의 경지를 말한다.

반항하는 것이 나의 순종이다!

부정하는 것이 나의 긍정이다!

불신하는 것이 나의 신심이다!

거부하는 것이 나의 수용이다!

다투는 것이 나의 화해다!

싸우는 것이 나의 평화다!

파괴하는 것이 나의 건설이다!

경멸과 증오가 나의 사랑이다!

종단 속에서 어질고 성실한 생활을 하는 고승들이 어떻게 내 경지를 이해할 수 있겠는가! 그들에게 나는 무간지옥에 떨어질 악마로 보일 뿐일 것이다. 그러나 아무도 모른다. 누가 정말 깨달은 자인가는! 내가 너무 흥분했나? 입을 비죽거리는 미소.

■ 삼법인과 팔정도에 대하여

삼법인(부처의 세 가지 결정적인 가르침)과 팔정도에 대하여: 근본불교의 세 가지 진리는 '사실'에 관한 것이요, 여덟 가지 방법은 '자기구원'에 관한 것이다.

■ 불교의 세가지 독에 관한 문제에 대하여

불교의 3가지 독에 관한 문제에 대하여.

상대를 탐한다는 것은 자신의 결핍을 채우려는 짓이다.

상대를 증오한다는 것은 자신이 그와의 관계에서 수치감과 자존심만 품고 있는 약자이기 때문이다.

상대에게 어리석다는 것은 자신의 맹목적 의지(의도와 입지)의 희생자이기 때문이다.

■ 내가 이렇게 말하는 이유

나는 불교가 원수처럼 적대시하는 삼독(탐욕과 분노와 어리석음)과도 매우 친하게 지낸다. 왜냐하면 장주가 말하는 대교약졸과 정판교가 말하는 난득호도 또한 진실한 것이기 때문이다. 모름지기 중생은 어리석어야만 지혜로울 수 있는 법!

■ 세속의 진리

남을 기만하고, 자신을 기만할 줄 아는 것이 지혜인가? 마치 손빈이 자기 스승 귀곡자를 기만한 것처럼.

하지만 승제(스님들이 추구하는 진리)는 지혜조차 버려야 한다. 왜냐하면 지혜는 지혜가 아니라 그 이름이 지혜일 뿐이기 때문이다. 참된 지혜는 잔꾀를 부리지 않는 법!

■ 공도 공이다

색(물질적 형상)에 대한 공의 끈질긴 전투.

유(존재)에 대한 무의 집요한 전투.

하지만 이 공과 무조차도 없어야 한다.

그렇게 하려면 이 둘(유와 무, 색과 공)을 서로 퍼지하게 섞어야만 한다.

■ 석가와 진오의 성질이나 관점의 차이에 대하여

석가모니의 깨달음의 관점(자신이 겪는 고뇌의 근원적인 원인을 12단계로 분석하며 성찰한 관점)은 다음과 같다.

근본적인 무지→ 행위→ 인식하는 것, 또는 마음, 정신, 자아→ 몸과 명칭 → 눈, 귀, 코, 혀, 몸, 의식→ 사물과 접촉하는 것→ 감수성, 쾌락을 원하고 고통을 피하려는 것→ 성욕→ 집착, 소유욕→ 살아있는 것, 존재하는 것→ 탄생→ 노화, 노쇠해지는 것→ 죽음이다.

하지만 소극적인 성자로 인생을 지낸 석가모니를 닮은 깨달음의 관점(즉, 모든 존재와 현상은 수많은 원인과 조건에 의해 발생했다는 것)보다는, 지금 이 세상에 유용한 깨달음의 관점을 나는 말하고 싶다.

석가모니와 나는 다르다. 그것은 서로 살아온 국가와 삶의 배경과 여건이 다르기 때문이다.

■ 조건에 의한 생성에서 조건의 문제에 대하여

자신의 모든 문제를 발생시킨 여건, 조건, 인연과 싸우지 않으면 안되는 경우도 있다. 보다 성숙한 생사를 위하여.

■ 불교의 조건발생의 법칙에 대하여

발생의 원인과 조건은 소멸의 원인과 조건과 동일하다.

■ 불교의 연기 무아법에 대하여(1)

불교의 연기법은 모든 것이 조건지어져 있다는 것을 가르친다.

불교의 무아설은 아트만(영원한 생명 또는 그 실체성)은 없다는 사실을 이해하고 깨달음으로서, 자신에게 운명처럼 주어진 조건으로부터 해탈이 가능하다는 것을 가르친다.

■ 불교의 연기 무아법에 대하여(2)

불교의 연기법은 모든 것이 단편적이고 한정적이고 대립적이고 에너지를 낭비하는 투쟁적인 것이 아니라, 전체적이고 상호 조화적이고 화합적인 것이라고 가르친다.

불교의 무아설은 더 이상 분할할 수 없는 영원불변의 독립독존적인 자아란 실재하지 않는다고 가르친다.

■ 사월초파일의 명상

이 글을 교학적으로 써 나가려고 하니, 문득 한 사나이의 모습이 내 생각을 가로막고 서 있다.

한산의 선시처럼, 몸에는 '허공의 꽃' 옷을 입고, 발에는 '거북의 털' 신을 신고, 손에는 '토끼의 뿔' 활을 잡아, 무명의 귀신을 쏘려고 겨눈다. 이 무섭도록 진지한 사나이는 과연 누구일까? 나는 나를 노려보는 그 사나이의 정체를 어디서부터 밝혀 보아야 할지 매우 심각해진다. 그가 나일지는 몰라도 내가 그는 분명 아니다. 아래의 글은 그에 대한 나의 명상이다.

그가 어느 나라 어느 곳에 어디서 어떻게 태어났는가 하는 문제는 그렇게 중요하지 않다. 왜냐하면 그의 탄생은 우리 모두의 탄생이기 때문이다.

그리고 또, 그가 어떤 번뇌로 왜 출가하게 되었는가 하는 문제도 그렇게 중요하지 않다. 왜냐하면 그의 번뇌는 우리 모두의 번뇌이며, 그의 출가는 우리 모두의 출가이기 때문이다.

그러므로 그의 구도적 삶과 그의 깨달음도 우리 모두의 구도적 삶과 깨달음이어야 한다. 우리는 그를 자기 자신처럼 느껴야 하며, 만나야 하며, 살아야 한다. 이것이 저 2천년도 훨씬 넘는 시대에 나타났던 석가모니 부처님의 현재적 전개다.

그는 우리들로부터 단절된 인물일 수 없다. 그는 우리들의 불가능이어서는 안된다. 그는 곧 우리들 자신이기 때문이다.

오늘날 우리들의 대웅전에서 만나는 부처님은 이미 살아 있는 부처님이 아니다. 그것은 우리들의 온갖 이미지일 뿐이다.

우리는 이제 부처님에 대한 온갖 이미지 형상 작업을 그만두어야 한다. 왜냐하면, 이미지는 진실이 아니기 때문이다. 관념일 뿐이기 때문이다. 우리는 지금 오늘 여기 이 자리에서, 순간 순간 실존하는 숨쉬는 부처님 바로 그 자신이어야 한다.

고타마 싯다르타가 슈라마나로서 자기 인생을 살고 있을 때, 그때 조직체로서의 불교가 있었으며, 조석예불이 있었는가? 고타마께서 붓다로서 살고 계실 때, 그때, 종단이 어디 있었으며, 문중 파벌이 어디 있었는가? 아무것도 없었다. 있는 것은 오직 당신의 그 깨달음이 역력히 빛나는 삶, 혹은 고난의 삶이 있었을 뿐이다. 그러므로 진실로 그의 삶이야말로 우리들의 불교이어야 한다.

오늘날의 부처님은 사업적인 교단을 조직해 놓고 그 위에서 왕처럼 군림하는 부처님이다. 그러나 이제 그러한 독재 권위주의적 상징으로서의 부처는 물러가야 한다.

독자들이여, 그대는 숲속에서 들길에서 또는 도시에서 떠돌아다니며 때로는 자기 스승과 도반들과도 사상의 문제로 헤어지기도 하면서 고독하게 그러나 진실을 위하여 핍팔라(pippala)나무 밑에 앉아 명상에 잠겨있는 부처님을 만나 본 적이 있는가? 나는 나무와 돌과 금으로 만든 부처님 앞에서는 울어 본 적이 없다. 그러나 나는 다음과 같은 부처님의 고행담을 읽을 때는 어쩔 수 없이 쏟아지는 눈물을 주체할 수 없다.

싯다르타는 가야를 떠나 나이란자나 강가에 있는 우르벨라로 향한다. 아름답게 이끼가 낀 약간 높직한 양쪽 강둑 사이를 흐르고 있는 맑은 강물을 보고 이렇게 생각한다. "이곳은 아름다운 곳이구나. 조용히 명상하면서 깨달음에 이르고자 노력하는 사람에게 있어서는 이곳만큼 안성맞춤인 곳은 없겠구나, 여기서 머물기로 해야겠다."

싯다르타는 인도에서 널리 행해지고 있는 여러 가지 고행을 생각해 본 다음 그러한 방법보다도 더 뛰어난 최고의 고행을 해내기로 결심한다. 그래서 아수파나카 명상을 시작한다. 이것은 지극히 힘든 것이어서 마지막 생애에 있는 보살 이외에는 인간으로서는 도저히 행할 수 없는 것이다.

보살은 우선 결가부좌를 하고 땅바닥 위에 앉아 좌선을 하여 신체를 정신에 의해 억압한다. 마치 힘센 씨름꾼의 목을 짓누르듯 싯다르타는 자신의 정신에 의해서 신체를 정복했으며 마침내 겨드랑 밑과 이마에서 땀이 흘러내려 땅바닥에 뚝뚝 떨어진다. 그 땀방울은 추운 겨울밤이면 얼어붙어 서리처럼 되고, 거기에서 모락모락 김이 오른다.

그 다음의 명상에는 호흡의 길을 막아 버리자 귓구멍에서 커다란 울음소리가 나온다. 싯다르타가 명상을 더욱 더 강화하여 귀까지 막아 버리자 몸 안의 바람이 위로 돌진하여 두개골에 충돌한다.

이리하여 싯다르타는 죽음 직전에까지 돌진해 나갔으며, 신들 중의 어느 신은 싯다르타가 이미 죽은 줄 알고 인드라신의 천상계에 살고 있는 왕비

마야에게 가서 이 사실을 알린다. 그러자 마야는 걱정이 된 나머지 천녀들을 거느리고 한밤중에 나란자 강에 내려와, 싯다르타가 손발이 바짝 마른 채 죽은 사람처럼 땅에 쓰러져 있는 것을 보고, 어머니 마야는 슬프게 울면서 이렇게 말한다.

"내 아들아 ! 너는 룸비니 동산에서 태어나 사자처럼 일곱 걸음을 걷고는 사방을 향하여 이것은 너의 마지막 탄생이라고 말했는데, 그 말은 이제 실현 되지 못하고 말았다." 그리고 네가 세계의 부처가 될 것이라고 말한 아시타의 예언도 허사가 되고 말았다. 왜냐하면, 너는 세계를 지배하는 행복도 누리지 못하고, 또한 부처의 깨달음에도 이르지 못한 채 혼자서 쓸쓸히 숲 속에서 죽어 버렸기 때문이다.[4]

내 아들을 위해서 누구에게 부탁해야 좋단 말이냐 ! 이 나의 고통을 누구에게 호소해야 한단 말이냐 ! 내 하나밖에 없는 외아들에게, 내 생명에게, 누가 한줄기의 생명을 가져다준다는 말이냐 !

1990년도, 이 해의 사월 초파일은 바로 이러한 슈라마나 싯다르타의 삶과

---

4) 니체(1844-1900)는 《차라투스트라는 이렇게 말했다》제1부〈17. 창조자의 길에 대하여〉에서 "무엇으로부터 자유인가? 무엇을 위한 자유인가? 당신이 마주칠 수 있는 최악의 적은 언제나 당신 자신이다. 당신 자신이 동굴이나 숲속에 숨어서 당신을 기다고 있는 것이다. 고독한 자여! 그대는 그대 자신의 길을 가고 있다! 그 길은 그대 자신과 그대의 일곱 개의 악마 곁을 지나간다! 그대는 스스로에 대해 이단자가 될 것이며, 마녀와 예언자와 악인과 악한이 될 것이다. 그대는 스스로의 불꽃 속에서 자신을 불태울 준비를 해야만 할 것이다. 먼저 재가 되지 않고 어떻게 새롭게 될 수 있겠는가! 고독한 자여! 그대는 창조자의 길을 간다. 그대는 일곱 개의 악마로부터 하나의 신을 창조하려고 한다! 고독한 자여, 그대의 사랑과 그대의 창조와 더불어 그대의 고독 속으로 가라. 나의 형제여, 그러면 그대 뒤에서 정의는 절룩거리며 천천히 그대를 따라올 것이다. 나의 형제여, 나의 눈물을 가지고 그대의 고독 속으로 가라. 자기 스스로를 넘어 창조하려 하며 그리하여 멸망해가는 사람을 나는 사랑한다."라고 썼다.

저 싯다르타의 어머니 마야부인의 눈물이어야 한다.

이제 불교는 부처의 화려한 변신 후대 불교의 관세음 보살상에 넋 잃기와 자기 최면을 그만두고, 초기불교의 슈라마나 싯다르타, 그 투박한 실존에 관심을 가져야 한다.

고타마 싯다르타의 생애와 사상은 곧 불교 성립의 원형이기 때문이다. 그러나 우리들의 백팔번뇌와 그로부터의 탈출하는 삶은 곧 원형 중에서도 진짜배기 원형이라고 생각한다.

과연 우리는 이 세상 어느 곳에서 어떻게 이 삶을 체험하고 있는 사람인가? 중요한 것은 순간순간 끊임없이 무상한 제 모습을 똑바로 쳐다보는 일이다. 그렇지 않은가? (1990. 5. 국제신문 게재)

■ 젊은 고타마 싯달타를 생각하며

불행을 참지 말아야 하는 것처럼, 행복도 참지 말아야 한다. 이 모든 것에 굴종하기만 한다면, 어떻게 인간이 부처(잠에서 깨어난 자)가 될 수 있겠는가?

■ 행복한 불교보다 진리를 추구하는 불교

행복(지복)만을 중시하는 관점으로 불교를 공부하는 자는 행복 이외에는 아무것도 얻을 수 없을 것이다. 불교의 목적은 물론 일차적으로 몸과 마음의 건강을 위한 것이다. 그러나 불교의 목적이 이것으로 그쳐버린다면 불교는 더 이상 진보를 할 수 없을 것이다. 나의 불교는 행복과 불행을 넘어서 있는 불교, 모험적인 불교, 위험한 불교, 진화하는 불교다.

·179

■ **불교의 기본 명제 ; 일체가 고통이라는 진리에 대하여**

온갖 불행한 대인관계로 인한 상처는 적멸(열반)의 가르침으로 치료한다. 그러나 온갖 행복한 대인관계로 인한 상처(만족, 자만, 의존중독, 도취)는 어떤 가르침으로 치료해야 하는가? 일체가 고통이라는 진리의 가르침이다!

■ **일상에서 제 모습을 본다는 의미에 대해**

순간순간 끊임없이 제 모습을 바라본다는 것은 아트만(진아, 진면목, 자성, 일심)의 발견이 아니라 자기를 스스로 창조하며 성숙하게 만들어나간다는 의미이어야 한다.

■ **초기불교와 후기불교의 회광반조**

초기불교에서 '순간순간 끊임없이 제 모습을 똑바로 쳐다본다'는 의미는 인연기멸의 관찰법을 의미한다. 즉, 자기 자신이라는 결과는 어떤 원인과 조건의 상호 영향관계에 의한 것이라는 것이다.

대승불교에서 '순간순간'이란 진여자성(실체적 존재로서의 자성) 또는 본래의 진면목(즉, 자기 스스로 자기존재의 이유인 존재라고 하는 것)을 의미한다.

그러나 나의 불교에서는 '순간순간'이란 무자성(실체적 존재로서의 자성은 없다는 것, 또는 영원불멸의 본체성은 없다는 것) 또는 공성(자성을 부정하는 공, 또는 공성도 부정하는 공)을 의미한다.

■ **부처님의 고민**

고타마 싯달타가 깨달음을 얻어 부처가 된 직후, 부처님은 다음과 같은 고민에 빠져 있었다고 한다. 즉, 설법을 할 것인가, 말 것인가에 대한 고민이었다.

보통 사람의 생각으로는, 부처님이 되었다면, 디 이상 무슨 고민이 필요한가, 이미 부처가 된 후에 이런 고민을 한다면, 그렇다면 부처님은 과연 무엇을 깨달았다는 것일까? 라고 할 것이다.

하여튼, 많은 시간의 고민 끝에, 부처님은 법을 설하기로 즉, 포교하기로 결심한다. 그런데 부처님은 첫 포교에도 그만 실패하고 만다.

그렇다면, 왜 부처님은 첫 포교에 실패하셨을까? 내 견해로는, 부처님 그 자신의 깨달음에 대한 자부심과 진리포교에 대한 지나친 의욕이 원인이었다고 여겨진다. 이리하여, 부처님은 잠시 의기소침하지만, 곧 마음을 다시 내어서 설법의 길에 나섰다.

그런데 부처님은 또, 갠지스강가에 이르러 다음과 같은 일에 직면하게 되었다. 즉, 갠지스 강을 건너려면 배를 타야만 하고, 또 배를 타려면 뱃삯을 사공에게 내야하는데, 부처님은 돈이 한 푼도 없었다. 그래서 부처님은 뱃사공에게 그냥 좀 태워 줄 수가 없느냐고 물었다. 그러나 뱃사공은 한마디로 거절해 버린다. 그래서 부처님은 한동안 매우 곤혹해 하셨다고 한다.

아마 이러한 사실은 대승불교의 경전 속에서는 도저히 언급이 불가능한 기록일 것이다.

이렇게 천신만고 우여곡절 끝에 부처님은 바라나시에 도착했다. 그리고 부처님은 여기서 다섯 명의 옛 수행 동료를 찾았고, 드디어 그들을 만나게 되었다. 그러나 처음에는 다섯 명의 수행자들은 부처님에게 냉담하였다고 한다. 왜냐하면, 고타마 싯달타는 수년 전에 자기들과 함께 수행하고 있을 때, 계율을 어겼기 때문이었다.

그러나 부처님은 그들의 냉담에 개의치 않으며, 자기 자신의 깨달음에 관한 소식을 도반들에게 전하고 싶다고 세 번씩이나 간청한다. 그러나 다섯 명의 옛 수행도반들은 세 번 다 거절한다. 그러자 부처님께서는 자기 얼굴(얼이 숨어있는 굴, 또는 얼의 꼴)을 가리키며 "내 얼굴을 보라"고 말씀하셨다고 한다. 왜 부처님은 "내 얼굴을 보라"고 말씀하셨을까? 깨달음을 얻은 자는 그 깨달음의 효과로, 얼굴이 밝고 환하게 빛난다고 하는 것은 인도인의 상식이었기 때문에 그러셨을 것이다.

하여튼, 다섯 명의 옛 수행도반들은 부처님의 이 말씀을 듣고서야 비로소 부처님의 설법을 허락하였다고 한다. 이리하여 부처님의 그 최초의 설법은 며칠 동안 계속되었다.

이상의 이야기는 부처님의 포교에 관한 최초기의 체험담이라고 할 수 있겠다. 포교하는 자의 입장에서 보면, 포교 설법의 길은 이렇게 어렵다.

오늘날, 대승불교는 부처님을 신격화, 절대화, 신화화하여 하나의 우상으로 만들어 놓았다. 그러나 실제로 부처님은 많은 고민과 어려움을 오랫동안 겪으시면서 당신의 설법의 길을 시작하셨던 것이다. (1990. 6. 부산일보 게재)

■ 범아일여와 무여열반
자기조직화는 어떤 다른 것을 의식하는 자기조직화인가?

■ 무여열반은 토끼의 뿔이다
불교의 최종 목표라고 하는 무여열반은 실재하지 않는다. 왜냐하면 그것은 실체성을 가지고 있는 것이 아니기 때문이다.

■ 보리심도 일종의 탐욕이다

《화엄경》에서는 보리심(깨달음을 향한 마음, 또는 부처의 마음, 깨달은 마음)을 모든 부처의 씨알이라고 가르치고 있다. 하지만 내 생각으로는 이 보리심 (The Enlighened Mind)조차 일종의 탐욕심이라고 생각한다. 내가 이렇게 말하는 이유는 무집착의 자유로움 때문이다.

■ 간청하는 사람과 간청받는 사람

브라만의 간청이 없었다면 석가모니 부처의 깨달음이 얼마나 외롭고 쓸쓸했을까? 이 점에서 부처는 브라만의 간청을 오히려 고맙게 생각해야 할 것이다.

부처는 중생을 위해 깨닫거나 설법한 것이 아니다. 부처는 자기자신을 위해 깨닫거나 설법한 것이다. 나는 정직하게 말한다. 자기자신을 위하여! 바로 이것이 우리 인간의 삶이다.

■ 천민계급 출신의 암베드카르

아무리 석가모니일지라도 그가 왕족 출신의 사문이 아니고, 최하층의 불가접촉 천민계급 출신의 사문이었다면, 그는 온갖 대인관계에서 분명히 실패만 겪다가 죽었을 것이다. 이런 점을 생각해 볼 때에 암베드카르(1948-1956)의 생애는 매우 흥미로운 데가 있다.

하지만 이러한 암베드카르일지라도 미국의 콜롬비아 대학과 영국 런던대학의 박사학위와 학연 인맥의 배경이 없는 정치가였다면(암베드카르가 인도에서 그저 일개 불가촉민의 소시민으로 남아있거나 멈추어져 있었다면) 그는 인도 사회에서 아무 것도 성취할 수 없고, 실현해낼 수 없었을 것이다.

■ 불교 인연법

인연법이란 모든 것은 서로 연결되어 있다는 관계성의 원리(Dharma)이다. 그래서 불교 인연법은 모든 사람과 사람 사이에 있는 보이지 않는 관계를 본다.[5]

■ 불교의 인과응보의 가르침을 생각하며

불교는 인연과 과보(결과)에 대한 사실을 있는 그대로 직시하라고 말한다. 그런데 인(因)과 연(緣)은 서로 별도로 구분되어있는 것이 아니다. 왜냐하면 인(因)은 직접적인 원인(cause)이요, 연(緣)은 간접적인 원인(agent)으로 어떤 조건(여건)이기 때문이다.

■ 아무것도 아닌 것과 대단한 것의 일체성

하찮은 것으로 보면 이 우주도 하찮은 것이다. 그런데 경이로운 것으로 본

---

5) 12세기 중세독일의 대단한 여성 신비주의자, 음악가, 작가, 치료사, 예언자였던 힐데가르트 폰 빙엔(1098-1179)도 "하늘에 있는 것이든, 땅위에 있는 것이든, 땅속에 있는 것이든, 모든 것은 연결과 관계로 가득 차 있다."고 말한 바 있다. 마이스터 에크하르트(1260-1329)도 "하늘과 땅은 하나로 연결되어 있고, 서로 연결되어 있다."고 설교한 바 있다. 하지만 그 어떤 예수교 신비주의 사상일지라도 유신론과 범신론을 벗어나지 못하는 것이므로 신없이 자기를 극복한 부처의 지혜의 방향과는 완전히 다른 것이다.

다면, 인류의 시각, 청각, 후각, 미각, 촉각, 지각은 정말 놀라운 것이다.

■ 감각대상과 감각기관의 관계 속에 큰 깨달음이 있다

눈으로 보는 과정이 정확히 어떻게 이루어지는 것인지, 귀로 듣는 과정이 정확히 어떻게 이루어지는 것인지, 코로 냄새 맡는 과정이 정확히 어떻게 이루어지는 것인지, 혀로 음식을 맛보는 과정이 정확히 어떻게 이루어지는 것인지, 몸으로 접촉을 감지하는 과정이 정확히 어떻게 이루어지는 것인지, 의식이 생각을 만들어내는 과정이 정확히 어떻게 이루어지는 것인지 이 문제에 관한 지식과 탐구만으로도 우리는 충분히 부처(깨달은 자)가 될 수 있다.

■ 반야심경에서 설하는 무(無)의 의미에 대하여

조동종의 창립자인 동산양개는 어린 시절에 스승에게 "분명히 나에게는 눈 귀 코 혀 몸 의식이 있는데 반야심경(The Heart Sutra)에서는 어째서 없다고 합니까?" 라는 질문을 하여 스승을 당황하게 만든 적이 있다.

눈 귀 코 혀 몸 의식이 없다는 뜻은 눈 귀 코 혀 몸 의식이 없다는 뜻이 아니다. 눈, 귀, 코, 혀, 몸, 의식에 고정불변의 영원한 실체성이 없다는 뜻이다. 무안이비설신의와 무색성향미촉법은 이미 생물물리학적으로도 증명이 된 진리다.

■ 무아의 정의에 대하여

색성향미촉법과 안이비설신의를 배제하거나 초월한 것에 대한 깨달음이란 망상일 뿐 아니라 혹세무민하는 미신일 뿐이다. 무아란 자아가 없다는 것이 아니라 자아는 무수한 원인과 조건적인 관계로 이루어져 있다는 의미이다.

■ 대승불교의 공로

색(色)보다는 공(空)에 대해 더 많은 것을 교시한 공로.

존재보다는 무(無)에 대해 더 많은 것을 교시한 공로.

■ 불교의 가치

진공[텅 비어있는 창조적 바탕으로서의 무(無)]을 이해하면 사물이나 존재의 구조를 알게 된다.

인연법(상호작용의 법칙, 또는 모든 것은 서로 밀접하게 관련되어 있다는 것)을 이해하면 사물이나 존재의 기능을 알게 된다.

■ 불교 명제에 대한 나의 비판적 관점

대상과 인식자와 인식과정은 모두 하나이다. 즉, 대상이 없으면 인식자와 인식과정이 불가능하다. 그런데 만약 인식자가 없으면 대상과 인식과정은 불가능하다. 만약 인식과정이 없으면 대상과 인식자는 그냥 존재일 뿐이다.

■ 불교의 핵심 사상

불교의 핵심사상은, 인연기멸(인연으로 발생하고 소멸하는 것)에 관한 것이다. 즉, 모든 존재와 현상은 무수한 원인의 원인과 조건의 조건에 의해 생겨나고 없어지는 것이다.

■ 무아에 대하여

무아란 내가 없다는 뜻이 아니다. 내 속에 독립독존적으로 고정불변하는 실체성이 없다는 뜻이다. 자아는 무지개 빛과 같은 환상이다. 자아에 아트만 같은 진아(眞我)가 있다는 것은 자기긍정을 위한 착각일 뿐이다.

■ 깨달음의 종착지란 없다 왜냐하면 깨달음의 종착지란 없는 것이기 때문이다

연기론(상호의존의 법칙에 관한 담론)의 종착점은 공성(자성이 텅 비어있음의 상태, 또는 원인과 본질의 근원이 전혀 없는 상태)이다. 그러므로 깨달음의 종착지란 없다. 왜냐하면 깨달음의 종착지(즉, 절대 자성적인 존재)란 없는 것이기 때문이다.

■ 공성도 공이다

불교 언론의 결론이나 귀착점은 공(자성이 텅 비어있음)이다. 그러나 그 공성(공이라는 자성)도 공이다. 즉, 원인과 본질의 근원이 전혀 없는 것이다.

불교 언론의 결론이나 귀착점은 무아(Egolessness)이다. 그러나 그 무아도 무아이다.

불교 언론의 결론이나 귀착점은 연기론이다. 그러나 연기도 연기다. 즉 인연의 사슬도 인연의 사슬이다.

■ 포기도 포기하라

석가모니의 말이다. "이 세상을 포기하라. 저 세상을 포기하라."

그러나 나는 포기조차도 포기하노라.

■ 똑같은 무아론도 사람에 따라 다르다

과학자가 무아(실체성은 없다는 것, 또는 주체가 비어있다는 것)를 주장할 때에는, 모든 것이 상호의존으로 생성하고 소멸하는 것이기에 고정불변의 실체성은 없다는 사실을 증명하는 것이기 때문에 미신이 아니다.

그런데 종교계 신비주의자들이 무아(Egoless)를 주장할 때에는 요상스러운 무아(황홀경의 상태)로 미신에 빠지게 한다.

무아지경이란 마약 먹고 해롱해롱하는 황홀하고 몽롱한 상태를 말하는 것이 아니다. 무아란 자기두뇌와 상관없이 독립독존하는 연속체로서의 아트만(실체성과 하나님)은 없다는 것이다. 다시 말하면, 두뇌와 상관없이 별도로 존재하는 주체성(자기 외부의 절대신)이란 없다는 것이다.

■ 진리와 인간

인연무아(모든 것이 원인과 조건에 의해 생성하고 소멸하는 것이기에 영원불변의 실체성은 없다는 것)의 진공(자성이 텅 비어 있는 것)도 이것을 깨닫는 사람이 없으면 무의미한 것!

■ 모든 것은 습관이다

속인들과 다른 독특한 생활 스타일을 즐기는 승려생활도 일종의 삶의 습관일 뿐이다. 그런데 이들은 해탈과 무애(즉, 자유로움과 걸림없는 행동)를 주장하는 교리로 돈벌이와 명예를 추구한다. 이것도 삶의 습관(karma)이다.

■ 가장 쉬우면서 가장 어려운 방법

진리와 진실을 찾으려면 자신의 두뇌와 대인관계를 직시하라. 모든 것이 덧없이 변하고, 실체가 없다는 것을 깨닫게 될 것이다.

■ 경험에 지속적으로 대항할 수 있는 것은 아무것도 없다

경험은 (깨달은 것이기에) 강력한 것이다. 경험은 충동도 이기고, 꿈도 이기고, 통찰도 이긴다. 그런데 경험만큼 경험하는 자를 확실히 속이는 것도 없다. 그래서 나는 내 경험조차도 실체화, 절대화하지 않는다. 믿지 않는다.

■ 자기만의 독창적인 것은 무엇인가

G.싯달타가 아니면 네 가지의 결정적인 진리 즉, 고집멸도를 체각할 수 없다는 것. A.아인슈타인이 아니면 상대성 이론을 만들어낼 수 없다는 것. 닐스 보어가 아니면 양자 이론을 만들어낼 수 없다는 것. 간디가 아니면 '비폭력적 저항(무장하지 않은 채 헌신적으로 싸우는 것)' 으로 인도독립을 쟁취한 정치철학을 실천할 수 없다는 것. 내가 아니면 이런 사고방식의 글을 써낼 수 없다는 것.

■ 생각의 가치에 대하여

생각(Thought)을 강력하게 하는 것도 실천이다. 왜냐하면 강한 생각은 강한 기억이 되고, 강한 기억은 강한 생리(에너지와 정보)작용을 일으켜 외부 환경조건을 스스로 만들어내기 때문이다.

예를 들면 아인슈타인의 '생각실험(생각을 도구로 삼아 상상력으로 실험하는

이론물리학)'은 엄청난 현실을 만들어냈다.

■ 모든 것은 다 지나간다는 것

제행무상(모든 것은 다 지나간다는 것, Everything arises, Everything fall away.)이란 40년 동안 공을 들여온 일이 물거품이 되어도 절망하지 않고 초연하게 재창조하라는 의미다.

우연히 인터넷으로 한국 불교계 소식란을 보니, 동국대학교 역경원 원장 월운 스님을 해임했다고 그의 후학들이 난리다. 역시 한국불교인들은 분란을 일으키는 일에만 열정적이고 역동적이다. 만약 진리탐구를 저렇게 한다면 한국불교는 지금 최첨단을 달리고 있을 것이다.

생각건대, 동국역경원에서 못하면 봉선사에서 조용히 역경하면 되지 않을까? 평생을 무직업, 무직위, 무후원자로 지내면서도 혼자 치열하게 글 써내는 나 같은 사람도 있는데…

■ 반구저기(허물을 자신에게 찾는 것)를 위하여

불교경전을 번역하는 일에 걸맞는 종단적 대가와 지위를 요구한다는 것은 틀린 행동이 아니다. 그러나 자기만이 유일하게 불경 번역 일을 잘할 수 있다고 생각하는 것은 일종의 자기도취 또는 일종의 미신일 수도 있다.

■ 남이 알아주지 않아도 뛰어난 재능은 뛰어난 재능이다

남이 알아주지 않으면 자기 스스로 알아준다는 방법으로, 자기가 정말 좋아하는 일에 전념한다는 것. 인생은 그렇게 불행한 것이 아니다.

■ 통찰력의 생식에 관한 욕망의 의미

시장의 금전적인 소득성과를 계산한다면, 이런 종류의 책을 내는 짓은 마치 수천만 원의 돈을 길거리에 뿌리는 짓과 같이 어리석은 것이다. 그런데도 내가 이런 종류의 책을 써내는 것은 나의 또 다른 어리석음, 즉 통찰력의 생식에 관련된 욕망 때문일 것이다.

우리는 동물인간(즉, 자연과 분리되지 않은 인간. 아니, 자연 그 자체로서의 인간)답게 그저 매일 밥 먹고, 똥 싸고, 잠자고, 깨어나고, 결혼해서 아이 낳고 기르며 살다가 어느 날 무슨 병으로 그냥 죽는 존재일 뿐인 것인가?

■ 국가와 국가교육의 혁명적인 전환은 불가능한 것인가

학교 교육에서 모든 시험제도를 없애고, 오로지 교양교육(즉, 미래의 돈벌이가 목적이 아닌 순수학문과 예술교육)만 행한다면, 전세계 선진국가들은 얼마나 놀라운 눈으로 한국사회를 바라볼 것인가! 상상만 해도 기분이 좋아진다!

■ 창의성에 대하여

창의성이, 모든 존재와 현상에 대한 근본적인 깨달음이 아니라, 그저 기발한 착상이나 발상이라면, 우리 두뇌를 흥분시키고 착각하게 왜곡시키는 마약을 복용하면 될 것이다. 바로 이것이 왜 어떤 예술가들이 마약을 그렇게 애용하는가 하는 이유다.

■ 온갖 불행과 행복을 마치 손님처럼 대할 것

온갖 희노애락은 마치 손님처럼 겪는 게 좋다. 사실 똑같은 사람이나 음식이나 문제나 일을 평생동안 고정적으로 겪어야 한다는 것은 얼마나 지루하고 밋밋한 것인가! 나는 인생의 모든 일은 마치 손님처럼 짧게 겪으면서 지나간다.

■ 회복

오늘은 푸른 장미꽃이 허공에 활짝 피어있다. 아주 맑고 깨끗한 가을 하늘이다. 마음의 울음이 뚝 그쳤다. 다시 평온함이 찾아왔다. 마음이 하늘처럼 맑다. 하루 종일 조용히 앉아 있다.

■ 내가 복잡하면서도 단순한 이유

신비주의와 역설과 모순어법의 문구는 내 정신의 마약이다. 실제의 일상 생활은 상식으로 운영한다. 이것이 바로 내가 신비하게 살면서도 평범한 이유이다.

■ 나의 병은 병이 아닌 병이다

내가 부정적 신비주의와 역설적인 모순어법을 스포츠처럼 즐긴다는 것은, 죽음에 이르는 병이 든 고통과 절망의 사람이 아니라, 매우 건강한, 생산적인, 문화 창조적인 사상가라는 증거다.

■ 내 사상에 자극받아 당신의 사상을 창조하라

어떤 말일지라도 (예를 들면 속인들의 말뿐만 아니라 부처와 예수와 마호메트의 말일지라도) 오랫동안 집중하며 객관적으로 사고해보면, 그 말이 파편적인 것이며 어느 한 쪽의 진리만 드러내는 관념에서 나온 말이라는 것을 이해하게 된다. 내 사상의 글도 마찬가지다. 중요한 것은 내 사상을 반복하는 것이 아니라 내 사상에 자극받아 또다시 창조하는 당신의 사상일 것이다.

■ 독창적인 사고도 유효 기간이 있다

독창적인 사고는 독창적이 사고가 아니다. 왜냐하면 독창적인 사고는 선대의 수많은 사상가들의 원인과 현재 나 자신이 처해있는 환경조건에서 생겨나는 것이기 때문이다.

■ 그 어떤 새롭고 신선한 것도 유효 기간이 정해져 있다

아무리 새롭고 신선하고 창조적인 사상도 백 년 동안 똑같은 언어 문자로 반복적으로 말하고 글 쓰게 되면 기계적이고 습관적이고 진부한 것이 되고 만다.

이 점에서 석가모니 부처가 말한 제행무상(영원한 것은 없다, 또는 모든 것은 항상 변한다는 것)은 틀린 말이 아니다.

■ 제행무상의 연금술

제행무상(모든 것은 덧없다는 것, 또는 모든 것은 생성과 소멸을 반복하는 것)이기에 크게 변화할 수 있는 것이다. 즉, 빈자는 부자가 될 수 있고, 부자는 성자가 될 수도 있다. 이와 같이 무지하고 어리석은 자도 통찰의 빛이 가득한 현자가 될 수 있다. 그러나 이 모든 일은 가능한 한 20대 초반부터 시작해야 한다.

■ 부처가 말한 네 가지 진리에 대하여

일체개고(모든 것이 고통이다)와 제행무상(모든 것은 덧없다는 것)의 뜻은, 세상만사 내 뜻대로 되지 않는다는 것과, 모든 것은 변하고 결국에는 끝장난다는 것이다.

그래서 제법무아(모든 존재는 무아다)와 열반적정(완전한 침묵의 고요)의 뜻은, 집착할 만한 고정불변의 실체는 없다는 것과, 인생은 어느 정도의 법(Fuzzyness)대로 따라 지내라는 것이다.

■ 불교의 네 가지 진리(고집멸도)에 대하여

일체개고[일체의 고(苦)]는 일체의 쾌락을 맛 본 자만이 더욱 심한 고통으로 말할 수 있는 명제다. 그런데 그가 만약 자신의 욕망을 완전히 포기하고 버릴 수 있다면, (그래서 자신이 매우 자유롭고 강하다는 기분을 느낀다면) 그때 일체개고는 열반적정(완전히 고요함)이라는 쾌락을 맛보게 해줄 것이다. 그러나 나는 이런 방식의 불교를 선호하지 않는다.

■ 제행무상의 불교적 의미를 생각하며

불교의 기본 명제 중의 하나인 제행무상(모든 것은 변화한다는 것)의 의미는, 나의 깨달음을 위해 가만히 기다려주는 불변의 장소와 시간과 상황은 존재하지 않는다는 뜻이다.

■ 제행무상이라는 명제의 적극성을 성찰하며

제행무상(모든 현상은 덧없다는 명제)의 적극성을 성찰하며. 우주와 지구의 만물이 흥성하고 쇠망하기까지의 시간은 그렇게 덧없이 짧은 것이 아니다. 인간의 수명이란 그렇게 긴 것이 아니기 때문이다. 그러므로 인간에게 시간은 충분히 있고, 우리는 노력해야 할 것이다.

■ 불교의 제행무상은 허무주의가 아니다

근본불교의 제행무상은 모든 것이 덧없는 것이기에 기대, 희망, 욕구하지 않는다는 것인데, 이것은 진리의 한 쪽만 보는 편견이다. 이제 불교의 제행무상이라는 단어는 변화, 교체, 바뀜, 발전, 진화라는 적극적이고 능동적인 의미로 다시 읽어내어야 할 것이다. 즉, 제행무상의 무상(transience)이란 공허하고 허무하다는 뜻이 아니라 '변한다' '바뀐다' '순환한다' 는 뜻이라고.

■ 우주와 지구는 존재하는 것이고 충분히 긴 것이다

"제행무상(모든 것은 덧없는 것)이요, 제법무아(모든 것에 실체성이 없는 것)이니, 더 이상 욕심내지 말고 체념하는 것이 상책이다." 라고 가르치는 불교는 보통사람의 사고방식을 넘어서지 못한 것이다. 불교는 이제 변해야 한다. 역동적인 것으로, 적극적이고 능동적인 것으로!

■ 제행무상이란 영원한 생을 탐욕하는 자에게나 무상한 것

제행무상(모든 것은 변한다는 것)이란 영원한 생을 탐욕하는 자에게 무상한 것이지! 이 생 그대로 요절이든 영생이든 묵묵히 받아들이는 나 같은 자에게는 무상은 결코 방해가 되는 것이 아니다. 나는 덧없는 것을 덧없는 그대로 받아들인다.

■ 삼법인에 대한 나의 관점

삼법인(부처의 세 가지 결정적인 가르침)에 대한 나의 관점.

제행무상(모든 것은 덧없는 것)이라고 슬퍼하지 말라. 무상하더라도 인생은 무상(impermanence) 속에서도 충분히 있다가 사라지기 때문이다.

또, 제법무아(모든 것에 실체성이 없다)라고 슬퍼하지 마라. 나는 제법무아 속에서도 충분히 줏대있게 살다 가기 때문이다.

또 일체가 고통이라고 슬퍼하지 말라. 나는 일체의 고통 속에서도 충분히 성숙했기 때문이다.

■ 우주의 무상함과 인간의 무상함

우주세계에서 순간이라는 시간은 우리 인간에게는 경험할 수 없는 무한한 시간이다.

■ 내가 제안하는 새로운 불교의 용어들

무아라는 단어보다는 주체성이라는 단어를! 무상이라는 단어보다는 변화라는 단어를! 고통이라는 단어보다는 성숙함이라는 단어를! 생멸이라는 단어보다는 창조와 변화라는 단어를! 자성(자기 스스로 언제나 변함없이 있는 것)이라는 단어보다는 조건을 잘 이용하는 정신이라는 단어를!

■ 연금술적인 진리

인생은 허무하고 무의미한 것이다. 그렇기 때문에 도리어 모든 가능성을 담아 볼 수 있는 것이다.

■ 깨달음은 결핍을 자각하는 것

부처(잠에서 깨어난 자)는 완성이 아니라 언제나 새로운 시작이다.

■ 새로운 시설과 건립을 위한 해체

새로운 시작을 위해 먼저 시행되어야 하는 일은 모든 고정관념의 철거와 제거다. 만약 이러한 파괴적인 작업(부정적인 과정)이 없이 어떤 새로운 시작을 하겠다면, 그것은 위선이요, 거짓말일 뿐이다.

나는 이 책에서 기존의 모든 허위의식과 치열하게 대결하고 있다. 그리고 이런 행위의 효과와 가치는 후현대인들이 새로운 종교적 시설이나 삶을 건립을 할 때에 비로소 인식하게 될 것이다. 이 책이 오늘의 고독한 자가 알리는 여명의 종소리라는 사실을 누가 공명(共鳴)하는가?

제 2 부

생각이 창의적인
새로운 한국불교를 위하여

&

나는 문제를 해결하는 자가 아니라 문제를 만들어내는 자이다. 왜냐하면 나는 왜(Why)를 중시하는 사상가이기 때문이다.

석진오

■ 누구에게

이 책은 세속에서 제도화된 종단불교(즉, 종헌적인 법률로 강제하는 모든 규칙, 예식, 관례의 조직적인 체계를 갖춘 제도불교, 또는 사업적인 불교)에 대해 회의적이고 불신하면서 동시에 열정적인 불교 구도자인 분들의 정기신에 들어가기를 바란다.

이 책은 본성론적인(즉, 본체론적인, 본유론적인, 본질론적인) 대승불교 사상에 대해서는 비판적이지만, 변화와 자유를 추구한 부처(망상에서 깨어난 자)에 대해서는 평소 존경심을 가지고 있는 자가 쓴 책이다.

나와 철학이 완전히 다른 소크라테스(470–399.B.C.E)조차도 일찍이 《변명》에서 "대중들 앞에서 공개적으로 솔직하게 말하는 사람은 어느 누구도 생명의 안전을 보장받을 수 없다. 그러므로 정의를 위해 싸우고 싶다면 개인과 대화를 해야 한다."고 말한 바 있다. 사실이다. 하지만 우리는 과연 어떤 개인인가? 우리는 정말 어느 특정 국가와 이념과 종교와 종파에 영향을 받지 않고 스스로 자유롭게 판단할 수 있는 진정한 개인인가?

■ 반야바라밀(투명한 통찰력)의 자극이 필요한 불교

시체는 아무리 자극을 주어도 느낄 수 없고, 알 수도 없는 것! 자극은 자극으로 경험하고 깨달을 줄 아는 사람들 사이에서만 가능한 것! 우리는 죽은 자인가? 산 자인가? 아니면 죽어있는 산 자인가? 살아있는 죽은 자인가?

■ 노파심에서

이 책에 적혀 있는 불교비판은 차원 높은(?) 자기비판이다. 그러므로 다른 종교인들(특히 기독교인들)의 불교비판을 위한 자료로 사용되어서는 안된다. 그래서 하는 말인데, 불교와 다른 신앙을 가진 독자가 이 책에서 불교비판적인 문구를 만났을 때에는 불교 대신 자신이 믿는 종교이름을 바꾸어 넣고 비판적으로 성찰해보시기를 바란다. 내 사상은 종교(불교, 힌두교, 기독교, 카톨릭, 마호메트교 등) 자체를 부정적으로 담론하는 깨달음에 관련된 것이지, 종교광인들이나 종교사기꾼들의 영악한 이기적 악용을 위해 쓴 것이 아니기 때문이다.

■ 자극이 필요한 것은 전통불교가 아니라, 현재 살아있는 바로 우리 자신이다

반야바라밀(완성을 향한 지혜)의 자극이 필요한 것은 박제화된 전통불교가 아니라 현재 살아있는 바로 우리 자신이다.

그리고 자극이 심하면 고통을 느끼게 된다. 하지만 이 고통은 각성제가 되어 우리들의 두뇌 전체를 깨어나게 할지도 모른다.

■ 불교에 대한 나의 입장

불교에 대한 나의 입장은 비판적 지지요, 조건부 복종이다. 그래서 절대적인 신앙을 요구하는 불교계 사부대중은 내 사상에 대해 불편함과 불안과 위험성과 유해성을 느낄 것이다. 이 점에 대해서는 매우 죄송하다. 그런데 정말 죄송해야할 사람들은, 전통불교에 편안히 안주하는 바로 당신들 사부대중이 아닌가?

불교가 개성과 창의성을 중시하는 개인의 정신적 자유와 진보를 위한 것이 아니라면, 대체 우리가 불교에서 무엇을 배울 수 있다는 말인가? 불교는 의존중독만 강화하는 마약이나, 타인을 절묘하게 속이는 마술(신통술)이 되어서는 안된다.

■ 전통과 혁신의 문제

"이것이 반만년 역사 동안 전해져 온 한국의 전통이다."

"이것이 반만년 역사 동안 결정적으로 전해져 온 한국인들의 민족유전자다."

그러면, 나는 이대로 충실히 성실하게 순응, 모방만 하면 되는 것인가? 되기는 대체 무엇이 왜 되어야 한다는 말인가! 왜 한국불교가 창의적인 생각으로 다시 태어나면 안되는가?

■ 불교는 아직 시작되지 않았다

2천 5백여 년 전의 고대 인간 석가모니 부처의 깨달음은 현재인에게 이해되고 있는가?

현재 자기가 호구지책으로 소속해 있는 종단불교, 종파불교, 호국불교 등의 관념에 얽매어 있는 자는 끝끝내 모를 것이다! 내가 이해하는 부처는 철저히 고뇌하는 개인이며, 자유로운 인간이다. 이 금융자본가들이 지배하는 거대한 세속에서!

■ 나의 종교는 사업을 중시하는 영업사원들의 종교가 아니다.

고대와 중세의 모든 불교계 현인들의 지혜가 기록되어 있는 팔만대장경은 얼마나 귀중한 것인가! 하지만 더 귀중한 것은 현존하는 자신의 삶의 깨달음과 시설(conventional expression)이 아닌가! 나의 종교는 사업을 중시하는 영업사원들의 종교가 아니다.

사실대로 말한다. 나는 네거티브 나르시시즘(자기 부정적인 자아도취 상태에 있는 병) 증세가 심한 사람이다. 하지만 여태까지 인도와 중국과 일본과 동남아시아 불교사상사에서 이러한 종류의 어록이 출판된 적은 단 한번도 없었다. 바로 이것이 왜 석진오가 아니면 말할 수 없는 내용이 이 책에만 들어있는가 하는 이유다. 종파와 문중이라는 패거리로 똘똘 뭉쳐있는 한국불교계는 이제 사상가 개개인의 창조적인 특성에 주목할 줄도 알아야 한다. 그래야 한국 불교인문학의 발전이 가능하기 때문이다.

■ 종교역사의 방향

국가권력의 후원으로 세력과 영향력이 강대했던 불교가 이제는 종단자체의 경제력과 정치력만으로 세력확장과 영향력을 발휘해야만 하는 처지가 되어 있다. 국가와 불교종단과의 분리는 좋은 방향이다. 그러나 이제는 종단과 개인 간의 분리도 이루어져야만 좀 더 진행되는 인간의 자유를 성취할 수 있을 것이다.

■ 군중과 여론에 대하여

내가 이해하는 군중이란 대중(즉, 중요하고 비범한 것을 하찮은 것이나 평범한 것으로 만들어버리는 집단)을 중시하고 여론을 진리라고 믿는 자들을 가리킨다.

부처(즉, 하찮은 것을 중요하고 비범한 것으로 만들어내는 자)는 결코 군중이 아니며, 군중의 여론도 아니다. 군중의 여론이란 수시로 변하는 덧없는 유행일 뿐이다. 마치 유행하는 의술처럼.

그리고 이뿐만 아니라 인류 구제에 관한 자비이론(커다란 우정과 연민의 마음에 관한 이론)을 열렬히 주장하는 대승불교도 그저 군중(민중)의 여론이요, 유행일 뿐이라고 생각한다.

■ 한국의 후현대인 불자에게

한국불교는 중국불교와 일본불교의 식민지 불교다. 그러므로 중국 조계종의 혜능과 그의 군대(조사와 선승들)를 모두 죽이고, 한국 해동종의 원효와 만해를 살려내야 한국불교의 미래가 있다. 특히 원효와 만해는 남북한 인민 모두가 존경하는 분이기에 통일문제에도 기여할 수 있다. (만해 한용운 스님의 가치에 관련해서는 최근에 나온 정정호(1947-) 교수의 책 《문학속의 인문학(2009)》에서 〈님의 침묵과 사랑의 찬가(179-207쪽까지)〉를 참조하시라.) 아! 한국불교의 수준이 중국의 육조단경과 조사어록들을 넘어서지 못하고 그 안에 갇혀 있다는 것은 얼마나 가련한 신세인가!

■ 모방불교에서 창의적인 불교로

새로운 불교를 외국에서 수입하려고만 하지 말고, 자체개발 하도록! 한국인들에게는 예부터 충분한 능력 즉, 오천년 동안 내려온 민족유전자의 지혜의 힘을 충분히 가지고 있다는 사실을 믿도록!

■ 이렇게 말하는 이유

내 책이 일본어로, 중국어로, 영어로, 불어로, 독일어로 번역 출판되면, 나는 기뻐해야 하는가? 아니다! 나는 슬프다. 오! 내가 슬픈 이유를 독자가 대신 말해주오! 내 뜻을 아는 조국의 독자여!

■ 새로운 삼장법사의 필수요건

사상적인 연금술사만이 초기불경과 중기불경과 후기불경을 담론해 낼 수 있다. 다시 말하면 사람을 수동적으로 무력하게 만들거나 더 이상 공격할 수 없는 정도로 피곤하게 하는 제법개공(모든 것은 실재하지 않는다는 것, 또는 모든 존재에는 아트만이 없다는 것)을 주장하는 것에 천재적인 재능이 있는 불교경전들을 상대하려면, 그때그때마다 불경들의 깨달음이나 사상을 변형시키는 지적 능력이 필요하다는 것이다.

■ 창조적 오독의 가치

기존의 주석서를 무시하고 경전에 대해 직접 담론해볼 것! 그런데 무소속의 자유로움과 지성이 없으면 이런 창조적인 작업은 불가능하다.

■ 숭배하는 신앙적인 습관으로부터 벗어나기

석가, 노자, 공자, 크리슈나, 유마, 용수, 달마, 혜능, 장자, 주자, 예수, 바울, 마호메트를 극찬하는 것은 오래 전부터 일종의 관습이 되어 있는 것 같다. 하지만 내게 이들은 모두 비평의 대상일 뿐이다. 왜냐하면 나는 현대 한국인 사상가이기 때문이다.

물론, 나는 마니아처럼 오래된 성현들과 동서양 철학사상사의 인물들을 사랑한다. 하지만 독자는 내가 이들의 모든 명제를 매우 비판적으로 성찰하고 있다는 것을 확인하게 될 것이다. 이 점에서 독자는 목격자이다.

■ 나의 이상한 습관; 겸손인가, 자기비하인가

자신의 모든 깨달음과 지혜는 부처에게 돌리고, 자신의 어리석음과 무지는 자신에게 모두 돌리는 나의 이상한(잘못된) 습관은 얼마나 오래된 것인가!

■ 한국의 아주 젊은 스님들에게

(메이드 인 차이나 불교인) 참선과 간화선, 선불교(Chan, 또는 Zen Buddhism)라는 이름과 이론을 버리고, (메이드 인 코리아 불교인) 뭐 다른 이름과 이론을 한 번 만들어보세요. 한국인만의 종교 문화 브랜드 없어요?

중국 선불교 부흥과 발전은 중국인 선사들에게 맡기고, 한국인 스님들은 한국인만의 독창적인 불교를 창조해보세요. "일체유심조(모든 것은 마음이 지어낸다는 대승불교 화엄경의 명제)"라는 가르침도 있는데, 무엇이 왜 불가능하겠어요? 현존하는 한국인 스님들에게 미래의 한국불교인들을 위해 절묘한 말 한마디(활구)를 간절히 기대해본다.

■ 중국 자성 불교로부터의 자유

불성, 법성, 진여자성, 견성, 성기라는 개념은 중국불교의 핵심이다.

불성이란 석가모니만의 고유성을 의미한다.

법성이란 존재의 고유성이나 실체성을 의미한다.

진여자성이란 실체적 존재로서의 자성, 또는 자기자신이 실체 그대로 있는 것, 존재 그 자체성을 의미한다.

견성이란 성(자신의 실체성, 고유성)을 본다는 것을 의미한다.

성기란 실체성이 나타난 것 또는 고유성의 발현을 의미한다.

그러나 한국불교인들은 이 모든 성(근본바탕)이라는 글자를 다 버려야 한다. 왜냐하면 성(근본바탕)이란 구나, 또는 프라크리티, 또는 푸루샤로 실체성이나 고유성을 의미하는 것이기 때문이다.

석가모니 불교는 그 어떤 아트만의 실체성이나 고유성도 인정하지 않는다. 즉 무아(니르구나, 또는 니르아트마)로 파악한다. 그러므로 한국불교인들은 이제 모든 것은 수많은 원인의 원인과 조건의 조건들에 의해 수시로 변하는 것이라는 시각을 중시해야 한다. 그리고 창의적인 불교를 건립해야 한다.[6]

■ 견성이라는 단어는 불교용어가 아니다

견성은 견성이 아니라 그 명칭이 견성이다. 그런데 견성이란 명칭은 석가모니 불교용어가 아니라 중국 종교철학의 용어라는 사실을 크게 깨달아야 한다.

■ 불교는 자성종이 아니다

견성(견+성)이란 언구로 자신의 깨달음을 표현하거나 설명하는 선승은 석가모니 부처의 깨달음과 아무런 상관이 없는 사람들이다. 왜냐하면 불교는 자성종(자성을 종지로 삼는 종단)이 아니기 때문이다.

---

6) 니체는 《인간적인 너무나 인간적인》 제 2권 1장 200절(독창적인 것)에서 "어떤 새로운 것을 처음으로 보는 것이 아니라, 오래된 것, 또는 이미 알고 있는 것 그리고 누구나 보고 지나쳐 온 것을 마치 새로운 것처럼 보는 것이 정말 독창적인 두뇌의 특징이다."라고 썼다.

■ 전재성 박사의 석가모니 불교 경전 번역서들을 보고

한국불교에서 한자로 된 중국 번역불교의 경전과 단어와 표현을 모두 버
린다면, 남는 것은 하나도 없을 것이다. 한국어를 사용하는 한국불교는 이
제 시작되고 있을 뿐이다. 우리는 분투해야 할 것이다.

■ 한국 불교의 미래를 생각하며

한국불교의 미래는 새로운 명칭과 새롭게 평가하는 방법을 창조해내어야
만 새로워질 수 있다. 우리는 이 사실을 명심해야 한다.

■ 파사현정과 파구입신의 정신으로

권위의식과 편견이 많은 불교 고승들과 방장이 자기의 말을 보증하기 위
해 불경의 권위 있는 말을 인용할 때, 나는 편견이 많은 고승과 방장뿐만 아
니라 그 권위 있는 불경의 인용구조차 부수어 버린다.

■ 메이드 인 코리아 불교를!

모든 것이 "덧없다!"고 주장하면서 왜 일개 불교종단을 영원한 반석처럼
아는 것일까?

조계종도 시대의 원인과 조건이 바뀌면 이에 따라 없어지고 새로운 명칭과
시스템을 갖춘 종단이 나오게 마련인 것이다. 그런데 왜 이것을 미리 알아 중
국제(메이드 인 차이나) 불교 조계종으로부터 자유로운 인간으로서 살지 못하
는 것일까? 왜 누구보다도 먼저 새롭게 적극적으로 불교사상을 시설 건립하
지 못하고, 왜 과거 중국 조사선 불교의 시절인연만 기다리고 있는 것일까?

■ 비판적 담론이 한국철학의 기본성격이 되기를!

한국의 일반 인문학적인 지성인들도 외국의 철학자들에 대해 전투적이어
야 한다. 즉, 오만하고 정복적인 외국 철학을 열렬히 추종하며 선전하는 앞
잡이가 되기보다는! 오히려 평생 격투적이어야 한다. 그래야 한국인들만의
개성있는 철학을 건립할 수 있다. 부디 비판적 담론이 한국철학의 기본성격
이 되기를!

■ 종교 교주 의존중독

사람을 성현으로 변화시키고, 성현을 신격으로 승화시키는 사고와 행동
은 우상숭배를 하고 싶은 마음에서 시작된 것이다.

관찰해보면, 유교인들은 유교 중독자들이고, 불교인들은 불교 중독자들
이고, 도교인들은 도교 중독자들이고, 예수교인은 예수교 중독자들이다.

바로 이것이 왜 내가 나와 종교담론을 하려면 이 모든 종교 중독 상태에서
벗어난 사람만이 가능하다고 말하는가 하는 이유다.

■ 나는 불교라는 사고공동체의 하인이 아니다

나는 불교라는 한 사고공동체의 하인이나 불교선전 홍보원이 되고 싶지
는 않다.

이렇게 '되고 싶지 않다' 는 것이 나를 진정한 깨달음의 자유로 인도한다.

■ 나의 사상적인 기질

나는 불성(Buddha-Nature)과 신성(Godhead, 또는 Divinity)을 숭배하며 찬

양하는 사상가가 아니다.

나는 중생(Sentient Being)의 맹목적 의지와 인간의 천성을 직시하며 논평하는 사람이다.

■ 불교를 이용하는 사람들

제행무상(다 덧없는 거야!) 또는 인생몽환(인생은 다 꿈같고, 환상과 같은 거지!)론을 가지고 자신의 인생을 살찌우며 돈벌이와 명성을 얻는 직업이 바로 종단불교 성직이라고 하는 직업이다.

■ 언어도단과 불립문자의 신비화에 대하여

석가모니 부처가 일기 또는 책을 지어내지 않았다고 해서 석가모니 부처의 침묵의 경지를 신비화, 신격화, 절대화, 실체화, 특화하지 마라.

만약 석가모니 부처가 일기를 쓰거나, 어떤 글을 써서 책을 지어냈다고 해도 별것은 아니다. 왜냐하면 부처는 자신의 천성이나 각성 그대로 글을 써나갔을 것이기 때문이다.

■ 나의 관점

일반적인 불교는 일체개공(일체가 모두 텅 빔)을 역설하고, 불립문자 언어도단을 역설하며, 모든 형상과 언어문자적 분별을 악이라고 가르친다.

나는 정반대로 말한다. 나는 진공묘유(진공인데 묘하게 있는 거)와 언어문자의 새로운 시설과 건립을 중시한다.

■ 완벽주의자들의 병통

책을 내지 않는 것을 중시하는 불립문자와 침묵을 중시하는 언어도단은 완벽주의자들(즉, 결점이 단 한 개도 없는 것을 추구하는 자들)의 병통이다. 왜냐하면 문자를 쓰는 순간, 언어로 표현하는 순간, 진리는 거짓말이나 헛된 말이 되고 말기 때문이다. 그러나 거짓말이나 헛된 말이야말로 얼마나 참된 말인가!

■ 인간들의 온갖 종류의 깨달음이란

온갖 종류의 깨달음이란 상상력과 그 상상을 언어문자로 표현하는 만큼의 깨달음일 뿐이다. 예를 들면 "깨달음 자체란 실재하지 않는다!" 이 글조차도 나의 상상과 언어일 뿐이다.

■ 옛글 고쳐 씹기

인도와 중국의 고전 읽기는 나의 격렬한 수도장이다.

■ 일기나 단상을 쓰는 이유

일기나 단상을 쓰는 것은 자신의 고독에 대한 성실성이다.

■ 날마다 좋은 날은 철학자의 날이 아니다

긍정적이고 낙천적이고 평범한 사람들은 날마다 좋은 날을 좋아한다.

하지만 부정적이고 비관적이고 회의적이고 특별한 사람은 날마다 한 생각을 한다. 그러므로 날마다 좋은 날은 철학자의 날이 아니다. 나는 부정논리와 초월(즉, 극복하고 벗어나서 자유로운 것)에 능한 사상가이다.

■ 고정적으로 정해진 법은 없다는 것이 불교의 법이다.

"불교신자가 되고 싶은데 어떻게 하면 되는가?"라는 질문은 올바른 질문이 아니다. 왜냐하면 불교는 고정적으로 정해진 법이 없기 때문이다. 그리고 어째서 고정적으로 정해진 법이 없는가 하면, 불가에서 말하는 법이란 무수한 인연에 의해 수시로 생성하고 소멸하는 것이기 때문이다.

■ 신비주의와 실증주의 가치에 대하여

신비주의와 실증주의의 가치는 시인과 과학자, 종교인과 정치가들이 잘 안다. 그러나 시인과 과학자, 종교인과 정치가들은 진리인가? 나는 말한다. 진리는 고정 불변하는 것이 아니다. 그리고 진리는 유일하고 맑고 깨끗한 것이 아니다. 진리는 많고 혼탁한 것이다.

■ 두 종류의 불교

종단의 브랜드를 이용하여 돈벌이 또는 취미로 운영하는 불교와, 자신의 진지한 구도 문제 또는 정신적 성숙을 위해 공부하는 불교는 완전히 서로 다른 것이다.

■ J스님에게

절을 운영하는 사판 승려가 어느 날 깨달음을 얻어 해탈지인이 된다하더라도, 그가 여전히 똑같은 돈벌이 방법이나 직위 유지에 연연한다면, 진정한 해탈지인이라고 할 수 없다.

모름지기 환경조건을 근본적으로 바꾸거나 또는 새롭게 조건설정을 하지 않은 채 마음과 의식만의 깨달음이란 아무런 소용이 없거나, 자기기만에 지나지 않은 것이다.

■ 종단 또는 종교가 없이도 가능한 깨달음을 생각하며

종단 불교와 전연 상관이 없는 불교가 있다. 즉, 현재 불교라고 알고 있는 것은 불교가 아니다. 불교는 언제나 두 가지 얼굴이 있다. 하나는 잘 알려져 있는 익숙한 얼굴이지만, 또 하나의 얼굴은 우리가 전연 본적이 없는 낯선 얼굴이다. 당신은 불교의 진면목을 본 적이 있는가?

■ 고승의 얼굴

부처님과 보살신들과 조사들을 마치 자기 소유물이나 되는 것처럼 흐뭇한 얼굴로 사찰의 경내를 돌아다니는 스님들을 본다는 것은!

■ 나의 관찰

자기가 부처인 척 설법하고 행동하는 고승은, 무지한 자이거나 아니면 자신의 존재를 과장하고 있는 자이다.

■ 자기 자신을 닮은 부처의 이미지들

간디가 생각하는 부처는 간디(비폭력 도덕의 완성자 또는 종교를 통한 사회개혁가)를 닮아 있다.

비베카난다가 생각하는 부처는 비베카난다(비쉬누신의 화신)를 닮아 있다.

러셀이 생각하는 부처는 러셀(불가지론자)을 닮아 있다.

니체가 생각하는 부처는 차라투스트라(자기긍정적인 아웃사이더)를 닮아 있다.

내가 생각하는 부처는 인식의 전사(즉, 논사, 사상가)를 닮아 있다.

당신이 생각하는 부처는 마치 기독교의 하나님처럼 무소불능한 존재인가?

■ 종단소속이 중요한 것이 아니라 깨달음의 사상이 중요한 것이다

불교든 여타종교든 종단은 내게 무의미한 것! 종단불교는 내게 부정적인 지혜의 자극만 주는 것! 자극을 받는 것과 도움을 받는다는 것은 똑같은 말일까? 어쨌든! 나는 다음과 같이 말한다. 예를 들어 내가 만약! 한국불교계에서 가장 잘난 체하는 조계종 소속의 선승들이 가장 경시하고 천시하고 하찮게 아는 종단에 가입한다고 할지라도 나는 여전히 사자처럼, 조계종의 그 어떤 선승일지라도 박살내어 버릴 수 있는 전투력(통찰력)을 갖추고 있다. 이것은 종단불교의 산물이 아니라 종단을 초월해 있는 반야바라밀(깨달음의 지혜를 이루어나간다는 것)의 산물이다.

■ 제 모습을 똑바로 보는 일의 중요성

부처의 형상과 음성은 이미 사라진 지 오래다. 우리가 그에 관해 아는 것은 전설과 소문에 의한 것일 뿐이다. 그런데 독자와 나는 현대인으로서 지금 이 순간에 어떤 형상과 음성으로 살아 있다. 그러므로 중요한 것은 지금 현존하는 우리 자신이다. 우리는 과연 어디서 어떻게 순간순간 끊임없이 제 모습을 똑바로 쳐다보고 있는가? 물론, 영원히 정지되어 있는 것은 없다. 이 것은 깨달음에 관한 문제다.

■ 지금으로부터 이천년 전에도 오해받은 석가모니 부처

석가모니 부처를 비쉬누의 아홉 번째 화신으로 만든 비쉬누 사상가들이, 석가모니의 사상이 악마의 힘만 아니라 비쉬누의 힘도 무력화시킨다는 사 실을 알았다면, 그들은 석가모니 부처를 비쉬누의 화신이라고 결코 주장하 지 않았을 것이다.

■ 내가 이해하는 것

부처의 본성이든 속인의 본성이든, 신의 본성이든 인간의 본성이든 나는 이 모든 바탕은 텅 비어있는 비실체적인 것이라고 성찰한다.

■ 한 개의 달(하나로서의 전체성)도 조건발생일 뿐이다

영가현각은 《증도가》에서 "하나의 달은 모든 물 위에 비쳤지만 물 위에 비 친 모든 달은 하나의 달 그림자이다."라고 썼다. 그러나 한 개의 달(하나로서의 전체성)도 어떤 원인과 조건에 의해 발생한 것이므로 실체성은 없는 것이다.

■ 종교는 정치가 아니어야 한다

"참선이 곧 염불이요, 염불이 곧 참선"이라는 말은 틀린 말이 아니다. 왜냐 하면 참선과 염불은 모두 깊은 집중상태(삼매)에 빠져 있는 것이기 때문이다.

하지만 염불종과 선종의 종단관계를 의식하면서 이 문구를 본다면, 이 문구는 정치가들처럼 타협적이고 화합적인 문구에 지나지 않는 것이다. 석가 모니의 깨달음과 가르침은 이런 문구와 아무런 상관이 없다.

■ 수행을 앞세우는 거만한 선승들과 요가원 원장들에게

수행론은 정신계의 사기꾼들이나 요가로 돈벌이하는 자들이 보증하는 방법으로 많이 사용하는 기술이다. 하지만 수행은 없다. 그저 인생이 있을 뿐이다. 내 말이 믿어지지 않으면 자기자신의 진흙탕같은 대인관계사를 들여다 보라!

그러므로 정말 순수한 자는 수행에 집착하지 않는 방식으로 수행을 하는 법이다.

■ 간화선 수행자가 아상과 아집이 더 강한 이유에 대하여

간화선 수행에 집착하는 것은 자기가 가지고 싶은 힘의 근원을 열망하기 때문이다. 그러므로 간화선 수행자들은 재가든 출가든 남녀노소 할 것이 없이 대개 아상과 아집이 강하다. 이것은 당연한 결과인데 왜냐하면 천칠백 개의 화두공안을 중시하는 간화선 수행이란 어떤 하나의 화두(critical phrase)를 골라 거기에 힘을 집중하는 방법이기 때문이다.

그러나 불교의 핵심은 부주해탈(고정관념에 머물지 않는 자유, 또는 강박적인 동기가 없는 삶의 행동)의 정신이다. 그래서 나는 평소 '수행하지 않는 것이 수행'이라고 말한다. 왜냐하면 수행도 습관이 되면 굳어져서 수행이 아닌 것(습관의 폐허 속에서 사는 것)이 되기 때문이다.

■ 불교 공부의 레벨

석가모니 불교라고 전해지는 삼법인과 사제와 팔정도와 중도론과 제악막작 중선봉행론은 고대사회에서는 새로운 진리였지만, 현대사회에서는 상식 수준을 넘지 않는 인식일 뿐이다.

그러나 대승불교의 논리인 시설즉비시명(언어문자는 실체가 아니고 명칭일 뿐이라는 것)의 논리와 색즉시공(물질이 물질 아닌 것으로 된다는 것) 공즉시색(물질 아닌 것이 물질로 된다는 것)이나 진공묘유(진공인데 신비하게 있다)와 후득지(중생구제를 위한 지혜, 또는 객관적으로 통찰하면서 동시에 사랑하는 지혜)에 대한 성찰은 매우 탁월하고 발전적인 지혜라고 여겨진다.

■ 불편하고 재미없는 불교를 유쾌하게 만드는 비법

깨달음이든, 망상이든, 그것이(불교일지라도!) 돈벌이나 최소한 자신의 건강을 유지해주는 심신의 쾌락을 주지 않는다면, 사람들은 그것에 대해(불교일지라도!) 갈수록 흥미를 잃게 될 것이다.

그러므로 불교의 해탈 열반조차도 돈벌이, 또는 건강을 위한 쾌락으로 물질화, 소유화, 직업화해야만이 사람들은 평생 흥미를 계속 증폭시켜 나갈 것이다. 예를 들면 대학교에서 돈벌이와 명예를 누리면서 불교를 공부하고 가르치는 것이 바로 그것이다. 사찰운영(돈벌이)하는 스님들도 마찬가지다. 그러므로 불교가 고대에서부터 오늘날까지 영속해온 비법이나, 또 앞으로 영속해 갈 수 있는 비법은, 그토록 간단명료하고, 비영리적이고, 일회적인 어느 개인(부처님)의 불교를 직업화하는 일이라고 여겨진다.

■ **불교의 직업화에 대하여**

부처가 수천년 전에 오묘하게도 지혜롭게 조건 설정한 것은, 자신의 깨달음과 가르침을 판 돈으로 생존 및 여러 가지 사업을 구상하고 실행할 수 있게끔, 자신의 깨달음과 가르침을 직업화했다는 점이다. 이것은 현대사회에서 자신의 창의적인 아이디어와 방법을 필요해 하는 사람들에게 팔아 먹고 사는 행위자들과 원리상 똑같은 것이다.

그런데 이 모든 일을 생존비용 및 활동비를 버는 직업이 아니라, 자기가 그냥 좋아하는 취미로 행한다면, 우리는 그 사람을 순수한 덕을 갖춘 자라고 평가해야 하는가? (엄밀하게 취미의 동기를 분석해보면 완벽하지는 않지만) 어느 정도는 순수하다고 말해야 한다. 왜냐하면 누구나 무료로 이용할 수 있는 것을 제공하기 때문이다.

■ **불교는 불교가 아니다. 다만 그 명칭이 불교일 뿐이다**

현재 한국에 있는 불교종단의 수는 160개가 넘는다. 조계종의 종류만 해도 대한불교 조계종을 위시하여 대한선불 조계종, 대한불교 조계선종, 대한불교 조계총종, 대한불교 삼보 조계종, 대한불교 연합조계종, 대한불교 국제 조계종, 대한불교 대승선교 조계종(비구니 종단)한국불교 조계종, 현대불교 조계종, 한국불교 전통조계종, 동양불교조계종, 대승불교 조계종, 법안 조계종, 생활불교 조계종, 화엄 조계종 등, 무슨 조계종이 이리도 많은가? 하지만 아무리 많아도 이러한 종단불교란 깨달음의 대상일 뿐 깨달음 그 자체는 아니다. 그래서 나는 누구나 국가기관에 등록하고 허가만 받으면 가능한 종단불교를 부정하고 초월하는 것이다. 즉, 종단불교는 진정한 성자의 불교가 아니다.

다시 한 번 더 성찰하건대, 과학이 한 국가의 소유가 되어서는 안되는 것처럼, 부처가 한 불교 종단의 소유물이 되어서는 안된다. 그러므로 나의 깨달음과 통찰은 사업적인 종단불교 자체를 부정하고 벗어나는 것이다. 왜냐하면 모든 불교는 무료로 아낌없이 일반인들에게 해방되어야 하는 것이기 때문이다.

■ 참된 부처는 종단 같은 것은 설립하지 않는다

석가모니 부처는 수많은 사람들의 예배를 영원히 받기 위해 불교종단을 창립했는가?[7]

■ 부처의 정치적 능력에 관련하여

부처는 수많은 제자들의 생계문제를 승가단체의 설립 즉 '직업화함으로써' 해결했다는 점에서, 탁월한 정치적 지도자라고 여겨질 때가 종종 있다.

■ 광신자들에게

불교 선전으로 먹고 사는 사람에게 예수교 믿으라고 선전하는 사람은 (이

---

7) 니체(1844-1900)의 말이다. "자신의 교리나 종교의 장단점을 잘 알고 있는 사람은 아직 그 힘이 약한 것이다. 교리나 종교 따위의 약점에 대해서 아무런 안목이 없이 오로지 스승에 대한 존경과 신심으로 현혹되어있는 제자와 신도들은 이로 말미암아 그의 스승보다 더 많은 위력을 가지고 있는 일이 흔히 있다. 이러한 맹목적인 제자와 신도가 없이는 어떤 인간의 세력이나 그의 사업은 도저히 위대한 것이 되지 못한다. 어떤 인식을 승리로 이끌어내는데 도움을 준다는 말은, 그저 인식과 우둔함이 매우 밀접한 관계를 맺고 있으므로 우둔함의 중량이 인식의 승리를 획득한다는 것을 의미할 뿐이다."

와 반대의 경우도 마찬가지지만) 인간성의 기본도 모르는 자이다. 왜냐하면 자신이 먹고 사는 직업의 의미는 단순한 취미생활보다 훨씬 더 강도가 강한 것이기 때문이다.

■ 부자의 방법과 사문의 방법

돈이 많은 자는 부처의 가르침을 배우는 일에 돈을 아끼지 않아야 한다. 왜냐하면 그는 부자이기 때문이다. 그런데 돈이 없는 자는 직접 절에 들어가거나 독학으로 부처의 가르침을 몸소 배워 능력을 쌓은 후, 그 능력을 가지고 모든 곳에서 활동하며 돈과 명예와 영향력을 벌 줄 알아야 한다.

■ 출가생활과 재가생활

어떤 사람은 출가 승려가 될 소질을 가지고 있다. 하지만 그는 출가 승려의 도를 닦는 방법을 모른다. 어떤 사람은 출가 승려가 될 소질이 없다. 하지만 그는 재가의 불교학자들처럼 출가 승려의 도를 닦는 방법을 알고 있다.

■ 불교 교리학습보다 더 뛰어난 것은

어느 직업이든 30년 동안 일을 한 자는 그 분야에 자연히 도사가 된다. 불교 선사도 마찬가지다. 그러나 뛰는 자 위에 나는 자가 있듯이, 선불교에 대해 아무리 학습을 많이 한 자라도 진짜 도인이나 천재 앞에서는 상대가 되지 않는다. 왜냐하면 중요한 것은 불교 교리 자체가 아니라 불교의 방향감각을 결정하는 성격과 기질이기 때문이다.

■ 간화선과 위빠사나의 길보다는 통찰명상의 길을

간화선과 위빠사나는 선택의 문제가 아니다. 이 두 가지 방법이 모두 옳거나 그른 것은 통찰력이 결정한다. 그러므로 중요한 것은 간화선과 위빠사나 간의 정치적 타협이나 공생적 소통이 아니다.

가장 중요한 것은 통찰력(지혜를 완성하는 것)이다. 이 통찰력을 근본불교에서는 정견이라고 하고, 대승불교에서는 반야라고 부른다.

이러한 통찰력이 없는 사람은 좌선을 하든, 요가를 하든, 관찰을 하든, 아무 소용이 없고, 미신만 조장하고 자기 아집만 키울 뿐이다.

■ 승가에서만 판정하고 인가하는 깨달음의 소유권에 대하여

초기불교와 후기불교에서 주장하는 모든 깨달음과 중생 구제에 관한 교리는 불교만의 발명품이나 특허품이 아니다. 중국 초기 선불교와 후기 간화선 불교도 마찬가지다.

깨달음은 어느 개인이나 집단만이 가지고 행사할 수 있는 것이 아니다.

출가승단만이 깨달음의 정도를 판정하고 허가할 수 있다는 것만큼 오만하고 무지한 것도 없을 것이다. 금강경 부처의 말씀이다. "불교는 불교가 아니다. 다만 그 명칭이 불교일 뿐이다."

■ 싫은 말도 경청할 줄 알아야 한다

석가모니는 "남이 듣기 싫어하는 말을 하지 마라."고 말했다. 그러나 남이 듣기 싫어한다고 해서 말하지 않는다면(어리석은 자에게 화를 낼 정도로 분명히 말해주지 않는다면) 그가 어디서 자극을 받아 크게 변신할 수 있겠는가?

경우에 따라서는 욕설에 능한 운문 선사, 고함을 지르는 임제 선사, 몽둥이를 휘두르는 덕산 선사의 대인관계 교육법도 효과가 있는 것이라고 생각한다.

하지만 나는 《정반대의 조화》《하나의 꽃에 다섯 잎이 피어난 뜻은》에서 임제와 덕산 선사의 신비적인 폭력행위에 대해 승려교육학의 관점에서 비판한 바 있다.

■ 탈레반이 바미얀 대불을 파괴하는 장면을 보고

아프카니스탄의 바미얀 대불을 파괴한 탈레반의 우상 파괴론과, 단군상과 불상을 파괴하는 예수교의 우상 파괴론과, 조선시대 유생들의 불상파괴론을 생각하며, 과연 인간성이란 무엇인가 라는 질문을 던져본다

2001년 3월 초에, 아프카니스탄에서 천년 이상 있어왔던 바미얀 대불석상을 파괴해버린 탈레반들의 정신심리구조는 둘 중의 하나이다. 즉 깨달은 미친 자이거나, 아니면 조직적인 살인자들이다.

바미얀 대불을 폭파시켜버린 텔레반은 "우리가 부순 것은 돌에 불과한 것이다."라고 말했다. 물론 중국 선불교의 조주 선사의 설법처럼, 흙으로 만든 불상은 물을 지나가지 못하고, 금으로 만든 불상은 불 속을 지나가지 못하고, 나무로 만든 불상은 도끼를 이기지 못하는 것이다. 그래서 단하 선사도 목불을 도끼로 잘라 군불용으로 사용하였고, 덕산 선사도 금강경을 불살라버렸고, 임제 선사도 불상을 똥막대기라고 설파했을 것이다.

그런데 바미얀 대불상은 과연 돌에 불과한 것인가? 인도와 중국의 모든 성전은 과연 종이에 불과한 것인가? 모든 국가의 위대한 인물들은 과연 고

깃덩어리에 불과한 것인가? 나의 심오한 지혜를 위한 통찰력은 과연 뇌신경 세포들의 상호작용에 불과한 것인가?

■ 문제의 성격

한 사람의 온갖 문제는 모든 사람의 문제다. 그러나 한 사람의 온갖 문제가 해결된다고 해서 모든 사람의 문제가 해결되는 것은 아니다. 문제란 원래 이런 것이다.

■ 충돌 파괴의 창조성

현재의 지구가 46억년 전부터 수십 개의 행성과 거대운석이 서로 충돌하여 만들어진 점을 생각해 볼 때에 충파는 창조적인 것이라고 말하고 싶다.

■ 통찰력이 전업인 사상가들이 어쩔 수 없이 겪는 일

어떻게 할 수가 없다. 운명이다. 나의 지나친 통찰력으로 인해 나는 독자들에게 '교만하고 잘난 체하는 자'로 오해받을 수밖에 없다. 사실은 나는 잘난 체하는 것이 아니라 진리(내가 인지하는 참된 이치 또는 사실)만 말하고 싶은 것이다.

그런데 내 대인관계 경험에 의하면, 통찰력에 근거한 열정적인 사상가는 교만한 자라고 오해받을 가능성이 90프로 이상이다. 왜냐하면 오만하게 보일 수밖에 없는 면(즉, 거친 점, 원만하지 않은 점, 모가 난 점, 에너지가 넘치는 점, 강한 의지력, 순수성)이 사상가의 지나친 통찰력 속에 이미 들어 있기 때문이다. 이것은 분리할 수 없다. 결핍으로 인한 탐욕과 좌절된 감정인 분노와 어리석음은 곧 깨달음의 한량없는 가르침인 것처럼 분리될 수 없다.

■ 토론의 목적은 겸손함이 아니라 진리파악이라는 것

야단법석의 법거량에서 겸손한 행동이나 오만방자한 행동은 이차적인 문제다. 왜냐하면 법거량의 일차적인 목적은 '진리가 무엇인가?' 하는 것이기 때문이다.

■ 고독하게 지내는 비법

지나친 통찰은 자기를 지지하는 사람들마저 멀어지게 한다. 인간들이기 때문이다.

■ 부처님의 설교를 반박하며

《법구경(호희품)》에서 석가모니는 다음과 같이 말했다. "불도(즉 불교)를 가까이 한 사람은 죽어 천당에 가고, 불도를 멀리한 사람은 죽어서 지옥에 떨어진다." 라고.

이 구절을 접하는 순간 나는 이러한 말을 한 석가모니에게 배신감을 느낀다. 도대체 천당과 지옥이 무엇인가? 왜 "불도(즉 불교)를 가까이 하라"는 말을 이렇게 공갈 협박하는 것처럼 말하는가?

도인은 그저 도(진리)에 대해 있는 그대로 설법하면 그것만으로도 충분한 것이다. 그런데 왜 도(진리)를 가지고 사람들의 마음을 조정하려고 하는가?

■ 내가 나에게

통찰이 통찰에 머물지 않고, 미래를 향해 예언하려고 하는 순간 통찰은 허영적인 것이 되고 만다. 바로 이것이 왜 통찰력이 강한 자일수록 자긍심(자랑하는 마음)이 강한가 하는 이유이다. 그러므로 우리는 마땅히 집착하는 바가 없이 그 마음을 내어야 할 것이다.

■ 내가 이렇게 말하는 이유

석가모니 부처가 성취한 해탈과 열반의 가르침만큼 사부대중을 구속하고 번뇌를 일으키는 것도 없다. 그러므로 우리는 해탈과 열반을 실체화, 절대화, 이념화해서는 아니될 것이다.

■ 통찰력과 친화력

신이든 인간이든 계율이든 이해타산이든 모든 것을 회의하고 불신하는 자에게 배울 점은 그의 통찰력이다. 그리고 매사를 낙관하고 믿음이 강한 자에게 배울 점은 그의 친화력이다.

■ 습관의 이중적인 성질

회의하는 성질이 근본적으로 우세한 자는 타인의 단언적이고 결정적인 언행을 사실 그대로 믿지 않는다. 그러나 자신의 회의적인 언행은 즐기는 것 같다.

■ 내 책의 마니아에게

내가 회의적인 글을 쓰면 독자는 의혹과 불신을 한다. 내가 단정적인 글을 쓰면 독자는 확신과 믿음을 가진다. 그래서는 안된다. 어떤 경우에도 회의적인 것과 단정적인 것을 어느 정도 섞어서 이해해야 한다. 나는 자신과 타인을 기만하는 자거나 위선자가 아니다.

■ 내 사상의 성질

내 사상의 성질은 모든 명제에 대해 반역하고 모독하는 것처럼 보이지만 사실은 진리를 지나치게 존중하는 것이다.

■ 지나친 통찰력이 인기가 없는 이유

보통사람들이 지나친 통찰력을 싫어하는 것은, 자신의 모든 것이 그대로 노출되어 버리기 때문이다.[8]

■ 지나친 통찰력은 불안하면서도 창조적인 것

법률학, 정치경제학, 사회윤리학, 직업화된 종교에서는 지나친 통찰력이 문제가 될 수 있다. 왜냐하면 지나친 통찰력은 근간을 흔드는 것이 되기 때문이다.

---

8) 유교문헌인 중용서(4장)에 "지혜로운 사람은 지나치고, 어리석은 사람은 가 닿지 못한다."는 글이 있지만, 사실 지혜는 아무리 지나쳐도 충분한 것이 아니라고 여겨진다. 왜냐하면 지혜의 대상은 무한하고 심오한 것이기 때문이다.

그러나 수학, 예술, 철학, 우주학에서는 통찰력이 지나칠수록 좋다고 여겨진다. 왜냐하면 진리만을 추구하는 것이 순수과학자와 진정한 철학자의 사명이라고 생각하기 때문이다.

■ 과도한 통찰력 때문에 종종 겪는 마음의 불편함

본성론적인 종교 사상(모든 현상 배후에 고유한 마음의 본질이 빛나고 있다는 대승불교의 믿음과 상상)에 대한 비판 정신이 강한 나는 나의 과도한 통찰력 때문에 마음의 불편함을 겪을 때가 있다.

즉, 인도철학의 아트만과 대승불교의 자성(천성적인 자아 또는 그 본질, 또는 우주와 인간의 절대적 본성)과 예수교 신학의 신성(신적인 자아, 또는 성령)은 없는 것이라고 주장하는 나의 통찰력은 바로 이 지나친 통찰력 때문에 관련 종교 신자들로부터 반발과 미움을 받곤 한다. 내가 홀로서는 용기와 강한 정신을 가지고 있다는 것은 얼마나 고마운 일인가!

■ 나의 사명: 자기긍정적인 자아도취

내가 한 장의 메모지에 쓰는 이 글들이 한국사상사에서 큰 도약을 위한 한 걸음이 된다면, 나는 5천년 묵은 한민족 유전자로서의 역할을 충분히 했다고 생각한다.

■ 육조단경의 문구에 대한 나의 설법

《육조단경》에 "모든 종류의 지혜(또는 모든 것을 다 아는 지혜, 또는 지혜의 완성)를 이루고자 한다면 일상삼매와 일행삼매를 통달하라"는 문구가 있다.

《육조단경(제4 정혜품. 선정과 지혜를 통괄하고 포섭하라고 가르치는 부분)》에 "일행삼매란 항상 곧은 마음을 행하는 것이니, 《유마경》에도 "곧은 마음이 부처가 있는 곳이요, 곧은 마음이 깨끗하고 맑은 장소라고 말했다.(유마경 제1 불국품과 제4 보살품에도 똑같은 표현이 있다)" 라는 문구가 있다.

오늘은 이 문구를 담론한다.

어떤 것이 곧은 마음인가? 아첨하지 않고, 비굴하지 않는 마음이 곧은 마음이다. 그리고 이러한 곧은 마음은 어떤 불안과 두려움과 집착이 약간이라도 있으면 지닐 수 없는 것이다.

일행삼매란 그 어떤 고정관념에 집착하지 않으면서도 주체적이고, 망상을 내지 않는 것이다. 일행삼매란 글자 그대로 읽으면 마음을 하나의 행에 고정시켜 수행하는 명상을 의미한다.

《문수반설반야경》은 "진리의 세계는 일상(一相)이니, 이 진리의 세계와 인연 맺는 것을 일행삼매라고 한다."고 설명했고, 《대승기신론》에서는 "조용히 멈추는 것, 고요히 있는 것을 수행하여 있는 그대로 명상에 들어가게 되면 진리의 세계가 곧 일상(一相)이라는 것을 알게 된다. 이 일상(一相)은 모든 깨달은 자의 존재와 깨닫지 못한 자들이 함께 모두 그대로 평등하여 서로 별개의 것이 아닌 것을 깨닫는 경지인데, 이것을 일행삼매라고 한다."라고 설명했고, 원신의 《왕생요집》에서는 "참된 진리의 세계는 차별이 없는 일상(一相)이라는 것을 사실 그대로 보고 깨닫는 명상이 일행삼매이다."라고 설명하고 있다. 그렇다면 일상삼매란 승조의 《조론(열반무명론)》에 나오는 "우주와 지구는 나와 한 뿌리이며, 만물은 나와 한 몸이다."라는 문구와 동의어이고, "마음 밖에 존재가 없고, 존재 밖에 마음이 없다.(이 문구를 다시 풀어서 표현한다면, 의식과 완전히 분리되어 있는 별개의 존재는 없고, 또 존재의 외부에 특별한 독립독존의 의식은 없다)는 문구와 동의어라고 할 수 있겠다. 즉 물질과 자아, 자신과 타인, 만법이 똑같은 것이라는 것이다.

그런데 방온 거사는 "모든 존재와 함께 하지 않는 것은 무엇인가?"라는 질문을 석두 선사와 마조 선사에게 한 적이 있다. 자부심이 대단한 질문이다. 하지만 방온 거사는 '주체는 세계에 속하지 않는다. 주체는 세계의 한계다' 라는 사실을 알아야 한다. 왜냐하면 대승불교 반야부 경전은 부처의 가르침을 모두 '토끼의 뿔' 이라고 표현하고 있기 때문이다.

■ 육조단경의 용어와 금강경의 용어

《육조단경(정혜품)》에 일상삼매(一相三昧)와 일행삼매(一行三昧)라는 용어가 나오는데, 《금강경》의 사상대로 말한다면, 일상(一相)은 무상(無相)이요, 일행(一行)은 무주행(無住行)이다.

더 구체적으로 말하면, 무상(無相)이란 온갖 상(相)이 수많은 조건과 원인에 의해 만들어진 것이기에 무상(無相)이요, 무주행(無住行)이란 그 어떤 종류의 불안과 두려움과 애착이 조금도 없이 사실과 진실만을 있는 그대로 말하고 행동하기 때문에 무주행(無住行)이다.

■ 일행삼매에 대하여

일행삼매(一行三昧)든, 다행삼매(多行三昧)든, 일(一)과 다(多)의 근거, 집중과 산만의 근거는 수많은 원인과 조건에 의해 수시로 변천하는 것이기에 고정불변의 실체가 없는 것이다. 그런데 무슨 일행(하나의 움직임)을 추구하며 무슨 삼매(집중)를 고정하는가?

■ 중국 국민성이 만들어낸 낙천적인 불교인물

배가 불룩하여 만족하는 거지 출신의 포대화상보다는 차라리 배고픈 왕자 출신의 석가모니 부처를 배우고 싶다.

■ 포대화상의 복부비만증을 생각하며

석가모니는 평생 동안 지나치게 많이 먹어서 항상 똥배가 튀어나와 있는 사람은 아니었다.

그런데 중국불교의 도인인 포대화상은 배 터지게 먹는 것만 밝혔는지 그 똥배가 (복부비만증이) 정도를 넘어서 버렸다.

그런데도 뱃살부터 빼는 일이 절대로 필요한 포대화상을 중국인들은 미륵불이라고 부르고 있다. 중국인들은 포대화상의 배를 "미륵불의 도량이 큰 배"라고 말한다.

그러나 내가 볼 때에는, 포대화상이 지나친 식탐으로 인해 복부비만증에 걸린 환자일 뿐이라고 여겨진다. 그런데도 포대화상은 평생 동안 다이어트에 성공한 적이 없었다. 왜냐하면 식탐을 조절할 능력이 그에게 없었기 때문이었을 것이다. 도가의 신선으로 유명한 광성자, 황초평, 적송자, 한종리, 이철괴 등 선인(仙人) 도사들도 모두 심한 복부 비만증 환자라고 진단된다.

■ 동남아시아 불교승려들과 나

그들은 매사에 바라본다. 그러나 나는 바라보는 자를 바라본다.

■ 가난하고 더러운 불국토

동남아시아 여러 국가들은 불교국가인데, 무슨 불국토(佛國土, 정토)가 이렇게 가난하고 더럽고, 부정부패도 심하고 잔인하고 무지하고 혼란스러운가?

■ 어느 가난한 나라 봉사활동에서

한국이 부자라고 나도 부자인 줄 아는가? 나에게 큰 액수의 돈은 요구하지 마라.

■ 거지들의 전략

인도 거지와 중국 거지와 캄보디아 거지들의 전략.

사람들의 동정심을 유발할 줄 아는 것.

게으르면서도 치밀하게 준비된 연출.

부끄러움이 전연 없음.

돈에 대한 집요한 감각과 끈질긴 인내심.

■ 거지를 보고 그냥 지나치지 말 것

평범한 사람들이 내미는 작은 그릇은 채워주기 쉬우니, 가득 부어 주어라. 이 또한 자신의 덕을 쌓는 수양이 아니겠는가!

그러나 거지들은 내 사상에는 관심이 없고, 내가 가지고 있는 돈에만 관심이 있다! 이런 거지같은 인간들은 얼마나 흔하게 많은가!

■ 쌍(TWOSOME)으로 되어 있는 것

지식과 지혜의 문제.

언어와 실제의 문제.

생각과 실천의 문제.

손가락과 보름달의 문제.

교학과 수행의 문제.

하나의 얼굴에 붙어 있는 두 개의 눈.

그것은 결코 서로 다른 것이 아니다.

■ 쓸데 없는 말(이 말은 사실 쓸데 있는 말이다 라는 의미다)

문자를 세우지 말라고? 이 글자는 문자가 아닌가?

'문자를 세우지 말라' 는 중국 선불교의 주장은 삼장(경장과 율장과 논장) 중심의 인도불교를 주체적으로 반대하는 말이다. 예를 들면 인도의 불경과 율장과 논서들은 절대 읽지 말고, 오로지 중국인 선승들의 선어록만 열심히 읽어라 하는 것이 중국 선불교의 주장이다. 가소롭다.

중국 선불교는 (한국인의 입장에서 볼 때는) 문화적 침략이라는 것을 한국인 불자들은 깨달아야 할 것이다. 이 말은 이제 한국인은 한국인만의 독특한 불교를 창조 개발 선양하라는 것이다. 왜냐하면 거대한 사상의 식민지에서 벗어나지 못하는 한 정신적인 독립은 없기 때문이다. (한국의 카톨릭과 기독교도 마찬가지다.)

그래서 하는 말인데, 예부터 오행관계학과 비빔밥을 좋아하고 잘 만드는 한국인들이 왜 비빔선(Bibim-seon)이나 하이브리드선(Hybrid-seon)이나 퍼지선(Fuzzy-seon)에는 관심이 없을까? 만약 독자가 이런 명칭에 대해서도 마음이 안들면, 그러면 계속 당신이 직접 창조적으로 생각해나가야 할 것이다.

■ 설립문자의 아름다움

소리가 적막을 더욱 깊게 하듯이, 인간의 절묘한 표현이 담겨 있는 언어문자는 열반의 세계를 더욱 깊게 한다. 최상의 깨달음(Awakening)을 추구하는 것과 부처가 가르친 지혜를 완성시키는 것도 마찬가지다.

■ 정치경제학과 법률의 진리

언어는 현실을 재현한다. 문자는 내부의 정신을 담는다.

■ 언어도단과 불립문자론에 대하여

조지 버나드 쇼(1856,7,26-1950,11,2)는 "나는 침묵의 미덕을 확신하며 이에 대해 수 시간 동안 이야기할 수 있다."고 말했다. 이런 식의 이야기는 선불교의 언어도단과 불립문자론에 대해서도 가능하다.

즉, 중국 선사들은 언어도단과 불립문자(문자를 내세우지 않는다는 것)를 표방하면서도 매우 많은 분량의 문자를 써 남기고 있다. 증거를 대라면, 문수문화유한공사에서 중화민국 79년에 출판한 《선종전서》는 100권이나 된다.

■ 비평가들을 비판하는 비평가의 경우

남에게 충고하는 말은, 정확히 말하면, 충고하는 자신이 정말 명심해야 할 충고일 경우가 대부분이다.

■ 불립문자 교외별전에 대하여

'불립문자 교외별전(문자를 세우지 않고, 가르침 밖에서 따로 전한다는 것)'이
라는 선교의 문자와 가르침은 불교계에서 대단히 급진 좌파적이다.

왜냐하면 불립문자 교외별전(즉, 인도 불교 대장경을 사용하지 않고, 전통의
인도적인 불교 밖에서 별도로 중국인들 마음대로 전한다는 것)이라고 했기 때문
이다.

■ 자성이라는 이름의 생물기계

내 의식의 맹점을 도구나 그림을 이용해서 의식적으로 인식할 때마다, 나
라는 존재는 일종의 생물기계라고 느껴진다. 신기하다. 불교에서 '모든 것
을 다 아는 지성'을 가지고 있는 존재가 불성이나 자성을 말하는 것이.

대승불교 반야부 경전에서 매우 흔한 용어인 '모든 것을 다 아는 자성(천
성적인 자아, 또는 자연의 참된 본성, 또는 우주와 인간의 절대적 본성)'이란 내게
있어서는 '한계가 없는 지혜의 상태'를 의미할 뿐이다.

■ 내가 이해하는 불립문자

신선도(神仙圖)에 신선이 없듯이, 팔만대장경에는 부처가 없다. 마치 이 책
속에 내가 없듯이.

■ 언어도단과 불립문자의 의미

아무리 이상적인 것일지라도 언어문자로 조작하거나 시설한 것은 언어문
자로 없애버릴 수 있다. 그러나 언어문자로 조작하거나 세우지 않아도 있는

것은 무엇인가? 그것은 생존을 위해 움직이는 삶 자체다. 생명체로 뒤덮여 있는 허공의 지구다.

■ 영리한 사람들의 어리석음과 우직한 사람들의 지혜

서양의 사변적인 철학자들이나 중국 선불교의 스님들처럼 언어 게임을 즐기는 자는 영리한 사람이다. 그런데 나는 게임을 할 줄 모른다. 그러나 언어 게임을 즐기는 자만큼 어리석지는 않다.

■ 인도인들의 언어철학에 대한 나의 비점

《미망사 수트라》에 "언어는 영원하다. 또 다른 사람을 위해 말해지기 때문이다."라는 문구가 있다. 그러나 이러한 언어의 영원성은 인간의 소망적인 영원성일 뿐이다. 언어는 끊임없이 수많은 조건이나 여건에 의해 변동하는 것이다. 그것은 고정불변의 실체(Reality)가 아니다.

■ 언어와 마음과 자성의 무에 대하여

파릉호감 선사가 제자에게 "자네가 경전의 문자에 현혹되어 책들 속에만 빠져있다면, 자네는 참된 불심(내 안에 있는 부처의 마음)을 잃고, 부처의 깊은 뜻을 깨닫지 못할 것이다." 라고 말했을 때 그는 중국 선불교에 충실한 것이다. 선불교에서는 언어도단, 직지인심, 식심견성 등을 주장하며 '마음이 곧 부처' 라고 주장했다.

여기서 언어도단이란 언어를 끊어버린다는 것, 또는 언어의 문제가 아니라는 것, 또는 언어로는 도달할 수 없다는 뜻이다. 직지인심이란 사람의 마음을 곧 바로 가리킨다는 뜻이다. 식심견성이란 마음을 알면 자기 본성을 볼 수 있다는 뜻이다.

하지만 내가 더 철저히 말한다면, 끊어버릴 언어도 없고, 가리킬 사람의 마음도 없고, 보아야 할 자성도 없다.

나는 말한다. 생사와 언어 문자가 없는 곳에는 깨달음이 없다. 깨달음은 언어로 인식하는 생사문제에서만 가능한 것이기 때문이다.

■ 언어 문자의 가치

정교하고 정밀한 물음이란, 정교한 언어 문자로 표현하는 물음이다. 그러므로 정교하고 정밀한 언어 문자로 표현할 줄 모르는 사람은 자기 자신에게 스스로 정교하고 정밀한 질문을 할 수 없다.

■ 대승불교 경전보다 선어록이 더 인기가 있는 이유

선어록이 세계적으로 인기가 있는 좋은 이유는 반복적이고 지루한 대승불교경전에 비해 선어록의 문답이 매우 간단명료하고 짧기 때문이다.

■ 임제 선사의 주체성에 대하여; 왜 당신은 당신 자신이 되고자 하는가

가는 곳마다 주인이 되라고? 나는 다르게 말한다. "가는 곳마다 주인도 손님도 되지 마라." 왜냐하면 주인의식은 지나친 주체성에 집착하고, 손님의식은 지나친 의존성에 집착할 수 있기 때문이다.

임제 선사가 "가는 곳마다 주인이 되면 서 있는 곳마다 참되다." 라고 말하는 순간 그는 또 다른 주인과 맞서게 되고, 두 주인들은 누가 정말 주인인

237

가 시비논쟁을 하게 되고, 결국 나중에는 부서지는 인연을 맛보게 된다.

임제와 덕산의 고함소리와 몽둥이는 천하제일이다. 그러나 경천동지하는 천상천하유아독존이라는 주체성만큼 더럽고 탁한 것도 없다. 그래서 나는 "가는 곳마다 주인도 손님도 되지 말라"고 가르치는 것이다.

■ 원형과 변형의 가치성

어떤 사상을 있는 그대로 전하거나 수용하는 일은 매우 어려운 일이다. 그런데 이런 식의 이야기보다는 차라리 제멋대로 전하고 제멋대로 수용하는 것이 도리어 좋은 점이 있다. 예를 들면 중국에서 노혜능과 신회는 인도불교를 제멋대로 왜곡하고 창작한 결과 중국 선불교라는 거대한 종파를 창시해 내지 않았는가? 중국 조계선종에서 혜능은 6조요, 신회는 7조다.

이렇게 다양한 상상력은 인류역사를 더욱 풍부하게 만드는 요인이 되기도 한다. 그런데 왜 이런 일이 한국불교계에서는 불가능한가? 왜 신라 원효의 해동종이 한국의 불교대표 종단이 될 수 없었을까?

■ 항우와 혜능

사마천(145-86.B.C.E)이 쓴 《역사기록》에 보니, 항우는 "글은 자기 이름만 쓸 줄 알면 된다."고 말했다. 하기야 중국 조계선종의 제6대 조사인 노혜능(638-713)도 글을 읽고 쓸 줄 몰랐다고 한다. 그러나 이러한 위인들을 선전하는 사람들은 모두 문학과 역사와 철학에 달통한 사람들이었다는 사실도 알아야 한다.

■ 왜 현대 불교사상가는 불가능하고, 고대와 중세의 불교사상가만 가능한가

나는 중국과 한국과 일본의 선불교에 대해 더 이상의 호기심이 없다. 그래서 2천년 전부터 똑같은 언어문자를 태연하게 반복적으로 설교하는 불교에 대해 나는 이미 지루함을 충분히 느끼고 있다. 바로 이것이 왜 내가 선어록이나 불경을 새롭게 읽으면서 재창조적으로 담론하는가 하는 이유이다.

나는 한국의 불교계 사부대중(the four-fold assembly)에게 묻는다. 왜 현대 불교 사상가는 불가능하고, 고대와 중세의 불교 사상가만 가능한가?

왜 멋진 골동품 같은 자성종의 불교만이 가치 있고, 현대사회에서 정치와 경제로 사용하는 실용주의 불교는 가치가 없는가? (불교는 오늘 시장에서 막 나온 싱싱한 먹거리의 종류가 아니다. 불교는 수천 년 묵은 저장된 식품에서 발효된 아주 오래된 심리적인 먹거리일 뿐이다.)

왜 고대와 중세 불교만 중시하고, 현대 불교는 얕잡아 보는가? 왜 오늘 지금 바로 여기 이 순간에 현존하는 우리 자신을 그토록 경시하는가?

왜 덕산, 임제, 운문이 부처와 아라한을 부정하고 비판하면 대선지식이요, 주인공이요, 무위진인이고, 왜 내가 부처와 조사를 부정하고 비판하면 악마요, 박쥐중이요, 벙어리 염소중이요, 머리깍은 거사요, 지옥의 지꺼기요, 가사 입은 도둑인가?

■ 불교 인재 발굴 및 양성보다는 불교 사상가 대우나 잘해라

"불교계에 인재가 없다는 것은 사실이다." 라는 말은 사실이 아니다. 불교계에 천재가 없다는 헛소리 하지 말고, 천재를 알아보는 눈이 없음을 반성하라.

■ 인재양성이 아니라 인재를 키워 희생시켜 먹겠다는 전략

불교 인재 양성 계획이란 불교종단이 희생물로 삼을만한 인재를 키우는 일에 관심이 매우 많다는 것이다. 그러나 좋은 나무는 베어지듯이 불교 인재란 그저 불교의 희생물이다. 그러므로 불교 인재들은 주의하는 것이 좋다. 국가 인재도 마찬가지다. 중요한 것은 집단이 아니라 개인이다.

■ 승려생활

승려란 세속의 의무 대신 승가(종단)의 의무에 압박당하고, 이성(異性)의 구속 대신 불신(佛神)과 보살신(菩薩神)들과 신도의 구속을 받는 생활을 하는 사람.

■ 사람은 누구나 어디서도 부처가 될 수 있다는 말의 의미

"사람은 누구나 부처가 될 수 있다"고 선전하면서도 누가 실제로 어디서 부처가 되면 전통불교인들은 바로 그 자리에서 불신하고 경계하고 두려워하며 소외시켜버리는 것이 현실이다.

그러니까 "사람은 누구나 부처가 될 수 있다"는 말은 사람은 누구나 어느 종단에 소속하는 불교신자가 될 수 있다는 의미일 뿐 그 이상으로는 아는 자는 오해한 것이다.

■ 부처는 지혜를 완성하기 위해 나타나는 것이지 기성제품처럼 만들 수 있는 게 아니다

종단불교는 오로지 부처(꿈에서 깨어나는 자)를 양산할 때에만 그 종교 고유의 가치와 의미가 있다.

그런데 부처(망상에서 깨어난 자)는 종단불교의 교리교육의 방법으로 양산할 수 있는 게 아니다. 부처는 정형화할 수 없고, 기성제품처럼 생산할 수 있는 게 아니기 때문이다.

그러므로 진정한 부처는 불교가 아닌 세속에서 어떤 깨달음과 성숙함을 가지고, 종단불교가 기대하는 것과 전혀 다른 모습으로 나타날 수도 있는 것이다.

■ 석가모니의 부처 선언의 의미

보리수 아래에서 크게 깨달은 고타마 싯달타는 어느 브라민에게 "나는 부처(크게 깨달은 자)다!"라고 말했을 때 그 의미는 어떻게 이해해야 하는가?

"부처는 부처가 아니다. 이 명칭이 부처다"라는 사상의 논리는 이해가 되지만, 현실적인 대인관계에서 "나는 부처(크게 깨달은 자)다!" 라고 계속 주장한다면 곧바로 수많은 오해와 반발이 생겨날 것이다.

■ 장애를 장애 그대로 받아들인다는 것

사사무애(일과 일 사이에 걸림이 없다)란 장애가 없는 완벽한 현실적인 인간관계를 의미한다. 그러나 이러한 관념만큼 주관적인 망상도 없다! 나는 장애를 장애 그대로 받아들인다.

■ 결합해서 나쁜 것도 있고, 충돌해도 좋은 것이 있다

사주팔자 해석학에 합충이론이 있다. 하지만 이러한 대인관계 운명에도 고정불변의 법칙은 없다. 왜냐하면 결합해도 변하고, 충돌해도 변하기 때문

이다. 그리고 깊이 생각해보면, 결합해서 나쁜 것도 있고, 충돌해도 좋은 것
이 있다.

■ 금강경의 인욕바라밀과 관련하여

재력과 권력과 사상의 영향력, 또는 사랑과 우정의 연대는 실제 행동으로
움직여야 비로소 생겨나는 것이다. 깊은 산속에서 홀로 고요히 사는 은둔자
가 이 생에서 무엇을 실현해낼 수 있겠는가?

에너지는 아무것도 없는 것에서는 생길 수 없다. 그리고 또 원인과 여건이
갖추어져 있어도 에너지가 없으면 아무런 일도 생겨나지 않는다.

그런데 나는 행동을 하자마자 곧바로 대인관계의 어려움에 봉착한다.
그러니까 대인관계에서 내가 원하는 평화스럽고 행복한 결합 작용보다
(내가 결코 원치 않는) 상극적인 충돌과 관계파괴 작용을 더 많이 경험한다
는 것이다.

물론 이런 문제는 나만이 겪는 것은 아니다. 헨리 데이비드 소로도 《숲속
의 생활》에서 "타인과 교제하지 말고 혼자 시간을 보내는 것이 건전함을 유
지할 수 있다."고 쓴 바 있다. 사실, 혼자 조용히 지내면 실수할 사건이 없어
서 평온하게 지낼 수 있다. 그러나 사람이 사는 게 그게 다가 아니다. 그래
서 우리는 대인관계를 맺는데, 이게 보통 문제가 아니다. 왜냐하면 인간은
제각기 이기적이고 자기중심적이기 때문이다.

그래서 2천년 전의 예수도 과격하게 "내가 이 세상을 평화롭게 하려고 온
줄 아느냐? 아니다. 사실은 분열을 일으키려고 왔다.(누가가 전한 복음서 제12
장 51절)" "나는 참으로 이 세상에 불을 지르려고 왔다." 또는 "내가 이 세상

에 평화를 주려고 온 줄로 생각하지 말라. 평화가 아니라 칼을 주려고 왔다.(마태가 전한 복음서 10장34절)"고 말했는지도 모른다.

이 세상만사에서 대인관계 문제만큼 난해한 문제도 없다. 심지어 대인관계 전문상담가들조차도 최악의 대인관계를 연출하고 있으니, 말이다. 그래서 나는 이 문제에 대해서 정말 곰곰이 생각을 해보았는데, 내 생각의 결론은 다음과 같다. 대인관계에서 자기 뜻대로 되지 않거나 상극적인 충돌과 관계파괴 작용은 운동 에너지와 위치 에너지가 서로 전환되는 과정에서 불가피한 것이라고 여겨진다.

■ 참고 견디어내는 수밖에 없는 상황에서

성공한 천민이든, 실패한 천민이든 이들이 교활하고 영악하게 악용하는 국가 법을 생각하면, 나는 불교에서 인욕바라밀을 왜 그토록 많이 강조하며 가르쳤는가를 이해하게 된다.

■ 불교는 조직화된 종교가 아니어야 한다

승가집단을 해체해도 여전히 세속에서 강력하게 영향력을 발휘할 수 있는 방법은 무엇일까? 불교사상(Buddha Darsana)을 국가화 하는 방법은 어떨까? 동남아 국가들처럼? 마치 나자렛의 예수교가 바울에 의해 로마의 국교가 되고 세속화한 것처럼?

■ 종교계의 미치광이들

전세계를 불교로 통치하는 국가가 되게 만들겠다고? 전세계 모든 인간을 부처가 되게 만들겠다고? 대체 이들은 종교를 무엇으로 알고 있는 것일까?

■ 자기혁신이 필요한 불교

절에서 예불과 영가천도제 등 각종 행사를 일절하지 않는다면 그때서야 비로소 진정한 불교를 시작할 수 있을 것이다.

■ 한국불교 개혁 문제에 관하여

중국불교의 아류이며, 일본불교학 방법의 식민지이며, 비현대적인 종단 운영 즉 승려위주의 권위주의적 독점적 운영방식을 고집하는 한국불교 개혁에 관한 문제는 '깨달음'의 문제가 아니라 새로운 불교기획과 실천적으로 집행할 수 있는 불교 권력의 문제이다.

얼마 전에 만난 류상영(대한불교청년회 부산지구 회장)에게 이 책 제목으로 《자극이 필요한 불교》가 어떠냐고 물었더니, 《몽둥이가 필요한 불교》라고 더 자극적인 제목을 제안한다. 문제가 이토록 심각한 것인가?

■ 언어문자의 권력

중국인들조차 깨달음을 일본어 사토리(Satori)라고 표기하는 것을 보고 놀랐다. 그렇다면 나는 깨달음을 한국어 깨달음(kkaedaleum)이라고 표기한다.

■ 한국에서 불교를 완전히 새롭게 시작하려면

한국에서 불교를 완전히 새롭게 시작하려면, 한자로 표기되어있는 중국적, 일본적 불교용어를 모두 과감하게 버리고 다시 독창적인 한국어로 번역하는 작업을 시작해야 한다.

이러한 일은 나도 거의 불가능한 막막한 문제지만, 중국인들도 했는데, 왜 똑똑한 한국인들이 못하겠는가. 종단에 기대하지 말고 개개인이 제각각 자기가 공들여 내는 책에서 제안적으로 시도해볼 것!

■ 새로운 언어표현이 새로운 감성을 개발한다

내가 여기서 "해탈이냐? 열반이냐? 해탈 속에 있는 열반이냐? 열반 속에 있는 해탈이냐?"라는 불교한자 용어를 쓴다면, 이런 불교 한자용어로는 일반독자에게 의미를 전달하는 힘이 약하다.

그래서 시험삼아 나는 다음과 같이 표현해본다. "자유냐? 안락이냐? 자유 속에 있는 안락이냐? 안락 속에 있는 자유냐? 그리고 또, 걸림이 없는 자유인의 행복이냐? 사육돼지 같이 포만한 행복이냐? 또는 적극적인 자유냐? 소극적인 평온이냐? 짧지만 굵은 삶이냐? 길고 섬세한 죽음이냐?"

■ 사상가 기질

자기가 고집하는 그 어떤 신앙심이 없는 비평가가, 마치 자기가 고집하는 어떤 신앙심이 있는 자들처럼 열정적이고 치열하고 진지하다면, 그는 분명히 사상가라고 할 수 있다.

■ 문답과 침묵의 차이

지혜로 분별하는 것이 사용하는 수단은 문답이다. 그러면 선이 사용하는 수단은 침묵인가?

■ 침묵하는 사람이라고 해서 모두 부처는 아니다

질문이 없는 사람은 둘 중의 하나다. 즉 지나치게 비범한 사람이거나, 아니면 지나치게 평범한 사람이다.

■ 타고난 천성 그리고 이 천성의 방향감각에 대해

침묵과 참선을 즐기는 것도 그 사람의 타고난 팔자 성향(즉, 기후생물물리학의 결정적인 영향)이요, 말씨름을 하고, 토론을 즐기는 것도 그 사람의 타고난 팔자 성향이다. 하지만 중요한 것은 언제나 진리와 진실의 방향에 관한 것이다.

■ 두 종류의 질문

두 종류의 질문이란 긍정적인 질문과 부정적인 질문이다. 비생산적이고 소모적인 질문과 생산적이고 발전적인 질문이다. 변태적이고 왜곡된 질문과 온전한(건강한, 균형잡힌) 질문이다.

■ 문수보살의 아부성 발언

유마 거사의 그 잘난 침묵도 문수 보살의 아부하는 말이 없이는 그 빛을 낼 수 없다는 것을 알아야 한다.

■ 문수보살과 유마거사

진실을 말하는 것만 아니라 침묵도 거짓말이다.

■ 모든 인간은 거짓말의 천재다

모든 인간은 거짓말의 천재다. 진실을 말하고 있을 때조차도.

■ 불교의 손가락과 장자의 손가락

"불교에서 가장 중요한 것은 무엇인가?" 라는 질문에 구지 선사는 천룡 선사처럼 손가락 한 개를 세워 보였다. 그런데 구지 선사의 이 손가락은 불교의 손가락이 아니라 장자의 손가락이다. 여기서 장자의 손가락은 만물일여와 만법일체를 의미한다.

그런데 내가 이해하는 부처의 손가락은 만물일여와 만법일체라는 존재 자체성이 아니라, 만물이 서로 의존적으로 같이 연결되어 있다는 것과, 만법이 서로 관계적으로 작용하는 것이기에 비실체(즉, 인연 화합적인 현상이 있을 뿐이며, 영원불변의 독립독존적인 실체성은 없다)라는 것이다.

그러므로 여기서 만물일여란 만물의 전체성과 평등성을 의미하고, 만법일체란 만법의 통일성 또는 만물의 상호 관계적 전체성을 의미한다.

■ 종교는 필요악

종교는 필요한 악이다. 종교(예수교, 이슬람교 등)의 구속성과 해소성. 마치 병 주고 약 주는 것이 종교인 것 같다.

■ 종교 성직자란

종교 성직자란 신자들의 운명을 변화시키는 말의 힘을 알고 있는 사람들이다.

■ 종교 사기꾼들의 심리적 소품들

각종 재앙과 온갖 불행은, 여러 종교 성직자들과 무당법사와 역술가들이 가장 잘 이용하는 심리적 소품들이다.

■ 평범한 종교인들

평범한 종교인들이란 "질투하지 말라"고 설교하면서 자기 자신은 질투에 사로 잡혀 옹졸하게 분노하는 사람들이다.

■ 저속한 진리

사람들에게 어질고 착하라고 주장하는 것은, 사람들이 어질고 착해야 자기가 이익을 얻을 수 있기 때문이다.

사람들에게 공손하고 온유함을 주장하는 것은 사람들이 공손하고 온유해야 자기가 이익을 얻을 수 있기 때문이다.

사람들에게 하심(下心)과 겸허함을 주장하는 것은, 사람들이 하심으로 겸허해야 자기가 이익을 얻을 수 있기 때문이다.

석가모니 불교에서 하심이란 몸과 마음을 항상 깨끗이 청소하는 것, 또는 마음에 각종 잡된 생각의 쓰레기가 하나도 없는 상태를 의미한다. 그러므로 하심은 무심과 같은 뜻의 말이다.

■ 겸손한 고승을 바라보며

고승의 겸손은 자신이 어떤 형무소에 갇혀 있는 죄수인가를 증명해주는 것이라고 여겨질 때가 종종 있다.

■ 평범한 사람들

각 분야에서 성공한 사람들의 인생담이나, 위중한 병에서 완전한 치유를 체험한 사람들의 공통점은 이들이 모두 한결같이 단순하고 긍정적이고 낙관적이라는 것이었다.

■ 내가 생각하는 진정한 부처란

학교생활에서 단순하고 성실한 학생이 높은 성적표를 받듯이, 불교단체(승가사회)에서도 단순하고 긍정적이고 신뢰적이고 낙관적이고 성실한 사람이 고승대덕이 된다. 그런데 이런 이야기는 지나치게 세속적이다. 진짜 부처나 진정한 고승은 이렇게 해서 이루어지는 것이 아니다.

■ 창조적 소수자로서의 이단자들

석가, 유마, 용수, 달마, 혜능, 임제는 모두 전통종교의 반발적 이단자였다.

서양의 신학적 철학자들을 예로 들어본다고 하더라도, 신에게 중독되어 있는 철학자인 스피노자조차 교회로부터 파문당했고, 신의 충실한 철학자인 키르케고르도 "예수교를 공격하는 위험한 철학자"라고 맹공격을 받았다.

어느 분야든 요즘도 마찬가지다. 나 또한 전통불교와 불교수행의 파수꾼들에게 "매우 위험한 스님이니 신도들은 절대 가까이 하지마라"는 뜨거운 대접을 받고 있다. 걱정하지 말라. 나도 평범한 신도는 좋아하지 않는다.

그리고 공정하게 말한다면 나는 나를 시기질투로 비난하는 사람보다 훨씬 더 안전한 사람이다.

그리고 또, 불교애정에 관련하여 나만큼 석가모니가 깨달은 진리에 충실하고 애정이 깊은 자가 있으면 한번 나와 보라. [9]

진정한 불교나 진리의 애정은 염불하고 목탁치고 각종 불교의식행사를 집전하고, 신도 회원 수를 양적으로 많이 모으려는 직업적인 포교생활에 있는 것이 아니다. 나의 종교는 재창조를 위한 부정과 초월에 충실한 종교다.

■ 왜 같은 직업을 가진 자들끼리 질투가 더 심한가에 대하여

유유상종인데, 왜 같은 종류의 직업을 가진 사람들끼리 시기질투가 더 심한가 하면 서로 경쟁하는 관계이기 때문이다. 이것은 상인에서 정치가와 작가, 예술가 그리고 종교 성직자들까지 보편적인 대인관계 현상이다.

■ 미움이 있다는 것은

시기질투가 없는 미움은 없다. 왜 사람들은 시기질투심에서만 강한 에너지를 느낄 수 있을까? 동물인간이기 때문일 것이다. 하지만 시기질투의 경험이 결과적으로 자기발전의 계기가 된 것이라면 나는 그를 용서하고 싶다. 나도 용서해다오.

---

9) 니체(1844-1900)는 《차라투스트라는 이렇게 말했다》제1부〈22. 증여하는 덕에 대하여 〉에서 "인식하는 자는 적을 사랑할 뿐만 아니라 자기를 좋아하는 사람까지도 미워할 줄 알아야 한다. 언제까지나 제자로 머문다면 스승에게 보답이 되지 못할 것이다. 모든 신들 (또는 성자들은) 죽었다. 이제 우리는 자신이 직접 초인이 되어 살기를 바란다."라고 쓴 바 있다.

■ 깨달음은 한순간이지만 증명은 한평생 걸리는 것

깨달음은 한순간에 이루어지지만 그 깨달음이 진짜인가를 증명하는 데에는 한평생이 걸린다.

■ 대한불교 조계종의 선사들

겨우 한 개의 이치를 담고 있는 선의 공안을 편협하게 이해하고 나서, 천하에 자기의 깨달음만한 자가 없는 줄 알고 겁 없이 말하는 것이 대한불교 조계종의 선사들이다.

■ 화두공안의 배후에 있는 상호의존의 원리

화두공안 자체보다는 화두공안의 배후에 있는 상호인연법, 내적 연관성, 상호의존성을 성찰하고 통찰해야 한다. 이렇게 하면 그 어떤 화두공안일지라도 집중하지 않고 집중하는 셈이 되고, 깨닫지 않고 깨닫는 셈이 된다. 다시 말하면 화두공안의 난이도에 상관없이 모든 공안을 연결 또는 해체해 버린다는 것이다. 바로 이것이 나의 이해의 방식이요, 깨달음의 방식이다.

■ 삼보 중 승보에 대하여

삼보(three jewels; Buddha, Dharma, Sangha) 중 승보에 대하여. 부처의 지혜를 잘 아는 사람이라고 해서 반드시 성직자의 옷을 입는 것은 아니다. 그리고 또, 성직자의 옷을 입었다고 해서 반드시 부처의 지혜를 아는 것이 아니다. 그러므로 정말 중요한 것은 옷에 있지 않고 고리타분한 두뇌(즉 긍정적인 착각)를 혁신하는 새로운 깨달음에 있는 것이다. 하지만 장발의 위산영우와 고봉원묘와 허운 스님도 이 새로운 깨달음을 모르기는 마찬가지다. 그러므로 이 새로운 깨달음은 얼마나 어려운 일인가!

■ 대한불교 조계종이 모르고 있는 것

조계종은 간화선만이 정법이라고 하면서 다른 불교방법은 모두 외도라고 질타한다. 그러나 석가모니 불교의 관점에서 보면, 중국인 노혜능(638-713)의 조계종이야말로 중국제 불교(메이드 인 차이나 불교)로서 불교의 외도라고 질타할 수 있다.

그리고 임제(?-867) 선사의 사상은 외도 중의 외도이다. 왜냐하면 임제 선사는 중국전통사상인 노자, 열자, 장자의 사상으로 불교를 이해하고 깨달은 것이기 때문이다. 예를 들면 임제 선사가 말하는 무위진인과 몽둥이를 휘두르며 고함지르는 소리와 같은 무협적인 선은 석가모니 불교가 아니다.

그러므로 대한불교 조계종의 승려들은, 인도불교가 중국에 들어와서 어떻게 할 줄 모르고 있다가 노자 열자 장자의 인식론을 매개로 해서 순식간에 중국인의 정신세계를 잠식해버린 그 방편과 그 이치를 먼저 알아야 할 것이다. 그런데 이 방편과 이치는 분명히 인도불교의 관점에서는 외도다. 그런데 조계종의 누가 누구를 향해 외도니 내도니, 정법이니 사법이니 비난하는가?

대한불교 조계종이 중국 선종과는 비교할 수 없을 정도로 권위주의, 독선주의, 엄숙주의, 패거리중심주의, 돈과 재산 관리와 운영은 재가불자가 아니라 승려가 전부 소유해야한다는 주의와 소유관념은 한국 전통유교의 영향을 받은 탓이라고 여겨진다.

그러므로 입만 살아가지고 '선의 대중화, 깨달음의 사회화' 하지 말고, 실제로 기본적인 문제에서부터 자각하고 변화하고 개혁하는 조계종의 이판승과 사판승들이 많이 생겨났으면 좋겠다. 아니면 간디나 무하마드 유누스나 마더 데레사 같은 인성과 실천력을 가진 정말 순수한 승려들과 신자들로 구성된 불교 종단이 하나 출현하든가.

■ 조계종이 없어지면 그 다음에는 무엇에 집착할 것인가

석가모니의 가르침에 의하면, 석가모니도, 대승불교도, 조계종 불교도 수명이 다할 때가 있는 법이다. 그러므로 중요한 것은 조계종에 대한 영원한 집착이나 중독이 아니라, 인류 전체적인 깨달음을 성취해나가는 것이다.

■ 스승의 시험

입을 열어도 어긋나고, 입을 다물고 있어도 어긋난다고 하니 어쩌란 말이오? 하지만 스스로 입을 열어 하루 종일 떠들어도 떠든 바가 없고, 스스로 입을 다물고 하루 종일 침묵해도 침묵한 바가 없으니 이것은 무슨 도리인가?

■ 나의 몽중법문

눈이 눈을 볼 수 없고, 칼이 칼을 뺄 수 없다. 어떻게 할 것인가? 그러나 무쇠나무에서 꽃이 핀다고 하더라도 별일은 아니다. 팔만대장경이나 조사어록이란 모두 꿈속의 좋은 잠꼬대일 뿐이다.

■ 내가 이렇게 말하는 이유

인도의 부처와 중국의 조사들의 설법이란 입으로 뀌는 방귀일 뿐이다. 아주 썩은 냄새가 난다. 왜냐하면 삼법인(부처의 세 가지 결정적인 가르침)과 일체유심과 제법개공(모든 것이 텅 비었다는 것)을 실체화, 절대화했기 때문이다.

■ 초기불교의 명제에 대하여

백낙천(772-846)이 조과선사에게 물었다. "어떤 것이 불교의 특별한 가르침입니까?" 그러자 조과선사가 말했다. "모든 악을 짓지 말고, 여러 가지 좋은 일을 받들어 행하면서, 자신의 마음을 순수하게 한다면, 이것이 모든 부처의 가르침이다."

이 말은 《증일아함경》《열반경》《대지도론(18권)》등에 나오는 말이다. 그리고 조과도림(741-824)은 중국 우두종의 제 9대 조사이다. 그런데 이 조과도림 선사가 지금 인용하는 초기불교의 명제(諸惡莫作 衆善奉行 自淨其意 是諸佛敎)에 대해서 나는 다음과 같이 논평한다.

즉 "막작할 제악과 봉행할 중선은 없다. 그런데 자정할 기의가 어디에 있겠는가?" 라는 것이다.

나의 이러한 지성의 반박을 지지해주는 자료가 있는데, 그것은 중국선종의 초조 보리달마(460-536)가 쓴 《이입사행론》이다. 여기서 달마 스님은 "모든 악을 끊고, 모든 착한 선을 닦으면 성불한다."고 하는 가르침에 대해 "그것은 모두 망상으로 자기 자신이 마음에 만들어 놓은 허상이다." 라고 설파한 바 있다.

이렇게 반성과 자각의 깊이에 따라 보통사람과 특별한 사람의 차이가 결정난다. '악행은 피하고 선행은 받들어라' 하는 가르침에 대한 이해도 마찬가지다. 깨달음은 피할 악행도 없고, 받들어야 할 선도 없다는 것을 가르쳐준다.

이렇게 불교는 선악을 넘어서는 데 있는 것이다. 이와 관련문제로 니체의 《인간적인 너무나 인간적인》 제 1권 2장 107절도 참조해보시기 바란다. "선행은 승화된 악행이다. 악행은 조잡해지고 퇴화한 선행이다."

■ 불교는 유교처럼 위계적인 윤리도덕의 체계가 아니다

"나쁜 일을 하지 말고, 좋은 일만 하라"는 것이 불교의 가장 중요하고 예민하고 위대한 가르침은 아니다. 불교는 세속에서 위계적인 도덕질서의 수호자들이 말하는 단순한 삶의 철학이 아니다. 이보다는 삶의 근원을 향해 질문할 줄 아는 지성을 일깨어주는 것이 불교다.

즉, 나쁜 일과 좋은 일이란 무엇인가? 나쁜 일과 좋은 일은 모두 어떤 원인과 조건에 의해 생기는 것이므로 모두 고정불변의 정체성(결정적으로 이미 정해져 있는 본체의 성질)이 없다는 것이다.

그리고 또 이러한 인연(상호관계)의 법칙을 생각하며 관찰해보면, 좋은 일은 나쁜 일만큼 좋은 일이고, 나쁜 일도 좋은 일만큼의 나쁜 일이다. 그래서 금강경 불교에서는 무주(無住; 강박적인 동기가 없는 행위)와 부주(不住; 고정적인 집착이 아닌 행위)를 가르치는 것이다.[10]

---

10) 무주(無住)는 '집착함이 없다'는 뜻이요, 부주(不住)는 '머무르지 않는다'는 뜻이다. 무주(無住)와 부주(不住)의 의미는, 무엇인가에 푹 빠져서 집착하는 마음과 행동이 없는 상태를 말한다. 또는 불안감과 두려움과 공허감과 고독감과 불만감 때문에 어느 한 쪽으로 기울어지는 마음과 행위가 없는 경지, 또는 완전히 자유로운 마음과 행위 상태, 또는 완전히 자유롭게 움직이는 지성과 행위를 의미한다.

다시 말하면 나쁜 일만 아니라 좋은 일에도 집착하지 말아야 한다는 것이다. 왜냐하면 좋은 일도 곧 나쁜 일이기 때문이다. 이러한 실제의 사례는 모든 국가의 고대사와 현대사에서 쉽게 찾아볼 수 있다. 그래서 나는 "도덕적인 것만큼 반도덕적인 것도 없고, 반도덕적인 것만큼 진정으로 도덕적인 것도 없다."고 주장하는 것이다.(2005년 6월 9일의 메모)

■ 기존의 도덕과 선악을 부정하는 니체에게

니체의 《인간적인 너무나 인간적인》제 1권 2장 94절에서 107절까지 읽고.

도덕 그 자체는 없다. 도덕이란 사회도덕이다. 사회란 인간이라는 동물들이 모여 사는 곳이다. 이런 곳에서는 질서가 필요하고, 통제도 필요하다. 도덕은 인간적인 발상이요, 시설이요, 건립이다. 그런데 이 도덕을 부정하면, 부정하는 자도 견디어내기 힘들 것이다. 왜냐하면 이것도 저것도 아니기 때문이다.

도덕은 가설이다. 그러므로 도덕도 변하는 것이요, 절대고정불변의 실체성은 없는 것이다. 하지만 인간사회에 도덕은 필요하다. 자기 혼자 사는 곳이 아니기 때문이다.(2009년 11월 11일의 메모)

■ 내가 도덕을 부정하는 이유는

우리나라 역사에서 불교도덕이든, 주자도덕이든, 일제도덕이든, 부자도덕이든, 내가 도덕을 부정하는 이유는 부도덕한 자기 정신의 치료를 위하여, 또는 억압된 자유정신의 회복을 위한 것이다.(2005년 12월 1일의 메모)

■ 달마 스님의 혈맥론을 보면서

삼계(욕망과 물질과 정신의 세계)가 한 마음으로 돌아간다면, 그 한 마음은 어디로 돌아가는가?

■ 악마가 되는 비법

석가모니 불교의 올바른 안목은 인연무아의 깨달음이다. 그런데 이 인연무아의 도리를 이해하지 못한 채 후기불교의 일심(또는 유심)과 진여당체(眞如當體; Real Thing, 실재, 자재, 자체성)에 빠진다면 곧바로 악마가 될 것이다.

■ 불교공부란 망상을 없애는 공부다

불교공부란 망상을 없애는 공부다. 자기라는 망상과 불교라는 망상도.

여기서 망상이란 긍정적인 착각이든 부정적인 착각이든 모든 착각을 의미한다. 착각은 빨리 깨달을수록 후회심이 적어질 것이다. 그러나 무지한 자는 평생 후회할 줄조차 모른다.

■ 혜능의 한계

조계혜능(638-713)은 《육조단경》에서 "자성(천성적인 자아 또는 본래의 바탕)을 보면 부처가 되고, 자성을 보지 못하면 방황하는 중생(무지한 사람)이 된다."고 말했다.

그러나 나는 다르게 말한다.[11] "자성(천성적인 자아 또는 지극히 투명하고 청정한 마음)을 보면 중생(어리석은 사람)이 되고, 자성을 보지 못하면 그 사람이 곧 부처(깨달은 자)다." 라고.

■ 혜능이 육조든 아니든 진리와 아무 상관없다

혜능(638-713)이 6조든 7조든 진리와 무슨 상관이 있는가?

혜능이 만약 정말 깨달은 자라면, 그가 6조나 7조가 아니더라도 (즉, 그가 조사가 아니다 하더라도, 또는 그가 아무것도 아닌 사람이라고 하더라도, 또는 그가 아무런 권세가 없는 자라고 하더라도) 여전히 혜능이 아닌가?

그런데 왜 세상 사람들은 그 누구라도 일단 조사라는 직위, 수많은 추종자들을 거느리고 있는 권세의 직위에 있는 사람의 가르침이어야 비로소 신빙하는 것일까?

■ 여래장 사상은 석가모니 불교가 아니다

여래장경과 대승기신론이 여래장을 주장하고 애지하는 한, 이러한 경전과 논서들은 석가모니 부처의 가르침이 아니다.

■ 깨닫지 못해도 조사와 고승이 될 수 있다

중국 화엄종 제5조인 종밀 스님이 《원인론(原人論)》에서 불성과 여래장을 주장하며 애지하는 한, 그는 조사라는 지위에 있는 평범한 사람일 뿐이다.

11) 만해 한용운(1879-1944) 스님의 말씀이다. "도를 말하는 사람은, 책을 대할 때 그 글의 깊이와 천박함과 미추를 논할 것 없이, 하나하나 자기 지혜로 검토한 다음 자기 뜻에 맞지 않는 것이 있을 경우에는, 그것이 위대한 성인이나 철인의 이론이라고 해도 헌 신발처럼 주저 없이 버려야 한다. 그리고 이와 달리 어떤 문구가 자기 마음에 합치할 경우에는 우자와 미천한 자의 말이라고 해도 진귀한 꽃을 만난 듯이 완미하며 연구하고 추구해야 한다."

■ 영가현각의 한계

영가현각이 《증도가(깨달음의 노래)》에서 마니주를 애지하는 한, 그는 깨달은 사람이 아니다.

■ 자기의 본성을 깨달아 안 것은 마지막 경지가 아니다

소주혜능(638-713)은 《육조단경》에서 "자성(자신의 본성)을 보는 자가 바로 부처다." 라고 말했다.

그러나 자성(천성적인 자아의 진면목)을 깨달아 안 것은 마지막 경지가 아니다. 이러한 앎은 이제부터 깨달음의 시작일 뿐이다.

■ 내가 선호하는 석가모니의 설법의 방식

내가 선호하는 석가모니(623-544.B.C.E) 부처의 설법의 방식이다.

"원석을 제련하여 금을 얻는 것처럼, 승려들과 학자들은 나의 가르침을 받아들일 때, 나를 존경한다고 해서 믿지 말고, 나의 말을 잘 조사하고 분석한 후에 받아 들여야 한다."

"사람에게 의지하지 말고, 그의 가르침에 의지하라. 그리고 그의 가르침에 있어서도, 그의 말씀에 의존하지 말고, 그의 말씀이 가리키는 의미를 생각해 보도록 하라. 그리고 그가 가리키는 의미에 대해서도, 인습적인 관념으로 이해하지 말고, 그가 가리키는 명확한 의미에 따라 이해하도록 하라. 그리고 또, 명확한 의미를 이해함에 있어서도, 세속의 이해타산에 의해 다른 입장을 갖게 되는 것에 따르지 말고, 고양된 통찰력으로 사실 그대로를 인지하도록 하라."

"칼라마스여, 단순히 누구로부터 들었다는 것만으로 어떤 사실을 받아들이지 말라. 그리고 그 어떠한 것도 단지 전통이라고 해서 받아들이지 말라. 그 어떠한 것도 소문에 의해서 받아들이지 말라. 그 어떠한 것도 단지 경전과 일치한다고 해서 받아들이지 말라. 단순한 상상에 의해서 받아들이지 말라. 어떠한 것도 단순한 추론에 의해서 받아들이지 말라. 그 어떠한 것도 단지 겉모습만 보고 받아들이지 말라. 그 어떠한 것도 단지 너의 선입관과 일치한다고 해서 받아들이지 말라. 그 어떠한 것도 단지 받아들일만한 하다고 해서 받아들이지 말라. 단지 어떤 구도자를 존경하기 때문에 그의 말을 받아들여야 옳다고 생각해서 받아들이지 말라."

■ 내가 선호하는 선승들의 설법의 방식

석두희천(700-790)은 "여러 성인들도 사모하지 않고, 나의 영혼도 소중하게 여기지 않는다."고 말했다. 석두선사가 이렇게 말할 수 있었던 것은 보리달마(?-528)의 《이입사행론》에서 배운 영향 때문일 것이다. 즉 보리달마는 "부처의 깊은 지혜조차 귀중하게 여기지 않는 자야말로 안정되어 있는 사람이다. 독자적인 기질이 있는 사람은 부처와 열반(갈등의 종식과 안심입명)에도 예속하지 않게 된다." 라고 말한 바 있다. 그래서 후대에 임제(?-867)는 "밖으로 범부와 성인을 취하지 않고, 안으로 근본에도 머물지 않는다."는 설법을 할 수 있었을 것이다.

그런데 조선시대 승속장군이었던 청허휴정(1520-1604)은 《선가귀감》에서 "이 문 안에 들어오려면 통상적인 분별심을 내지 마라. 대장부는 부처나 조사 보기를 마치 원수처럼 대하여야 한다." 라고 썼으니 그 기개가 참으로 대단하다.

■ 선승들이 분별심을 증오하는 이유

선승들이 분별심을 증오하는 이유는 그것이 탐구적(즉, 탐욕적으로 추구하며 집착하는 것)이기 때문일 것이다. 선승들은 이미 모든 것은 완벽하게 갖추어져 있다는(진여자성이라는) 사실을 왜 사람들이 믿지 않는지 답답해 하며 말한다. 하지만 나는 오히려 선승들이 답답하다.

■ 순행하면 보통사람이 되고, 역행하면 부처가 된다

달라이 라마는 《입보리행》에 관한 법문(The Dharma talk)에서 뒤집힌 의식이나 마음을 매우 부정적인 것으로 해설했는데, 나는 반대로 뒤집힌 의식이나 마음을 매우 긍정적인 것으로 보는 사람이다.

왜냐하면 순행하면 보통사람이 되지만, 거슬러서 역전(逆轉)하면 깨달은 자가 되기 때문이다. 그래서 나는 전도(顚倒), 역행(逆行), 역전(逆轉)이라는 단어를 좋아한다. 이러한 단어들은 모두 소극적이고 소모적이고 비생산적인 에너지를 역동적으로 일으키며, 의미와 가치가 있는 생산적인 에너지로 뒤집어 돌린다는 뜻이 있는 것들이다.

■ 나의 사상의 성질

나의 사상의 성질은 반역성(즉, 순종적인 사고가 아니라 반역적인 사고에 능한 성격)이다.

나의 반역적인 사상의 성격은 금강경의 즉비논리라는 부정의 정신과 선불교의 살불살조하는 선어록들로부터 받은 영향 때문일 것이다. 그러나 나는 결코 반역을 위해 반역을 하지는 않는다.

■ 선악을 넘어서

마치 K-1 격투기 선수처럼 서로 원한과 증오가 없으면서도 최선을 다해 싸우는 것! 사상가의 세계도 마찬가지다. 살불살조(부처를 죽이고, 조사를 죽여라)와 살부살모(아버지를 죽이고, 어머니를 죽여라)를 주장한 조산 선사와 운문 선사와 임제 선사와 덕산 선사의 설법처럼 우리는 강해져야 할 것이다. 니체의 말이다. "정신적으로 충만한 책은 그들의 적에게도 분별력을 나누어 준다."

■ 의지와 행동이 얌전한 자가 위대한 호걸이 된 적은 없다

내게 고통과 아픔을 주는 자를 스승으로 여기지 말고! 철천지원수로 여기고 완전히 부수어버려라! 예부터 의지와 행동이 얌전한 자가 위대한 사상가, 영웅, 호걸이 된 적은 없느니라!

■ 짜증나는 여환삼매의 설법

내 앞에서 삼계허위요, 삼계여환이요, 여환삼매(모든 것이 환상이라는 명상에 집중해 있는 상태)라고 설법하는 자가 있다면, 나는 당장 그의 (환상적인) 목을 잘라버리고 싶다.

■ 나는 누구의 기화전신(氣化前身)일까

나는 재야승이다. 즉 나는 산승도 아니라는 것이다. 본래 산승이란 고승이 자신을 낮추어서 하는 말인데, 나는 나 자신을 더 낮추어 부르기로 한다. 내가 여기서 굳이 산승(山僧)과 야승(野僧)을 구별하는 뜻은 이렇다. 즉, 출가 승려들이란 세상 속인들 관점에서 본다면 이방인이요, 아웃사이더이다. 그런데 이 이방인들의 사회에서도 또 이방인이요, 아웃사이더가 재야승이라는 것이다. 이렇게 나는 비주류 본능이 강한 재야의 사상가다. 아! 원효와 설잠과 만해도 비주류였지!

■ 본래 있던 곳으로 돌아간다는 의미

아이들에게 가정이 양육처인 것처럼, 승려들에게는 절이 양육처이다. 그런데 아이들이 성장하면 가정으로부터 독립하여 그 자신이 또 다른 가정을 만들든지 또는 어떤 독립적인 길을 가는 것처럼, 승려들도 강원과 선방에서 어느 정도 공부를 마쳤으면 종단불교 즉 집단조직의 체계를 갖춘 제도불교로부터 해탈하여 자기만의 독립적인 스승의 길을 가는 것이 좋다. 왜냐하면 세상은 항상 새롭고 영양가 있는 사상을 원하고 있기 때문이다.

■ 남방불교의 완전한 주의에 대하여

관심이 없으면 주의(attention)도 없다. 관심이란 의식적이든 무의식적이든 자아보존과 자아유지와 자아완성에 관련된 관심이다. 그러므로 관심이 있는 자는 주의하며 정진하면 성공할 수 있다. 그러나 이러한 주의(attention)로 성공하는 문제와 '진리가 뭐냐?' 하는 문제는 별도의 문제다.

■ 위빠사나 수행자들과 중국 선불교의 선승들을 바라보며

과거 경험의 기억을 무시하고 현재만을 절대시하는 위빠사나 수행자들과 선불교의 중국 선사들은 망상가들이다. 왜냐하면 미래가 현재의 다른 이름인 것처럼 현재는 과거의 다른 이름(또는 똑같은 상태)일 뿐이기 때문이다.

나는 과거 경험의 기억도 존중하는 현재주의자이다. 여기서 현재주의자란 순간이 곧 최후라는 깨달음에 철저한 사람이라는 뜻이다.

■ 잔머리로 문제를 풀려고 하지 말고, 정직하게 문제를 직시하라는 것

불교는 궁핍을 무소유로 미화하지 말고, 예수교는 불행을 하나님의 은총으로 미화하지 말라. 궁핍도 너무 지나치면 사람의 정신을 쪼그라들게 하고, 불행도 너무 지나치면 파멸해버린다.

■ 내 사상의 퍼지한 성질

나의 깨달음과 지성은 돈오돈수와 점오점수라는 구분이 없이 함께 사용한다.

나의 깨달음과 지성은 주지(主知)와 직관(直觀)이라는 구분이 없이 함께 사용한다. 왜냐하면 어떤 순간에 (즉, 어떤 원인과 조건과 자극에 의한 순간에) 번개같이 깨닫는 것과 평생을 통해 성숙해지는 깨달음은 반드시 똑같은 것이 아니기 때문이다.

■ 갑작스러운 깨달음에 필요한 덕목

갑작스러운 깨달음이니만큼 그 깨달음에 겸허함이 없다면, 그 깨달음은

진정한 반야바라밀(지혜의 완성)이라고 할 수 없다. 점진적인 깨달음과 수행에 관한 문제도 마찬가지다.

■ 동일함과 상이함에 대하여

동일함이 없는 상이함은 없다. 상이함이 없는 동일함은 없다. 고로 동일함과 상이함은 별개의 서로 다른 것이 아니라 똑같은 것이다. 왜냐하면 이것은 서로 섞여 있는 것이기 때문이다.

■ 돈오돈수와 점오점수에 관한 시비문제에 대하여

돈(頓)이든 점(漸)이든 오(悟)는 한순간에 일어난다. 다시 말하면, 즉각적이든 점진적이든 깨달음은 한순간에 일어난다.

점진성은 과거와 현재와 미래의 시간을 인정하는 것이고, 그 실체적인 시간 속에서 고민과 갈등과 성숙과 완성을 추구하는 것이다.

이에 비해 즉각성은 인간만사 모든 문제의 본질이 과거와 현재와 미래라는 시간 속에 있다는 것을 즉각적으로 깨닫고, 이 삼세라는 망상을 없애버리고, 무시무역적인 해탈과 창조적 시설을 행한다.

점진성은 상념과 행위 사이에 거리 또는 간격이 있는 것이고, 즉각성은 상념과 행위 사이에 거리 또는 간격이 없는 것이다.

점진성은 의타적이고 의존적이고 신앙적이다. 즉각성은 주체적이고 독립적이고 인간적이다.

점진성은 모든 존재의 불완전성을 주장한다. 즉각성은 진리의 완전성을 주장한다.

■ 돈오돈수란 벼락같이 깨닫는 것과 즉시 행하는 것이다.

돈오돈수란 바로 지금 이 자리 이 순간에 즉시 깨달아야 한다는 가르침이
다. 즉, 깨달음과 자비의 행동을 시간이 걸리는 문제로 보지 않고, 지금 곧
바로 당장 깨닫고 실천해야 한다는 가르침이다.

■ 깨달음과 습관

깨달음이나 이해는 한순간에 이루어지지만, 습관은 그 사람이 죽을 때까
지 불변한다. 마치 어릴 때부터 익숙해 온 모국어처럼.

■ 전문가와 아마추어의 차이

아는 자는 한마디만 들어도 전체를 안다. 하지만 모르는 자는 몇 시간 동
안 들어도 여전히 모른다.

■ 진리로 가는 길

진리로 가는 길은 없다. 진리가 길이다.

■ 내가 일부러 이런 글을 써두는 이유

정성본(1950-) 스님은 깨달은 부처인가? 만약 그렇다면 다행이다. 왜냐하면
누구나 노력하면 성본 스님처럼 대학교에 들어가 석사와 박사 학위를 받고,
또 대학교에서 강의하며, 저서와 논문을 쓰는 생활을 하면 되기 때문이다.

그런데 만약 성본 스님도 깨달은 부처가 아니다 라고 한다면, 문제는 대단
히 난해해진다. 왜냐하면 성본 스님처럼 선학에 관한 많은 지식과 지성을

갖고 있는 분도 깨달은 선사가 아니라면 "도대체 어떤 것이 깨달은 선사인가?" 하는 이상이 더 높아지기 때문이다.

TV에서 임제록을 해설하는 성본 스님의 설법과 그의 모습을 보니, 성본 스님은 자기가 배워 아는 것만이 옳은 것이고, 참된 불교라는 확신이 매우 강해서, 가령 생불이 온다 해도 설복하기가 어려운 분으로 느껴진다. 이것을 아집이라고 지적하는 것은 나의 아집인가, 아니면 사실 그대로 비추는 관객의 판단일까?

임제록에 대해 비판적이고 재창조적인 안목을 보여주지 못하고 일본의 선학자들처럼 임제록을 불교의 왕처럼 추종하며 충실한 홍보대사 역할이나 하고 있으면서도 자기가 마치 불교의 모든 것을 다 알고 있는 것처럼 설법하는 성본 스님을 바라보고 있자니, 과연 현대 한국불교계에는 인물이 없는 것인가? 돌이켜보게 된다. 임제의 배설물(어록)에 구토를 느끼기는커녕 황홀해하는 정신수준 가지고는 한국불교가 위대하게 탄생할 수 없다.

일본의 세계적인 선학자인 D.T.스즈키(1870-1966)는 "임제록은 선어록가운데 가장 힘이 넘치는 어록의 왕이다."라고 말했다. 하지만 성본 스님은 한국인이다. 고로 그는 우리 한국인들만의 특유한 비빔선(Bibim-seon) 또는 퍼지선(Fuzzy seon) 또는 하이브리드 선(Hybrid-seon)을 숙고하고 실천하고 선양하는 것이 더 바람직한 것이라고 생각한다.

그래서 나는 여기서 성본 스님과 나를 위해, 좀 더 자유스러운 불교 발전을 위해 자극적인 성찰을 해보기로 한다. 결론만 말하겠다. (불교든 타종교든, 부처든 자기 자신이든, 일심이든 무심이든) 자기부정과 자기 초월하는 지혜의 열정과 진지성과 통찰력이 없는 사람은 진정한 자유인의 증거가 아니다. 여기서 자기부정이란 자신이 소속해 있는 어느 불교종단의 단원이라는 의식, 또는 자신이 어느 종교 성직자라는 자의식과 성스러운 직업의식조차도 부정하고 초월해야한다는 의미이다. 즉, 자기부정과 자기초월을 구체적으로 예를 들면, 승복이나 사복에 걸리지 않고, 삭발과 장발에 걸리지 않고, 채식과 육식에 걸리지 않고, 금욕과 애욕에 걸리지 않고, 내전과 외전에 걸리지 않고, 모든 부분에서 무애자재(無碍自在)하는 통찰지혜의 본성인 자유, 또는 생사에도 집착하지 않는 해탈을 의미한다.

마치 원효 대사처럼 장발과 사복을 입고 사자후를 토하는 성본 스님의 모습을 상상하는 것은 나의 결례(缺禮)인가, 아니면 한국 현대 불교계에 원효 같이 걸림없는 무애 대학승을 고대하는 나의 유치한 원망(願望)인가?

가만히 생각해보면, 우리 인간의 두뇌란 참 안정적인 것 같다. 왜냐하면 진정한 자유를 실천하라고 가르치는 불경과 조사어록을 전공하면 할수록 전공자는 인생에서 진정한 자유는 하지 않고, 그 자유의 사상에만 중독되어 평생 의존적으로 향유(enjoyment)하며 지내고 있기 때문이다.

■ 내가 어느 선불교 안내인을 일부러 거명하는 이유는

내가 성본(1950-) 스님을 일부러 시비하는 이유는 그가 한국인 불교 승려이면서도 중국 선불교만을 선전하기 때문이다. 그것도 일본식의 설명방법으로!

아! 저렇게 자신만만하고 기가 센 분이 한국불교를 선전한다면! 얼마나 국격(國格)조차 빛날 것인가! 안타까운 생각이 들기 때문이다.(이러한 "공공연한 반박은 때때로 화해적이다." 라는 니체의 《인간적인 너무나 인간적인》제2권 1장 60

절을 참조하시라.)

■ 내가 이런 말하는 이유

중국근대 선불교 임제종의 장발선사 허운과 티베트 현대불교의 양복 입은 초감 투룽파와 소갈 린포체처럼! 우리나라 한국불교계 방장급 중에서도 이런 장발과 양복입은 고승으로 일반인들에게 설법하며 법력을 발휘하는 고승(Seon Master)이 있다면, 나는 그를 전세계 일반인들에게 알리는 일에 시간과 아첨의 글을 아끼지 않겠다! 한국불교는 조선시대 5백년 동안 성리학의 통제와 지배를 받아 내숭과 체면과 위선이 너무 심하다.

그러나 이제 일인당 국민소득이 2천5백만 원이 넘는 현대한국에는 발랄하고 걸림없는 자유롭고 창의적인 불교가 필요하다.

■ 중국불교와 인도불교를 넘어서

중국불교를 극복하기 위해서는, 초기불전 번역자들의 활약이 매우 중요하다. 그러나 초기불전의 경계선도 넘어서 '진정한 자유정신'이 무엇인가를 몸소 일반인들에게 보여주는 한국불교인들이 되어야 한다고, 나는 주장한다. 이 책《자극이 필요한 불교(2010)》는 그런 의미에서 하나의 실험이다.

■ 깨달음에 관한 설법도 자주하면 중독이 된다

불교 텔레비전에 나오는 교수나 학승들의 강의를 들어보면, 깨달음 그 자체를 체험한 것이 아니라 깨달음에 관한 이야기에 중독되어있는 수준을 벗어나지 못하고 있는 것 같다.

■ 중국과 티베트의 정치적인 불교게임을 바라보며

2009년 12월 2일자의 소식. 중국불교협회 부회장 도술인이라는 자가 달라이 라마 방한문제에 대하여 내정간섭하며 공갈 협박의 말을 하는 순간, 귀싸대기를 강하게 올려주는 법력(한국불교 에너지와 사상)을 가진 스님이 없다는 것은! 대사가 없다는 것은! 한국불교계가 얼마나 돈벌이만을 중시하는 기독교적인 국가정부의 영향을 받는 허약한 단체인가를 보여주는 증거라고 여겨진다.

흠! 세계적인 뉴스거리가 되고 현대 한국고승의 인상적인 에피소드를 만들어낼 수 있는 좋은 기회를 놓쳤다는 것은 아쉬운 일이다. 이것은 그동안 한국불교인들이 메이드 인 차이나 불교인 조계종의 화두공안 미신(중독성이 매우 강한 마약과 같은 것)을 추구하며 자기정신을 상실해버린 결과라고 여겨진다. 한국판 불교(메이드 인 코리아 불교) 빨리 나와라!

■ 날마다 한 생각

자기부정도 일종의 자기긍정이다. 그리고 자기긍정도 일종의 자기부정이다. 고로 중요한 것은 부정과 긍정이 아니라 부정과 긍정의 성격과 방향이다.

■ 내가 좋아하는 성현들을 비점담론하는 이유

나는 성현들을 비판적으로 담론하기를 좋아한다. 그 이유는 무엇일까 가만히 생각해보니, 그들보다 더 나은 성공을 하고 싶기 때문인 것 같다. 아마 나도 후학들로부터 똑같은 비판을 받게 될 것이다.

내가 비평하는 성현들은 모두 자기 분야에서 성공한 사람이다. 하지만 성공이란 언제나 겉으로 보이는 것일 뿐, 속으로는 실패한 점이 많은 법이다. 그래서 나는 그들의 외면적 성공보다는 내면적 실패 점에 주목하고 성찰하고 통찰함으로써 그들의 성공에 더욱 진실성(Realness)을 부가하고, 나는 내 통찰에서 오는 지적 성숙함을 실현해 나갈 뿐이다. 이 문제에 관심있는 분은 니체의 《인간적인 너무나 인간적인》제 1권 5장 252절의 글을 참조하시기 바란다.

■ 쓸데없는 소리

조급한, 성질 급한, 그래서 실수하는, 충동적인 감정을 억제하지 않는 글도 하나 써두어야 하겠지? 이제 불교담론에 관해서는 이 책이 마지막 책이니까.

젊은 독자가 나중에 탁월하고 노련한 작가가 되는 시간까지 기다리기에는 내 인생이 너무 짧다. 그래서 좋은 의미로는 '한국 불교인문학 정신 부활을 위해' 라는 제목을 걸어놓고, 다음과 같은 글을 쓴다. 내 책의 오자와 탈자를 지적해주는 꼼꼼하고 성실한 독자의 이메일도 좋지만, 정말 중요한 것은, 내 사상 전체의 오자와 탈자를 날카롭게 정확하게 지적해주는 것이 진정한 우정으로 연대하는 독자라고 생각한다. (니체는 《인간적인 너무나 인간적인》제 2권 1장 157절에서, "책에 대한 가장 날카로운 비평은, 그 책이 지닌 이상을 묘사해보일 때다."라고 쓴 바 있다.)

---

12) 니체(1844-1900)의 말이다. "홉스는 웃음이란 인간의 나쁜 약점이다, 라고 말했다. 하지만 나는 웃음의 순위에 따라서 그 철학자의 순위도 정해진다. 이 중에서 높은 경지에 있는 자에게는 황금의 웃음까지도 가능하다 라고, 나는 감히 말한다."

소소한 집단과 계층의 이해타산을 내세워 자타파괴적인 극렬한 정치투쟁에 능한 우리 한국인들의 피는 이제 정치싸움보다 사상과 철학의 싸움을 즐기는 것(즉, 수많은 경이로운 사상들의 발산과 대립과 투쟁과 발전과 창조로 성취되는 문화대국의 모습)으로 바뀌어져야 한다. 예를 들면, 나는 이 책으로 나의 전투를 개시한다. 웃으며 말한다.[12] 자! 덤벼라! 나 또한 덤비는 자이다! 내가 비록 너의 단 한주먹에 뻗어버리는 패배자, 몰락하는 자가 될지라도!

■ 인간은 어떻게 자기 천성을 발휘하는가

창조자가 되려면 최고의 창조자가 될 것!

지배자가 되려면 최고의 지배자가 될 것!

추종자가 되려면 최고의 추종자가 될 것!

이렇게 어느 분야에서든 자아자신이 되려면 최고의 자아자신이 될 것!

관심있는 독자는 사주팔자 해석학의 10가지 성격유형론과 에니어그램의 9가지 성격유형론을 참조할 것!

■ 똑같은 성질도 직업선택에 따라 가치가 달라진다

의처증과 의부증이 심한 사람은 명수사관이 될 수 있다.

싸움 잘하는 폭력배는 유능한 스포츠맨이 될 수 있다.

도둑질 잘하는 자는 훌륭한 첩보원이 될 수 있다

탐욕심이 많은 자는 남다른 자비행을 성취할 수 있다.

분노가 많은 자는 정의의 사도가 될 수 있다.

무식하고 어리석은 자는 그 우직함 때문에 도리어 대선사가 될 수 있다.

살인과 고문 전문가는 전쟁터에서 영웅이 될 수 있다.

잘 다투는 자는 뛰어난 변론가가 될 수 있다.

천하의 바람둥이는 외교관의 재능을 발휘할 수 있다.

거짓말 잘하는 자는 자신을 잘 유지할 수 있다.

사기를 잘 치는 자는 뛰어난 정치가가 될 수 있다.

모사꾼은 참모로서 뛰어난 재능을 발휘할 수 있다.

가식적으로 모방을 잘하는 자는 영화배우가 될 수 있다.

■ 실천불교에 대하여

실천불교라고? 권력도, 세력도, 재력도 없는 사람이 어떻게 무슨 실천을 할 수 있겠는가? 아, 자기마음 다스리는 실천이야 매일 하지! 하지만 정치경제의 힘이 기본인 사회적인 실천불교는 아무나 할 수 있는 것이 아니다.

■ 지도자의 망상의 제물들

어떤 분야에서 영향력이 있는 지도자들이란 추종자들에게 자기도 모르는 진리의 실험을 강요하는 자들이다. 그러므로 추종자들은 언제나 자기 지도자의 망상의 희생자가 될 가능성이 매우 높다.

■ 전통불교의 취약점

질서와 도덕과 권력과 위계와 내면화된 법에 완전히 사로잡혀 있는 불교는 내가 생각하는 참된 불교가 아니다.

스님들은 모두 명석한 논사(인식의 전사, 또는 인식의 성자)가 되어야 한다.

반야바라밀(지혜의 완성, 또는 자비와 지혜를 겸비한 상태에 있는 것)을 위하여.

■ 이제 땡초 중의 이미지도 바뀌어야 한다

일반사회에서 말하는, 걸림이 없는 자유인 즉 걸림이 없는 땡초란 술 담배 도박 오입 등 막행막식하며, 주색잡기를 미친 듯이 하는 현몽 같은 종류의 스님들에서부터, 자칭 미친 중이라고 하는 중광 스님, 또는 서울 인사동 거리의 기인 원광 스님 같은 종류의 스님들 이미지가 주류일 것이다. 내가 얼마 전에 마산에서 주먹으로 혼을 내준 땡초 중도 여기저기 돌아다니며 신도들에게 등친 돈으로 유흥가에서 술 처먹고, 화투 치고, 여관 돌아다니면서 오입이나 하고 다니는 얼굴이 하얀 양아치 승려였다. 그러나 이제는 세속에서 주색잡기나 미친 듯이 하고, 거리에서 기인노릇을 하는 그런 비승비속보다는, 불교를 위해 정치계와 경제계와 군사계에서 맹활약하는 그런 위대한 땡초가 필요하다. 향기 나는 잡초! 말이다.

■ 내면적인 정신세계는 옷이 기준이 아니다

옷을 바꾸어 입는다고 해서 내가 다른 사람인가? 승복을 입든, 양복을 입든, 청바지를 입든, 치마를 입든 나는 나다. 마치 초감 투룽파(1940-1987)가 양복을 입든 승복을 입든 그는 항상 그 자신인 것처럼! 중국 선종의 고승들 중에서도 장발과 속복의 대선사로 유명한 분은 약산유엄(751-834) 선사와 고봉원묘(1238-1295) 선사와 허운(1840-1959) 선사이다.

생각건대, 승복은 일종의 장식이며 은폐일 뿐이다. 그래서 나는 옷을 자유롭게 입는다. 내 불교사상도 마찬가지다. 나는 사업적이고 정치적이고 세속적인 종단불교에 얽매이고 싶지 않다. 나는 자유정신을 중시하는 사상가다.

■ 양복에 넥타이를 맨 석가모니와 예수

서점에서 《청바지를 입은 부처》와 《청바지를 입은 예수》라는 책 제목을 보고.

서양인들은 부처님과 예수님에게도 청바지를 매우 입히고 싶어 하는가보다. 그러면 석가모니와 예수님에게 양복도 입히지 뭐. 양복에 넥타이를 맨 석가모니와 예수 그리스도. 화가들에게 부탁하고 싶다. 그들은 모사를 잘 하니까.

부언한다면, 현재 부탄에서는 청바지 입는 것이 법으로 금지되어 있다. 그래서 부탄에서는 청바지를 입은 젊은이들이 거리로 나와 경찰들에게 쫓기는 것을 즐긴다. 마치 우리나라에서도 내가 젊었을 때 장발과 미니스커트를 단속하던 경찰들에게 (여자 친구와 함께) 쫓기는 것을 즐겼던 것처럼!

■ 실용적인 독서와 관념적인 독서의 차이

수만 권이든, 수천 권이든 아무리 많은 책을 가지고 있어도 그가 만약 책한 권 내지 못하는 단순한 수집가라면, 그 책들은 해가 갈수록 짐으로 느껴져 수십년 후에는 결국 그 모든 책들을 처분해버리는 일이 생길 것이다. 그러나 책이 어떤 형태로도 매일 이익(돈벌이나 명예 또는 활기 등)을 가져다주는 것이라면 그는 죽을 때까지 책에 큰 애착을 놓지 않을 것이다. 인간이란 그런 것이다. 종교도 마찬가지다.

■ 독서와 사색에만 빠져 있는 것을 경계하는 이유

너무 많이 알면 마음이 우유부단해지고, 너무 지나치게 사고(기호를 조작하는 일, 또는 과거 기억의 감옥 안에서 살고 있는 죄수의 망상과 같은 짓)하면 의지력이 약해지게 된다.

그래서 우유부단한 마음은 고민거리만 계속 낳을 뿐이며, 허약해진 의지력은 실제의 도(The way)에 더 나아가지 못한다.

내 경험의 기억에 의하면, 이론이나 말로는 책이나 강의에서 얼마든지 완벽하게 꾸며서 표현할 수 있다. 그러나 실제상황은 전연 다르게 움직이며 뜻밖의 변수가 많은 현실이다.

■ 날개를 펴기 직전에

현명해야 한다. 그러나 아무리 현명해도 한계가 있다. 모험과 손실을 각오해야 할 것이다. 가능한 한 최소의 희생을 위해 노력할 뿐이다.

내 생각은 악동이다. 야생마이다. 고분고분하다가도 날뛴다. 허풍만 세고 실제로는 아무런 힘이 없다는 사실을 오늘 알았다. 이런 내 생각은 강한 의지력으로 길들여 나가야 할 것이다.

너에게 지금 필요한 것은 강력한 의지력이지 사고력이 아니다. 즉, 우물쭈물하고 게으르고 화려하고 세련된 말만 하는 내 생각을 무시하고 강력한 의지력으로 여정을 확정해야 한다. 강력한 행동력만이 네가 원하는 것을 얻게 할 것이다. 항상 평소 하던 대로 행동한다면, 나는 항상 얻었던 것만 얻게 될 것이다.

■ 관념적인 사람과 행동하는 사람의 단점

책만 읽는 사람은 느끼기만 하고, 행동만 하는 사람은 많은 시행착오를 겪는다.

■ 내가 청소년 시절에 열독했던 저술가들의 안부가 궁금하다

경영과 처세에 관련하여 탄복할 정도로 해설을 잘 하는 저술가가 나이 60세가 넘었는데에도 그동안 이 사회에서 유명한 지도자로서의 명성과 권세가 없다면 이것은 대체 어찌 된 일인가? 두렵다. 좋은 책만 읽고 실천은 하지 않고 있는 나 자신이.

■ 퍼지한 진리와 나의 우유부단

나는 지인들에게 웃으며 말한다. 내가 우유부단한 것은 아인슈타인의 상대성 이론과 하이젠베르크의 불확정성 원리 때문이라고.

■ 우유부단한 사람이란

우유부단한 사람은 자신을 믿지 않으면서도 자신을 지극히 사랑하는 사람이다.

■ 신중함과 회의주의

신중함과 회의주의는 서로 다르다. 신중하다는 것은 정곡을 후려치기 위해 벼르는 것이고, 회의한다는 것은 완벽한 것을 추구하는 우유부단 그것일 뿐이다.

■ 이론공부와 실전 공부

이론 공부는 매우 어렵다. 하지만 실전 공부는 매우 쉽다. 왜냐하면 이론 공부는 전문적인 지식과 창의력이 있어야 하는데 비해 실전은 반복적인 경험으로 외부적 학습(피드백, 되먹임, 반복)을 하는 것이기 때문이다. 마치 요가 자세 수련은 시간을 통해 누구나 쉽게 익히고 배울 수 있지만, 요가 경전이나 방대한 인도철학은 아무나 쉽게 할 수 없는 것처럼. 인생만사도 마찬가지다.

■ 실천도 망상일 수 있고, 이론과 교리도 혁명적일 수 있다는 것

실천도 자신의 관념(아집)에 사로잡혀 행하는 것이라면 참된 실천이 아닐 수도 있다. 그러므로 참된 실천이 뭔지 참된 교리가 뭔지 알지도 못하면서 실천과 교리를 차별하는 것은 이상에 불과한 것 일뿐이다. 석가모니가 보리수 아래에서 아무런 사회적 봉사활동도 하지 않으면서 가만히 명상만 했던 석가모니 부처의 교리는 얼마나 혁명적인 실천인가!

■ 자기인식과 욕구에 의해 왜곡되어지는 것

자기를 스스로 어떻게 속이고 있는가를 알아차리는 자만이 참된 창의력(창조적인 생각의 힘)을 자유롭게 발휘할 수 있다.

■ 중요한 것은 통찰력이다

참선수행은 진정한 수행이 아니다. 반야바라밀(숙성된 지혜의 통찰, 또는 자질과 능력을 갖추고 있는 통찰력)이 없는 수행은 그 어떤 수행과 기도일지라도 자기를 속이고, 타인을 속이는 짓이다.

■ 명상과 행동의 이유

명상은 게으르고 비천한 사람(또는 심신장애인들)의 생존방법이다. 그러나 적극적이고 부지런하고 뜻이 강한 자는 직접적인 행동을 선택한다.

소극적인 인생관의 종착역은 허무한 열반(완전한 소멸, 또는 종식)이다. 그러나 적극적인 인생관의 종착역은 시설 건립적인 결과가 있는 것이다. 그러므로 전통불교 사상은 이제 변형되어야 한다.

■ 참선이란 무엇인가

참선은 로빈슨 쿠루소의 사치다.

■ 일상 속의 깨달음에 대하여

일상 속의 깨달음은 일상 속의 깨달음이 아니다. 왜냐하면 일상이 곧 진리라고 깨닫는 것은 일상(日常; Routine, 습관적이고 기계적인 생활)을 벗어나서 비일상(非日常) 속에 있을 때에야만 깨달아지는 것이기 때문이다.

■ 증명의 본질

증명의 본질(Essence)은 일체개공(모든 것이 텅 빔)이라고 하는 소극적 허무주의가 아니라 적극적으로 창조하는 시설과 건립에 있다.

■ 변증법의 본질

변증법의 본질은 변통이다. 변통이란 변화 속에서 대립적인 것을 어떻게
서로 통하게 하는가에 관한 것이다.

■ 가난한 사람들의 체념철학

삶의 행복은 매사에 긍정적이고 낙천적이고 단순한 사람들이 차지한다고
한다. 이런 관점으로 볼 때, 나는 삶의 행복을 누리기에는 이미 글렀구나 하
는 생각이 든다. 왜 나는 매사에 부정적이고 회의적이고 복잡한 사람일까?
사람들이 추구하는 것은 돈과 결혼과 명예와 권력이다. 다시 말하면 인간의
욕망은 소비 생식 향유라는 것이다.

돈으로 자기가 원하는 것을 사들이는 것, 돈과 권력과 명예로 자기가 원하
는 여자를 만나 섹스를 통해 자신의 유전인자를 복제하는 것, 그리고 돈과
권력과 명예를 문화의 이름으로 즐기는 것, 이게 인생이라면 나는 이 나이
까지 무엇을 하고 살아 왔으며, 지금 현재 내 모습은 어떠한가?

나는 지금도 계속 가난하다. 나는 아직도 구천에 떠도는 넋이다. 나이는
자꾸 먹어가고 있다. 종교 성직자는 늙을수록 값나가는 것이라고 하지만,
과연 정말 그런지 어떤지는 모르겠다.

가난한 사람의 체념철학인 도도한 무소유 사상을 가지고, 부유한 자들을
향해 열등한 자기 자신을 위장하고 싶지는 않다. 그렇다고 솔직히 자기 자
신의 가난을 고백한다고 해서 변할 것도 없다. 그렇다면, 나는 왜 자신의 가
난에 대해서 왈가왈부하고 있을까?

물론 긍정적이고 낙천적이고 단순한 사람들은 다음과 같이 말할 것이다.

"당신의 가난은 돈이 없다는 이야기이지만, 그러나 당신은 돈을 주고도 살수 없는 영혼의 스승이 아닌가? 이 얼마나 귀한 것인가. 당신은 스스로 고마워해야 하네."

"하지만, 아무리 좋은 물건이 있으면 뭐하나. 시장에서 많이 팔려나가야가치 있는 것이 아니겠는가? 나는 친구가 없다네. 내가 헌신해 받들면서, 그헌신 속에서 나 자신을 잊어버리고 충전만 생각할 수 있는 삶의 스승도 없고, 또 나를 그렇게 따라주는 제자들도 없으니, 나는 여전히 외롭다네."

"아니야, 그렇게 생각하지 말게. 친구 아닌 것이 어디 있는가? 친구가 없다고 한탄하지만, 당신 주위에 있는 모든 삶의 존재들, 사람만 친구인가? 머리를 들어 하늘을 보면 깜깜한 밤에 달이 있고, 머리를 숙여 땅을 보면 온세상을 뒤덮고 있는 아름다운 생명체들이 자네를 보고 있지 않은가."

"그러나 내 생활환경은 매우 열악한 것이다. 그리고 나는 꿈이 있다. 내나이를 생각하면, 나는 그렇게 보고 느끼고 생각할 여유가 없네."

"하지만 생활환경이라는 것, 그거 다 인식하기 나름이 아닌가? 불가에 일체유심조(一切唯心造)라는 말씀이 있듯이, 생활환경이라는 것, 죽으면 끝나는 것인데, 뭐 그렇게 욕심이 많아서 집착하고 애착하는가?

마음을 한 번 비워 보게. 그러면 열악한 생활환경이라는 것은 존재하지 않는 것이네. 그리고 꿈이 있다고? 꿈 좋지. 그러나 그 꿈을 꼭 이루어야 하나? 설사 자네 그 꿈을 이루어 보았자, 그거 별것 아니네. 사실 번뇌 망상과갈등만 더 깊어지지. 그렇다면 꿈을 품고 있다는 것, 그리고 그 꿈을 향해서노력해본다는 것 자체만으로도 좋은 것 아닌가. 나는 그렇게 생각하네."(《향기나는 잡초(1996.10)》에 게재)

■ 나의 탄식

나는 '돈으로 살 수 없는 것(통찰하는 지혜의 힘)'은 충분히 가지고 있다. 그런데 문제는 '돈으로만 살 수 있는 것'이 내게 너무 없다는 것이다.

■ 행복의 조건

무식한 자가 많은 돈을 소유하게 되면 교만방자한 자가 되고, 유식한 자가 궁핍의 극에 있게 되면 초라하고 가엾은 신세가 된다. 그러므로 적당한 교양과 적당한 재부야말로 정말 행복한 것인지도 모른다.

■ 돈과 여자는 좋은 것이다

고려(918-1392)시대 보조지눌(1158-1210) 국사는 "돈과 여자가 주는 재앙은 독사보다도 더 심하다."고 초발심(beginner' s mind)한 승려들에게 가르쳤다.

그런데 내 경험에 의하면 이와 반대다. 즉, 돈은 나에게 많은 것을 실천할 수 있는 기회를 주었으며, 여자는 남자인 나의 유일한 벗이었다는 것이다.

■ 돈은 모든 악의 근원이 아니라 모든 선의 근원이다

그는 어린 나에게 "돈은 모든 악의 근원이다."라고 가르쳤다.

그런데 내가 나중에 커서 보니, 돈은 결코 모든 악의 근원이 아니었다. 돈은 모든 선행을 할 수 있는 기회를 준다는 점에서 돈은 정말 모든 선행의 근원이었다.

■ 부와 명예가 필요한 이유

재부와 명예욕이 충족될 때에는 사람의 성격도 개선되어 대인관계가 순조롭고 사회생활에서도 고결해질 가능성이 매우 높다. 그러나 극빈과 소외 속에서 결핍과 불안과 공포와 고통을 겪고 있는 사람은 헛된 꿈과 지나친 과대망상과 편견과 불행으로부터 벗어날 수 없다.

■ 사상가의 경제적 자립 문제에 대하여

가난하고 비천한 생활을 하는 자가 스스로 만족하며 즐거워하기까지 한다면 언제 그가 발전하고 흥성할 수 있겠는가? 세상만사에는 공짜가 없다. 산속 승려들의 세계에서도.

■ 경제적 자립없이 정신적 독립 없다

이제 신도들의 보시에 의존하여 살지 말자. 우리 불가 스스로 경제적 자립을 해야 한다. 왜 우리 불가 스스로 경제적 자립을 해야 하는가? 이제 불교 종단들은 모름지기 어렵게 사는 신도들에 대해 정신적인 가르침과 함께 물질로도 도움을 줄 수 있는 힘을 길러야 하기 때문이다.

그리고 심리적인 면에서도 신도들의 보시로 사는 스님들은 생활이 의젓할 수 없다. 왜냐하면 보시의 후원을 받아야만 생존할 수 있는 생활환경에 의해서는 어쩔 수 없이 비굴하고 교활해지는 법이기 때문이다. 그러므로 정신의 품위를 스스로 의젓하게 지키기 위해서라도 모든 불교종단들은 스스로 사업 및 직업을 창출해야 한다.

■ 돈을 경멸하거나 악마라고 비난하는 자의 말을 믿지 마라

대부분의 행복(신체상의 건강과 심리상의 건강)의 원인과 조건은 돈으로 살수 있다. 그리고 그 비싼 행복 유지비용도 분명히 돈 문제다. 그러므로 돈문제를 배제한 행복론을 말하고 글쓰는 자는 남을 불행하게 하는 낭만주의자(유쾌한 망상에 빠져 있는 자) 또는 무능력한 자이다.

내 인생경험에 의하면 95퍼센트가 대부분 돈 문제이며 나머지 5퍼센트만이 마음가짐(이성적인 판단과 감정조절)에 관한 문제이다. 물론 아무리 작은변수라도 전체를 무너뜨리는 실례는 얼마든지 있지만.

■ 사람들이 깊은 사고를 두려워하는 이유

중산층 사람들이 매사에 깊이 사고하게 되면 의지력이 약해져서 하층으로 전락될 수도 있다. 이것이 우리나라 중산층 사람들이 깊은 사고를 피하는 이유이다.

그러나 바로 이러한 이유 때문에 상류층 사람들은 매사에 무모할 정도로진지하게 깊은 사고를 해야만 할 것이다.

■ 순수성에 집착하는 종교인들을 바라보며

순수성이란 존재하지 않는다. 왜냐하면 조건과 상관없는 순수성 그 자체란 없는 것이기 때문이다. 순수성이란 언제나 '자기' 가 원하는 순수성일 뿐이다.

■ 아는 것이 힘이 아니라 실행하는 것이 힘이다

직관적으로 아는 것만으로는 부족하다. 실제상황에서 익숙해져야 한다. 익숙해지면 쉬워지고, 쉬워지면 환해진다. 이렇게 환한 사람만이 타인을 도울 수 있을 것이다.

■ 모든 곳(것)이 진리의 영역 또는 환상이다

"진리(참된 이치 또는 사실)의 영역이 특별히 정해져 있다."는 생각은 버려야 한다. 모든 곳(것)이 진리의 영역이다. 부처가 절간에만 산다는 생각은 이제 버려야 한다.

모든 곳에서 '순간이 곧 최후' 라는 깨달음을 갖고 최선을 다해 시설하는 것, 이것이 내가 주장하는 불교의 제 4의 길이다. 바로 이것이 왜 내가 오래 전부터 승속일여 또는 승속동일을 주장해 오고 있는가 하는 이유다.

여기서 승속일여란 "종교와 세속이 하나"요, 또 승속동일이란 승려와 일반인의 생존 조건은 동일하다는 것이다. 불교적으로 다시 말하면, 승려와 일반인의 본성이나 자성은 인연으로 생성한 것이기에 무아라는 점에서는 똑같은 것이라는 것이다.

이러한 진리를 깨닫지 못한 사람은 승속을 잘 알아야 한다. 그리고 승속을 잘 알려면 승속을 상통해야 하고, 이 승속을 잘 상통하려면 이사(理事)를 잘 회통(會通)하고 유통(流通)시켜야 한다.

그래서 만해 한용운(1879-1944) 스님은 "불교는 출세간의 도이다. 하지만 세간을 버리고 세간에 나는 것이 아니라 세간에 들어서 세간에 나는 것이다. 비유한다면 연꽃이 비습하고 탁한 진흙탕에서 나오지만 비습하고 탁한 진흙탕에 물이 들지 않는 것과 같다. 그러므로 불교는 염세적으로 고립 독행하는 것이 아니라 구세적으로 진흙탕 같은 곳에 들어가는 것이다.”라고 설법한 것이다.

선언한다. 이제 나는 인위적인 법률로 강제하는 계급성이 강한 종교적 구속을 넘어서서 호구지책적인 종단 자체가 필요 없는 삶의 길을 강하게 살기로 한다.

■ 진정한 자유인이란

정말 자유로운 사람은, 모든 사물과 모든 일이 무수한 원인과 조건에 의한 것이기에 고정불변의 실체성이 없다는 사실을 잘 알고 터득한 사람이다. 그러나 석가모니와 예수와 노자, 장자도 자유인은 아니다. 왜냐하면 이들은 자신의 사상의 희생자들이었기 때문이다.

모든 사물과 모든 일에 실체성이 없다는 것은, 만물과 만사가 무수한 원인과 조건에 의해 발생하거나 소멸하는 것이기에 고정불변의 실체가 없다는 것이다. 즉, 모든 것은 원인과 조건에 의해서 생겨난 것이기에 실체성이 없다는 것이다. 거듭 말하면, 모든 것은 상호 관계적으로 발생하고 소멸하는 것이기에 고정적인 법성이란 없다는 것이다. 그래서 이러한 도를 깨달은 사람은 세속생활과 산속생활을 구분하지 않는다.

그런데 석가모니는 승속동일관을 실천하지 못했고, 노자와 장자는 성속일여를 실천하지 못했다. 그런데 세속에서 활동했던 예수는 그의 신인합일 또는 천인합일 때문에 도리어 십자가에 몸이 묶인 채 산 채로 무참하게 처형당해 죽었다. 운명이다.

■ 대중들에게 인기 좋은 현자란

어떤 현자들의 말이 일반사람들에게 인기가 있는 경우는, 일반사람들의 이기적인 본성을 지지하고 깊이 이해해주고 대변하는 경우에만 가능하다.

일반사람들의 본성은 민주주의적(즉, 능력과 재력을 갖춘 계층 위주로 운영되는 정치체제)이고, 이기주의이고, 자기들의 무지를 지혜로 합리화 시켜주는 현자들을 좋아하고 따른다.

■ 정말 대단한 석가모니의 삶을 생각하며

니체(1844-1900)는 귀족주의를 주장한 엘리트주의자이다. 그래서 그는 민주주의를 경멸했다. 하지만 나는 보통사람이기에 민주주의를 지지한다. 그런데 나는 현재 한국에서 목격하는 민주주의를 바라보며, 자주 니체의 민주주의 경멸을 공감하게 된다. 왜냐하면 금융자본주의 체제 하에서의 민주주의란 환상일 뿐이기 때문이다.

■ 아는 사람만이 아는 것

경허성우(1846-1912) 스님은 다음과 같이 말했다. "비유하면, 절과 푸줏간은 한 가지로 집이지만 생활의 향기가 다르고, 향을 싸두었던 종이와 생선을 싸두었던 종이를 만진 사람은 하나이지만, 향내와 비린내는 다르다. 그래서 옛사람이 이르기를, 어진 자를 좋아하고, 좋은 벗을 섬기기를 목숨을 아끼지 말라고 하였다."라고.

그런데 기이한 것은, 이렇게 말한 분이 59세에 갑자기 환속하여 스스로 박난주라는 가명으로 외진 시골에서 서당의 훈장(village school master)노릇을 하다가 67세에 세속에서 죽어버렸다는 것이다. 나는 지금은 그가 환속(returning to lay life)한 심정을 이해한다.

경허 스님은 만공 선사, 혜월 스님, 수월 스님, 방한암 스님의 스승으로 근대한국 불교계 최대의 인물이다. 관심있는 분은 조계종 출판사에서 낸 《경허와 만공의 선풍과 법맥(2009)》을 참고해보시기 바란다.

내가 전국으로 떠돌이 행려승(Travel Monk) 노릇을 할 때, 나는 충청도 홍성에 있는 천장암에서 얻은 경허 스님의 사진을 항상 가슴에 품고 다닌 적이 있었다. 경허 스님이 마을 청년들에게 돈을 주면서 "돈 받은 만큼 나를 힘껏 때려다오!" 했던 그의 일화를 생각하면 왠지 항상 눈물이 나려고 한다. 칼 샌드버그의 말처럼, 인생은 양파와 같아서 한 번에 한 꺼풀씩 벗기다 보면 눈물이 나는 법이다.

■ 꼭 잡을려면 놓아버려라

어떤 화두공안의 문제에 너무 강박적으로 매달려 있는 사람은, 너무 강한 집착성 때문에 문제해결이 지체되고 있다는 것을 이해해야 한다.

■ 구도자인 척하는 사람에게

수십 년이 지났는데도 계속 뜨거운 구도열을 내는 자는 구도과정이라는 쾌락중독에 빠져 있는 자이다. 아니면, 구도자인 척하는 자이거나!

■ 진리도 어느 놈이 응용하는가에 따라 완전히 다른 것이 된다는 것

《육조단경》에서 혜능 행자가 설파한 "선도 생각하지 말고, 악도 생각하지 마라."는 문구는 "무슨 일을 하든지 집착하는 바가 없는 마음을 내어라"는 《금강경》의 무주(자유와 창조를 중시하는) 가르침과 똑같은 말이다.

그런데 이런 문구가 조직폭력배 두목의 사무실에 큰 액자로 걸려 있다면 얼마나 무서운 일인가! 그러므로 중요한 것은 지식과 지혜와 깨달음이 아니라 지식과 지혜와 깨달음의 '방향'이다.

■ 불가사의한 자아

모든 생각과 관념과 행동의 중심에는 자기 자신이 있다. 그런데 자기 자신이란 무엇인가? 이것은 어떤 원인과 조건에 의해 태어난 것이기에 영원불변의 실체성이 없고, 그저 덧없이 변할 수밖에 없는 존재다.

그렇다면 이 변화 자체와 변화의 방향이란 무엇인가? 이것은 진공(즉, 모든 것이 텅빈 허무가 아니라, 자성이 없다는 것, 해탈자유) 또는 통일장이다. 즉, 진공은 모든 것이 가득 채워져 있는 것으로 우리도 인식할 수 없는 온갖 가능성을 의미한다.

■ 주제의식

주제의식이 없는 것이 내 주제의식이다.

■ 시내버스에 올라 타다가

캐나다 앨버타주 에드몬톤 시내에서 버스를 타면 어느 버스에나 "와치 유어 스텝(발 조심하세요)"이라는 문구가 적혀 있다. 바로 조고각하(照顧脚下)의 뜻이다. 법연선사가 말한 조고각하(자신의 발 밑을 잘 비추어 본다는 것). 이 조고각하는 《화엄경》에 나오는 회광반조(바깥을 향하는 빛을 돌이켜 스스로 자신에게 비추어 본다)의 가르침과 같은 것!

■ 회광반조

회광반조하라고 해서 회광반조해보니, 회향할 것도 없고, 비추어 볼 빛도 없다. 건조한 인생이다.

■ 내 글이 건조한 이유

내 글이 건조한 것은, 내가 내 글의 가장 정직한 독자이기 때문이다. 즉, 다른 감상적인 군더더기가 필요없기 때문이다.

■ 자신의 발 밑을 잘 비추어 본다는 것

회광반조(回光返照)란 바깥을 향하는 빛을 돌이켜 스스로 자신을 비추어본다는 뜻이다.

조고각하(照顧脚下)란 자신의 발밑을 잘 비추어 본다는 뜻이다.

반구저기(反求諸己)란 자신을 먼저 반성하여 구한다는 뜻이다.

기사구명(己事究明)이란 자기 자신의 일부터 먼저 구명한다는 뜻이다.

그러나 고려시대 태고보우(1301–1382) 국사는 〈태고암의 노래〉에서 "회광반조해도 오히려 아득하고, 바로 이것이다 라고 해도 오히려 걸렸으니, 묻고 물어도 도리어 어긋날 뿐, 있는 그대로 부동하여 굳은 돌과 같구나." 라고 쓴 바 있다.

■ 현대인의 자기반성

원자구조(원자핵 주위에 있는 몇 개의 전자껍질 층)에서, 원자(물질을 구성하는 요소)의 가장 바깥쪽 껍질에 있는 M전자 산소와 수소와 반응하여 화학적 성질을 결정한다고 할 때, 또 이러한 화학반응은 가장 바깥쪽 껍질의 M전자가 어떻게 주고받는가에 달려 있을 때, 우리는 이 원자와 전자의 반응 작용에서 우리자신의 모습을 회광반조해 볼 수 있다.

■ 자아탐구

자아탐구란 주체의식이 자기의 근원 즉 배후자를 알기 위해 조사하는 것이다.

■ 내가 어렸을 때부터 알고 싶었던 것

자아에 대한 해부학적 지식과 자아의 배후에서 자아를 움직이게 하는 것에 대한 해부학적 지식. 그리고 자아와 자아의 배후자의 관계.

■ 주체의식들 간의 상호작용

'나는 나다' 라고 하는 이 주체의식은 환상(속임수)일지도 모른다.

만약 주체의식이 없으면 이 몸은 졸지에 무방비 상태에 노출될 것이다.

그렇다면 이 주체의식을 만들어서 두뇌에 단단히 심어놓고 가동하게 하는 자는 누구인가? 어쩌면 이것들은 단일적인 개체가 아니라 집단적인 전체일 수도 있다. 집단적인 전체의 상호작용.

■ 평범한 뇌를 넘어서

우리가 평범한 것은 우리들의 뇌가 평범하기 때문이다. 그러니까 뇌도 지적으로 진화해야 할 것이다. 그런데 이것은 결코 영양학상의 문제가 아니다.

■ 꿈은 나보다 더 많은 것을 알고 있다

영가현각은 《증도가》에서 "꿈속에 있을 때는 육취가 분명히 있었지만, 잠에서 깨어나면 공하여 대천세계가 없구나."라고 썼다.

그러나 꿈속에서 육취(지옥, 아귀, 축생, 아수라, 인간, 천상의 세계)가 뚜렷이 있었다면 잠에서 깨어난 후에도 분명히 육취가 있는 법이다. 다만 꿈꾼 자가 육취를 모르고 있을 뿐이다.

소몽이든 대몽이든, 잡몽이든 각몽이든 몸의 세계는 현재 자기가 갖고 있는 몸의 의식보다 더 오래되고, 더 깊고, 더 복잡한 무의식의 세계의 움직임이라는 것을 알아야 한다. 그러므로 나는 종종 꿈을 이용하기도 한다. 왜냐하면 꿈은 나보다 더 많은 것을 알고 있기 때문이다.

나는 꿈속에서 평소의 자아의식보다 더 큰 의식이 보여주는 지혜를 느꼈다. 나는 이 지혜를 기억하기 위해 더 문장을 압축하고 명제화 하였다. 그리고 눈을 뜨지 않은 채 머리맡에 둔 메모지에 글로 남기려고 애를 쓰기도 하였다. 그러나 나는 이 혜광(지혜의 빛)이 사라질까봐 주의하느라고 꼼짝할 수가 없었다. 결국 나는 이 지혜의 말씀을 적는데 실패하고 말았다. 지금 이 글을 쓰는 나는 내가 어젯밤 무슨 꿈인가를 꾼 것 같은데 구체적인 기억을 단 한 개도 상기할 수 없다. (상기(想起)는 플라톤 철학에서 매우 중요한 용어다.)

■ 내가 매일 밤마다 꿈꾸는 이유를 생각하며

한국 시간과 정반대의 생활을 해야 하는 캐나다에 온 지 몇 달이 지났는데도 나는 매일 밤마다 꿈을 꾸고 있다. 나는 이 꿈의 내용을 보고 내 두뇌 속에 과거가 있다는 사실을 알았다.

나는 내 꿈을 마치 영화를 보듯이 감상한다. 오늘 밤도 나는 내 두뇌가 어떤 영화를 내게 보여줄지 기대감과 호기심을 지닌 채 잠을 청한다.[13]

■ 기후생물물리학적 작용을 바라보며

여름에는 새벽 6시에 아침 해가 떠오르며 자정이 넘어도 한낮처럼 밝은 백야이더니, 이제 한 겨울에는 오후 3시 30분만 지나도 곧 어두워지고, 또 아침은 9시가 지나야 날이 밝아지는 캐나다 앨버타주 에드몬톤의 환경 조건 때문인지 매일 꿈을 꾼다.

한국의 옛 어른들은 "꿈자리가 계속 나쁘면 머리맡에 칼을 두고 자면 증상이 없어진다."고 말했다. 하지만 나는 내 두뇌가 언제까지 이런 꿈을 꾸는지 두고 볼 심산이다.

그래도 한국이나 캐나다에서 기상 직후 내 두뇌의 통찰력이 가동되는 것

---

13) 스밀리 브랜톤(1882-1966)이 쓴 《S.프로이트와 함께 나눈 나의 정신분석 일기》에 적혀 있는 글이다. "꿈만 가지고 한 사람의 태도나 욕망들을 판단할 수는 없다. 그의 삶 전체를 고려해야 한다. 왜냐하면 어떤 사람은 강렬한 내적 충동을 가지고 있지만 그것을 잘 조절해내고 있는 반면 또 어떤 사람은 충동은 약한 편인데도 그마저 잘 억제하지 못하기도 하기 때문이다." "한 사람을 분석할 때, 단지 몇 개의 꿈만 가지고서 그 사람 마음의 전반적인 경향이 이러저러하다고 말하는 것은 곤란하다. 꿈은 단지 그 시점에서 환자가 어떤 생각을 하고 있다는 것을 알려줄 뿐, 감정의 깊이가 어떤지, 얼마나 지속적인지, 또 그것이 그의 의식에 어떤 영향을 주고 있는지에 대해서는 알 수 없다. 중요한 것은 몇 개의 개별적인 꿈들이 아니라 전반적인 경향이다."

은 여전하다. 다행이다.

■ 내 침실의 배

내 침실은 거실과 마찬가지로 사방 벽이 책으로 가려 있는데 이 벽 틈에 간신히 어느 장식물이 하나 걸려 있다. 그것은 헌 물건 파는 가게(밸류 빌리지)에서 구입한 한 척의 배 모형이다.

나는 이 배를 바라 볼 때마다 다윈이 타고 탐험했던 비글호를 생각하거나, 또는 닐 게이먼의 소설을 영화로 만든 《스타더스트(Stardust)》에 나오는 우주세계의 해적선을 상상하며 잠이 든다.

■ 내게 모욕을 주는 배신자들을 모두 박살내는 꿈을 꾸고

과거 경험의 기억을 재료로 해서 꿈을 조작하는 자는 누구일까? 그는 왜 꿈을 조작하는 것일까? 얌전히 잠자는 나에게 돌연히 어떤 영상을 보여줌으로써 나를 괴롭게(또는 즐겁게)하는 자는 누구이며, 그는 왜 이런 일을 하는 것일까?

나는 얌전히 잠을 잤을 뿐인데 왜 누가 내 두뇌 속에서 꿈 이야기를 지어내고 영상으로 보여주며 신경을 자극하여 고통(또는 쾌락)의 반응을 하게 하는가? 꿈 이야기를 지어내는 자는 과연 내 두뇌 속에 숨어있는 나의 적인가? 동지인가? 아니면 무당법사들이 말하는 소위 변덕과 수다와 투정이 많은 동자 신의 장난(희롱)인가? 아니면 내 정기신의 테스트인가?

내 직계 조상들의 의식 또는 한민족 유전자의 작용일지라도 나는 불쾌한 영상(꿈)을 보고 싶지 않다. 왜냐하면 나는 불안과 공포가 없는 생존을 원하고 있기 때문이다. (물론, 불안과 공포가 없는 삶을 원하는 것 자체가 혼란스러운 자아의식의 증거이며, 그래서 명백히 정신분석학적으로 깊이 다루어야 하는 문제이기는 하지만! 하지만 자기보존의 본능에 관한 문제는 이렇게 불쾌한 또는 유쾌한 꿈의 방법이 아니더라도 얼마든지 충분히 많다.)

■ 휴식인가, 조작인가?

의식조차 의식할 수 없고, 생각을 기억할 수 없는 깊은 잠의 상태는 내게 무슨 짓을 하는가?

■ 팔과 다리가 없는 도둑들을 몽둥이로 때려잡는 꿈을 꾸고

잠을 자지 않을 수 없다. 잠은 인간의 운명이다. 그런데 꿈은 두뇌에서 제멋대로 나타나고 내 기억은 길흉을 생각하며 그 꿈을 의식하고, 내 이성은 이치를 따지며 그 꿈을 해석하고, 일상의 사건은 좋든 나쁘든 생기고, 감정은 희노애락을 겪으며 생의 시간은 마냥 흐른다.

■ 꿈을 조작해서 내게 보여주며 재기억시키는 자에게 항의하며

왜 불쾌하고 짜증나는 영상을 보여주는가? 나는 내가 선호하는 영상을 볼 권리가 있다. 즉, 나는 결코 기억하고 싶지 않은 영상은 일절 보고 싶지 않다. 나는 불안과 공포와는 가능한 한 접촉하고 싶지 않다.

내 꿈이 만약 계몽과 각성을 위한 것일지라도 나는 나 자신을 내 지성에 적합한 방식으로 교육 변화시키고 싶다.(실제로 나는 일상에서 영화도 엄선해 보는 편이다.)

나는 무억(Self-forgetful, 또는 과거 경험의 기억을 넘어서 새롭게 체험하는 것) 상태로 있고 싶다.(아마도 어쩌면 미래시대에서는 선별적인 기억제거기가 발명될지도 모른다.)

그런데 왜 내게 기억을 강요하는가? 왜 내가 고통을 느끼는 방식으로만 깨달음과 교훈을 얻어야 하는가? 나는 고통에서 쾌락을 느끼는 피학증 환자가 아니다. 그런데 왜 나를 괴롭히고 불쾌하고 짜증나게 하는 꿈을 조작해 보여주는가? 대체 왜 이러는가? 내 현재와 미래의 위기에 관한 경고든 예지든 이렇게 과격한 자극을 받는 방식으로 경험하고 싶지 않다.

우아하고 아름답고 지적인 방식으로 얼마든지 나를 설득하거나 경고하거나 예지할 수 있는데, 왜 불쾌한 꿈을 보여줌으로써 하루 종일 기분 나쁘고 짜증나게 하는가?

과거의 기억의 자료를 이용해서 조작해내는 영상으로 내게 약을 올리듯이 불쾌한 영상을 보여줌으로서 나를 짜증나게 하는 꿈 조작자는 대체 내게 무엇을 원하는가?

내 꿈이 원하는 것이 내 생의 변화와 안정을 위한 것이라면 그것은 이미 어느 정도 이루어져 있다. 하지만 내 꿈이 나에게 원하는 것이 없다면 왜 이런 몹쓸 장난을 하는가? 왜 제멋대로 움직이는가?

■ 악순환의 이유

과거 경험의 기억으로 구성된 프로그램을 삭제하고 새롭게 시작한다고 해도 '기억하는 자'가 바뀌지 않으면 악순환의 고리(마음의 습관적인 윤회)에서 벗어날 수 없다.

요점만 말한다면, 기억의 목적과 기능은 개체의 자기보존과 안전에 있다. 그런데 문제는 기억 자체보다 기억을 해석하는 자가 편견과 아집으로 가득 차 있다는 점이다.

■ 꿈을 조작해서 내게 보여주며 기억시키는 자에게 사과하며

불쾌한 꿈을 보여주면 불안해 하고, 유쾌한 꿈을 꾸면 흐뭇해 한다. 이렇게 꿈이 나를 가지고 논다는 생각이 들면 나는 화가 치밀어 꿈을 지어내고 보여주는 자를 향해 주먹을 날린다.

그러나 꿈은 여전히 내 두뇌에서 자신의 일을 충실히 하고 있다.

정직하게 이야기하고 싶다. 요즘 나는 내가 의식하고 싶지 않은 문제(도전받는 대인관계상의 문제, 숙제)가 있다. 왜냐하면 내가 그 숙제를 의식하는 순간 불안과 두려움이라는 감정에 직면하기 때문이다. 이것은 내 미래가 불확실한 것이기 때문이다.

그래서 나는 이 문제(숙제)를 부정하고 억압하고 더러운 쓰레기 취급을 한다. 그러나 "나는 곧 쇠약한 노인이 될 것이다. 나는 더욱 고독해질 것이다. 나는 아직 아무것도 이룬 것이 없다. 나는 이제 근본적으로 달라져야 한다. 나는 앞으로 안정되고 행복한 생을 지내고 싶다."는 욕구가 있다. 그리고 이 욕구는 나로 하여금 노력하게 하고, 현실의 우여곡절을 겪게 하고, 방황하게 한다. 바로 이런 내 생의 전환과정에서 내 두뇌는 꿈을 통해 내게 충고하고 예지하는 것이다.

그런데도 나는 꿈을 통해 나를 가르치는 자를 향해 기꺼이 고마워하지 않고, 꿈의 영상이 불쾌하다는 이유로 짜증과 화를 내고 있는 것이다.

■ 꿈과 해몽에 관련하여

간밤에 꿈에 대해서는 선몽이든 악몽이든 항상 방어적이고 수동적인 자세로 대응하라. 왜냐하면 꿈은 꿈꾸는 자의 희망을 가지고 노는 장난꾸러기 동자 신, 또는 꿈꾸는 자의 욕망을 가지고 게임하는 사기꾼일 뿐이기 때문이다.

■ 계시적인 꿈

낮에 풀리지 않는 욕망은 꿈으로 계속 된다. 그런데 의식적인 욕망이 없는데도 계속 꿈을 꾸는 이유는 무엇일까? 이럴 경우에는 이른바 나도 모르는 무의식의 움직임(운동, 또는 현현, 계시)인가? 하지만 내 두뇌여, 2만년 전에 내가 한반도에서 살았던 구석기 시대, 신석기 시대, 청동기 시대의 기억도 보여다오! 아니, 36억년 전의 기억을 보여 다오! 하루 전의 것만 보여주지 말고.

■ 꿈을 만들어내는 자와 꿈을 보여주는 자와 보는 자와 꿈과 꿈의 세계

내가 꿈을 꾸었는데도 꿈의 의미를 내가 모른다는 것은, 얼마나 당혹스러운 일인가! 꿈은 마치 독자적인 타인처럼 내게 영상을 보여주며 예언하는데, 나는 이 꿈을 해몽사전에 의지해서만 간신히 비로소 조금 이해한다는 것은 얼마나 내가 모르고 있다는 것을 증명하는 것인가!

부디 좋은 꿈의 습관이 한낮에 그대로 재현되듯이, 좋은 삶의 습관이 죽음에 그대로 재현되기를!

■ 오늘 아침의 아쉬움

꿈속에서 대단한 좋은 사색을 전개했는데, 잠에서 깨는 순간 모두 잃어버렸다.

■ 꿈의 가르침

이 책의 초교지를 받기 전날에 꾼 꿈. 나는 황폐한 땅을 걷고 있었다. 그런데 갑자기 저 멀리서 가죽다발이 마치 신발처럼 날아오고 있었다. 땅에는 무수한 병아리들이 활발하게 움직이고 있었다. 가죽다발들이 땅에 떨어지자마자 병아리들이 맹렬하게 달려들어 물어뜯는다. 내 주변을 자세히 보니, 어떤 병아리는 조그만 인조인형을 뜯어먹고 있었다. 나는 그 병아리를 바라보다가 순간 자빠졌다. 병아리들이 내 주위로 몰려왔다. 그 중 한 마리는, 반바지를 입고 있는 내 사타구니 속으로 들어와 내 불알을 물어뜯었다. 나는 놀라서 잠을 깼다. 나는 이 꿈속의 병아리들이 나의 수많은 잠언(아포리즘 문장)이라는 것을 알았다. 나는 내가 부담을 느끼는 자기폭로적인 잠언을 좀 더 냉철하게 삭제를 감행해야겠다고 마음을 먹었다.

■ 전생에 일만 하다가 죽은 귀신이 부활했나?

나는 두 달 내내 몸이 아파서 쩔쩔매고 있다. 이렇게 아파보기도 정말 오랜만이다. 요즘은 회복기에 있다. 그러나 아직도 내 몸은 음식을 제대로 받아들이지 못하고 물만 섭취하고 있다. 그래도 나는 끊임없이 일을 하고 있다. (전생에 일하다 죽은 귀신이 부활했나?)

■ 나의 정기와 광기

나의 정기(精氣)와 광기(狂氣)는 매일 19시간 황소처럼 일한다는 것이다. 그리고 나는 자주 무너진다. 한 달 동안 심한 감기와 몸살로 초죽음을 겪는 것이다. 이것은 일을 그만하고 몸을 강제적으로 쉬게 하라는 사령부(내 두뇌)의 명령인가?

■ 황소처럼 글 쓰는 일을 하는 나에게

공자는 "분발하여 먹는 것을 잊고, 즐거움으로써 우울함을 잊는다."고 말했다. 하지만 내 관찰에 의하면, 분발도 좋지만 망식(忘食)이 오래가면 요절하게 된다는 사실도 잊지 말아야 할 것이다.

■ 내 운명의 길

내가 할 수 있는 일은 글을 쓰는 것이다. 이것이 내게 주어진 운명의 길이다. 그런데 왜 나는 이런 운명을 만들고 있는가? 나는 사회에서 아무것도 아니기에 사상가인 척이라도 해야만 하는가?

■ 특이한 사상가도 친구(동조자, 같은 성향의 사상가)가 필요하다는 것

웃으며 말한다. 나 같은 반불교적인 불교사상가가 한국불교계에 있다는 것은 그만큼 한국불교인들의 사유의 폭이 넓고, 그 심성이 화쟁적으로 관대하다는 증거다. 물론, 이 말은 거짓말이다. 거짓말의 이유는 애종심과 애국심 때문이다.

정직하게 말하면, 2009년 현재 시점까지 한국 전통불교계에서 나 같은 유

형의 고승, 방장, 조사와 거사와 보살대사들은 아직 단 한명도 출현하지 않고 있다.

나는 일인당 국민소득이 1만불 정도 된 한국에서 나타나기 시작한 '새로운 유형의 불교 사상가' 이다. 만약 일인당 국민소득이 5만불이 되는 시점의 한국에서는 더 많은 나와 같은 유형의 사상가가 불교계뿐만 아니라 타종교계와 일반 인문학계에도 나타날지도 모른다.

나는 지금 당장 바라건대, 불교의 사부대중, 또는 유교의 학자들, 또는 대학교의 철학자들, 또는 예수교의 신학자들(신을 옹호하는 변호인들) 중에서도 나처럼 자기종교나 철학을 근본적으로 부정하고 자유롭게 초월하는 사상가가 한두 명 정도는 출현했으면 한다. 친구(동조자, 같은 성향의 사상가)가 필요하기 때문이다.

■ 고산유수

평소 알고 지내는 60세의 거사가 내게 물었다. "스님이 자신있게 인정하고 소개할 만한 고승을 한분 추천한다면, 누구인가?"

나의 대답: 문제는 고승이 아니라, 질문자가 어떤 유형의 불교를 선호하는가 하는 성격과 기질에 관한 것이다.

■ 내 천성의 문제점을 반성하며

내 사상의 성질은 매사 부정적이다. 따라서 부정한 것을 또 부정하는 통찰에 익숙해져야만 그 긍정적인 효과를 창조적으로 경험할 수 있을 것이다.

그래서 실험작으로 2009년에 《야생지혜의 정글(원제는 난폭한 지혜의 정글)》이라는 책을 발표해보았는데, 출판사의 전언은 독서시장에서의 반응은 좋지 않다고 한다. 일인당 정신소득이 얼마나 되어야 내 사상에 관심을 가지고 공부하게 될까?

■ 책을 출판하는 이유 중의 하나

외로운 짐승이 무리를 찾아 헤매듯이, 외로운 사람이 지음(제 마음을 알아주는 사람)을 찾아 헤매는구나! 그러나 지음이란 것도 내 대인관계 경험에 의하면, 인정과 공감으로 구속하거나, 은혜를 배신으로 갚는 자일 뿐이다. 그러므로 이런 지음보다는 차라리 내 지성을 자극하여 내 속에 있는 모든 것을 드러나게 해주는 최고의 적수를 만나고 싶다.

■ 인연의 기쁨에서 오는 즐거움

감응도교(感應道交)요, 감이수통(感而遂通)이니, 감응해서 통하면 모든 조화로움이 그 바탕을 덮을 수 있다. 이렇게 진정한 친구는 유유상종이라, 서로 비슷한 뜻을 나누며 한 생을 지내가는 법이다. 그리고 서로 초면이면서도 마치 오래된 벗과 같이 서로 통하는 지음을 만나게 되면 더욱 감이수통의 이치를 맛보게 된다.

■ 자기를 알아주는 사람을 조심하라

예양과 지백의 관계. 그러나 자기를 알아주는 사람을 조심하라. 군계일학도 좋지만 사람들의 표적이 되는 면도 있으니 어찌 삼가하며 신중하지 않을 수 있겠는가?

■ 진정한 강자는 외부에 의존하지 않는다

내가 의지력과 실행력이 약할 경우에는 나를 알아주는 사람이 필요하다. 그러나 내가 강한 의지력과 실행력을 갖춘 사람이라면, 나를 알아주는 사람이 없어도 괜찮다. 왜냐하면 강한 의지력과 실행력만으로도 만사는 이미 충분한 것이기 때문이다.

■ 나는 나를 알아주는 자를 위해 죽고 싶지 않다

나는 나를 알아주는 자를 위해 죽고 싶지 않다. 모든 것이 덧없이 변하는 것이기 때문이다.

나는 내 사상에도 희생당하고 싶지 않다. 모든 사상은 편견이기 때문이다.

■ 중요한 것은 성격과 재능

야구, 축구, 주색잡기, 노래와 춤을 몰라도 얼마든지 훌륭한 속인이 될 수 있다. 정신세계도 마찬가지다. 수많은 종교와 철학을 몰라도 얼마든지 훌륭한 성자 또는 사상가가 될 수 있다.

■ 돈과 기회

돈이 많으면 기회도 많다. 그러나 현명함은 돈으로 살 수 없다.

■ 송곳같은 지성을 가지고 있는 선비의 대인관계

상대방의 잘못을 나무라지 않고, 상대방의 과거와 현재의 악을 말하지 않는다면, 그는 상대방에게 원한을 살 일이 없을 것이다. 그러나 이렇게 되면 인류사회가 전체적으로 나아진 것은 무엇이 있겠는가?

노자는 도덕경에서 '곡칙전(구부러져 있는 것은 구부러져 있는 그대로 온전한 것이다)라고 했지만, 내가 생각하는 문제점은 중곡(衆曲)과 중왕(衆枉)에 있다. 이럴 때에는 어떻게 해야 하는가?

■ 쓸데없는 말

조계종보다 더 큰 인물이 왜 조계총림의 방장들 가운데에서 단 한 명도 나오지 못하고 있는 것일까? 그것은 거대한 깨달음과 반야바라밀(통찰력, 또는 자질과 능력을 갖추고 있는 통찰력, 또는 승속의 사랑과 통찰을 겸비한 지혜)의 문은 그렇게 쉽게 열리는 것이 아니기 때문일 것이다. 나는 항상 조계총림 방장들의 행사법어나 법어집 출간을 주의깊게 관찰한다. 왜냐하면 법어집은 곧 그 사람의 깨달음과 지혜의 깊이를 보여주는 법인적 증거이기 때문이다.

그런데 나의 감정에 의하면, 2008년 2월 현재시점까지 단 한 명도 없다. 과연 나는 지금 너무 교만방자한 말을 하고 있는 것일까? 나는 결코 그렇게 생각하지 않는다. 우리들이 전세계에 자랑할만한 원효, 김시습, 한용운 같은 천재가 아직 한국에 없다는 것은! 얼마나 아쉬운 일인가! 현대와 후현대 한국불교인들은 분발하시기 바란다.

■ 대선사가 평범한 이유

선배들로부터 배운 상투적인 말을 습관적으로 반복하는 말을 하는 사람은, 그가 고승일지라도 평범한 사람이다. 그리고 또 누구나 예상할 수 있는 말과 행동을 하는 사람은, 그가 아무리 대단한 고승의 지위에 있는 사람이라고 할지라도 그는 정말 평범한 사람이다.

■ 자기반성

단순히 법적인 삭발의 독신승려라는 이유로, 단순히 선원에서 생활한다는 이유로, 단순히 가사장삼을 입고 있다는 이유로, 단순히 종단내의 지위와 권세가 강한 고승이라는 이유로 존경을 받아야 한다면, 이것은 얼마나 세속적인가!

■ 직업인으로서의 불교 고승에 대하여

자신만의 창조적 사상의 산통이 없으면서도 부처님의 이름(브랜드) 덕분에 세속에서 존경받고 추앙받는 고승들은 자신의 삶이 정말 가짜가 아닌가, 하고 반구저기(反求諸己)해보아야 할 것이다.

■ 자기가 속한 종단이라는 의식으로부터의 자유

어느 종단에 소속되어 있는 승려는 자기가 소속한 종단(즉, 자기를 보호해주고 양육해주는 물질적 토대로서의 종단)이라는 의식의 수준 이상을 보여줄 수 없다. 왜냐하면 그렇게 되면 즉시 왕따되고 정말 고독해지기 때문이다.

■ 무서운 반야바라밀의 세계

호구지책이나 삶의 행복에 관한 문제와, 진리란 무엇인가 하는 문제는 별개의 서로 다른 문제다.

■ 진정한 사상은 고독함이 있어야만 가능한 것

국가 또는 자기가 소속해 있는 집단으로부터 추방되고 고립되고 유령 취급받는 사람만이 정말 고독이 뭔지 안다. 이밖에 모든 곳에서 환대를 받으며 부지런히 열정적으로 활동하는 사람은 너무 바빠서 고독을 느낄 시간과 여유가 없다.

■ 죽음 앞에 선 사상과 감정들의 현실성

그 어떠한 사상과 감정도 실제로 죽음의 위험이라는 시련을 겪어야만 비로소 현실성을 띠는 것이다. 뉴스에 의하면, 미국에서 소규모 장사하는 교포들도 권총 강도를 만나고 난 후에는 인생관이 바뀌어졌다고 했다.

헨리 데이빗 소로(1817-1862)는 "오! 맙소사! 죽는 순간에 이르러서야, 이제껏 한 번도 제대로 살아본 일이 없었다는 사실을 깨닫다니!" 라고 탄식한 적이 있다. 그런데 소로같은 미국의 대단한 현자가 이 정도의 말을 할 정도라면, 평소 자기만 아는 동물처럼 사는 우리는 대체 뭐지?

《황제음부경(하)》에 "살아 있는 것은 죽음이 뿌리이고, 죽은 것은 삶이 뿌리이니, 은혜는 해로움에서 생기고, 해로움은 은혜에서 생기는 것이다"라는 말이 있는데, 할관자의 말대로 죽지 않으면 생겨나지 못하고, 끊지 않으면 이룰 수가 없는 법이다.

그래서 "죽음을 두려워하지 말고, 제대로 사는 것을 시작조차 하지 못함을 두려워하라."는 가르침이 있는 것이다.

■ 살 때 살고, 죽어야 할 때에는 죽는다

죽음에 대해서는 생존시에 깊이 성찰하고, 실제로 죽을 때에는 아무런 강박관념이 없이 그냥 죽는 것이 좋다. 왜냐하면 죽음에 임박해서 죽음을 두려워하며 불안으로 동요하며 긴장상태에서 성찰하는 것은 이미 때가 늦은 것이다.

죽는 자가 자신의 죽음으로부터 어떤 배움과 각성을 한다는 것은 불가능하다. 왜냐하면 자신의 전부가 고스란히 죽는 것이기 때문이다.

■ 죽음에 대한 성찰은 곧 삶에 대한 성찰이다

죽음에 대해 사유하는 자는 삶에 대해 사유하는 자이다. 왜냐하면 사유하는 자는 아직 살아 있는 자이기 때문이다.

■ 실존적 깨달음의 특수성을 생각하며

문제와 해답이라는 것도 그가 살아있을 때에만 유효한 것이다.

■ 죽음 앞에서

현재는 언제나 아무것도 아니다. 조금도 중요하지 않다. 그냥 낭비해 버릴 것. 현재(Nowness)란 가벼운 새의 깃털처럼 그냥 날아가 버리는 것.

■ 탈레스는 지금 살아 있는가? 나는 지금 정말 살아 있는가?

탈레스(624-546.B.C.E)는 친구에게 "삶과 죽음 사이에는 아무런 차이가 없다."고 말했다.

그러자 그 친구가 "그렇다면 왜 자네는 죽지 않는가?"라고 물었다.

그러자 탈레스는 "죽든 살든 아무 차이가 없기 때문이다."라고 말했다.

탈레스는 지금 살아 있는가? 나는 지금 정말 살아 있는가?

■ 네 운명을 사랑하라

나의 글쓰기는 결정적인 말(定言, Thesis; 명제)에 대하여 반대로 말(反言; Antithesis)하는 것이다. 왜냐하면 정해진 말(定言)대로 하면 행복한 일반사람이 되겠지만, 거꾸로 보는 생각과 말대로 살면 깊이를 지닌 사상가가 되기 때문이다. 그러므로 사상가는 기본적으로 기존의 모든 정언적인 명제를 뒤집어엎는 역전(逆轉)의 정신이 있어야 한다.

그런데 인간의 성향이나 취향은 하루아침에 순간적으로 이루어지는 것이 아니다. 인간의 성향도 다양하다. 그리고 나는 사람들을 가르치거나 개혁할 마음도 능력도 없다. 나는 그저 나 자신이 이 지옥에서 견디기 위해 글을 쓰며 스스로 치료약을 복용할 뿐이다. 나의 운명이다.

■ 불행한 행복한 사람의 사상의 길

행복한 불행한 사람의 글쓰기가 있고, 불행한 행복한 사람의 글쓰기가 있다. 나는 지나친 통찰력 때문에 불행한 행복한 사람이다. "맙소사!" 내 제자들조차도 나에게 반발심을 가지고 있다니!

내 통찰력에서 우러나오는 반발적인 평론의 글들은, 독자들의 두뇌를 기쁨으로 순종시키게 하는 것보다는 반발적인 자극만 주는가 보다.

■ 내가 남의 스승이 될 수 없는 이유

내가 남의 스승이 될 수 없는 이유는 첫째, 나는 게을러서 지인들이나, 제자들이나, 신자들에게 엄격하지 않다. 그런데 이것은 위대한 인물의 조건이 아니다. 왜냐하면 지인들이나, 제자들이나, 신자들에게 엄격하지 않는 것은 (대부분의 경우) 자기자신만 아는 개인주의와 남에 대해 무관심하기 때문이다.

■ 나는 가식과 위선을 가장 싫어한다

"잘 모르겠다."는 말을 입에 달고 다니는 주지 스님을 만난 적이 있다. 그는 나에게 열심히 자문을 구하고 있었지만 가만히 보니 그는 "잘 모르겠다"는 말을 대인관계 운영의 비결로 의도적으로 사용하고 있었다. 그래서 나는 그가 이미 모든 것을 잘 알고 있으면서 일부러 "잘 모르겠다"는 말을 할 때마다 귀싸대기를 한 대 올리고 싶은 충동을 강하게 느꼈다. 나는 그의 무지에 특권을 부여하는 자가 아니다 라는 사실을 깨우쳐주기 위해!

■ 흉한 기운은 제압을 해야 좋아진다

사악한 기운은 제압해야지, 결합하게 되면 특별한 장점을 상실하게 된다.

■ 자기자신을 위한 깨달음이기에

보편적 깨달음이란 존재하지 않거나, 내게 무의미한 것이다. 내 마음관찰에 의하면, 깨달음이란 지극히 개인적인 것으로 특별히 주관적이고, 자기중심적인 것이다. 즉 자신을 위한 것이다.

■ '현실적이란' 무엇인가

생각이 이기적이 될 때 '현실적'이라고 한다. 생각이 이타성(unselfishn-ess)을 향할 때에는 좀 더 성찰된 '현실적'이라고 한다. 그러나 이기성과 이타성을 모두 초월할 때 좀 더 차원 높은 '현실적'이라고 한다.

■ 인간의 현실은 어디서 태어나는가

인간의 현실은 어디서 태어나는가? 그것은 상호반응의 조합과 충파의 에너지에서 태어난다.

그러면 상호반응의 조합과 충파는 어디서 태어나는가? 그것은 욕망이다. 그러므로 "현실적이다"라는 것과 "탐욕적이다"라는 것은 같은 뜻의 말이다.

■ 나의 정직한 관찰

복수, 질투, 원한, 증오, 욕망이 없이는 아무것도 쟁취할 수 없다. 부처와 예수와 간디조차도!

복수, 질투, 원한, 증오하는 행위가 뜻밖에 발전을 가져다준다는 것은 얼마나 오묘한 인연법인가!

■ 내게 있어서 순수성이란

순수하다는 말 속에는 어리석다는 뜻도 있다. 왜냐하면 순수한 사람은 어린이들처럼 잘 속아 넘어가기 때문일 것이다. 그러나 나의 순수함은 이와 같지 않다. 나의 순수함은 반야바라밀(통찰력; 또는 지혜를 완성시키는 것)에 근거해 있으므로 오히려 예리하고 날카롭다.

■ 순수성과 현실성

순수성이란 아주 현실적인 사람이 자신의 이해득실을 감추는 기술로 표현되는 말일 뿐이다.

현실성이란 권세를 갖고 있는 사람이 실제상황을 만들어내는 관념적인 욕망일 뿐이다.

그러므로 순수함을 주장하는 것만큼 순수하지 않은 것도 없을 것이다. "사심이 없다"는 말만큼 사심을 증명해주는 말도 없을 것이다.

■ 사회 초년생들에게

승속을 넘어서 생사조차도 초월했다는 고승조차 자신들의 조직단체가 사회적인 불이익을 받거나 권리침해를 받게 되면 곧바로 데모를 하거나 법원에 소송을 거는 것을 보면, 인간이란 그가 어떤 직업을 가지고 있거나, 어느 단체에 소속되어 있거나를 불문하고, 인간성이란 이해득실 그 자체인 것 같다.

그러므로 사회초년생들은 항상 사회에서 모든 유명 인사들이 말하는 것을 액면 그대로 믿고 받아들여서는 안될 것이다. 즉, 누가 무슨 문제에 대해서 논할 때에는 항상 그 사람이 처해 있는 입장의 이해득실 관계를 파악하면, 그 사람이 왜 그러한 의견을 주장하는가 또는 그가 왜 그렇게 행동하는가에 대해 곧바로 이해된다는 것이다.

진리에 관한 문제도 그렇다. 어느 종교나 조직단체에 소속되어 있지 않은, 모든 종교단체로부터 자유로운 순수한 개인의 깨달음과 지성만이 객관성을 가지고 진리를 논해 갈 수도 있다고 나는 생각한다. 그리고 바로 이 점이 왜 내가 승속통일론, 또는 종교해체론을 주장하는가 하는 이유이기도 하다. 여기서 승속통일론이란, 이 사회에서 돈벌이 직업 방법으로서의 불교승단을 해체하고 진정한 구도자적인 삶의 인간(개인)으로 돌아가라는 것을 의미한다.

■ 내가 나를 가두어 두는 이유

내가 종단벼슬을 닭벼슬로 알고, 또 각종 모임이나 방송매체에 일부러 참여하지 않는 것은 일종의 자기수행이다. 어째서 이것이 수행인가하면, 나는 남과 싸울 수밖에 없는 성질(즉, 부정적이고 파괴적인 성질)의 사상을 지니고 있기 때문이다.

그러므로 나는 싸움꾼인 나를 가능한한 가두어둔다. 마치 감옥소의 죄수처럼! 그 대신, 이 감옥에서 글쓰기는 허용한다. 왜냐하면 글쓰기는 나 자신이 만들어내는 최고의 적과 싸우는 일이기 때문이다. 이 싸움은 서로 살해해도 피도, 고통도 없는 통찰력 싸움이기에 만사에 평온한 전쟁이다.

■ 내가 들고 있는 칼에 대하여

내가 들고 있는 칼은 이슬람교의 구세주 마호메트의 칼이 아니라, 지혜를 상징하는 부처의 칼이다. 그래서 내가 들고 있는 칼은 칼 아닌 칼(지혜의 칼)이기에 베어버리는 자도, 베이는 것도 아무런 고통이 없다.

■ 최악의 독자에게

내가 글을 쓰는 이유는 성공한 천민들로부터 무시당함과 소외당함과 외로움을 견디어내기 위한 것이다. 만약 내가 이 비참한 고독감 앞에서 글조차 쓰지 않는다면, 대체 어쩌란 말이냐? 이 날강도같은 놈아! 비정한 놈아!

■ 내 외로움에 대하여

만인이 질투하는 저 아름다운 스웨덴의 여성들도 고독감 때문에 쩔쩔매는데, 심오한 것(반야바라밀)을 낳는 내 외로움을 어찌 견디어내지 못하겠는가!

■ 작가는 환자요 독자는 의사다

작가는 환자요, 독자는 의사다. 그래서 작가는 자기 병에 대해 잘 설명할 줄 알아야 한다.

건강한 사람은 표현할 줄 몰라도 (즉, 침묵을 지키고 가만히 있어도) 문제가 없다. 그러나 병에 걸린 사람은 표현할 줄 모르면 문제가 더 악화될 수도 있다. 병이 어떻게 자신에게 고통을 주고 괴롭히는지 정확하게 설명하고 묘사하는 것과 괴로워하는 구도자, 사상가는 실제로 닮은 데가 많다.

■ 수수께끼

"우리는 어디서 왔는가? 그리고 어디로 가는 것인가? 이것이 항상 인생의 근본적인 수수께끼이다." 라고 철학자들은 말한다. 나는 내가 어디서 왔는지 알고, 또 어디로 가는지를 안다.

다만 문제는 내가 왜 이렇게 오고 가는지, 오고 가게 하는 우주자연의 법칙은 나에게 결국 무엇을 원하는지 그것이 궁금하다.

나는 우주자연 법칙의 창조물이다. 만약 나를 오고 가게 하는 우주자연의 법칙이 내게 아무 것도 원하는 것이 없다면, 그러면 나는 왜 이러한 질문을 하는가? 왜 이 우주는 나로 하여금 이러한 질문을 할 수 있게 하는가?

■ 여래

우리 모두 이렇게 오고 간다. 과연 온 곳은 어디이며, 가는 곳은 어디인가? 만약 온 곳도 없고, 가는 곳도 없다면 우리는 왜 이러한 질문을 하는가? 그리고 또, 이러한 질문이 가능한 두뇌는 언제 어디서 어떻게 누가 왜 만들어냈는가?

■ 불교는 철학이 아니라 심리학이다

철학은 존재와 생성에 관한 언어적 논리적 이성적 성찰이고, 심리학은 마음에 관한 구조와 작용에 관한 성찰이다. 그렇다면, 불교는 철학적이기보다는 심리학이다.

■ 내가 생각하는 철학이란 무엇인가

철학은 경이로움에서 시작되는 것이 아니다. 철학은 우울한 두뇌가 어두운 환경조건에서 날카로운 질문을 가지고 명백한 깨달음을 추구하는 데서 시작된다.

모든 존재와 현상을 경이롭게 보는 것은, 학자와 시인의 눈으로 보는 신비주의일 뿐이다. 인간의 깨달음은 신비가 아닌 신비다.

인생이라는 예술에 대하여

&

"마음에 맞는 저자를 발견한다는 것은, 지적인 발전을 하는 데 있어서 큰 사건이라고 나는 생각한다. 이런 때에는 정신의 친화현상이 나타난다. 그러므로 우리는 과거와 현재의 작가들 가운데에서 그 정신이 자기의 정신과 비슷한 저자를 찾아내야 한다. 그래야만 사람들은 독서에 참으로 좋은 마음의 양식을 얻을 수가 있다."

임어당(1895-1976)의 《The Importance of Living(제 5장 책을 어떻게 읽을 것인가)》에서

■ 나는 여자처럼 남자의 마음을 사로잡는 존재를 본 적이 없다

석가모니 부처의 말씀이다.

"나는 여자처럼 남자의 마음을 사로잡는 존재를 본 적이 없다. 그녀의 목소리, 그녀의 냄새, 그녀의 맛, 그녀의 감촉, 그녀의 모습은 남자의 마음을 사로잡는다."

그리고 "이런 여자에게 맛사지, 지압, 세욕, 안마를 받으며 즐기거나, 농담하고 희롱하고 유희하거나, 그녀의 눈을 자신의 눈으로 관찰하고 응시하거나, 그녀의 노래를 듣거나, 그녀를 상상하게 되면, 이러한 삶을 통해 남자는 나중에 온갖 희노애락과 생노병사를 겪으며 모든 괴로움에 사로잡히게 된다."

그러므로 "이 생을 마지막 탄생으로 생각하고, 다시는 반복하지 않겠다는 결심을 한 자는 여자의 본성과 행동과 외모와 우아함과 욕망과 소리와 치장에 사로잡혀서는 안된다."

"여자란 자기 몸의 치장, 성적인 과시에만 정신을 본능적으로 집중하고 거기에만 탐닉하고 즐거워하며, 모든 남자들에게 안락과 쾌락을 줄 것 같이 유혹을 하는 자들이다. 그러나 진정한 자유인은 이런 여자의 유혹에 넘어가지 말아야 한다."

■ 애욕은 사랑의 화학작용으로 사기를 친다는 것

사랑의 고통 때문에 괴로워하는 사람을 또 한 명 만났다. 그는 요가센터를 운영하는 박원장이었다. 그는 말했다. "그 여자만큼 완벽하고 이상적인 여자를 만나본 적이 없었다. 나는 그녀를 간절히 원한다. (그런데 그녀는 어린 아

이가 두 명이나 있는 연상의 유부녀였다.) 어떻게 하면 좋겠는가?"

대단한 사랑의 고백이다. 그러나 나는 속으로 다음과 같이 생각했다. 완벽하고 이상적인 여자는 없다. 모든 여자는 그저 여자일 뿐이다. 마치 남자가 그저 남자일 뿐이듯이. 내가 예상한대로 그들은 동거생활을 한 지 일 년도 못되어서 헤어졌다. 서로를 증오하며.

이런 사실에 접할 때마다 나는 사랑(애욕)이야말로 정말 대단한 사기꾼이고, 허위라고 여겨진다.

■ 사랑은 미움과 원망의 시초 그리고 영원히 반복하는 것

(나의 수많은 상담경험에 의하면) 대부분의 사람들은 결혼할 때는 진짜 행복인 줄 알았는데, 이혼할 때 그 진짜 행복이 가짜 행복이었다는 사실을 깨닫게 된다.

그러나 이런 것을 정말 깨달았다고 해서 모든 일이 완료된 것은 아니다. 이후부터 다시 또 진짜 행복을 추구하는 삶을 시작해야 하기 때문이다. 그 모든 진짜 행복은 가짜행복이었다는 사실을 또 깨닫게 될 것이다. 사랑은 실체가 없는 무지개와 같은 것!

■ 요즘 사람들이 동거와 이혼을 쉽게 하는 이유

요즘 사람들이 이혼을 쉽게 하는 것은, 부부가 함께 신뢰하고 존경하는 제3의 조언자 또는 능력과 인품이 뛰어난 사부가 없기 때문이다. 그리고 서로 상대방을 착취(희생)의 대상으로만 생각하기 때문이다.

■ 인생을 달관한 사람

여자 또는 남자 없이도 심신이 스트레스(Stress; 싸움을 하거나 도주하는 심리적 긴장으로 인한 증세)를 받는 일 없이 평화롭게 살 수 있는 방법을 터득한 사람은 생을 이미 달관한 사람이다.

여자 또는 남자 없이도 항상 온화하고, 여유 있고, 행복하게 살 수 있는 사람은 그가 나이가 몇 세이든 인생을 충분히 달관한 사람으로 보아야 한다.

■ 남녀관계에 대해서는 정직한 질문과 성찰로 맞서야 한다

만약 이 책에서 남녀관계에 대한 언급을 수치감 때문에 모두 삭제해버린다면 이 책은 인간의 피와 살이 없는 책이 될 것이다.

인간은 누구나 한 가지 이상의 문제를 가지고 있다. 세속 멀리 있는 산골 승려조차도 마찬가지다.

그 누구에게도 남녀관계 문제는 생명체의 맹목적 의지요, 무의식적으로 진행되는 정기신의 과정이다. 그래서 나는 묻는다. 이성과의 연애 또는 결혼은 정말 자기 정신의 치유과정이 될 수 있을까? 연애와 결혼은 정말 인간 생의 모든 문제가 해결되거나 완화되는 것일 수 있을까?

나는 이 문제에 대해 긍정적으로 생각하다가도 곧 부정적으로 기울어진다. 왜냐하면 연애와 결혼은 내가 사랑할 수 있는 능력의 문제가 아니라 어느 누구를 만나는가 하는 대상의 문제이기 때문이다.

하지만 어쨌거나. 나는 자연의 망상을 인간의 망상으로 극복해야 한다. 있을 수 있는 질문과 깊이 있는 성찰로.

■ 내 책이 독자를 불편하게 만드는 요인에 대하여

부처가 부정한 것을 나는 긍정하고, 부처가 주장한 것을 나는 반박한다. 그리고 또 속인들이 긍정하고 지지하고 원하는 사고의 관념에 대해 나는 부정하고, 속인들이 주장하는 것을 나는 반박한다.

바로 이 점이 왜 내 책이 독자를 불편하게 만드는가 하는 요인이다.

여기 제 3부의 글들을 예로 들어 말하면, 남녀 간의 심리적 육체적 접촉을 엄격하게 부정하고 금지한 부처의 가르침에 반대하며 남녀 간의 사랑을 적극적으로 찬양한다는 점에서는 나를 지지하는 독자가 있겠지만, 동시에 남녀관계 자체를 매도하고 불신하는 문구에서는 반발심을 크게 내는 독자도 있을 것이다. 어쨌든 내 책은 이 모든 부담을 용기있게 지고 나아가는 편이다.

■ 석가모니 부처도 현대인의 고민을 겪은 사람이었다

요즘 말로 표현하면, 고타마 싯달타도 자기 아내 야소다라와 이혼하고 종교적인 길을 간 사람이다.

■ 고타마 싯달타의 조혼

싯달타는 17세에 야소다라는 12세에 결혼했다. 조혼이었다.

■ 고타마 싯달타의 부인들

싯달타에게 3명의 아내와 3명의 후궁이 있었다. 그녀들의 이름은 고피(코피카), 마노라타(무리가자), 야소다라이다. 그런데 이 중에서 야소다라만이 아들(라훌라)을 한 명 낳았다.

■ 고타마 싯달타의 가출동기에 대하여

고타마 싯달타의 가출을 중생 구제에 대한 무한한 자비심(커다란 우정과 연민의 마음) 때문이라고 설명하는 자는 대부분 종교 사업가(성직자; 또는 이타적인 사랑을 설교하면서 실제로는 자기사랑을 추구하는 사람)들의 사정이다.

내가 알기로는 싯달타가 처자식과 부모와의 관계를 파괴하면서까지 가출한 것은 자기구원에 관련된 것이다. 즉 싯달타 왕자는 그만큼 부부생활, 부모와의 관계, 정치문제 등으로 불만족과 번뇌와 괴로움에 끊임없이 시달리고 있었던 것이다.

■ 석가모니 부처의 그림자

"석가모니 부처는 완벽한 덕성 그 자체로서 인간적인 오류나 결함이나 감정이 전연 없었다."는 막스 밀러 교수의 이야기는 사실이 아니다.

나는 석가모니의 인간적인 오류나 실수나 결함이나 감정조차도 있는 그대로 수용할 뿐이다. 왜냐하면 석가모니 부처나 우리는 모두 피와 살을 가진 인간이기 때문이다.

■ 고타마 싯달타의 부부생활

고타마 싯달타는 부부생활을 어떻게 운영했을까? 그는 자기 아내 야소다라를 정말 사랑했었을까?

싯달타가 무단 가출하여 유명한 성자가 되었다하더라도, 그 동안 자기 아내 야소다라를 까맣게 잊고 살았다면, 이들 부부생활(성, 대화, 취향, 취미를 함께 나누는 생활)은 그렇게 행복하고 좋은 것만은 아니었다는 증거라고 여겨진다.

■ 무책임한 남자와 기다리는 여자

만약 싯달타가 그 자신의 철학적인 의문 때문에 가출했다면, 그러면 야소다라는 그저 그가 다시 귀가할 때까지 기다리고만 있어야 하는가? 만약 그렇다면, 야소다라는 싯달타의 철학적 의문의 희생자라고 할 수도 있다. 무책임한 남자와 기다리는 여자.

■ 기다리는 사람에게

기다림 없이 기다리는 자가 현명하다. 왜냐하면 기다림에 집착하며 기다리는 것만큼 사람을 처절하게 하는 만드는 것도 없기 때문이다.

■ 싯달타의 부인 야소다라의 입장에서 문제를 본다

남편이 집을 나간 후 6년만에 유명한 성자가 되어 돌아왔다. 하지만 고타마 싯달타는 야소다라를 만나지도, 인사하지도, 변명하지도, 미안해 하지도 않았다.

야소다라는 자기 남편 싯달타에게 인간적으로 야속함을 느꼈다. 그래서 야소다라는 자기 아들 라훌라에게 "네 아버지에게 가서 재산 상속에 관한 약속을 받아 두거라."라고 말하며 보낸다.

그런데 석가모니는 아들 라훌라에게 재산 상속문제에 관해서는 아무런 말을 하지 않고, 오히려 아들 라훌라를 데리고 나가 사미승으로 만들어버린다.

야소다라의 심정은 또 한 번 큰 충격을 받았다. 남편과 자식을 모두 빼앗겼기 때문이다.

타인에게는 성자이지만 자기 아내에게는 너무나 비정한 남편이었던 고타마 싯달타 석가모니.

나중에 야소다라는 그리운 아들 라훌라 때문에 자기도 데바닷다와 아난다처럼 출가승이 된다.

싯달타와 야소다라는 부부인연은 없는 사람들 같다. 서로 제각각 홀로 사는 것이 운명이다.

■ 야소다라 부인을 생각하며

남편 고타마 싯달타로부터 배신을 당해 독수공방을 하며 외아들 라훌라를 키웠는데, 어느날 남편 고타마 싯달타가 부처가 되어 나타나, 자신의 외아들마저 데려가 버렸다. 야소다라 부인의 심정이 얼마나 비참한 고독을 느꼈을까? 왜 석가모니 부처는 이토록 잔인한 방법으로 야소다라 부인에게 상처를 주었을까? 우리는 바로 이 점에 대해서도 깊은 성찰을 해보아야 한다고 생각한다.

■ 내가 존경하는 성현들을 비판하는 이유

사람에 대해서는 장점도 알아야 하지만, 단점도 알아야 판단이 공정해질 수 있다.

■ 타인의 자아만 배려하지 말고 자신의 자아도 배려하라

왜 타인의 비상식적이고 부적절한 언행을 이해하고 용서하기 위해, 자신의 상식적이고 적절한 언행을 희생해야 하는가?

■ 타인의 자아만 배려하지 말고 자신의 자아도 배려하라

타인이 끼친 해는 잘 참으면서 왜 자신이 희생당하는 고통에 대해서는 배려가 없는가?

왜 타인의 악행은 이해하고 인내해야 하고, 자신의 선의와 선행은 무시해야 하는가?

■ 싯달타가 사무량심에서 유일하게 실천한 것은 '내버림'

네 가지 한량없는 마음(慈悲喜捨)에서 고타마 싯달타가 유일하게 실천한 것은 '내버림'이었다고 여겨진다. 고타마 싯달타는 결코 대승불교가 관념적으로 창조한 보살신과 같은 따뜻한 사람이 아니었다. 그는 자기 부모와 처자식과 친척들에 대해 자기 자신만 생각하는 대단히 단호한 이기주의자였다. 바로 그 이기주의자가 모든 일과 반연을 일시에 놓아버리고 출가를 해버린 것이다.

이것이 내가 이해하는 고타마 싯달타의 사무량심(The four immeasurables: lovingkindness, compassion, sympathetic joy, equanimity)이다.

하지만 어떤 독자를 위해 이야기를 조금 더 해두기로 한다. 즉, 고타마 싯달타의 '내버림'을 폭넓게 이해하려면, 바가바드 기타(제5장 카르마 산야사 요가)에 통달해야 한다. 관심있는 분은 석진오 지음 《바가바드 기타 새겨읽기》(수현사(1993), 367-430쪽)를 참조해보시기 바람.

산야사 요가(Sannyasa Yoga)란 욕망의 내버림을 주로 하는 요가인데, 산야사란 내버림, 포기해버림, 멀리 떠나버린다는 뜻이다. 그리고 이러한 행동을 하는 자를 산야신이라고 부른다.

■ 불교는 어떻게 중생을 구제하는가

버리는 것이 어떻게 얻는 것이 되는가!

천박한 것이 어떻게 고귀한 것이 되는가!

탐욕적인 신앙심이 어떻게 명석한 깨달음이 되는가!

물음이 어떻게 해답이 되는가!

체험이 가능한 초인적인 너무나 초인적인 종교!

■ 고타마 싯달타의 생애를 보고

괴테(1749-1832)가 "최상의 것은 깊은 고요함이다. 그 속에서 나는 세상에 역행하며 살아가고, 성장하고, 또 세상이 내게 불과 칼을 가지고 덤벼들어도 빼앗아갈 수 없는 것을 얻게 된다."고 썼을 때, 그는 자신도 모르는 고타마 싯달타 부처에 대해 정확하게 언급을 한 셈이 된다.

■ 자기 삶을 문제화하는 깨달음의 전사들

자기 스스로 삶을 절단하는 냉혹한 용기와 자유와 이상이 없는 자는 부처(망상에서 깨어난 자)가 될 수 없다.

■ 석가모니 부처를 생각하며

고타마 싯달타 왕자의 전격적인 출가는 내게 이해할 수 없는 수수께끼다.

1) 왕의 외동아들로서 국가의 최고 권력을 이어받는 것이 이미 확정되어 있고, 2) 부인이 3명 이상이고, 별장이 4개 이상이고, 3) 세상 사람들의 희노애락을 마치 영화 보듯이 즐기며, 현금과 부동산을 부족함이 없이 가지고

있었으며, 몸도 아주 건강했다.

그런데 이러한 고타마 싯달타가 대체 어떤 동기로, 무슨 이유로 전격적인 출가생활을 단행하게 되었을까? 이것은 그저 싯달타의 천성이나 기질 때문이었다고만 할 수 있을까? 모든 사람들이 (아니, 현재의 우리들도!) 그토록 간절히 원하는 그 모든 가치있는 것들을 싯달타가 약간의 질투나 불만도 없이 포기할 수 있었던 그 결정적인 원인은 무엇이었을까? (이 문제와 관련하여 불경에 적혀 있는 이야기는 사실이 아닐 수도 있다.)

고타마 싯달타는 출가 후 사문으로서 자유롭게 떠돌며 사는 것에 만족했다. 이뿐만 아니라 고타마 싯달타는 어느날 보리수 아래의 명상에서 깨달은 자기마음의 소식을 커다란 확신과 기쁨을 가지고 자진해서 남에게 전하기 시작했다. 연기무아(아트만과 브라만 신은 존재하지 않는다!)와 해탈열반(자유로운 인간의 행복)의 경지를 알리는 소식!

그런데 싯달타는 '이밖의 문제'에 대해서는 아무 말도 하지 않았다. 아마도 어쩌면 이밖의 문제는 평소 중시하지도 않았고, 이미 단념해버렸는지도 모른다.

어쨌든! 수많은 사람들이 고타마 싯달타를 석가모니 부처로 인식했고, 또 그들은 석가모니 부처에게 진정으로 가르침을 청했다. 이후 80세가 되어 죽도록 석가모니 부처는 사람들에게 연기무아와 해탈열반(자유와 평온함)의 도를 가르쳤다. 아주 경쾌하게! 언제나 환한 얼굴로! 때로는 조크와 유머도 잊지 않고!

■ 모순

"만족할 줄 아는 사람이 최고다." 라고 말한 석가모니는 왜 자신의 아내와 자식에 만족할 줄 모르고 출가를 했는가? 만약 내게 야소다라같은 아내가 있다면, 그녀가 먼저 불륜문제를 일으켜 내게 배신의 상처를 주지 않는 한 나는 그녀에게 최선을 다할 것 같다.

■ 이기주의자들의 둔감성에 대하여

이기주의자들은 민감한 자들이 아니라 둔감한 자들이다. 그리고 이 둔감성은 지쳐버린 감정과 굳어진 관념에 속박되어 있다는 증거다.

■ 모순

《법화경》에서 석가모니는 "마음이 올바르지 못하면, 그 올바르지 못한 마음이 그 사람 자신을 먹어버린다."고 말했다. 그러면 부모에게 깊은 상처와 슬픔을 주고, 처자식을 냉정하게 버리고, 집을 나와 떠돌이 수행자가 된 고타마 싯달타의 행동은 과연 올바른 마음가짐인가?

■ 불교의 기본명제 ; 모든 것은 괴롭다

사자나 호랑이 같은 맹수를 먹이와 채찍으로 길들이는 조련사도 부부관계, 부모자식관계, 대인관계로 불화와 반목과 대립과 다툼이 있다. 인간이란 그런 것이다.

이와 같이 자기마음의 위대한 조련사인 석가모니도 자신의 가족관계(즉 애착, 유대형성, 분리, 슬픔, 유대재형성으로 이루어지는 순환과정의 혈연관계)는 콩가루로 만들어버린 바 있다. 인간이란 그런 것이다. 이것이 석가모니 부처가 세속에 있을 때의 삶이다.

그런데 부처의 생애를 읽어보면, 깨달음을 얻은 이후의 삶에서도 보다 더 많은 대인관계상의 고통을 겪었다. 인생이란 그런 것이다.

■ 단순한 개인문제가 아닌 것

석가모니 부처같이 자기 혼자 완벽한 인생을 산다고 해서 석가족 사람들이 모두 함께 완벽한 인생을 살 수 있는 것은 아니다. 석가족은 석가모니 생존시에 강대국의 침략을 받아 망해 버렸다.

■ 데바닷다의 복수심

데바닷다(davatta)는 싯달타의 아내 야소다라의 남동생이다. 그러니까 싯달타의 처남이다. 그런데 왜 싯달타(나중에 석가모니)와 데바닷다는 서로 경쟁관계가 되어서 매우 안 좋은 사이가 되어버렸을까?

석가모니 편을 드는 제자들의 말에 의하면, 데바닷다는 석가모니를 제거하기 위해 청부 살해를 여러 번 시도했다고 한다. 그래서 전통적인 불교경전에서는 "데바닷다는 극악무도한 인간으로 무간지옥에 떨어졌다. 데바닷다는 전혀 성불할 수 있는 종자가 없는 사람"이라고 주장한다.

하지만 어쩌면 자기 누나를 버리고 간 싯달타에 대한 분노가 오래 전부터 데바닷다의 가슴에 복수심(즉, 되갚아주는 것, 이기는 것, 극복하는 것)같은 것으로 남아있었는지도 모르겠다.

■ 현대 승려들은 데바닷다를 증오해서는 안된다

샨티데바의 보살수행도에서조차도 무간지옥에 있는 일천제(성불할 가능성
이 없는 사람)를 거명하여 구원하지 않으니, 나 같은 하급승려라도 일천제를
거명함으로써 무간지옥(고통과 고통사이에 간격이 없는 지옥)의 존재 자체를
없애버리기로 한다.

■ 일천제(성불할 가능성이 없는 사람)를 구원하는 방법

불가에서 가장 극악한 이름은 데바닷다요, 예수교에서 가장 극악한 이름
은 유다이다.

불가에서 데바닷다는 일천제라고 부른다. 일천제란 성불(self-actualizing)
할 수 있는 종자가 없는 사람이라는 뜻이다.

일천제는 불교의 모든 중생 구제론에서 유일하게 배제될 정도로 극악한
이름이다. 하지만 나는 이 극악한 이름을 몸소 직접 뒤집어씀으로써 일천제
라는 이름을 구제하고자 한다.

만약 예수교가 유다를 용서하지 못하고, 불교가 데바닷다를 용서하지 못
한다면 그게 무슨 최고의 깨달음과 종교라고 할 수 있겠는가?

■ 일천제

세상이 용서한다 하더라도, 부처와 그 제자들에게 용서받지 못하고, 영원
히 저주를 받고 있는 신세가 된 사람 그가 바로 일천제다.

■ 죽음은 모든 것의 끝이어야 한다

이미 죽어버린 자가 자신의 과거까지 계속 짊어져야한다는 것은 산 자들의 망상일 뿐이다.

■ 원효 대사에 대해 궁금한 것

원효 대사의 저서들을 읽어보면, 그 어느 대목에도 어거스틴의 참회록이나 루소나 톨스토이나 아미엘의 일기처럼 자기고백적인 기록이 없다. 나는 그게 아쉽다.

남들 앞에서 까불면서 놀고 있는 원효 스님의 이미지와, 그의 저술 논문 속에서 드러나는 원효 스님의 박학다식과 진지성과 심오성이 어떻게 하나로 나타날 수 있는지 정말 궁금하다.

원효 스님은 결코 정신분열자(둘 이상의 성격을 동시에 갖고 있는 사람)도 아니고, 다중인격자도 아닐 터인데, 어떻게 그렇게 경망스럽고 천박한 생활을 하면서도 동시에 심각하고 진지하고 고귀한 사상가였던가?

■ 후현대인들을 위해서 자기 정신병을 폭로해야 하는 이유

나는 자기 책에서 부모와 자식관계, 또는 부부생활, 또는 동료와 친구지간에 대해 정직하게 언급하면서 대인관계상 어떤 교훈점을 쓰는 작가에게 항상 감사함을 느낀다.

그런데 원효 스님은 자기 사생활에 대한 언급이 일절 없다. 그래서 원효 스님의 책은 내 대인관계 생활에 직접적인 도움이 되지 않는다.

■ 나의 정신병들

1) 산과 도시를 나그네처럼 떠돌며 은둔형 외톨이 생활을 하면서도 문사철에 능통한 세속의 제자를 구하는 정신병. 3) 자국인과 자국민족과 자국불교인을 지나치게 과시하는 애국 애족 애종의 정신병. 4) 이기적인 감동을 추구하는 정신병. 5) 책을 냄으로서 권태와 욕망과 유희와 행복을 반복적으로 경험하는 강박적인 출판중독 정신병. 6) 언어로 자기를 과시하는 정신병. 8) 자신의 과거를 추악한 기억으로 실체화하고, 그 실체화된 것을 원한과 증오와 경멸하는 적으로 삼아 자기 마음을 처절한 전쟁터로 만들어버리는 정신병.

■ 불교와 내 사상이 다른 점

석가모니 부처와 동남아 동북아 불교계 고승들은 모두 육체를 천시한다. 하지만 육체를 단순히 고깃 덩어리 (또는 추하고 더럽고 냄새나는 덧없는 신체) 로 아는 자는 정기신에 대해서도 아무것도 모르는 자라고 생각된다.

■ 육체를 천대하는 자는 정신도 천대하는 자이다

육체를 천대하는 자는 정신도 천대하는 자이다.

■ 섹스문제 고민하다가 우연히 깨달은 더 근원적인 것

나는 20대 청년시절에 승려로서 "섹스란 무엇인가" 라는 주제에 대해 매우 심각한 조사를 한 적이 있었다.

그런데 이 탐구에서 나는 섹스가 36억년 전에 지구 생명체가 자신의 생사문제를 해결하기 위해 일부러 발명해낸 사실을 알게 되었다. 따라서 나는 섹스문제에 대한 근원적인 깨달음이 없이는 그 어떤 문제도 이해할 수 없다고 생각한다. 왜냐하면 섹스는 재생의 원인이요, 방법이기 때문이다. 여기서 재생이란 죽은 후에도 섹스가 있다는 의미다.

■ 정자들의 전쟁

애욕을 좋아해서 자궁 안으로 들어간 것이 아니다. 애욕을 이용하여 자궁 안으로 들어간 것이다.

그런데 정자가 직위고하와 미추를 막론하고 일단 여자의 자궁 안에 들어오면 그는 태어나기 위해 치열한 정자전쟁을 겪어야 한다. 여기서는 애욕이 문제가 아니라 오로지 살려고 하는 의지가 문제다. 여기서는 마치 전쟁터에서 전쟁하는 군인들에게서 볼 수 있는 모든 전략과 전술이 동원되고 발휘된다. 어찌 이 처절한 전쟁에서의 생존을 기적이라고 하지 않을 수 있겠는가?

자연(Dharma)은 수컷과 암컷에게 짧은 쾌락을 주고 나서, 즉시 긴 삶의 전쟁 속에 그 고통을 집어넣는다.

■ 인간의 성애를 맹비난하는 성직자들을 바라보며

석가모니와 유마와 용수, 달마와 혜능, 노자와 장자, 헤라클레이토스와 피타고라스, J.크리슈나무르티와 U.G.크리슈나무르티, 루쉰과 버나드 쇼, 아인슈타인과 닐스 보어와 슈뢰딩거 같은 사람이 '섹스' 했다고 해서 한순간에 이들의 깨달음과 지성과 삶이 무지무명의 상태가 되는가? 나는 그렇게 보지 않는다.

불교 승려들은 기혼자의 섹스에 대하여 시기 질투를 할 필요가 없다. 왜냐하면 섹스는 우리 인간이 만들어낸 것이 아니기 때문이다. 섹스는 태양과 달과 무수한 별들이 만들어낸 것이다. 생명체는 태양과 달의 지시대로 실행할 뿐이다.

물론, 현재 나는 독신주의자이다. 하지만 성문제 하나로 인간 전부를 매도하는 천박한 성직자가 되고 싶지는 않다. 실제로 함석헌 옹을 일개 잡놈으로 매도하는 조순명 같은 인간은 남녀노소를 막론하고 승속에 얼마나 많은가!

깨달음과 지성의 깊이가 없는 인간들이 단지 이성문제 하나로 진정한 인간들을 –자기 에고를 위해– 매도하는 것은 참을 수가 없다.

■ 석가모니의 여성 공포증

《수타니파타》에 "나는 그녀가 비록 아름다운 여성일지라도 그녀와 결코 섹스를 하고 싶다는 마음을 내지 않았다. 왜냐하면 미모의 여성은 애착과 혐오와 탐욕의 원인일 뿐이기 때문이다." 라는 글이 쓰여 있다.

이 말은 석가모니가 얼마나 '여성 공포증' 을 가지고 있었는가를 증명해주는 말이라고 여겨진다.

■ 석가모니의 안정 집착증

《법구경》에 "애욕보다 더한 불길이 없고, 성냄보다 더한 독약이 없다. 육체보다 더한 고뇌는 없고, 안정보다 더한 즐거움은 없다."는 글이 쓰여 있다.

이 말은 석가모니가 얼마나 '안정 집착증' 에 빠져있는가를 증명해주는 말이라고 여겨진다.

■ 바라지 않는 마음도 바라지 마라

《중아함경(원가경)》에 "미인 얻기를 바라지 않는다. 안온하게 자는 것을 바라지 않는다. 이익 얻기를 바라지 않는다. 벗이 있기를 바라지 않는다. 칭찬이 있기를 바라지 않는다. 큰 부자 되기를 바라지 않는다. 몸이 무너지고 목숨이 끝나서 반드시 천당에 나는 것도 바라지 않는다."라는 석가모니의 말이 있다. 그러나 바라지 않는 마음도 바라지 않는 게 좋다.

■ 20년이 넘도록 사모하던 유부녀와 집념의 골인

존 스튜어트 밀(1806-1873)과 해리엇 하디 테일러(1807-1858). 그리고 그녀의 딸 헬렌 테일러.

만약 석가모니 부처가 이들에 관한 이야기를 들었다면 무슨 말을 할까?

■ 석가모니와 그 제자들의 불교의 알레르기

석가모니와 그 제자들의 불교는 세속에 대해 무슨 원한을 품고 있는 정신이나 사상인 것 같다. 예를 들면, 석가모니 불교는 왜 여자를 그토록 꺼려하고 두려워하는지 알다가도 모르겠다. 여자들의 허영심과 질투와 거짓말 잘하는 것은 곧 남자들도 마찬가지가 아닌가!

■ 사랑의 처형자

석가모니의 금욕적인 가르침은 사랑을 처형시켜버리겠다는 선전포고다. 더 이상 사랑의 희생자가 나오지 않게 하겠다는 결의다. 그러나 사랑을 처형시킨 후에는 이제 금욕의 희생자가 나오게 된다.

■ 부처가 쏜 사상의 화살

석가모니 부처란, 영원히 지속되기를 원하는 쾌락을 향해 일체개고(모든 것은 고통이라는 진리)와 제행무상(모든 것은 변한다는 것)과 제법무아(만물에 실체성이 없다는 것)의 화살을 쏜 사람! 그러나 이 화살조차도 일종의 쾌락이 아닐까?

■ 이것은 무엇인가

부대사의 게송이다. "매일 밤마다 부처를 안고 자고, 아침 아침이면 부처를 끌어안고 일어난다. 부처가 간 곳을 알고자 한다면, 다만 말하는 이 놈이니라."

세상 사람들은 뻔한 위선적인 도덕보다는 섹시한 유형의 설법을 더 오래 기억한다. 일단 호기심이 생기고 매력을 느끼기 때문이다. 인간들 특히 남자는 성적인 것에 끌리는 법이다. 종교사업가들은 바로 이 점을 잘 이용해 보시기 바란다.

그런데 부대사의 게송은 '이것이 무엇인가?' 하고 묻는 것이다. 그것은 매일 밤만 아니라 평생동안 끌어안고, 빨고, 애무하는 자기 자신이라는 자아(Ego)다. 그리고 이 자아는 자신의 결핍을 충족하고자 하는 망상 덩어리이다. 우리는 과연 이 망상에서 깨어난 자인가?

■ 좌도 탄트라 그림들

좌도 탄트라 그림들은, 인간의 섹스에 종교적인(즉, 구원적인, 치료적인, 온전한) 의미를 부여하고 있는 것 같다. 남자는 여자의 그것을 보고 견성하고,

여자는 남자의 그것을 보고 견성(see nature)한다고 하니, 남자와 여자의 그 것은 정말 대단한 것이라고 여겨진다.

■ '여성의 보지는 독사의 입이다' 라는 불교의 명제에 대하여

'여성의 보지는 독사의 입이다' 라는 불교의 명제에 대하여.

여성과의 섹스. 성욕에 관련된 모든 것에 대한 불교의 혐오와 구토와 증오 와 원한!

불교는 왜 여성을 이토록 두려워하는 것일까? 불교는 창조자를 창조하는 여성의 보지를 왜 경이로운 것으로 보지 않을까?

■ 몸을 함부로 훼손하지 마라

"만약 좆이 꼴리거나 발기되면, 즉시 그 좆을 칼로 잘라버려라!" 이것은 대체 누구의 무엇을 위한 가르침인가? 내가 장담하는 말인데, 부처와 조사 가 평생 동안 단 한번도 좆이 꼴린 적이 없거나 발기된 적이 없다면, 그것은 120프로 거짓말이다! 왜냐하면 몸은 이성보다 천배 만배 정직한 자연 그 자 체이기 때문이다. 그리고 그들은 단 한번도 자기 좆을 칼로 잘라버린 적이 없다. 그런데! 내가 아는 어느 멍청한 스님은 실제로! 성에너지가 넘치는 자 신에 대한 경멸감과 적대심으로 한순간에 자기 좆을 잘라버리는 바람에 평 생 동안 불편하게 지내고 있다.

■ 내가 석가모니의 가르침에 승복할 수 없는 것

육체를, 섹스를 일종의 불가촉민처럼 대하는 석가모니의 가르침에 대해 나는 승복할 수 없다. 육체는, 섹스는 도도한 브라흐만도 아니고 핍박해야 할 수드라도 아니다. 육체는 그냥 육체이며, 섹스는 그냥 섹스일 뿐이다. 만약 이러한 육체가, 섹스가 없었다면 석가모니 부처뿐만 아니라 이 세상의 모든 성현군자들의 출현은 불가능했을 것이다. 섹스는 이렇게 창조자를 창조하는 인간 생명체의 예술이다.

■ 연꽃을 피워내는 탁한 진흙의 효능

수행전문가들은 사고의 유연성과 내적인 풍요로움이 부족하다. 왜냐하면 수행전문가들은 인간의 의지력만 너무 지나치게 주장하기 때문이다.

■ 다른 인간의 체취

벌거벗은 여성의 몸(또는 남성의 몸)을 실제로 보고 만지고 접촉한다는 것은 얼마나 신기한 일인가!

■ 꽃보다 아름다운 여자 인간

한 송이 꽃 속에도 천지세계가 들어있다면, 한 명의 여성 속에 들어있는 것에 대해서는 더 말할 것이 무엇이 있겠는가?

■ 남녀관계에 대하여

어리석음이 지혜를 낳고, 지혜가 어리석음을 낳는다.

■ 여성은 창조자를 창조한다

석가모니 부처가 그토록 혐오하는 여성의 보지와 두 개의 젖통이 없었다면, 부처님과 수보리 존자와 용수 논사 같은 스님들의 출현은 불가능했을 것이다.

여자들의 오묘한 점은, 그녀가 아무리 무식하고, 평범하고, 통속적이고, 동물인간성을 벗어나지 못했다 하더라도 '창조자를 창조한다는 것' 이다.

■ 절에서 탄트라 불교철학을 가르쳐야 하는 이유

탄트라 불교철학을 가르쳐야 하는 이유는, 불교신자들 중 기혼자들은 이미 성생활을 하고 있기 때문이다. 동서양 인류사회에서 독신 비구의 금욕철학은 기혼자의 성생활을 능가하거나 통제할 수 없다. 왜냐하면 인류는 동물인간 즉, 자연과 분리되지 않은 인간, 또는 자연 그 자체인 동물인간의 본성(본래 성질, 또는 본래 그렇게 만들어져 있는 것)을 가지고 있는 자들이기 때문이다.

그러므로 불교는 기혼자들의 성생활 철학을 (상대방이 재수 없다고 느낄 정도로 금욕적으로 빼앗거나 시기 질투할 게 아니라) 다듬어 주거나 완성하는 데 도움을 주어야 한다.

■ 화가 이도우 전에 부침

몸이 곧 맘이요, 맘이 곧 몸이다. 온갖 종류의 몸 중에서도 특히 자기가 사랑하는 자의 몸이란 얼마나 아름다운 구원일까? 살바도르 달리에게 갈라의 몸이 있듯이 화가 이도우 님에게는 누구의 몸이 있을까?

존재는 곧 의미적 존재다. 그리고 의미는 타인에게 항상 말을 걸어온다.

걸어오는 말은, 기쁨의 깊이만큼 슬프게, 또는 슬픔의 깊이만큼 기쁘게 그렇게 온갖 시처럼 다가온다.

그는 직업모델을 쓰지 않는다고 한다. 그러나 그런 것은 내 생각으로는 어쨌거나 상관이 없다. 어차피 우리 모든 인생이 각자의 인생에서 직업적이기 때문이다. 중요한 것은 몸이 아니라 몸에게 어떤 언어로 말을 걸고, 몸을 깊이 이해하고, 몸을 표현하고, 몸을 해석하는 작가가 더욱 중요한 것이다.

그렇다면, 누드화가 이도우 님은 여성의 몸에게 어떤 언어로 말을 걸며, 다가가고, 이해하고, 체험하고, 해석하는가? 이에 대한 답변은 이도우의 누드전에서 다시 한 번 또 확인하게 될 것이다.

제멋대로 말해본다면, 소설작가에게는 펜이 자기의 성기인 것처럼, 누드화가의 붓도 자신의 성기라고 말하고 싶다. 그러므로 화가가 그의 붓으로 그 앞에 존재하는 의미있는 몸에게 다가갈 때에는, 화가의 붓은 드디어 영혼의 성기가 되고, 치열한 구도자가 되고, 뜨거운 깨달음이 되고, 진지한 물음이 된다.

생각건대, 노출된 것 속에도 은폐된 것이 있고, 은폐된 것 중에서도 노출된 것이 있으니, 그것은 생명의 몸의 아름다움이다. 그가 그려내는 몸은 누구에게 어떤 빛깔의 맘으로 다가가고 있는 것일까? 그가 그려내는 몸은 화려하지도 않고 고독하지도 않다. 그래서 그런지 그의 그림은 얄팍한 속임수가 없고 정직하다. 그가 그려내는 몸은 마치 그의 아내처럼 가식이 없다. 그것은 화가가 자기 앞에 존재하는 몸의 맘을 있는 그대로 대하고 있기 때문일 것이다.

그리고 이렇게 그의 그림만큼이나, 내가 아는 화가 이도우 님은 아직은 순수하다. 그러나 그의 이러한 순수함이란 수많은 생의 부조리와 모순과 비리에 성숙해지면서 얻는 그 자신만의 경지일지도 모른다.

존재하는 모든 삶에는 문제가 있고, 그것을 풀려고 하는 고뇌가 있다. 그리하여 인생은 상처와 슬픔과 불행 속에서 더 큰 건강함과 기쁨과 행복을 구원으로 삼는다.

화가 이도우 님은 바로 이러한 몸의 삶을 더욱 평범하게 더욱 일상적으로 구원시키고 있는 것 같다. "평상심이 곧 도다." 라고 갈파한 마조선사처럼 그가 그려내는 몸은 곧 본지풍광이다. (2003년 10월 18-24. 경주문화회관에서 열린 이도우 화가의 누드전 팜플렛에 미술평론으로 쓴 것)

■ 화가는 왜 누드를 그리는가

이도우의 누드 그림이 달라졌다. 그의 마음의 행로가 그 만큼 행복해졌다는 증거다.

우리는 알아야 한다. 누드만 누드가 아니라, 그 어떤 그림전시도 일종의 누드다. 왜냐하면 노출되는 것이기 때문이다.

그렇다면 누드의 누드를 통해 누드화가 이도우가 드러내고자하는 여성의 몸은 무엇일까? 그는 자기 맘속에 있는 여성의 몸에 어떤 숨결을 불어넣어 어떤 미의 세계를 만들어내고 있는 것일까?

그의 누드는 에른스트나 피카소나 달리의 누드화처럼 난해하고 복잡하지 않다. 이도우의 누드는 형상 그대로 쉽고 단순하다. 그러나 역설적인 모순 어법으로 말한다면, 난해하고 복잡한 것은 도리어 쉽고 단순한 것이며, 또 쉽고 단순한 것은 도리어 어렵고 난해한 것이니, 왜냐하면 화자의 비밀이 누드화 속에 숨겨져 있기 때문이다.

나는 누드화를 볼 때마다 누드 속에 있는 두터운 옷을 발견한다. 그 옷은 화자의 숨은 비밀이다.

누드화가 이도우는 언제나 여자의 몸만 그린다. 그것은 내면에, 태고시절부터 생존을 위한 결합에의 희망이 뜨겁게 존재한다는 증거다. 아득히 먼 태고시절, 모든 것이 섹스였던 시절에 우리 남자와 여자는 태어났고, 또 아득히 먼 미래, 모든 것이 진공(텅 빔, 순수함)으로 돌아갈 시절에 우리는 무(無, nothingness)가 될 것이다. 그러나 이 중간에 있는 우리 남자와 여자는 구천에 떠도는 넋처럼 서로를, 그토록 열망하는 몸을 찾으며 방황하고 있다.

그러나 오! 찾는 자는 찾으려고 했던 자요, 찾으려고 했던 자는 곧 찾는 자 그 자신이 아니었던가! 누드화가 이도우는 얼마나 긴 시간과 수많은 몸을 통해야 자신의 진면목을 볼 수 있는 것일까?

신선하고 풍요롭고 착한 누드는 아름답다. 그러나 화자의 영혼은 추악하고 탐욕적이어야 한다. 만약 절망적으로 가난하고 절망적으로 추악한 화자가 아니라면 그가 어떻게 가장 아름다운 몸을 그려낼 수 있겠는가? 만약 벗은 몸속에 있는 두터운 옷을 또 한 번 벗겨내지 않는다면 누가 진정으로 벗은 몸을 볼 수 있겠는가!

화자는 여성의 몸을 깊이 있게 보고 체험해야 한다. 왜냐하면 여자의 몸은 그 자체가 남자의 도(道)에 이르는 길이요, 궁극적으로 치료받고 있다는 환상이요, 화자가 구원받고 있다는 운명이기 때문이다.

고갱의 누드는 건강하고 풍요롭다. 그러나 뭉크의 누드는 절망적이다. 모딜리아니의 누드는 유혹적이다. 그러나 마그리트의 누드는 슬프다. 그리고 보스의 쾌락의 정원은 에른스트와 달리의 누드화처럼 충분히 정신분석학적이다. 그렇다면 이도우의 누드는 어떤 것일까?

이도우의 누드는 농염하되 농염하지 않고, 청순하되 청순하지 않다. 이것은 그의 사로(思路)가 그만큼 깊어졌다는 증거다. 나는 지금 클림트의 누드를 바라본다. 클림트의 누드는 싸늘한 냉기가 있는 누드다. 사악함조차 느껴지기도 한다. 그래서 클림트의 누드는 임신부조차 임신해 있는 것이 보이지 않는다. 그러나 이도우의 누드는 임신부가 아님에도 불구하고 임신한 것이 보인다. 그것은 한겨울 속에서도 어떤 봄 같은 희망의 낌새가 느껴지기 때문이다.

과연 얼마 동안의 기간이 지나야 누드화가 이도우의 그것이 경이로운 생명체로 탄생할까? 나는 그만의 미학적 출산(즉, 심오하게 응용된 성적인 힘)을 인내심을 갖고 기다린다.

이제 그의 누드화 전에 축하를 보내며, 부디 우리 모두 벗은 몸을 통해 벗은 마음도 보고, 벗은 마음을 통해 벗은 영혼도 볼 수 있기를 바랍니다.

(2005.10.15-21. 이도우 화가의 누드전 두산갤러리 팜플렛에 미술평론으로 쓴 것)

■ 거미여인의 욕망과 유혹

모델들이 외모를 치장하고 대중 앞에 나서는 것과, 작가가 작품을 창작하여 대중 앞에 내놓는 것과 아무런 차이가 없다. 이러한 사실은 여자의 단순하면서도 오묘한 유전자 속으로 들어가 보거나, 작가의 작품을 근본적으로 모두 벗겨보면 곧바로 확인할 수 있다.

■ 화가도 모르는 것

그림은 사람들이 보라고 그린 것이다. 그런데 그림은 화자의 심리적인 병의 치료와 변형에 관련된 것이다. 그런데 그림을 구경하는 자가 그림을 화자보다 더욱 깊이 봄으로써, 화자와 자신의 심리적인 병 모두를 치료해주는 경우가 종종 있다.

■ 보는 자와 보는 것

어떤 예술가들은 왜 자신을 심하게 노출할까? 마치 초미니스커트로 자기 '거시기'를 노출하는 20대 초반의 아가씨들처럼. 왜 예술가들은 자신을 봐달라고 소리 지르는 것처럼 그림과 음악을 하며, 내면적인 '거시기' 마저 노출할까? 유혹하기 위해? 아니다. 어쩌면 유혹당하고 싶은 이유 때문인지도 모른다. 그러나 화가는 유혹자이면서도 자신이 강간당하는 것은 가장 재수 없게 생각하거나, 매우 두려워한다. 마치 자신의 작품을 하대하고 무시하고 천시하는 미술평론가들을 만난 것처럼!

그래서 니체의 《인간적인 너무나 인간적인》제 1권 5장 279절의 글은 틀린 말이 아니다.

■ 예술가의 본성에 대하여

예술가의 본성은 허영심 또는 자기도취에 있다. 그러므로 예술가는 가장 예민한 사람이다. 상처로 얼룩져 있는 허영심으로 자기도취에 빠져있는!

■ 직업인으로서의 예술행위

예술행위란 보여주고 돈(또는 주목) 받는 것. 마치 누드댄서가 매력적인 자기 성기를 보여주고 돈 받는 것처럼.

■ 예술가의 작업과정

예술작업 과정이란 일종의 섹스다. 마치 자위행위의 절정처럼.

■ 예술의 뿌리

예술의 뿌리는 자연의 모방이요, 인간의 충동적인 망상이다.

■ 예술이 아닌 게 없다

아니, 저것도 예술이야? 그렇다! 예술 아닌 게 없다!

아니, 저 사람도 예술가야? 그렇다! 예술가 아닌 사람이 없다!

■ 진정한 예술에 대하여

자신만의 독창적인 표현과 성격과 깨달음을 타인에게 전하지 못하는 예술가의 예술은 취미생활일 뿐이다.

■ 김영재

내가 낸 《향기나는 잡초》에서 특집으로 소개한 바 있는 김영재(1953 -)의 그림과 필력을 제대로 평가하려면 그의 스승 사사행인의 반야화에 대한 안목이 있어야 한다. 사사행인의 그림과 필력은 중광, 수안, 일장, 석정 스님의 그림보다 더 선의 성질이나 색채감각이 비교할 수 없을 정도로 월등하다. 하지만 사사행인의 그림이 중세 일본선불교 화풍의 모방을 넘어서지 못한 점은 단점이다. 그러나 사사행인의 수법제자인 김영재의 그림에서는 이 점이 모두 극복되어 있다. 그러므로 내 관점으로는 김영재의 그림이 그의 스승 사사행인보다 더 세련되고 발전된 것이라고 여겨진다. 충청도 사람 김영재는 고타마 싯달타처럼 처자를 두고 집을 나와 인도와 동남아시아의 방랑자가 된 삶의 예술가다. 그러나 김영재는 고타마 싯달타와는 달리 오쇼 라즈니쉬처럼 위대한(즉, 과도한) 탄트리카다. 이것도 그의 재능이라고, 나는 생각한다. 그리고 김영재는 인도 바라나시에서 선화전을 열어 인도 6개 신문의 톱뉴스 인물이 될 정도로 선풍을 날리기도 하였다. 그런데 이러한 김영재가 오늘 2009년 10월 29일, 부산 고신대학 복음병원에서 오전 7시 50분부터 위암치료를 위한 수술을 받기 시작했다. 수술을 받는다는 것은 삶과 죽음을 담당하는 귀신들 간의 전쟁이다. 부활과 몰락, 재생과 소멸의 기로에 선 위대한(즉 과도한) 인간의 상황!

내 이해력에 의하면, 불교미술가 김영재는 달마도 작가일 뿐만 아니라 '사는 방법의 대가'이기도 하다. 마치 구르지예프와 카잔차키스처럼 평소 가장 퇴폐적이고 기만적인 방법으로 가장 고귀한 인간의 진면목을 유감없이 보여주는 김영재(1953년 5월 23일 새벽에 셋째아들로 태어난 자)는 O.라즈니쉬가 쓴 《달마》 네덜란드어 번역판(1996년 재판본)에 달마도를 10점 그린 작가로도 유명하다. 그의 무사귀환을 바란다.

■ 예술가와 예술 평론가

자신과 타인에 대한 심오한 경멸과 증오의 체험이 없는 예술가들은 서로 아첨만이 유일한 음식물처럼 집착한다. 하지만 아첨이란 오해 또는 거짓말로 위로하는 대인관계 처세술일 뿐이다. 이런 예술가들은 칭찬으로 포만감을 채우고 허영심만을 원동력으로 삼는 천박한 자일 뿐이다.

그래서 니체는《인간적인 너무나 인간적인》제 2권 1장 87절에서, "정직하지 않은 칭찬은, 솔직하지 않은 비난보다 나중에 훨씬 더 많은 양심의 가책을 (즉, 후회하는 마음을) 가져온다."고 썼을 것이다. 그러나 내 아첨 철학의 기본성격은 그 사람의 아름다운 꿈은 이루게 해주되, 그 사람의 사리사욕은 부정하는 것이다.

■ 예술이란 무엇인가

톨스토이는 예술론에서 선(善)한 예술을 주장했다. 하지만 프랑스의 사드에서 M.pouget의 그림까지 또는 폴란드의 Karel Appel의 그림 같은 것도 일종의 예술이라고 나는 생각한다. 왜냐하면 예술은 성스러움과 비천한 인간성 전체를 담고 있는 것이기 때문이다.

■ 예술가들의 손

"왕의 손은 길다"는 속담이 있지만, 진짜 긴 손을 가진 자는 예술가들이라고 여겨질 때가 있다.

■ 조각가 이일호 선생님의 작품을 보고

나는 조각가 이일호(1947-) 선생님의 작품들을 좋아한다. 한국에서 나의 미학에 정말 합치되는 예술가는 바로 이일호 선생님이다. 궁금한 분은 최근에 출간된 《어디만큼 왔니, 사랑아》를 참조해보시기 바란다.

나는 조각의 기술을 배운 적이 없다. 하지만 나의 상상으로 그린 설계도는 백 장 이상 그려가지고 있다. 나는 이일호 선생님의 솔직한 에로티시즘이 좋다. 그런데 나의 에로티시즘은 좀 더 과격하고 추상적이다. 바로 이런 것이 현대 예술의 창의성이라고 생각한다.

■ 오묘한 그림을 바라보며

페터 폴 루벤스가 그린 《시몬과 페로(1612년작)》를 보면 기분이 묘해진다.

만약 내가 시몬이고, 내 딸이 페로라면, 나와 나의 딸은 무슨 생각을 할까? 물론, 그림은 생사의 기로에 처한 절박한 아버지와 효성이 지극한 딸에 관한 그림이다. 그런데 저런 절박한 처지에 있지 않은 우리는 무엇을 느낄까?

■ 병들어 있는 세계의 근원

구스타브 쿠르베(1819-1877)가 그린 《세계 근원(1866)》은 오늘날에는 병들어 있다.

■ 살바도르 달리의 그림을 해설할 수 있는 키워드

살바도르 달리(1904-1989)의 그림을 해설할 수 있는 키워드는 S.프로이트 정신분석학의 미학이다. 그러나 프로이트(1856-1939)는 초현실주의 미술이나 음악에는 취미도 관심도 없었다.

■ 모든 것이 그림이다

이 세상의 모든 것이 살아 움직이는 그림같이 보여질 때가 있다. 나 자신조차도.

■ 비교할 수 없는 것

그 어떤 과학의 발견적인 작품이든, 예술가의 상상적 작품이든, 이 우주의 지구라는 예술작품에 비교할 수는 없는 것.

■ 최고의 예술 작품

전자현미경으로 사진 찍은 바이러스(Virus)들의 모양을 보면 정말 최고의 예술 작품 같다. 어느 예술가가 이런 생명의 형태를 그리며 만들어낼 수 있겠는가?

■ 존 케이지와 중국 선사상

전위작가 존 케이지(1912-1992)가 "지극히 평범한 것조차 미적, 예술적 가치가 있다."고 말했을 때, 그는 중국선사들이 말하는 "평상심이 곧 도(道)다." 라는 원리에 근접하고 있다고 여겨진다.

■ 솔 르윗에 대하여

솔 르윗(1928-)은 선사인가?

■ 성공한 예술가들

성공한 예술가들이란 자기 자신을 표현하고자 하는 욕망을 마음껏 행하면서 동시에 큰 돈도 버는 사람들이다.

■ 잭슨 폴록과 피카소

잭슨 폴록(1912-1956)이 "내가 그림에 몰두할 때에는 무엇을 하고 있는지 거의 의식하지 못한다. 나중에 내가 그려놓은 것을 볼 때, 얼마간 생각할 수 있는 시간을 가진 후에야 비로소 내가 무엇을 그렸는지 알 수 있다."고 말했을 때, 그는 P.피카소의 경지에 근접하고 있다고 여겨진다. 피카소(1881-1973)는 다음과 같이 말했다.

"하나의 그림은 처음부터 끝까지 미리 고안되거나 확정되지 않는다. 작업을 하는 동안 그것은 생각만큼이나 변화한다. 비록 완성되었을지라도 바라보는 자의 그때 그때의 감정상태에 따라 계속해서 변화한다. 하나의 그림은 하나의 생명체와 같이 자신의 삶을 산다. 그리고 그림도 일상적인 삶에서 우리가 겪는 변화와 똑같은 것을 겪는다." 라고.

■ 결코 질투하는 발언이 아니다

그림 한 점에 1천3백13억 원이라. 미국의 추상표현주의 작가 잭슨 폴록(1912-1956)의 대표작 《넘버 5 (1948년작)》가 그렇게 대단한가?

붓으로 그림을 그리지 않는 액션페인팅의 대가이며 《가을리듬(1950년작)》으로 유명한 잭슨 폴록.

그러나 내가 쓴 책 한 권 값은 1만 원. 내가 받는 인세는 1만 원의 10프로인

천원. 요즘은 출판경기가 너무 열악해서 그나마 인세요구도 미안해서 양보를 잘한다.

어떤 미친놈이 이런 미술문화 시장을 만들고 운영해 나가는 것일까? 나도 그 미친 놈을 한 번 만나고 싶다. 웃으며 말한다. 대체 그는 누구이며 어디를 가야 만날 수 있는가?

피카소의 그림 《화가와 모델》은 경매시작 가격이 77억 원이었고, 피카소의 다섯 번째 애인인 도라마르를 그린 《고양이와 함께 있는 도라마르》는 905억 원이 넘는 가격에 팔렸다.

우리나라에서도 박수근(1914-1965)의 《시장의 여인들》이 9억1천만에 팔리고 《노상》은 10억4천만에 팔리고 있다.

오늘(2007년 6월 21일)은 런던 소더비 경매에서 생존예술가 대미언 허스트의 《자장가 봄》이 178억 원에 팔려서 재스퍼 존스의 《숫자 4》가 158억 원에 팔린 기록을 갱신했다고 한다. 대단하다. 내가 모르는 예술시장의 세계가 있는가 보다.

■ 내 책 한 권의 값은 언제 올라갈까?

유명한 권투선수의 주먹 한 방의 값처럼, 유명한 화가의 그림 한 장의 값처럼, 연예인들의 광고 한 장의 값처럼, 세계적인 가수의 노래 한 곡의 값처럼, 내 책 한 권의 값은 언제 올라갈까?

청바지 한 개가 1억5천만 원. 야구 공 한 개가 1억8천만 원. 자전거 한 대가 6천만 원. 가방 한 개가 1천4백만 원. 내 책은 한 권에 얼마지?

■ 예술가와 대중

예술가와 대중은 돈으로 의사소통을 한다. 왜냐하면 예술가와 대중은 모두 소비자들이기 때문이다.

■ 예술을 하는 척 하는 사람들을 바라보며

은행가들이 모이면 예술을 논하고, 예술가들이 모이면 돈을 논한다는 오스카 와일드의 말은 얼마나 구체적이고 물질적이고 현실적인가!

내가 싫어하는 사람은, 예술에 진짜 헌신적으로 몰두하지 않으면서 그저 돈타령만 하며, 돈이 많은 여성후원자들만 찾는 '예술을 하는 척하는 사람들'이다.

■ 추사 김정희의 서예 인생

글자는 글자일 뿐인데, 서예(글자를 예술적인 모양으로 적는 행위)라는 이름 하에 거창하고 심오한 이야기를 하니, 사람의 예술적 본성은 끝이 없는가보다. 그러나 서예뿐만 아니라 모든 글쓰기는 자신의 욕망을 치유하는 방법에 불과한 것일 뿐이다.

■ 광고미학의 핵심은 섹스를 연상시키는 것이다

동서양을 막론하고 TV에서 가장 인상적인 영상광고는 섹스를 연상하게 하는 것이다.

■ 광고는 '사실'이 아니다

광고의 기술은 과장이다.

광고의 내용은 유혹이다.

광고의 목적은 돈벌이이다.

■ 자유의 병폐

언론 자유를 주었더니, 언론이 절대 권력이 되고.

종교의 자유를 주었더니 종교가 절대 권력이 되고.

예술표현의 자유를 주었더니 예술지상주의가 판을 친다.

■ 무용이라는 것

춤은 감정의 배출이라는 점에서 몸으로 표현하는 시이다.

몸을 사용하는 남녀 간의 격렬한 섹스도 마찬가지다.

■ 나와 공통점: 왼손잡이들

주강현 선생의 《왼손과 오른손(2002)》을 읽고, 오른손잡이인 음악가와 시인과 사상가, 왼손잡이인 음악가와 시인과 사상가에 대해 생각해보았다. 아폴로 신은 오른손잡이, 디오니소스 신은 왼손잡이! 이 얼마나 다른가?

나와 공통점: 왼손잡이들. 미켈란젤로(1475-1564), 베토벤(1770-1827), 프랭클린(1706-1790), 칼라일(1795-1881), 마크 트웨인(1835-1910), 니체(1844-1900), 피카소(1881-1973), 간디(1869-1948), 슈바이처(1875-1965), 아인슈타인(1879-1955). 세미 슐트(1973-), 미르코 크로캅(1974-). 버락 오바마

(1961.8.4-).

■ 나와 공통점: 무신론자들

석가모니, 찰스 B.다윈, 칼 마르크스, 프리드리히 니체, 지그문트 프로이트, 버틀런드 러셀, U.G.크리슈나무르티.

■ 행복한 고독

"이 숲은 너무 행복해" 그러나 나는 행복한 것만큼 고독하다. 늦겨울의 따스한 햇빛과 이 한적함. 죽어도 그만이고, 살아도 그만인 덧없는 존재.

책이라도 부지런히 써야 할 것이다. 그러나 책을 내고 나면 더 고독해지니 어찌된 일인가? 내가 생의 방향을 잘못 정한 것일까? 나는 다이어트 중독자처럼 출판중독자인 것 같다. 그래서 하는 말인데, 내가 책 내는 일(즉, 내 삶의 모든 고독과 생각을 몽땅 책 속에 집어넣으려고 발버둥치는 일)을 하지 않아도 잘 지낼 수 있는 날은 언제일까?

■ 모차르트의 음악에서 내가 유일하게 감응하는 곡

모차르트의 음악은 마치 쾌활한 시골 아가씨 같은 느낌을 준다. 하지만 레퀴엠(Requiem)은 다르다. 레퀴엠은 죽은 자의 영혼을 위로하는 진혼곡이다. 이 작품은 모차르트(1756-1791)의 음악에서 내가 유일하게 감응하는 곡이다.

■ 음악가들의 재능

나는 《카핑 베토벤》 영화를 극장에서 지인들과 함께 세 번 보고, 내 서재에서도 인터넷으로 세 번 보았다. 극장에서 이 영화를 세 번째 보았을 때에는 (언제나 내가 가장 감동하는 장면에서) 나는 창피스럽게 눈물을 흘렸다. 베토벤의 고독에 갑자기 감응하는 나의 연민의 눈물이었다.

그리고 J.크리슈나무르티의 사진들만 모아놓은 앨범 책《One Thousand Suns》에도 보면, 강연을 마친 후 '베토벤 교향곡 제9번 합창'을 들으며 명상하는 J.크리슈나무르티의 모습이 보인다. 베토벤은 정말 대단한 분인 것 같다.

여자, 돈벌이, 명예에 관련하여 평범한 인간성을 갖춘 음악가들이 비범한 사상가조차 음악으로 감동시킨다는 것은 얼마나 대단한 재능인가!

■ 영화 《카핑 베토벤》을 보고

나는 베토벤의 음악만 들으면 머리가 얼어붙은 것처럼 꼼짝을 못하는 사람이다. 그동안 그의 음악을 듣지 않은 지가 벌써 3년이 지났구나. 그런데 오늘(2007.10.25) 저녁에 우연히 가상인 《카핑 베토벤(Copying Beethoven(2006)》 영화를 보고 정말 오래간만에 너무 감격적인 장면을 목격했다. 9번 교향곡을 지휘하는 청각장애자인 베토벤과 안나 홀츠의 완벽한 교감. 이런 영화 대본을 쓴 영혼에게 영광을! 이런 영화를 만든 여성감독 아그네츠카 홀란드에게 영광을!

"음악은 지혜와 철학보다 고상한 계시다."라고 말한 베토벤(1770-1827)은 자기 운명에 대해 정말 멋지게 복수(즉, 되갚아주는 일)한 분 같다.

■ 음악 효능의 양면성

음악은 치료약이면서 동시에 중독성이 강한 것이다.

■ 음악과 섹스

음악은 섹스다. 충만하게 하기 때문이다.

음악은 섹스다. 해소하는 것이기 때문이다.

음악은 섹스다. 외국어를 몰라도 가능하기 때문이다.

■ 음악이 내게 가르치는 것

불안함이 어떻게 평온함을 주는가! 괴로운 것이 어떻게 쾌락을 주는가! 죽음이 어떻게 삶이 되는가! 어리석음이 어떻게 현명함이 되는가! 추악함이 어떻게 아름다운 것이 되는가! 궁핍이 어떻게 과잉이 되는가! 실패가 어떻게 성공이 되는가! 악이 어떻게 선이 되는가!

■ 사상과 감정이 절정에서 만날 때

나는 작곡할 줄 모른다. 그런데 어느 때에는 악상이 물밀듯이 밀려오고, 또 어떤 때에는 폭풍처럼 지나간다. 만약 내 주변에 오페라 작곡을 할 줄 아는 지인이 있었다면 나는 이 전문가와 의논하여 벌써 여러 곡의 작사를 발표했을 것이다. 음악이 전하는 정보는 소설처럼 이야기가 아니라 감정이고, 문법이 아니라 직접적인 소리의 조화와 움직임에 의해 전해진다.

■ 황폐한 것이 어떻게 윤택한 것이 되는가

무시무시한 태풍이 온다는 일기예보관의 말은 나를 항상 바다가로 유인하는 주문이다. 거기서 나는 베토벤의 소리를 들으며, 신성한 여신의 고통에 찬 환희를 체험한다.

우아한 여신만큼 내 결핍(고독)을 일깨어주는 자가 또 어디 있겠는가!

■ 바흐의 수난과 헨델의 메시야

버림을 당한 자가 어떻게 구원자가 되는가를 감격적으로 체험한다. 오! 내 영혼의 추를 건드리는 자여! 일체의 고통을 환희로 감동시키는 자여!

■ 음악은 어떻게 인간을 구원하는가

내 결핍을 자극하고, 내 과잉을 손상시키는 서양의 고전음악은 얼마나 위대한 구원의 예술인가!

■ 내가 오늘 하루종일 들은 음악

불교 계율이 적혀 있는 경전에 의하면, 부처는 음악인들의 모임에 가거나 음악 듣는 것을 일체 금지했다. 하지만 나는 부처에게 묻는다. "부처는 나를 무슨 동굴의 야수로 만들려고 하는가?"

인간은 참선이나 요가만 하는 기계가 아니다. 그래서 하는 말인데, 만약 불교가 내가 좋아하는 음악이나 영화를 백 프로 부정하고 싫어한다면 나는 그런 불교와는 완전한 절교를 선언할 것이다.

내가 오늘 하루 종일 들은 음악의 이름을 적어본다. 독자들도 한번 직접

들어보시기 바란다.

케니 지가 연주하는 섬머 타임, 또는 조지 거쉰이 부르는 섬머타임에서부터 루치아노 파바로티나, 조수미가 부르는 사랑의 묘약(남몰래 흐르는 눈물). 또는 호세 카레라스가 부르는 투란도트중 공주는 잠 못 이루고, 또는 파바로티가 부르는 베르디 오페라 리골레트중 여자의 마음, 또는 오! 솔레미오와 푸치니 토스카 '별은 빛나건만', 카루소! 모차르트의 오페라 피가로의 결혼에서 저녁노을의 부드러운 바람과 밤의 여왕의 아리아, 레퀴엠! 영화음악 제5원소에 나오는 디바의 아리아와 기미의 〈월량망기요〉에 수록되어 있는 18개의 음악들을 들으면, 나는 나를 이루고 있는 세포 60조 개 중에서 20조 개의 세포들이 오랜만에 환희와 감격과 구원받는 감정을 체험한다. 그런데 누가 감히 이런 음악을 부정하는가? 나는 내가 좋아하는 음악은 그 어떤 종교의 신이나 교주와도 바꾸지 않는다.

다만 조심할 것은, 음악에 취해 무아지경이 되면 위험한 상황이 생겨도 알 수 없게 되니, 미리 문단속을 꼼꼼히 확인하고 안전하게 침대에 눕거나 의자에 앉아 눈을 감아야 할 것이다. 내게 음악은 마약 또는 섹스다. 아니 섹스보다 더 의미가 깊고 치료효과가 좋은 것이다.

■ "오! 사랑하는 나의 딸"

마치 내 딸이 내 앞에서 부르는 것처럼 상상하며 듣는 "오, 사랑하는 나의 아버지" 가슴이 징 해진다.

■ 감동적인 목소리

공자는 "아침에 도를 들으면 저녁에 죽어도 후회가 없다."고 말했고, 도연명은 "아침에 인의(仁義)와 함께 산다면, 저녁에 죽어도 슬플 것이 없다."고 말했다.

그런데 나는 세실리아 바르톨리(1966,6,4-)가 부르는 《dite oime》를 비디오로 보고 들으면서 "나는 이제 죽어도 여한이 없다!"고 생각했다.

■ 석가모니 율법의 의미

석가모니는 왜 제자들에게 춤추는 곳에 가지 말고, 노래하는 곳에 가지 말고, 연극하는 곳에 가지 말라고 했을까? 싯달타가 경험한 자기노출의 허영심과 관음증의 원리에서 생기는 의존중독증을 경계한 탓일까?

■ 음악으로부터 자유해야 하는 이유

음악은 정신을 자유롭게 만드는 것이 아니라 상상에 빠지게 한다. 그리고 상상된 자유란 자신의 결핍과 소망의 충족이라는 점에서 아주 굵은 쇠사슬이다.

■ 캐나다의 쓸쓸한 계절에 회심곡을 들으며

한국전통불교의 진혼곡. 죽은 자를 위로하고 달래는 회심곡. 한국에서 서산대사로 유명한 휴정(1520-1604) 스님이 쓴 불교가사.

이런 회심곡을 미국 흑인들이 부르는 랩 형식으로 변형하여 부르는데 신나는 회심곡이다. 젊은 불자들은 한 번 들어보시기 바란다. 가수 이름은 최세월 선생.

■ 내가 좋아하는 아리랑

오늘(2008년 11월 6일)은 한국전쟁에 목숨 걸고 참전했던 유럽계 캐네디언들의 재향군인회에 갔다. 오늘이 이 모임의 회장을 뽑는 날이라고 한다. 회의진행이 매우 민주주의적이어서 바로 저런 게 백인 캐네디언들의 힘이구나 하고 느꼈다. 나의 마더는 이 모임에 가장 오래된 유일한 한국인 회원이라고 한다. 마더의 전남편이었던 척 볼톤(1930–)이 한국 참전 용사였기 때문이다.

그런데 팔자 콧수염이 멋진 어떤 백인 분이 스코틀랜드 퀼트 치마를 입고 특별히 나를 위해 음악을 연주하는데 첫 곡이 아리랑이다. 아리랑은 언제 들어도 정감이 있다. 그런데 내가 좋아하는 아리랑은 김용환(1912–1948)님이 부른 《꼴망태 목동》아리랑이다.

■ 나의 시작(詩作) 준비노트

즐거운 고통. 괴로운 쾌락.

행복한 불행. 불행한 행복.

감격하는 고독. 고독한 감격.

풍요한 빈곤. 빈곤한 풍요.

사랑에 가득찬 적의. 적의에 가득 찬 사랑.

따뜻한 차가움. 차가운 따뜻함.

적막한 시끄러움. 시끄러운 적막.

침묵이 가득한 수다. 수다스러운 침묵.

밝고 빛나는 어둠. 너무나 캄캄하게 밝은 것.

너무나 추한 아름다움. 너무나 아름다운 추함.

빼앗는 보시. 베풀면서 빼앗는 것.

인색한 낭비. 낭비하는 인색함

위험한 안전. 안전한 위험.

재앙이 가득한 복덕. 복덕이 가득한 재앙.

저주하는 축복. 축복하는 저주.

■ 어느 사상가의 고독한 운명

아무도 모르게 캐나다에 오고, 아무도 모르게 캐나다를 떠나듯이, 내 조국 한국에서의 생활도 마찬가지다. 나는 여기서 조용히 지내다가 어느 날 흔적도 없이 떠나갈 것이다.

■ 필립 딕이 70년대에 주장한 인조인간론은 가능한 예언이다

필립 K 딕(1928-1982)의 소설 《안드로이는 전자양의 꿈을 꾸는가(1968)》를 영화로 만든 《블레이드 러너Blade Runner(1982)》에 나오는 인조인간들은 미래에 충분히 가능한 존재들이다.

내가 죽기 전에 이런 영화를 통해 미래를 내다 볼 수 있었다는 것은 지금 산 자들이 경험할 수 있는 의미 있는 것들 중에 하나이다.

2007년에 개봉한 《트랜스포머Transformers》라는 영화에서도 마찬가지 영감을 받았다. 그런데 《임모르탈Lmmortal(2007년 개봉작)》이라는 SF영화는 정말 타의 추종을 불허할 정도로 인상적인 이미지를 보여주는 영화다. 기계기술 발명의 총명함을 지나치게 낭비하는 인간의 어리석음을 경고한 영화 《Number 9》와 《써로게이트Surrogates》도 마찬가지다.

■ 필립 K 딕의 소설을 토대로 한 영화들

근래 T.V에서 우연히 《음모자Impostor(2002년 개봉작)》, 《마이너리티 리포트minority report(2002년 개봉작)》라는 영화를 봤는데 벌써 세 번째 보았다. 정말 대단한 영화들이다. 필립 K 딕(1928-1982)의 소설을 영화화한 것은 모두 한결같이 내 철학적인 두뇌를 자극한다.

오늘은 《페이첵paycheck(2003년개봉작)》이라는 영화를 인터넷에서 보았는데, 이 영화의 주제는 기억 지우기와 미래를 보는 힘(예지력)에 관한 것이다.

■ 애니메이션 《스캐너 다클리》를 보고

오늘은 《스캐너 다클리A Scanner Darkly(2006년)》라는 애니메이션 영화를 보았다.

미국의 미래사회에서, 미국정부가 마약과의 전쟁에서 마약 수사관 프레드를 마약 거래자 밥 액터로 위장하여 마약 거래망에 투입했는데, 이 과정에서 수사관 프레드는 어쩔 수 없이 마약을 섭취함에 따라 그로 인한 뇌 기능 장애를 겪는다.

이 영화는 바로 이 프레드의 자아분열 또는 자아 정체성(준거의식, 소속감, 동질감)에 관한 것을 보여주기도 한다.

밥 액터는 독백한다. "스캐너가 나처럼(즉 마약에 취해 있는 나처럼) 단편만 이해한 채 그 단편조차 오해한 채 모호하게 본다면 저주받게 될 것이다." 라고.

그리고 뉴 패스 재활센터에 수용되어있는 환자들의 말이 매우 인상적이다.

"살아있는 것과 죽은 것은 특성을 교환한다."

"죽은 것의 욕망은 살아있는 것의 욕망보다 강하다."

"살아있는 것은 죽은 것을 위해 이용당해서는 안되지만, 죽은 것은 여건이 허락될 경우 살아있는 것을 위해 이용될 수 있다."

필립 K 딕(1928-1982)의 소설을 토대로 한 영화들은 내가 죽기 전에 모두 꼭 봐야 할 영화들이다.

이 영화가 끝나는 자막에서 필립 K.딕은 마약중독자들에게 "다른 방식의 즐거움을 찾도록 하라."고 충고하고 있다.

■ 물속에 갇혀 있는 예지자와 나의 운명

필립 K딕의 소설을 스티븐 스필버그가 영화로 만든 《마이너리티 리포트 (Minority Report; 극소수의 의견 보고서. 2002년 개봉작)》에 나오는 물속에 갇혀 있는 예지자들처럼 나는 지성만 가지고 있다.

내가 할 줄 아는 것은 오직 논평할 줄 아는 것, 이것뿐이다. 실제 생활에서는 아무런 도움이 되지 않는다. 내 직업이 운 좋은 은둔의 사상가라는 점이 다행스럽다.

■ 영화 스타더스트를 보고

나는 《해리포터》보다 《스타더스트stardust(2007)》를 더 재미있게 보았다. 왜냐하면 나는 철학적인 '어른아이' 이기 때문이다.

■ 상상력의 힘

자신의 상상력(즉, 날개가 없이도 날아가는 인간의 지식과 마음)을 총동원하여
소설 쓰기 또는 시 쓰기 또는 산문 쓰기를 하는 자에게는 미래에 그 어떤 상
황이 올지라도 여전히 공상적인 에너지를 발산하게 될 것이다.

로드 설링이 쓴 《환상특급》에 나오는 글말이 생각난다. "인간에게 알려진
세상 너머에는 또 하나의 차원이 존재한다. 그것은 우주 공간만큼 넓고 큰
차원이고, 시간을 잴 수 없을 정도로 영원한 차원이다. 그것은 빛과 어둠의
중간에 위치해 있으며, 과학과 미신의 경계에 있다. 그리고 그것은 인간의
두려움과 인간이 알아낸 최고의 지식 사이에 존재한다. 그것은 바로 상상이
라는 차원이다."

■ 인간의 과학과 상상

정확하고 엄밀한 과학 책만 존재하는 것이 아니다. 공상과학 소설도 과학
책의 수만큼 존재한다. 오늘은 영화 《Pandorum(2009)》과 《Moon(2009)》을
보았다.

■ 2009년 지구의 날에

나의 상상: 만약 빛에 민감한 우주 외계인이 지구를 침공한다면, 지금 밝
은 불빛을 내고 있는 지역부터 파괴될 것이다. 그때는 지금 어둠 속에 있는
후진국이 지구의 주인공이 될 것이다. 미국 항공우주국이 공개한 지구의 야
경 사진을 보고.

■ 현대와 후현대의 모든 과학 기술자들에게

F.니체(1844-1900)는 "인류를 대신하여 다음에 나타날 생물은 무엇일까?" 하며 궁금해 한 적이 있지만, 미래에 나올 인간은 생물기계인간일 것이다. 이러한 미래 기계인간들의 출현은 당연한 결과라고 여겨진다. 나노기술과 각종 기계정보화 기술이 이런 속도로 진행된다면 앞으로 오천년 후에는 기계인간들이 흔한 시대가 될 것이다.

그때는 동물인간들이 창조한 기계인간들에 의해 지구에서의 삶의 환경은 근본적으로 달라져 있을 것이다. 그러나 괴물같은 국가 절대권력자들과 투쟁하여 오늘날의 민주주의 시대(개인의 지식, 언론, 활동의 자유가 존중되는 시대)를 만들어 온 주체성이 강한 소수인류는 기계인간들과 전쟁을 할 것이다.

그래서 이 전쟁을 대비해 내가 미리 이야기해두고 싶은 것이 있는데, 그것은 현대와 후현대의 모든 과학기술자들이 미래기계인간들을 창조할 때《전원(에너지 공급)》을 어디서나 누구나 항상 쉽게 꺼버릴 수 있도록(쉽게 없애 버릴 수 있도록) 만들어야 한다는 것이다.

다시 말하면 어떤 상황과 조건에서도 불멸할 수 있는 생명을 가진 미래기계인간들을 만들 때《죽음(에너지 분산 및 에너지 소멸) 장치》도 확실하게 해두는 것이 현명한 창조자의 배려라고 생각한다.

이 미래기계인간들의 '손쉬운 죽음장치'는 정말 매우 중요한 사안이라고 판단된다.

■ 공상의 주인공은 허영심

나의 다양한 공상을 자세히 분석해 보면, 강력한 허영심이 이 모든 공상의 주인공 역할을 하고 있는 것 같다.

■ 영화 《Ghost Town》를 보고

여기 캐나다 앨버타주 에드몬톤에서는 영화 한 개 다운받는 시간이 8시간 이상 걸린다. (한국에서는 3분이면 충분하다.) 그래서 여기서 영화는 엄선해서 보는 편인데, 오늘은 영화 《Ghost Town(2008)》를 보았다. 죽은 자와 산 자의 관계에 대해 공상을 할 수 있는 계기를 주는 영화다. 그런데 이 영화는 여러모로 나를 깨우쳐 주는 아주 유익한 작품이다. 이야기의 주인공인 치과의사 핀커스의 얼굴도 내가 매우 싫어하는 차갑고 이기적이고 자기중심적인 모양을 보여주고 있어서 '이미지 극복의 수행' 도 되었고, 내용도 유익했다.

이 영화의 핵심 메시지는 "타인을 위해 산 인생만이 살 가치가 있다.(Only a life lived for others is worth living)."는 A.아인슈타인(1879-1955)의 덕담 속에 있다. A.아인슈타인은 "당신은 타인을 위해 시간을 내어야만 한다. 그것이 아무리 작은 일이라도, 돈벌이를 위해서 아니라 그저 특별한 호의를 베푼다는 마음으로 타인을 도와주어야 한다."고 말 한 바 있다.

■ 《벤자민 버튼의 시간은 거꾸로 간다》는 영화를 보고

오늘 나는 《벤자민 버튼의 (생체)시간은 거꾸로 간다(2009)》는 영화를 보았다. 80세 늙은이의 모습으로 태어나 나중에 아기로 죽는다는 이야기이다.

《대반열반경》에서 석가모니는 다음과 같이 말하고 있다.(증일아함경 제18 사의단품 제26의 기록도 참조해보시기 바란다.) "아난다여, 이제 내 나이는 80세가 되었다. 나는 이미 나이가 들어 늙고, 인생의 여로를 넘어선 노령에 달해 있다. 비유한다면, 낡아빠진 수레가 가죽으로 만들어진 끈의 도움으로 겨우 움직여 가는 것과 같이, 나의 신체도 가죽 끈의 도움으로 겨우 지탱하고 있구나." 이것이 80세 노인의 모습이다.

그런데 영화 이야기는 이런 모습으로 태어나 늙은 자기 아내의 품에서 '아기'로 죽는다는 것이다. 그리스 속담에 "노인은 아이로 돌아간다."는 말이 있지만, 하여튼 기발한 상상이다.

대부분의 노인들은 회춘의 생을 원한다. 하지만 인생의 종착역은 노인으로 죽든 아기로 돌아가 죽든 모두 똑같다는 것이다. 이 영화는 "아기의 비극은 그가 너무 늙었다는 데 있고, 노인의 비극은 그가 너무 어리다는 데 있다"는 것을 보여주었다.

아무래도 프란시스 스콧 피츠제럴드(1896-1940)의 단편소설 《벤자민 버튼의 이상한 경우; The curious case of Benjamin Button》을 한 번 읽어보아야 하겠다. 참고로 이 소설은 케빈 코넬이 그린 만화책으로도 나와 있다.

하지만 벤자민의 생체시간이 오른쪽 방향으로 돌든 왼쪽방향으로 돌든 무상한 것은 똑같다. 석가모니는 "모든 존재와 현상은 모두 빠르게 지나간다."라고 말했다.

영화에 나오는 대사다. "당신은 지나간 세월 앞에서 미친개처럼 미쳐버릴 수도 있다. 운명을 탓하며 욕을 할 수도 있다. 하지만 결국 끝이 오면 그냥 가게 놔둬야 해."

사무엘 울만(1840-)이 78세에 썼다는 시 《청춘》에는 "청춘이란 인생의 어느 한 기간을 말하는 것이 아니라 마음의 상태를 말한다."는 문구가 있지만, 늙은 육신은 어떻게 속일 수 없는 것이다. 제행무상(諸行無常)이다. 생겨난 모든 것은 다 사라진다. 그렇다. 천천히 가든, 빨리 가든 모두 다 사라진다. 너도 나도. 삶과 죽음도.

■ 영화 《레볼루셔너리 로드》를 보고

타임지 2005년에 선정한 영어권 소설 100대 소설에 뽑힌 리처드 예이츠의 작품. 현대 영미문학 중 가장 지적인 소설로 손꼽히고 있으며 미국에서 40년동안 지금까지도 스테디셀러로 애독자를 가지고 있다는 리처드 예이츠(1926-1992)의 소설 《레볼루셔너리 로드Revolutionary Road(1961)》를 영화로 만들었다고 해서, 나는 대단한 기대감을 가지고 보았다.

그런데 이 영화는 영화가 아니라 한 편의 연극을 보는 것 같은 느낌이 들었다. 내가 이런 표현을 할 때에는 배우들의 연기가 너무 작위적이거나 또는 대사의 깊이가 강하게 느껴질 때 하는 말이다.

프랭크 윌러 부부와 존이 야산의 산책길을 걸으며 나누는 대화가 인상적이다.

존: 당신 부부는 무엇으로부터 도망치는 거죠?

프랭크: 도망치는 거 아닙니다.

존: 파리엔 뭐가 있는데요?

에이프릴: 새로운 삶이요.

프랭크: 도망치는 것인지도 모르죠. 절망적이고 공허한 삶으로부터요. 그렇지?

존: 절망적이고 공허한? 드디어 그 말을 하는군요. 수많은 사람들이 공허함 속에 살지요. 하지만 절망을 보려면 진짜 용기가 필요해요. 대단하군요.

집으로 돌아온 프랭크 윌러부부는 다시 둘만의 대화를 시작한다.

에이프릴: 우리를 이해하는 사람은 그가 처음이었어.

프랭크: 음. 그렇지, 우리도 존처럼 미친 것인지도 모르겠군.

에이프릴: 미쳤다는 게 제대로 된 삶을 사는 것이라면 난 미쳐도 상관 없어. 당신은 어때?

프랭크: 나도.

하지만 나는 "결코 절망이지 않고 공허하지 않은 사람들이 절망과 공허를 말할 때 그들의 절망과 공허는 사치스럽게 보이기까지 해."라고 말하고 싶다. 에이프릴의 파리는 프랑스 파리가 아니라 언제나 내 꿈(또는 희망, 소원, 이상, 환상, 그리움)의 상징이다. 내가 부러워하는 것은 미국인들인데, 미국인들은 파리를 부러워하다니! 어느 세상이든 사람들의 만족은 없는가보다. 이렇게 행복한 삶을 얻기 위해서는 항상 현재에 만족해야 하는 생활에서 멀어져야만 하는 것인가?

프랭크 윌러 부부의 말싸움이다.

에이프릴: 가기 싫은 거지?

프랭크: 당연히 가고 싶지.

에이프릴: 아니잖아! 당신은 진심으로 무슨 일을 해 본 적이 없어! 시도하지 않으면 실패도 안할 테니까!

프랭크: 그게 대체 무슨 말이야? 내가 먹여 살리잖아! 이 집도 내가 샀다고! 맞지도 않는 일을 하루에 10시간씩 한다고!

에이프릴: 그럴 필요 없어!

프랭크: 젠장! 나도 힘들어! 하지만 내 의무로부터 도망치지 않는 용기는 있어!

에이프릴: 당신이 원하는 삶을 사는데도 용기가 필요해!

에이프릴은 내가 싫어하는 유형의 여자다. 습관적으로 담배 피우기, 자기만 아는 고집, 돌변하는 변덕, 무슨 일을 저지를지 모를 여자, 이웃집 남자와 섹스를 할 정도로 충동적인 여자, 신경질적인 여자이기 때문이다.

미혼의 아가씨라면, 파리를 가든 서울을 가든 그럴 수도 있다고 생각한다. 그러나 남의 아내가 된 기혼여성은 자신의 이상을 스스로 조절하거나 성숙하게 내면화 할 줄도 알아야 한다. 프랑스 파리에 취업이 결정된 상태에서 이주해가는 것도 아니고 일단 무조건 가서 보자는 것인데, 미혼의 처녀 총각도 아닌 에이프릴과 프랭크가 어린 자녀를 두 명이나 거느린 상황에서 (혁명적으로) 어떤 변화를 꿈꾸며 감행한다는 것은 철이 아직 덜 든 사람이라고 여겨진다.

그리고 또, 에이프릴의 남편인 프랭크를 보면서 나는 자기 아내를 사랑하는 남자는 가장 비참한 희생자라고 여겨진다. 나는 에이프릴의 개인주의보다는 프랭크의 개인주의가 내게 더 적합한 것이라고 생각한다. "왕이든 농부든 자신의 가정에서 평화를 찾아낼 수 있는 자가 가장 행복한 자다." 라는 괴테(1749–1832)의 글말이 생각난다. 이 점에서 프랭크 윌러 부부는 불행하다.

에이프릴의 프랑스 파리 동경은 결코 정신주의의 상징이 아니라 자기 욕망의 상징이다. 프랭크의 현실인식도 물질주의의 상징이 아니라 상식적인 욕망의 상징이다. 프랭크 윌러 부부는 두 사람 다 현실주의자이며 물질주의

자라고 나는 진단한다. 특히 아내 에이프릴의 개인주의는 한국인 남편들에게는 거의 공포의 수준이다.

생각건대, 프랭크 윌러 부부의 문제의 시작과 끝은 부부 간에 있어야 할 신뢰와 사랑이 없다는 사실에서 기인한다. 오! 그 놈의 사랑! 있어도 문제고, 없어도 문제인 그 놈의 사랑은 여기서도 자신의 의미와 가치를 마음껏 주장한다.

1950년대(제2차 세계대전 후 모든 분야가 급변하게 발전하는 미국의 시대) 미국인 부부들 중의 한 부부. 코네티컷의 교외에서 살면서 저렇게 멋진 외모와 옷과 자가용과 집과 예쁜 자녀를 가진 백인들도 사랑 없는 부부생활을 하다가 어느 한 쪽이 위험한 일로 생을 끝내버리는 일은 그리 흔한가? (아니, 작가는 에이프릴을 꼭 저렇게 죽여야 하나? 작가에게 에이프릴의 파리 동경이 그만큼 절박한 일이었는가?) 아니다. 인간은 남녀를 막론하고 그렇게 순진하지 않다. 2009년도 한국시대 오늘날의 우리들은 만성적인 우울증에 시달리거나, 아니면 자신의 배우자를 기만하고 배신하는 행위(불륜)를 여사로 하는 것이 부부세태다.

평범한 일상의 도(Road)에서 비범한 진리를 깨닫는 것이 내가 믿는 불교이다. 에이프릴의 파리 동경은 정신주의의 상징이 아니라 자기 욕망(또는 미국 개인주의)의 상징이다. 그러므로 에이프릴의 죽음은 절망의 상징이지만 동시에 무지와 착각의 상징이기도 하다. 에이프릴은 특별한 여자가 아니다. 대승불교에서는 저승도 이승과 똑같은 것이라고 가르친다. 죽음도 삶과 똑같은 것이라고 가르친다. 번뇌와 부처도 똑같은 것이라고 가르친다.

우리는 모두 누구 할 것 없이 에이프릴의 '파리 동경(자신의 환상과 희망과 소원과 꿈의 상징'을 품고 있다. 나도 현재 내 가슴속에 그것이 간절한 눈으로 나를 바라보고 있다.

하지만 그것은 다른 나라의 어느 특정한 물리적 장소가 아니라 바로 지금 여기 내가 서 있는 곳일 수도 있다. 또는 이곳에서 내가 가장 하고 싶은 일을 하는 것의 상징일 수도 있다. 즉, 중요한 것은 일상생활의 도(Road)를 심오하게 발견하고 내면적으로 윤기 있는 성숙함을 실현해나가는 것이다. 이 영화 제목은 《혁명의 길(Revolutionary Road)》이라고 했는데, 나는 《이루지 못한 꿈》이라는 영화 제목이 더 적합한 것이라고 생각한다.

■ 《RED》 영화를 보고

오늘(2008년11월13일) 밤 9시부터 《RED(한 노인과 그의 늙은 개)》라는 영화를 보았다.

운명은 왜 착실한 저 노인을 가만히 놔두지 않을까? 왜 운명은 조용히 사는 노인에게 끔찍한 폭력을 당하게 하고, 상처와 고통을 주고 분노하게 할까? 폭력에 관한 문제를 다룬 책을 한 권 읽고 난 직후여서 그런지 《RED(한 노인과 그의 늙은 개)》영화 이야기는 인상적이다.

러드로우 잡화가게 주인 아저씨 에이브리와 포트랜드 KGP 뉴스의 방송 기자 캐리 도넬 같은 사람이 이 영화《RED》에서 시청자에게 보내는 메시지의 요점은, 자기 자신에게 소중하고 의미 있는 진실은 매우 중요하다는 것이다.

보통 일반사람들은 "늙은 개 한 마리 죽은 것 가지고 뭐 그렇게 반응할 것까지는 없잖은가."하고 말할 수도 있을 것이다. 하지만 늙은 개 레드가 그 노인의 삶에 어떤 존재와 의미를 주고 있는가를 아는 사람은 에이브 노인의 행동을 이해할 수 있을 것이다.

우리 인간 모두의 마음속에는 일종의 늙은 개 레드가 있다. 그러나 우리는 에이브처럼 끝까지 자기 진실을 추구하는 용기가 없다. 우리는 폭력 앞에서 대부분 비굴하게 타협하고 자기 합리화하며 가능한 한 빨리 잊어버리려고만 한다.

어제 에드몬톤에 내린 하얀 눈이 오늘은 차가운 바람과 함께 얼음으로 변했다.

■ 서양 영화와 동양 영화에 나오는 노인들의 성격과 기질

오늘(2009년 1월 18일)은 클린트 이스트우드가 주인공으로 나오는 영화 《Grantorino(2008)》라는 영화를 보았다. "사람들에게 일어나는 대부분의 일은 그가 주문한 게 아니다." 라고 노인 월트가 젊은 신부에게 한 말이 기억에 남는다.

불교의 세 가지 명제 중에서 첫 번째가 "모든 것은 괴롭다"는 것이다. 그리고 이런 괴로움은 대부분 대인관계에서 발생한다.

나는 영화 《Grantorino》에 나오는 월트 노인을 바라보며, 노인에게 산다는 게 무엇인지 많은 것을 생각해보게 되었다. 그런데 서양 영화와 동양 영화에 나오는 노인들의 성격과 기질은 서로 많이 다른 것 같다. 즉, 서양 영화에 나오는 노인들은 행동력이 강하고, 동양 영화에 나오는 노인들은 무위법(無爲法; 즉, 자신이 어떻게 할 수 없는 문제는 체념하고 포기하는 것, 또는 자연의 섭리에 순응하고 적응하는 것)에 강한 것 같다.

■ 영화로 만들어진 《향수》

파트리크 쥐스킨트(1949-)가 쓴 소설 《향수(부제: 어느 살인자의 이야기 (1985))》는 15년 전에 인상적으로 읽은 적이 있다. 그런데, 이 소설이 영화로 만들어졌다는 소문을 듣고 곧바로 인터넷에 접속하여 알아보니, 이 명작은 과연 나를 기다리고 있었다. 우리나라에는 아직 개봉이 안 된 영화 《향수》를 인터넷에서 유료로 다운해 보았다.

《향수》는, 시각 청각 후각 미각 촉각 지각과 형태 소리 냄새 맛 접촉 사물에서, 코와 냄새에 관한 소설이다. 《향수》는 사랑의 체취에 굶주린 천재가 보여주는 자기 파괴의 극단적인 미학이다. 《향수》는 귀문관살이 낳은 특이한 사람(즉, 기이한 사람, 변태적인 인간, 전설적인 인간)에 관한 이야기다. 맘에 든다. 그런데 슬프다. 잔인한 슬픔! 귀문관살이 있는 사람은 특이하고 기이하고 이상하고 변태적인 것을 정상적인 것으로 경험하는 법이다.

오늘은 사드(1740-1814) 후작의 만년 행태에 관한 영화인 《퀼스(Quills)》를 보았다. 사드는 귀문관살이 극단까지 간 프랑스의 유명한 음란작가였다! 우리나라에도 마광수(1951.3.10-) 같은 작가가 있다.

■ 〈향수〉 영화를 한 번 더 보고

위험한 코를 가지고 있는 사람의 지나친 냄새 집착은 결핍 때문이었다.

갑자기 내 사상의 코가 정상인지 코 전문가에게 진단을 받고 싶어졌다.

나는 내 사상의 코를 자극하는 매혹적인 철학자를 볼 때마다, 그를 뒤쫓아가서 살해하고, 그의 몸을 벌거벗겨서 내 예민한 마음의 칼로 그의 향기를 전부 밀어온다. 그리고 나는 그 향기를 내 서재에서 수많은 철학자들의 향기들과 섞어서 나만의 독특한 냄새를 만들어낸다.

■ 쥐스킨트의 향수와 존 파울즈의 콜렉터

《향수》의 주인공이 알아야 할 것은, 여자의 냄새는 살아 움직이는 몸에서 계속 사랑으로 발산되는 것만이 진정한 효능이 있다는 것이다. 아무리 아름답고 섹시한 여자라도 죽는 순간 향기(냄새분자)는 살이 썩는 악취로 변하는 것이다.

파트리크 쥐스킨트의 소설 《향수》는 체취가 없는 사람에 대한 이야기이다. 결핍된 것이 많은 사람일수록 열정적인 자기충족감을 원하는 법이다.

그런데 내가 15세 때 읽고 45세 때 다시 한 번 더 읽은 소설인 존 파울즈 (1926-)의 《콜렉터》도 자기가 좋아하는 여자를 납치 감금하는 데서부터 시작되는 남자의 성격심리에 관한 이야기였다. 관심있는 분에게 영화 《Seizing me(2008)》도 소개해둔다.

■ 《스위니 토드: 어느 잔혹한 이발사 이야기》영화를 보고

내 인생에서 경험하지 못한 것을 영화를 통해 간접적으로 경험한다는 것은 매우 좋은 것일 수도 있고, 나쁜 것일 수도 있다. 오늘 나는 《스위니 토드: 어느 잔혹한 이발사 이야기(2007)》라는 영화를 보았다. 그런데 내가 이 영화를 보면서 가장 먼저 느낀 점은 벤자민 파커같은 사람도 스위니 토드같은 사람으로 완전히 바뀔 수 있다는 것이다.

다시 말하면 그 어떤 원인과 조건에 의해 사람은 얼마든지 바뀔 수 있다는 것이다. 이것은 인간의 본성이 언제나 똑같은 고정불변의 정체성(이미 정해져 있는 본체로서의 성정)을 가지고 있는 것은 아니라는 진리의 반영이다.

그 다음 이 영화에서 인상적인 장면은 러빗부인의 가게에서 만드는 고기 파이가 특별히 맛있는 이유에 관한 것이다. 나도 어릴 때부터 인육으로 만든 고기만두로 인기가 좋았던 어느 중국요리집에 관한 이야기를 들으면서 성장한 세대인데, 이런 종류의 이야기는 언제 접해도 늘 인상적이다.

그 다음 이 영화에서 내가 경악했던 장면은, 벤자민 파커의 아내 루시가 자기 남편에게 살해당하는 안타까운 비극과, 벤자민 파커의 딸 조안나가 자기 아버지에게 살해당할 뻔한 순간의 장면이었다.

그리고 스위니 토드가 자기 아내를 죽인 사실을 알고 슬퍼하고 있을 때 어린 토비가 다가와 스위니 토드의 목을 칼로 그어 죽게 하는데, 목에서 피를 철철 흘리면서 자기 아내 루시의 시신 앞에서 죽어가는 스위니 토드의 모습과 그의 죽은 아내의 얼굴을 바라보며 나는 정말 기괴한 슬픔을 느꼈다.

이 영화에서 살아남은 자는 조안나와 그녀를 사랑하는 청년 두 사람뿐이다. 아무리 인생은 산 자의 것이라고 하지만, 이들의 생존은 희망과 기쁨이 아니라 절망과 슬픔과 상처투성이로 얼룩져 있는 것이다. 그러므로 조안나의 인생은 매우 불행할 것이라고 예측 된다.

《스위니 토드: 어느 잔혹한 이발사 이야기》의 원작자 스티븐 손 다임과 팀 버튼과 죠니 뎁과 헬레나 본햄 카터는 정말 대단한 사람들이다. 특히 헬레나 본햄 카터(1966-)는 《프랑켄슈타인(1994년개봉작)》에서 엘리자베스 역을 맡았던 여배우인데, 그 영화에서도 매우 인상적인 연기를 한 바 있다. 참고로 팀 버튼(1958-) 감독과 헬레나 본햄 카터는, 하나의 문으로 연결되어 있는 두 채의 집에서 따로 살고 있는 매우 로맨틱한 커플이다.

■ **이 생에 만났던 사람들**

언제 또 무엇이 되어 다시 만나게 될까?

피차 영원히 못 볼 얼굴들.

우리는 대체 누구인가?

■ **운명의 장난**

야마다 가즈야(1954-)감독이 만든 다큐멘터리 영화 몽골소녀 푸지에(Puujee(2007))의 가족 이야기가 왜 이리 슬프냐? 왜 운명은 푸지에 같은 멋진 아이와 그녀의 엄마를 죽여 버리는가? 왜 운명은 이렇게 빗나가는 형태를 보여줌으로써 나를 이렇게 우울한 철학자가 되게 하는가? 물론, 내 인생도 빗나간 운명의 형태가 나타난 것에 불과한 것이지만…… 장주는 장자(인간세, 덕충부)에서 "어떻게 할 수 없는 것은 운명으로 알고 그저 편안하게 받아들여라"고 했지만 나는 화가 난다.

■ **생사문제의 한계**

인생은 극복하거나 초극해야 할 투쟁의 대상이 아니라, 인간이 죽을 때까지 자기가 원하는 일을 하면서 건강하고 밝게 명랑하게 죽음을 맞이하는 것이다. 이밖의 일은 내가 관여할 수 있는 일이 아니다. 이것은 태양과 달과 지구의 일이다.

■ **숲속에서의 관찰**

움직이지 않는 나무는 움직이는 것을 이용해 움직이고 있다.

■ 숲속의 승려들

산 속에 사는 우리는 숲을 항상 찬양한다. 그러나 나는 숲을 찬양하는 인간의 사상의 숲을 찬양한다.

■ 선악과와 깨달음의 열매를 가지고 있는 나무들

유대교에 선악과라는 나무가 있듯이, 불교에는 보리수가 있다. 선악과는 선악을 분별하고 판단하는 이성의 나무요, 보리수는 깨달음의 열매를 만들고 떨어뜨리는 인식의 나무, 깨달음의 나무다.

■ 인상적인 그림

나는 벨기에의 초현실주의 화가 르네 마그리트(1898-1967)의 《피레네성》이라는 그림을 볼 때마다 마치 (무거운 의미를 담고 날아오는) 우주의 운석처럼 느낀다. 그런데 시어(詩語)가 떠오르지 않는다. 나의 잠재의식(The Subconscious)이 놀래서 방어하는 탓인가?

마그리트의 작품 《피레네성》에서 힌트를 얻었는지, 제임스 카메론 감독의 영화《아바타(화신(化身); 2009)》에 나오는 '허공에 떠 있는 돌산'도 인상적이다.

■ 피카소와 마그리트의 삶과 작품의 경지

나는 다니엘 킬이 엮은 피카소의 어록을 읽고, 그가 얼마나 대단한 사상가인가를 강하게 느낀 적이 있다. 결론만 말한다면, 피카소의 경지는 불교 아라한의 경지보다 더 높다.

그러나 나는 이러한 피카소보다 더 좋아하는 화가가 있는데 그 사람은 마
그리트(1898-1967)이다. 마그리트의 작품에서 보여지는 마그리트의 경지는
단순한 미학적 수준을 넘어서 이미 불교논사 다르마키르티(600-660)나 비
트겐슈타인(1889-1951)의 경지와 똑같은 것이라고 이해된다.

■ 예술가와 사상가

"가장 중요한 것은 창조다!"라고 역설하는 피카소는 "창조의 모든 행위는
파괴에서 시작된다."고 쓴 바 있다. 내 사상도 마찬가지다. 나의 사상은 기
존의 모든 사상을 비판적으로 파괴하고 다시 건설한다.

■ 예술은 구원이 아니라 타락이다

예술은 구원이 아니라 타락이다. 그리고 타락에도 종류가 있으니, 1) 완전
한 타락. 2) 어중간한 타락. 3) 비열한 타락이다.

■ 피카소의 그림을 보고

고정된 형식의 거부도 일종의 고정된 형식이다.

■ 마치 마그리트의 파이프처럼

웃으며 말한다. 나도 피아노를 한 대 그려놓고, 그 제목을 《피아노는 피아
노 치는 법을 모른다》 라고 붙이고 싶다.

■ 르네 마그리트의 〈이것은 파이프가 아니다〉라는 그림을 보고

"이것은 파이프가 아니다(1929)" 물론 이 그림은 파이프가 아니다. 그러나 나는 이 그림이 파이프를 그린 것을 안다. 마그리트 자신도 미셸푸코에게 보내는 편지(1966,5,23)에서 "정말 중요한 것은 보이는 것과 보이지 않는 것에 의해서 환기된다."고 썼지 않은가.

■ 로댕의 생각하는 사람을 바라보며

로댕의 '생각하는 사람'은 생각에 잠겨 있는 것이 아니다. 왜냐하면 로댕의 '생각하는 사람'은 조각상이기 때문이다.

선불교에서도 선사들이 즐겨 사용하는 언어문자로 석녀, 목인, 석사자라는 단어가 있다. 이것은 제법무아(모든 존재는 실체가 아니다) 또는 공성(자성이 텅비어 있다는 것, 또는 통일장)의 상징이다.

■ 어느 곳에도, 파이프는 없다고?

미셸 푸코(1926-1984)의 마그리트론에서 "어느 곳에도, 파이프는 없다"고 썼다. 물론, 어느 곳에도 파이프는 없다. 왜냐하면 파이프를 구성하는 재료들을 분해하고 해체해 버리면 텅 빈 공(Emptiness)만 남아있기 때문이다.

그러나 이 남아있는 공(텅 빔) 속에서는 그 어느 곳에도 파이프는 있다. 불가에서는 이러한 파이프를 진공묘유(에너지가 물질로 나타난 세계)라고 한다.

■ 언어문자가 곧 언어문자 자체는 아니다?

언어문자가 사실 자체는 아니다. 하지만 언어문자도 일종의 사물 자체다.

왜냐하면 언어문자도 사물이 존재하듯이 일종의 존재와 현상이기 때문이다.

■ 고흐와 하이데거와 나

빈센트 반 고흐(1853-1890: 계축년, 을묘월, 병신월, 경인시-)가 그린 《농부의 구두(1886)》에 대하여 M.하이데거는 이 농부의 구두에 대해 마치 범죄현장에서 범인이 남기고 간 흔적을 면밀히 관찰하고 조사하듯이 해설하고 있다.

그러나 나는 간단하게 말하겠다. "고흐가 그린 구두는 결코 구두가 아니다."

■ 하이데거의 예술작품의 근원에 관한 명제에 대하여

M.하이데거는 《숲길(1950)》에서 "예술이란 참됨이 스스로 작품 속에서 정립되는 것"이라고 썼을 때, 여기서 참됨이란 윤리적인 참됨이며 성스러운 참됨인가?

나의 참됨은 윤리와 상관없고, 성스러움과 상관없는 실제의 사실로서의 참됨이다. 그러니까 실제의 사실로서의 참됨을 인식하고 표현하고 해소하는 나는 윤리보다는 심리에, 성스러움보다는 실존에 관심을 갖고 있는 사람이다. 그러므로 내가 지금 쓰고 있는 이 책은 윤리적인 참됨과 성스러움을 넘어서, 실존하는 인간의 치열한 진실에 관련되어 있는 사상을 담고 있는 책이다.

■ 표현한다는 것

앙리 마티스(1869-1954)가 《화가의 노트》에서 "미술은 표현이다."라고 했을 때, 이 표현은 '강조하다' 또는 '짜내다.' 라는 뜻이다. 그런데 불교인문학의 글쓰기는 표현된 이면을 꿰뚫어 본다는 의미에서 통찰력이 없이는 불가능한 작업이다.

■ 예술행위는 자기생활의 반영이다

예술행위는 자기생활의 반영이다. 그러므로 나는 예술가의 작품을 통해 예술가의 질병을 찾아낸다. 그의 질병(disease; dis-ease)이 어느 정도 치료되고 있는가 하는 정도까지.

■ 무당이 말하는 신살의 의미

마음이 지나치게 집착하면 암귀(暗鬼)가 된다. 암귀는 시기 질투 훼방 모함 구설 등 대인관계에서 발생하는 부정적인 관념이나 마음의 요소를 상징하는 명칭이다.

■ 귀문관살에 걸린 사람이 낳은 사상과 예술

귀문관살(鬼門關殺)의 상황이 낳은 사상가 F.W.니체와 소설가 헤밍웨이, 화가 고흐. 이들은 불행했지만 오늘날 이들만큼 값비싸고 유명한 사람도 드물다.

연산군(병신년, 기해월, 정미일, 임인시), 히틀러(기축년, 무진월, 병인일, 정유시), 컬트 코베인(정미년, 임인월, 을묘일, 을유시), W.블레이크(정축년, 신해월, 병자일, 정유시)도 귀문관살의 환경에서 살았던 사람들이다.

그러나 나는 가능한 한 니체와 카프카와 고흐처럼 되고 싶지는 않다. 그런데 참으로 을씨년스러운 하루다. 하지만 귀문관살(예민한 감정적 질환, 신경성질환, 과민성 정신질환, 잡귀가 마음에 들어와 불안정하게 하는 것)에 대해 스스로 뚜렷한 한계를 설정할 줄 안다면 귀문관살은 오히려 위대한 것을 낳는 인연이 될 수도 있을 것이다.

■ 예술과 심리

정신분석이나 심리학이 예술을 문제 삼을 수 있는가? 아, 물론이지! 나는 피카소나, 달리나, 막스 에른스트의 작품을 보면, 그들의 정신 상태와 심리 상태를 곧바로 분명히 파악할 수 있다.

■ 나의 예술가관

풍경이든 나체든 있는 그대로 (더 정확히 말하면, 보이는 그대로) 그리는 화가만큼 무능하고 평범한 자도 없다. 내게는, 사물이나 존재를 비틀어버린 (심하게 왜곡시킨) 추상화만이 인간적인 가치가 있다. 그 영혼의 고통과 상처 때문에!

■ 신화와 경전을 읽는 나의 방법

나는 호메로스(B.C.E.900년 경의 문인)의 신들의 싸움에 대한 설명을 자연적 요소 간의 싸움에 대한 우화로 해설한 테아게네스(B.C.E.500년 경의 비평가)를 지지한다.

하지만 나는 현대인이므로 호메로스의 신들의 싸움을 심리적 요소 간의 싸움으로 이해하는 사람이다.

■ 신화와 실제

제우스(강력한 세계의 군주)의 옥좌 곁에 앉아서 인간의 모든 일을 굽어 살피면서 법을 무시하는 자들을 응징하는 디케(정의의 신)는 오늘날 독재국가의 중앙정보부 부장같이 느껴진다.

디케는 감시와 처벌의 신이다. 그러므로 디케의 문제는 그가 섬기는 주인이 누구인가 하는 것에 있다.

■ 신화와 불교심리학

김무상(694-762) 스님이 가르친 무억론(즉, 무기억에 관한 담론, 또는 기억의 무집착에 관한 담론, 또는 과거 기억으로부터의 자유에 관한 담론)은 그리스 신화에 나오는 스튁스(증오의 강)와 레테(망각의 강)에 대한 이야기를 심오하게 읽게 한다.

■ 둥근 사각형의 진리

서양 중세의 전설에 나오는 동물인 '이마에 긴 뿔이 한 개 나있는 유니콘(Unicorn)' 은 그 힘이 대단하다고 한다. 하지만 이런 유니콘도 젊은 숫처녀 앞에서는 맥을 못추고 그녀의 무릎에서 그만 잠들어버리는 버릇이 있어서, 당시 사람들은 이 유니콘을 사로잡을 때에는 젊은 숫처녀를 미끼로 삼았다고 한다.

그런데 이러한 유니콘의 이야기에 비해 불가에서는 '긴 뿔이 나 있는 토끼' 에 관한 이야기가 있는데, 이 토끼의 긴 뿔은 진공(Zeroness, 자성이 비어 있음)이나 무(nothingness, 자성이 없음)를 상징한다.

정신심리학적인 말투로 설명한다면, 토끼 뿔이란 자신이 태어나기 이전에 이미 자연의 바탕을 이루고 있는 정기신(精氣神)을 모두 소모한 상태를 상징하는 것이라고 말할 수 있다. 즉 열반, 적멸, 누진, 소진, 멸진, 무가 됨, 환원, 또는 공성(실체성이 텅 비어있는 상태, 또는 통일장)을 의미한다.

■ 내가 원하는 집은

내가 원하는 집은 어머니의 품 같은 집(즉, 게으름과 의존적인 심리를 조장하는 집)보다는, 독립적으로 창조적으로 지적인 자극과 영감을 받을 수 있는 구조의 집을 원한다.

■ 좋은 집을 살 것이 아니라 좋은 이웃을 사야 한다는 의미에 대하여

시골로 이주해가는 자는 "좋은 집을 살 것이 아니라 좋은 이웃을 사야 한다."는 스페인 속담을 정말 명심해야 한다. 남의 땅에 의도적으로 집을 짓는 아주 못된 이웃을 경험하고 나서. 이 문제 해결하는데 6년이나 걸렸다!

■ 건축의 존재와 의미

심리적 안정감. 육체적 안락감. 에너지 충전.

이것뿐인가?

■ 건축가가 "텅 빈 충만"을 말할 때

건축가가 "텅 빈 충만"을 말할 때, 그는 선의 건축미학에 근접하고 있음을 의미한다. 충만이란 안으로 퍼져서 가득 찬다는 뜻이다.

■ 평생 잊지 못할 감동적인 태양의 서커스. 퀴이담

2001년 10월 1일 퀴이담(quidam). 태양의 서커스를 보고 평생 잊지 못할 감동을 받았다. 음악과 연기의 결합! 분장과 무대장치에서의 마법적인 요소! 추상적인 서술구조와 역동적인 연기! 탄성을 자아내는 전혀 색다른 환상의 서커스 공연이었다.

1) 바퀴돌리기 2) 디아볼로스 3) 붉은 비단과 여인 4) 추억의 줄넘기 5) 하늘의 후프 6)광대들의 놀이 7)지구에 거꾸로 서기 8) 스페인풍 공중 밧줄타기 9) 조각상 10) 구름타고 넘기 11) 방퀸느.

이 모든 몸의 움직임은 무어라 말할 수 없는 슬픔이 느껴진다.

■ 비보이의 현란한 춤

오늘 부산국제교류재단에서 주최하는 〈외국인 한국어 말하기 대회(2007, 6, 1)〉에 참석했다가 우연히 비보이(B-BOY)의 현란한 힙합, 테크노, 브레이크 춤을 보고 감탄을 금치 못했다. 정말 멋지다! 비보이.

아쉽게도 티베트 승려 텐진 남가(38세)는 등수에 들지 못했다. 그런데 그는 자기가 등수에 들지 못한 이유를 중국의 정치적 압력 때문일 것이라고 말했다. 대부분의 티베트 스님들에게서 발견되는 중국에 대한 피해의식.

■ 더 깊은 철학을 하기 위해 연주를!

첼리스트 장한나(1982, 12, 23-)의 말이다. "더 깊은 연주를 하기 위해 철학을 전공할래요."

그러나 예술가에게 필요한 철학은 대학교에서 학위를 받기 위한 강단철학 공부가 아니라, 실제의 삶에서 문제 제기되고, 담론하고, 배우고, 터득하고, 성숙하게 되는 야생적인 철학공부이다.

철학(Philosophia)이라는 용어를 처음으로 사용한 사람은 피타고라스(570-490.B.C.E)이고, 철학자(Philosophoi)라는 용어를 처음으로 사용한 사람이 헤라클레이토스(540-480.B.C.E)라는 점을 생각해볼 때에 철학의 의미는 더 선명해진다.

그러므로 예술가들은, 지적인 관념을 해소하거나 직업적인 의미에서 기억하고 학습만 하는 강단철학보다는, 삶을 더 강박적으로 몰아가는 열정적인 철학을 터득해나가야 할 것이다. 장한나에게 니체의 《인간적인 너무나 인간적인》제 1권 4장 172절의 문구를 선물로 보낸다. "부디 더 깊은 철학을 하기 위한 연주를 하시기를!"

강단철학은 사후관점(事後觀點, Hindsight, 즉 죽은 철학자들에 대한 사후 담론, 뒤늦은 꾀, 뒷 궁리, 추종하거나 반발하는 설명적인 지혜)일 뿐이다.

■ 백년 묵은 노인의 냄새

오늘(2008년 10월 20일)은 마더와 73세의 베티 할머니를 따라 시니얼 플레이스(노인들이 모여 사는 호텔 같은 집; 가격은 매월 1천불에서 1천3백불 내는 곳)를 방문했다. 거기서 나는 베티 아줌마의 시어머니인 101세 된 할머니 폴린과 단 둘이서 한 시간 정도 함께 있었다.

그녀는 자신의 가족 앨범을 두세 권 펴놓고 손가락으로 하나 하나 찍어가며 나에게 그녀의 부모와 형제와 남편과 아들들과 손자손녀들에 대해 설명을 해주었다. 폴린 할머니의 젊었을 때의 모습은 정말 여신처럼! 아름다웠다. 폴린 할머니는 이 모든 사진들을 설명하며 아주 행복해했다.

그런데 나는 그녀의 몸에서 오래 삭은 식초 냄새를 느꼈다. 이런 게 백년 묵은 노인의 냄새구나. 그녀는 내 몸에서 어떤 냄새를 느꼈을까?

■ 내가 쓰는 소설의 첫 문장

자기도 모르는 사건에 휘말려 영문도 모른 채 무조건 도망 다니는 사람에 관한 이야기.

사건의 진상을 안다는 것과 모르는 것의 차이는 엄청난 차이이다.

영문도 모른 채 이곳에 인간으로 태어나 심신의 온갖 병으로부터 공격을 받으면서 무조건 영문도 모른 채 (나는 왜 생존해야 하는지, 생존의 의미도 모른 채) 강박적으로 도망 다니고 있는 나 자신에 관한 이야기.(1988년 12월 9일)

■ 소설과 영화는 작화증 환자가 만들어낸 공상일 뿐이다

소설과 영화는 작화증 환자가 만들어내는 공상일 뿐이다. 소설과 영화는 글자 그대로 상상이다. 자기가 패배한 것에 대한 복수. 그리고 자기가 정말 원하는 것에 대한 욕망.

공상으로 무슨 짓을 못하겠는가?

■ 소설과 영화는 어떻게 인간을 구원하는가

허구가 어떻게 진리가 되는가!

속임수가 어떻게 정직한 것이 되는가!

혼탁한 것이 어떻게 순수한 것이 되는가!

애매한 것이 어떻게 분명한 것이 되는가!

거짓말이 어떻게 참된 말이 되는가!

망상이 어떻게 실제가 되는가!

덧없는 것이 어떻게 영원한 것이 되는가!

이러한 체험이 가능한 인간적인 너무나 인간적인 예술과 감성의 세계!

■ 내가 요즘 만나는 '프리드리히 빌헬름 니체' 라는 사람

내가 요즘 만나는 프리드리히 빌헬름 니체(1884년 10월 15일 오전 10시에 태어나서 1900년 8월 25일 정오에 죽은 자)라는 사람. 바울이 만든 예수교를 버리고, 고대 그리스 정신의 가장 깊은 계시를 추구한 사람! 디오니소스 신의 사자! 얌전하면서도 사나운 사람! 우울하면서도 명랑한 사람! 평화주의자면서도 전투적인 사람! 동정심과 연민이 넘치면서도 경멸과 원한과 증오에 가득 찬 사람! 현대인보다 더 현대적인 사람! 가무를 좋아하지 않으면서도 술과 춤을 찬양하는 사람! 여자를 원하면서도 여자를 경멸한 사람! 뜨거운 시인이면서도 냉정한 철학자인 사람! 가장 차가운 진리를 가장 뜨겁게 말하는 사람! 창조적 건립을 주장하면서도 파괴만 일삼는 사람! 독일적이면서도 전 유럽적인 사람!

■ 내 모습을 사실 그대로 비추어주는 거울

솔직하게 말한다. 선량한 악마, 싸우기 싫어하는 투사, 인권을 중시하는 독재자인 내 모습을 비추어주는 거울은 석가모니 부처가 아니라 F.W.니체다.

■ 니체와 진오 사상의 핵심적인 차이점

F.W.니체와 진오 사상의 핵심적인 차이점은, 니체는 자신의 모든 저서에서 상반된 개념을 하나로 섞는 데 천재적인 재능이 있는데 비해 진오는 상반된 개념 자체를 비실체로 해체해버리는 재능에 뛰어나다는 점이다.

바로 이 점이 왜 진오의 안목이 니체의 사상보다 더 깊이 있는 것인가 하는 이유다. 물론 니체가 헤라클레이토스의 창조적 후예인 것처럼 나는 석가모니 부처의 창조적 후예이다. 그러므로 니체와 진오는 다르면서도 유사한 점이 매우 많은 것이다.

니체는 《이 사람을 보라》에서 "나의 차라투스트라를 이해하려면 나와 비슷한 기질을 타고나야 할 것이다."라고 쓴 바 있다. 공감한다. 그러나 서로 완전히 다른 성격을 가진 사상가들이 충돌한다는 것은 얼마나 볼만한 불꽃놀이인가! 여기서 문제는, 얼마나 미묘하고 세련된 작가의 심정이 어떤 힘 있는 어조로 정확하게 표현하는 문체인가 하는 것이다.

니체는 초인을 주장하는 정말 절묘한 시인이다. 하지만 나는 거친 지혜의 정글 속에 있는 난폭한 인식의 전사다. 그리고 항상 솔직한 것과 깊이가 있다는 말은 서로 같은 것이 아니다.

니체는 《이 사람을 보라》에서 "불평을 기분 나쁘게 삼키고 있는 침묵보다는 차라리 가장 무례한 말이나 편지가 훨씬 더 선의가 있는 것이고, 솔직한 것이라고 여겨진다."고 쓴 바 있다.

그래서 이런 글 즉, 니체의 신자로서, 추종자로서, 학생으로서 쓰지 않고, 니체와 대적자로서 글을 쓰는 나는 니체에게 미안하다. 그러나 또 어떻게 말한다면, 정말 미안해 할 사람은 내가 아니라 니체일 수도 있다. 왜냐하면 니체는 진오만큼이나 강박적이고 오류가 많은 (음악예술적인, 시문학적인) 사상가였기 때문이다. 니체사상은 불교사상과 달리 파멸과 몰락, 절망과 비참한 고독, 원한과 증오, 경멸과 복수의 감정을 절정에서 체험한 자만이 이해할 수 있는 것! 바로 이 점이 니체의 인간적이고 실존적이고 매력적인 점이다.

■ 니체의 아집에 대하여

몽테뉴를 악평한 편협하고 비굴한 파스칼처럼! 니체가 루소를 악평하는 것은 내 상식으로는 도저히 이해가 되지 않는다. 즉, 니체는 《인간적인 너무나 인간적인》 제 1권 8장 463(혁명의 망상)에서 "비열한 인간인 루소를 짓밟아버려라!" 고 흥분하고 있는데,[루소에 대한 니체의 맹비난의 글은 《우상의 황혼(어느 반시대적 인간의 탐험 48절)》도 참조하시라] 어떻게 《인간적인 너무나 인간적인》제 8장 472절(종교와 정부)과 473절(사회주의)을 쓸 정도로 그렇게 똑똑한 니체가 이런 정신 나간 말을 할 수 있는 것인가? 나는 17세 때부터 루소에게서 나의 아이덴티티(소속감, 준거의식, 동질감)을 느낄 정도로 좋아했는데, 니체는 이상할 정도로 루소를 싫어하고 비난한다. 니체가 볼테르는 찬성하면서, 어떻게 루소를 반대할 수 있을까? 과연 니체의 자유정신이란 이렇게 군주나 귀족의 전유물이고, 이 민주주의 시대(모든 권력은 국민적인 투표의 힘에서 나온다는 인식이 주를 이루고 있는 시대)에 사는 보통사람인 나의 창조물이나 전유물은 될 수 없다는 것인가? 만약 그렇다면, 그게 무슨 자유정신인가? 니체가 《인간적인 너무나 인간적인(제 1권 8장. 국가에 대한 간단한 고찰》에서 보여주는 자유정신이란 오히려 나의 자유정신에 의해 타파되어야 할 구시대의 허위의식일 뿐이다.

하지만, 니체가 쓴 《인간적인 너무나 인간적인》 제 1권 9장 491절(자기관찰)의 글처럼! 니체가 자기자신의 배신자가 되어, 니체 자신의 비밀통로로 나를 데려가지 않는 한, 내가 어떻게 니체의 깊은 요새를 속속들이 알 수 있겠는가!

■ 니체의 약점 많은 사상을 바라보며

정치관, 역사관, 종교관에 관련하여, 니체의 비판정신과 나의 비판정신은 비판대상이 서로 다르다. 즉, 서로의 입장과 관점과 성격이 너무 다르다는 점에서, 서로 비판적으로 격론해야만 하는 것이다. 그런데 슬픈 것은 나는 F.W.니체(1844−1900)를 심리학자로서 시인으로서 너무나 존경하고 사랑한다는 것이다. 바로 이 점 때문에 그와의 싸움이 부담스럽다. 마치 아군끼리 서로 적대적이어야 하는 상황이다. 또는 서양철학사에서 내가 가장 좋아하는 니체를 경멸하고 증오하며 적대시해야 하는 우정의 비극적인 상황이다. 니체도 《과학과 지혜의 투쟁(1875)》에서 "소크라테스는 가장 친근하며, 나는 거의 언제나 그와 싸우고 있다."고 쓴 바 있다. 이렇게 반항적이고 독립적인 니체의 기질은 나와 똑같은 것 같다.

그러나 니체는 《차라투스트라는 이렇게 말했다》에서, "깨달음을 얻은 사람은 적을 사랑할 줄 알아야 할 뿐만 아니라, 친구를 증오할 줄도 알아야 한다. 평생동안 학생으로 남아있는 사람은 스승을 기쁘게 할 수는 없다. 너희들은 왜 나의 이 비참한 승리를 빼앗으려고 하지 않는가?" 라고 외친 바 있다.

■ 니체의 운명에 대하여

범죄전과가 없는 니체가 최고의 범죄인이 된 것은! 귀족이 아닌 니체가 귀족이 된 것은! 차라투스트라도 아닌 니체가 차라투스트라가 된 것은! 초인이 아닌 자가 초인이 된 것은! 논쟁상대와 직접 싸워 본 적이 없는 니체가 싸움꾼이 된 것은! 사상가로서 그의 운명이다.

■ 니체와 바가바드 기타의 전쟁관

"전쟁은 반드시 필요한 것이다(인간적인 너무나 인간적인 제 1권 8장 477절의 글에서)" 라고 주장하는 니체의 전쟁관과 바가바드 기타의 전쟁관은 똑같은 것이다. 불교는 전쟁을 반대한다.

■ 내가 니체를 좋아하는 이유

1) 신의 존재를 부정한다는 것. 2) 신앙보다는 회의를 진정한 인간의 특성으로 본다는 것. 3) 문자를 절묘한 문체로 표현할 줄 아는 천재시인이라는 점. 4)현대적(즉, 생물진화 과학적, 심리분석적, 실존철학적)인 사람이라는 것. 5) 예술감각이 탁월했다는 점. 6) 자기생각을 간단명료한 아포리즘 문장으로 표현했다는 점. 6) 서재에 가만히 앉아서 생각하고 글을 쓰는 것이 아니라, 산책하면서 얻는 사상가라는 점이다. 이 점은 정말 나와 똑같다.

■ 공자와 니체의 예술관

공자가 좋아하는 시와 음악과 니체가 좋아하는 시와 음악은 완전히 서로 다른 것이다. 그러므로 중시해야할 것은 사상가는 어떤 종류의 시와 음악을 선호하는가 하는 성격과 기질에 관한 것이다.

나는 동양인이면서도 공자의 시학과 음악론보다는, 니체의 시학과 음악 철학을 훨씬 더 좋아하는 사상가다.

■ 내가 생각하는 니체의 한계점

1) 강자가 약자를 잡아먹는 동물세계의 법칙을 그대로 인간세계의 법칙으로 적용한 점. 예를 들면 《선악의 비판(257)》《반기독교(2)》《권력에 대한 의지(54)》에서 보여주는 니체의 사고방식.

2) 동정과 연민의 부정적인 면만 확대 비평한 것. 도덕의 부정적인 면만 확대 비판한 것. 즉, 종교도덕의 부정적인 면만 확대비판한 것.

3) 기회의 평등과 인권과 자유를 중시하는 민주주의적인 정치체제를 '천민들의 지배(《선악의 피안 287》)' 라고 조롱하고, 고대의 귀족, 권세가, 강자의 정치철학과 논리만 정당화한 것.

4) 디오니소스(생의 가장 깊은 본능을 긍정하고 발산하는 신, 생명의 영원한 쾌락을 한없이 즐기는 신) 신을 찬양했으면서도 단 한 명의 여자에게도 임신을 시키지 못한 점. 니체는 디오니소스처럼 주색가무를 좋아하지 않았다. 니체에게 묻는다. 디오니소스를 그토록 찬양한 니체는 단 한번이라도 격렬한 성적인 춤을 춘 적이 있는가? 니체는 술에 만취하여 해롱해롱한 적이 있는가? 니체는 집단 섹스를 즐긴 적이 있는가? 니체는 살인을 여사로 생각하고 그렇게 행한 적이 있는가? 그리고 니체는 자식을 낳은 적이 없는 사람인데도 《인간적인 너무나 인간적인》 제 1권 8장 455절(아버지란 존재의 정치적 가치에 대하여)을 쓴 것은 모순이라고 여겨진다.

5) 글쓰기에서만 초인이요, 영웅이요, 현자였지, 실제의 일상생활에서는 그저 '평범한 대중' 같은 남자였다는 점.

6) 하나의 신(아후라마즈다)만을 주장했던 철저한 유신론자인 차라투스트라를 《차라투스트라는 이렇게 말했다》에서 무신론자인 니체 자신의 대변인으로 설정했다는 점.

7) 《반기독교(58)》에서 보여주는 예수교의 하나님과 바울에 대해 원한과 증오, 시기와 질투, 경멸과 혐오, 복수의 감정으로 정밀하게 저주했듯이, 《즐거운 학문(358)》에서 독일의 수사신부 마르틴 루터의 종교개혁을 '조잡하고 우직한 오해' 라고 평가했듯이, 니체 자신의 부모(니체가 그토록 저주한 신을 열심히 신봉했던 목사 아버지와 어머니)에 대해서도 똑같이 비판적 성찰을 하면서 분석하고 평가하지 않았다는 점. 니체는 《이 사람을 보라》에서, 기독교는 노예들의 종교라고 주장하면서, 목사(신을 선전하는 자)와 부득이한 사정으로 인사를 했을 경우, 반드시 손을 씻었다고 말했다. 그런데 니체의 아버지(1813-1849)는 바로 목사(신을 선전하는 자)가 아니었던가?

8) 니체가 유태인 바울을 증오하고 저주하는 대목에서 히틀러의 유태인 학살의 정당성을 이해하게 된다. 니체(1844-1900)가 히틀러(1889-1945)에게 끼친 영향력은 정말 결정적인 것이라고 여겨진다. 바로 이 점이 왜 니체가 위험한 사상가인가, 하는 이유이기도 하다.

9) 일반여성들에 대하여 경멸과 혐오, 시기와 질투, 원한과 증오심이 돋보인다는 점이다. 그러나 니체가 좋아하고 역설한 인간 유형은 자기경멸, 자기불신, 자기파멸, 자기몰락을 향해가는 파괴자! 몰락자! 극복자가 아니었던가? (《권력에 대한 의지》910절에서).

9) 초인에 대해 상상한다는 것과 자기가 직접 초인이 된다는 것은 다른 차원의 문제다.

■ 니체가 상상한 초인과 직접 초인이 된 사람을 생각하며

인간의 마음과 영혼이 만들어낸 신이 죽었다고, 니체(1844-1900)처럼 허무주의에 빠지거나 키르케고르(1813-1855)처럼 절망할 필요가 없다. 왜냐하면 인간의 마음과 영혼은 이제 또 새로운 것을 만들어낼 것이기 때문이다. 내게 있어서 신이란, 신비하게 작용하는 우주의 움직임일 뿐이라는 단어일 뿐이다. 니체는 신 대신 초인을 상상했지만, 고타마 싯달타는 직접 초인이 되었다. 석가모니 부처라는!

■ 니체와 불교의 자유관

니체의 자유사상가(즉, 궁극의 깊이를 추구하는 자)보다 불교의 무주도인(nondwelling man)이 더 자유롭다.

■ 니체의 불교

니체가 불교를 실증주의라고 평가한 것은 석가모니 불교에 한정된 것이다. 니체가 만약 대승불전들을 읽었다면, 주관적인 관념의 극치를 확인하게 되었을 것이다.

석가모니 불교는 탁월한 심리학이요, 대승불교는 중생구제를 향한 윤리학이다.

그러나 용수 논사와 유마 거사의 통찰력이 없는 대승불교란 참된 것은 아니다. 니체는 중론송과 유마경을 꿈에서도 본적이 없을 것이다. 그런데도 니체는 불교를 선악의 피안에 서 있는 것이라고 설파했으니, 틀린 말은 아니다.

■ 하이네의 늙은 신과 니체의 죽은 신을 생각하며

하이네의 늙은 신과 니체의 죽은 신을 생각하며. 신의 죽음은 인간이 자기 스스로 독립해야 한다는 것을 의미한다. 그렇다. 인간은 아기가 아니다. 인간은 이제 어른이 되어 있다. 그러므로 신이 죽든 부모가 죽든, 인간은 자기 홀로 서는 용기를 가져야 한다는 것을 의미한다.

■ 나의 관심사

골치 아픈 것은 신에 관한 문제가 아니라, 인간에 관한 문제다. 즉, 유신(唯神)이든, 만신(萬神)이든! 일신(一神)이든, 다신(多神)이든! 초신(超神)이든 무신(無神)이든! 내 관심사는 신이 아니라 인간이다.

■ 기독교의 신에 대하여

니체는 자신의 수치감과 자존심 때문에 신을 죽였다. 그러나 나는 그 신에 대해 이렇게 말한다. 신은 토끼의 강력한 뿔이다. 신은 거북이의 가장 부드러운 털이다. 이렇게 신은 본래 없다. 신은 내 두뇌가 그려내는 나의 환상일 뿐이다.

■ 나의 관점

1) 신의 죽음이든, 인간 자신의 죽음이든, 중요한 것은 죽음이 아니라 삶이다. 2) 신의 삶이든, 인간 자신의 삶이든 중요한 것은 존재가 아니라 생성이다. 3) 생성하는 신이든, 생성하는 인간 자신이든 중요한 것은 생성 그 자체가 아니라, 생성의 방향과 그 창조적 성격이다.

■ 최고의 통치자인 유전자들을 쏘아보며

이제는 신과 인간이 아니라, 유전자의 시대다. 그러므로 모든 사상은 이제 온갖 세포와 유전자를 향해 진리를 주장해야 할 것이다.

■ 자기 자신이 된다는 문제에 대하여

예부터 현자들은 '너 자신이 되라'고 가르쳤지만, 나는 이미 나 자신이다. 즉, 나는 신도 아니고, 아트만(경험적이고 현실적인 자아가 아닌 영원한 자아)도 아니고, 악마도 아니고, 신의 백성도 아니다. 나는 아무것도 아니다. 나는 그냥 나다. 천상천하유아독존의 부처도 아니고, 지옥의 중생도 아닌 그냥 나! 사람일 뿐이다. 그러므로 종교 성직자들과 철학자들은 나를 조종하려고 하지 마라. 나는 이미 나다.

■ 니체의 예수관과 나의 예수관

니체가 유대교의 성직자들과 바울에 대해 그토록 원한과 증오와 복수하는 글을 쓴 것에 비해 예수에 대해서는 관대한 글을 쓴 이유는 무엇일까? 니체는 예수를 인도의 수론파, 중국의 노자와 비교하며 '자유주의자'라고 강조했는데, 예수가 절대유일신과 자신의 새로운 관계설정 때문에, 그 유일신 때문에 십자가 처형을 받았는데! 어떻게 예수를 자유인이라고 할 수 있는가? 내게 있어서, 진정한 자유인이란 다신이든 유일신이든 신 없이 자기를 극복하고 초월한 사람을 의미한다.

■ 예수에 대하여

예수는 유대교에 저항하고 대항한 것이 아니라, 자신이 믿는 신에게 충실한 것이었다.

예수는 유대교를 혁신하고자 한 것이 아니라, 자신을 혁신하려고 한 것이다. 그런데 예수의 성찰과 통찰력의 한계는 유일신론이기에 태생적으로 혁신은 불가능한 것이라고 여겨진다.

예수는 유대교를 경멸하고 분노한 것이 아니라, 자신이 믿는 신을 존중하고 사랑한 것이다. 그러나 예수가 믿고 존중하고 사랑했던 신(본체 그 자체; 나는 스스로 있는 자라고 말한 유대인들의 신)은 실재하는 것이 아니다. 왜냐하면 유일신이란 무수한 원인과 조건에 의해 생겨난 것이기 때문이다.

예수는 유대교를 비판한 것이 아니라 자신이 믿는 신을 정열적으로 말한 것이다.

■ 예수가 사형당한 죄목을 생각하며

왜 예수는 자기를 '유대인의 왕'이라고 주장했을까? 왜 예수는 자기를 '자기자신의 왕(즉, 자기를 정복한 왕)이라고 주장하지 않았을까? 예수의 성찰과 통찰의 한계는 유일신론이다. 만약 20대의 예수가 50대인 진오 대사를 만나 교제했었다면, 예수는 좀 더 성숙한 사상을 지니게 되었을지도 모른다.

■ 니체의 영원회귀와 불교의 연기법

어제 나는 해운대와 광안리 바다가 전부 보이는 봉수대 돌바위에서, 니체의 영원한 회귀론은 불교의 연기법(조건 생성의 법칙)에 해당하는 사상이라고 느꼈다. 그래서 나는 니체의 영원한 회귀(Eternal Return)는 인연법의 영원한 순환이라고 생각해보았다.

그런데 나는 오늘 해운대 장산의 숲속 길에서, 니체가 주장한 '똑같은 것의 영원한 반복' '영원히 다시 돌아온다'는 사상은 라이프니츠(1646-1716)의 미리 정해진 조화(Preestablished Harmony)라는 형이상학적인 사상의 모방응용이라고 생각해보았다.(2009년 10월 20)

■ 니체의 영원회귀론은 영원한 자기보존 욕망에서 나온 것

니체가 주장한 영원한 회귀 사상은 초인을 창조한 니체의 자기보존을 위한 욕망에서 만들어진 것이다.

■ 니체의 영원한 회귀에 관한 문제

회귀(回歸)시키는 것이 우주자연의 절대법칙이라면 이 회귀시키는 힘 앞에서 인간은 선택의 여지가 없게 된다.

하지만 초기 불교는 네 가지 경지에 관한 담론에서 '회귀하지 않는 자가 있다'고 말한다. 바로 이것이 '한 번만 온다'는 사다함과 '다시 돌아오지 않는다'는 아나함이다.

중생구제를 위해 영원히 회귀하는(회향하는) 지장보살의 대승불교와 달리 '석가모니 불교'의 목적은 영원한 회귀가 아니라 해탈이다.

니체의 영원한 회귀법이나 불교의 인연법에서 가장 중요한 것은, 최선을 다한다는 것이다.

■ 니체가 주장하는 '똑같은 것의 영원한 반복'에 대하여

똑같은 것(동일성)이란 인간들이 만들어낸 것이지, 본래 생사를 초월하여 실체로서 존재하는 것은 아니다. 그래서 금강경(제26장) 부처는 "누구든지 나를 어떤 형상에 의해 보려고 하거나 또 어떤 소리를 통해 나를 찾으려고 하는 사람은, 잘못된 노력에 빠져 있는 사람으로서 이 사람은 나를 결코 볼 수 없을 것이다."라고 설파했으며, 또 금강경(제32장)에서는 "모든 존재와 현상은 꿈과 환상과 물거품과 그림자와 이슬과 번개와 구름같은 것이라고 보아야 한다."고 설파한 것이다.

■ 니체와 불교

니체의 주관적 관점주의, 비독단적인 상대주의, 자유정신은 제행무상(모든 것은 변한다는 것)과 제법무아(모든 것에 실체성이 없다)와 일체해탈(궁극적인 자유로움)을 가르치는 부처의 기본사상에서 가능한 진리다.

■ 니체와 불교

니체가 "모든 것은 변한다. 절대적인 진리가 없듯이 영원한 사실도 없다."라고 썼을 때, 그는 제행무상이라는 불교의 명제에 접근해 온 것이다.

■ 불교는 허무주의가 아니다

일체개고(삶은 오직 고통뿐이다!)를 주장한 석가모니 부처가 80세까지 장수했다는 사실은 무엇을 의미하는가? 석가모니 부처의 가르침은 허무주의가 아니다.

■ 내가 이해하는 불교

제행무상(다 덧없는 거야! 라는 말)은 일체의 허무가 아니라, 일체의 변화를 의미하는 것! 그래서 제행무상은 역동적인 생성의 진리에 관한 것이라는 것!

■ 니체와 불교

니체가 "존재란 허구다. 가상의 세계만이 유일하다. 참된 세계(실재)란 말은 날조된 세계에 불과하다."고 썼을 때, 니체의 말은 불교의 핵심적인 명제인 제법무아(모든 것에 실체성이 없다는 진리)와 동의어다.

그런데 니체가 《차라투스트라는 이렇게 말했다(육체를 경멸하는 자들에게)》에서 '본래의 자아'를 주장하는 그의 성찰과 통찰력은 아직 깨달음에 도달한 것이 아니다. 왜냐하면 니체가 말하는 '본래의 자아'란 고정불변의 실체성이 아니라, 무수한 원인과 조건에 의해 생겨나고 없어지는 것이기 때문이다.

■ 니체의 권력을 추구하는 의지와 탐욕에 대하여

권력과 세력을 추구하는 힘이든, 진리를 추구하는 인식의 힘이든, 힘을 원하는 의지를 불교에서는 탐욕이라고 부른다. 의지란 자신이든 남이든 지배하고자 하는 충동의 의지다. 불교는 이러한 의지를 탐욕이라고 부른다.

그래서 제 모습을 똑바로 쳐다보는 통찰력이 없는 권력을 추구하는 의지

즉, 패권본능이란 생존경쟁의 싸움만 생기게 하는 것이라고 여겨진다.

■ 의지가 중요한 것이 아니라 의지의 방향이 중요한 것

의지가 중요한 것이 아니라 의지의 방향이 중요한 것이다.

니체의 의지의 방향은 권력(힘)이고, 나의 의지의 방향은 진리(법)이다.

그렇다면, 권력이란 무엇인가? 욕망의 영원한 쾌락이다. 진리란 무엇인가? 사실에 관한 통찰이다.

■ 니체와 부처의 권력관

니체는 권력을 경험하지 못했고, 부처는 권력을 충분히 경험한 사람이다.

그래서 니체는 권력을 향한 의지를 숭배하고 찬양했고, 부처는 권력을 향한 의지를 어리석은 의지라고 말한 것이다.

니체가 주장하는 권력을 향한 의지는 자기극복, 자기실현, 자기완성의 충만함을 의미한다.

그러나 부처의 자비를 향한 의지는 사랑과 평온함을 의미한다.

■ 니체의 귀족주의에 대하여

내 이해력에 의하면, 니체의 귀족주의는 돈과 재산과 여자 등 물질적인 소유물로 가치평가하는 것이 아니라, 삶에 대한 의지, 권력에 대한 의지, 진리에 대한 의지, 초인에 대한 의지를 중시하는 정신적으로 매우 고귀한 귀족

주의를 의미한다.

그렇다면, 왕자 출신으로 초인이 된 석가모니 부처야말로 최고 최대의 귀족이 아닌가?

■ 니체의 오류와 허영심

니체의 귀족주의는 니체의 허영심에서 나온 사상이다.

■ 천민과 귀족의 운명에 고정불변의 실체성은 없다

사람이 태어날 때부터, 또는 인류역사 시작부터 천민과 귀족이 정해져 있는 것은 아니다. 이 점에서 니체(1844-1900)의 귀족주의는 깊은 깨달음이 없는 생각의 결과다. 정말 바꾸어야 할 관점은 내가 지금 살고 있는 개인의 언론과 자유가 있는 민주주의가 아니라 니체의 극소수 영웅 귀족주의다.

왜 니체는 《인간적인 너무나 인간적》에서, 제 1권 2장 81절과 93절 같은 글을 썼을까? 마음에 영 들지 않는다.

■ 니체에게 묻는다

니체의 《인간적인 너무나 인간적인》 제 1권 8장 451절(당파를 일으키는 소리로서의 정의에 대하여)를 읽으며 니체에게 묻는다.

강제적으로 착취와 희생을 당하는 자들이, 자신들의 인권과 권리의 사회적 평등성을 요구하는 것이 어째서 정의의 발로가 아니고, 욕망의 발로인가? 그리고 어째서 지배계급의 탐욕과 특권의식은 욕망의 발로가 아니라 공정함의 발로인가?

■ 니체의 '자유정신'에 묻는다

《인간적인 너무나 인간적인》 제1권 8장 457절(노예와 노동자에 대하여)에서, 노예의 생활이 노동자의 생활보다 훨씬 더 가볍고, 안정되고, 행복했었다고 주장하는 니체의 언론이나 역사의식은 정신이 나간 자의 말이라고 여겨진다. 니체는 마치 자신이 수많은 노예를 거느리는 대지주와 귀족으로 착각하고 있는 것 같다.

■ 니체의 명제를 반대하며

니체가 주장하는 혁신적 가치란 "만족이 아니라 권력을! 평화가 아니라 전쟁을! 덕이 아니라 능력을!"이라는 것이다. 그러나 이런 생각은 동물세계의 법칙을 인간세계에 적용하려는 사상일 뿐이다.

인간은 "권력이 아니라 만족을! 전쟁이 아니라 평화를! 능력이 아니라 덕을!"이라고 주장하며 살아도 결코 비인간적인 것이 아니다. 나의 사상에서는, 니체야말로 전복의 대상이며, 혁신의 대상이다.

니체의 문체는 진보적인데, 니체의 정치사상과 역사관은 아주 복고적이다.

■ 약자가 강자를 이기는 지혜의 힘을 생각하며

니체는 사자, 나는 꽃사슴.

니체는 독수리, 나는 토끼.

니체는 뱀, 나는 들쥐.

니체는 사냥꾼, 나는 사냥물.

니체는 귀족, 나는 천민.

니체는 히틀러, 나는 유태인.

■ 니체의 조증과 울증

니체의 책들 속에서 보이는 신과 인간의 '유쾌한 웃음'은 니체가 얼마나 우울한 정신의 고독감을 크게 지니고 있는가를 보여주는 단서다. 심한 우울증은 자주 경박할 정도로 크게 웃는 짓을 잘하는 법! 이렇게 해야만 뇌의 균형을 이루어낼 수 있기에!

■ 니체의 몰락

1888년 니체의 나이 44세 때 12월 말. "혼자서 토리노의 거리를 배회하면서 많은 사람들의 노리개가 되었을 모습을 상상하면 창자가 끊어지는 것 같다."

니체의 여동생인 엘리자베트 니체(1846.7-1935) 여사의 《니체 전기》에서 읽은 이 글은 언제나 내 가슴을 아프게 하고 눈물짓게 한다. 그 순간 니체의 사상을 낳은 정신은 어디에 있었을까? 그토록 냉철하고 정확한 심리학, 그토록 감정과 직관과 은유가 풍부한 시적인 사상서를 쓴 니체의 정신은 어디로 나가버린 것일까? 이 대단한 성찰의 사상가는 지금도 내 마음속에서 그가 그토록 혐오하고 경멸했던 동정심의 대상이 되고 만다. 아! 니체!

그리고 또, 마치 기독교 옹호자의 저주처럼 악의에 가득 찬 사이먼 크리칠리 교수가 《죽은 철학자들의 책》에서, 니체를 자기 대변과 소변을 먹는 정신병자로 묘사하는 글을 읽었을 때, 나는 더 말할 수 없는 비참한 심정을 느낀다. 오! 니체!

■ 내가 이렇게 말하는 이유

불교의 목적은 부처를 낳는 것이고, 니체의 목적은 초인을 낳는 것이고, 신혼부부의 목적은 천재를 낳는 것이다.

그런데 내가 여태까지 온갖 대인관계로 구성된 세속에서 지내온 경험에 의하면, 내 자식이 부처나 초인이나 천재로 나올까봐 오히려 걱정이 된다. 왜냐하면 부처든, 초인이든, 천재든, 그는 보통인간들의 질투와 적대, 반발과 공격에 시달리게 될 것이고, 또 고독과 불안정과 경멸과 연민, 권태와 헛된 낭비와 무의미한 삶에 시달리게 될 것이기 때문이다.

■ 영화 《니벨룽의 반지》를 보고

울리히 에델의 감독이 만든 영화 《니벨룽의 반지(2004)》는 정말 대단한 작품이다.

지그프리트는 내게(또는 50대 이상 대부분의 한국인들에게) 없는 성격을 가지고 있다. 그것은 '자신감'이다. 지그프리트는 K-1에 나오는 격투기 선수들같이 육체적으로 매우 강하고, 마음의 성질도 매우 강하다. 지그프리트는 거대한 용과 정령들과 마법사보다 강하다.

그러나 이러한 지그프리트도 군터 왕의 신하 하겐에게 죽음을 당한다. 운명이다. 만약 지그프리트에게 항상 곁에서 조언하는 현자가 있었다면 그는 그렇게 쉽게 죽지는 않았을 것이다.

영웅 지그프리트를 바라보며 중국 항우가 생각난다. 그토록 강력한 항우도 비극적인 종말을 맞이했다. 그래서 나는 지그프리트의 '자신감'을 좋아하지 않는다. 하지만 '겸허함'을 좋아하는 나는 영웅이 될 수 있는 조건 중의 하나인 자신감이 없는 사람이다.

정치영웅이든 지략영웅이든 군사영웅이든 영웅의 기본적인 심리조건은 자신감이다. 사주팔자 운명학에서는 이 강한 자신감을 신강이라고 한다. 내 사주팔자의 일지는 신강도 신약도 아닌 중간 정도의 강이다. 그래서 그런지 나는 평범한 삶을 좋아한다.

그 다음, 이 영화에서 내가 가장 두려워하고 경계하는 인물유형은 군터 왕의 신하이며 모사꾼인 하겐이다. 하겐은 자신의 아버지인 난쟁이 마법사를 무례하게 살해할 정도로 효심이 전연 없는 사람이다. 하겐은 군터 왕을 살해할 정도로 충성심이 전연 없는 사람이다. 하겐은 오로지 자신의 재력과 권력에만 관심이 있는 사람이다. 그러나 이러한 하겐도 결정적인 순간에 브룬힐드 여왕의 분노에 찬 칼에 목이 날아가고 만다.

그 다음, 브룬힐드 여왕은 지그프리트와 똑같이 육체적으로 매우 강한 여성이다. 그리고 충직한 사랑을 가슴속에 품고 있는 한 사람의 여자이기도 하다. 그러나 운명은 그녀에게 좌절과 고통의 슬픈 비극을 맛보게 한다.

이 영화 끝 장면에서 지그프리트의 시신을 불태우는 배 위에서 갑자기 나타나 지그프리트의 검을 뽑아 자살하고, 함께 그대로 수장되는 브룬힐드 여왕의 모습에 눈물이 왈칵 쏟아진다. 신기하다. 내가 이렇게 흑흑 소리 내어 울다니! 내가 영화를 보면서 흘리는 눈물은, 무의식(내가 의식하지 못하는 것, 또는 의식되지 않는 것)에 갇혀있던 감정(즉, 억압하거나 포기해 버렸거나 잃어버린 자아의 감정)이 의식의 선상으로 떠올라 내 두뇌의 신경을 자극했기 때문이다. 〔내 개인사(個人史)적으로 말한다면, 나는 의리와 정조가 없고, 영악하고 이기적인 내 어머니와, 또 성장하면서 이런 여성들만 경험했기에 브룬힐드 같은 여자 이야기를 들으면 내 감정은 완벽하게 속아 넘어간다. 감동한다. 눈물을 주체할 수 없을 정도로! 문학과 예술의 위대함이란, 알고 보면 이렇게 인간의 이런 취약점(상처, 고통, 피해의식, 결핍, 억압 등의 마음)을 극적으로 이끌어내어 감정적으로 해소시켜주는 것에 지나지 않는 것!)

관심있는 분에게 W.R.바그너(1813-1883)의 작품 《니벨룽의 반지》를 해설한 G.버나드 쇼(1856-1950)의 책 《바그너, 니벨룽의 반지(1898)》를 소개한다.

■ 오해와 이해의 동시성

나는 오늘 만화 영화 《Mary And Max(2009)》를 보다가, 마지막 장면에서 갑자기 뜨거운 눈물이 흘러나왔다. 아! 사람이 산다는 것은!

이 영화에서 "내가 너를 용서하는 것은 우리는 모두 완벽하지 않기 때문이야." 라는 맥스의 편지글은 사실이다. 하지만 용서 그 자체만큼 '용서를 주고 받는 방식' 도 매우 중요하다고 생각한다. 즉 용서행위도 코드가 맞아야 한다. 인연이 없는 사람은 끝내 코드를 맞출 줄 모른다.

■ 인내와 용서와 포용의 가해자와 희생자

인내와 용서와 포용에 관한 대인관계 문제도 '자기중심성이 강한 상대' 가 있는 것이기에 '함께 노력하는 것' 이 되어야!! 참된 화해가 가능한 것이다. 왜냐하면 자기 혼자서 하는 일방적인 노력은 '인내와 용서와 포용의 희생자' 가 될 가능성이 높기 때문이다.

■ 영원히 반복하는 똑같은 악연에 대하여

용서 행위가 경우에 따라 더 잔인한 복수 행위가 될 수도 있다. 그러므로 진정한 용서는 용서를 하지 않는 것이다. 바로 이것이 깨달음의 전사(戰士)로서 지켜야 하는, 적에 대한 최소한의 예의다. 나의 용서는 완전한 무억(망각)이다.

■ 마이마더를 생각하며

마더가 가족에게 끼친 과거의 못난 진실을 춤추게 하는 유머감각이 내게 없다는 것은, 생존만을 위해 정신없이 살아온 내 삶의 정글 때문이다. 아시다시피 정글에서는 유머 감각보다는 생존을 위한 공격과 방어 본능이 더 발달하는 법이다. 불안과 긴장감 때문이다. 언제 이 긴장이 풀어질까? 언제 불확실성과 불안정을 벗어나 유쾌한 평화를 누리게 될까? 아마도 내가 죽는 날이겠지…

■ 인간의 재능

나는 편견과 아집과 결핍에 가득 찬 글을 쓰는 것 이외에는 또 다른 재능이 없다. 10대 때부터 여태까지 종교적 공부를 해온 내가 이런 말을 할 정도라면, 깊은 생각이 없이 사는 세속의 보통사람들(ordinary people)은 얼마나 더 심하겠는가!

《황제음부경(하편)》에 "시각장애자는 청각이 더 발달되고, 언어장애인은 시각이 더 발달되는 법"이라는 글이 있다. 즉 하나의 기관이 상실하면 다른 하나의 기관은 특별히 더 뛰어나게 된다는 것이다. 이와같이 내 결핍과 우

울증에 시달리는 내 인생의 취약점은 내 지성을 특별히 더 발달시키는 것과
같다.

이 문제와 관련하여 더 읽고 싶은 분은 니체의 《인간적인 너무나 인간적
인》제5장 224절, 231절의 글을 참조하시기 바란다. 아! "우주는 생명을 주
기도 하고 빼앗아가기도 하는데, 이것이 도의 이치다." "우주는 은혜롭지 않
다. 그러나 큰 은혜가 우주로부터 생겨난다."고 설파하는 《황제음부경》의
문구에서 나는 위로를 받는다.

■ 나의 거울을 바라보며

우리의 성격과 기질은 사주팔자 해석학의 10가지 성격유형과 에니어그램
의 9가지 성격유형에서 어느 유형에 속한 것이다. 그리고 이 운명적인 성격
과 기질을 초극한다는 것은 말처럼 그렇게 쉬운 일이 아니다. 그래서 나는
나의 성격과 기질로 최선을 다해 이 글을 쓴다. 그러므로 이 글에서 내 성격
과 기질의 장단점이 그만큼 선명하게 드러난다는 것은 차라리 자연스러운
것이다.

궁금하다. 기질은 선천적으로 타고나는 것일까? 후천적으로 개발된 것일
까? 기질은 바꿀 수 있는 것일까? 바꿀 수 없는 것일까? 어떤 결론이 나오
든, 사주팔자 해석학의 10가지 성격유형론과 에니어그램의 9가지 성격유형
론과 한국체질의학의 4가지 또는 8가지 성격유형론 등 동서양의 수많은 성
격유형론들을 등을 참고해야 할 것이다. 좋은 인격이란 기질의 장점을 의미
한다.

■ 장점과 단점의 상호변형적인 작용.

결핍되어 있는 것의 장점은 채울 수 있다는 것이다.

배신을 당해보는 마음의 장점은 독립심을 키워준다는 것이다.

상실감의 장점은 또 다른 것을 획득하게 한다는 것에 있다.

지식의 장점은 지성을 일깨울 수 있다는 것이다.

망상과 공상의 장점은 창의성을 키워준다는 것이다.

조급성의 장점은 가장 빠른 속도로 일을 한다는 것이다.

능력부족의 장점은 자기분수를 안다는 것이다.

무능력의 장점은 혼자 자유롭게 노닐 줄 안다는 것이다.

무지의 장점은 마음을 평온하게 해준다는 것이다.

외로움의 장점은 성찰의 습관을 익히게 된다는 것이다.

병자의 장점은 인내와 겸손을 터득하게 해준다는 것이다.

■ 양면의 장점과 단점

부드럽다는 것은 '겁을 먹고 있다' 는 것이다.

충성스럽다는 것은 '멍청하다' 는 것이다.

고결하다는 것은 '적응력이 떨어진다' 는 것이다.

근면하다는 것은 '단조롭다' 는 것이다.

솔직하고 정직하다는 것은 '무례하다' 는 것이다.

자유롭다는 것은 '낭비가 심하다' 는 것이다.

자부심이 강하다는 것은 '뻔뻔스럽다' 는 것이다.

자수성가했다는 것은 '교활하다' 는 것이다.

실용적이라는 것은 '비도덕적' 이라는 것이다.

■ 발자크의 카페인 중독사망 이야기를 들으며

만약 어떤 위대한 미술작품과 소설작품과 철학서들이 마약을 복용하면서 생산해낸 것이라면, 독자는 그 작가가 새롭게 만들어낸 마약을 복용하는 셈이 아닌가? 《영원한 철학》을 쓴 올더스 헉슬리와 플로티누스와 미셸 푸코는 모두 심한 물질적인 마약 의존중독자였다고 한다.

나도 내 사상의 중독자이다. 하지만 내 사상은 황홀(Ecstasy)이나 환희(Joy)는 아니지만 생의 보람과 가치를 느낀다는 점에서 건전하고 생산적인 중독이라고 생각한다. 그래도 어쨌든 마약은 마약이다.

나는 그동안 오래 전부터 남몰래 복용해오는 마약이 있는데 그 마약의 이름은 낮은 자존감(즉, 자신이 충분히 훌륭하지 못하다는 느낌, 또는 자기의 가치에 대한 자부심이 낮은 느낌)과 자기 부정적인 자아도취(Negative Narcissism)라는 이름의 마약이다.〔니체의 《인간적인 너무나 인간적인》 제1권 9장 625절(고독한 사람들에 대하여)을 참조하시라.〕 나는 그동안 이 마약의 부작용을 심하게 겪고 있다. 그래서 요즘은 이 마약보다 더 강력한 마약을 구해 복용하고 있는데, 이 마약의 이름은 '자기부정의 자아도취 부정' 과 '자기극복' 이다.

■ 내게 있어서 자기극복의 의미는

내게 있어서, 자기극복이나 초월은 감정극복이나 감정초월을 의미한다.

■ 감정과 이성

감정은 이성보다 강하지만, 이성보다 더 현명하지는 못한 것이다. 일관성도 없다. 감정은 변덕이 많은 자의 마음 같은 것! 그러나 감정만큼 진실한 것도 없다.

낮에 감정을 억압하거나 거짓말 하면, 밤에 꿈을 꾸게 된다. 바로 이것이 감정이 이성에게 보여주는 진실이다.

■ 일체의 고통이란

일체의 고통이란 결핍과 과잉이다! 즉, 어떤 자는 결핍에 시달리고, 또 어떤 자는 과잉에 시달린다. 그러니까, 시달린다는 점에서는 모두 같은 것이다.

■ 내가 삼세를 사랑하지 않는 이유

내가 현재를 사랑하지 않는 이유는 잘못된 과거를 실체화했기 때문이다. 내가 미래에 애정을 품지 않는 이유는 모순에 가득 찬 현재를 전적으로 신뢰하지 않기 때문이다.

■ 피차 죽어야 벗어나는 부모자식 간의 악연

동서양을 막론하고, 대부분의 종교적인 성현군자들은 한결같이 자기부모를 찬양하고, 충직한 효성을 최고의 가치로 주장한다. 특히 한국은 예부터 오늘날까지 세계 최고의 충효심을 자랑하는 국가다. 예를 들면, 불경기의 출판계에서도 아버지와 어머니에 관한 소설을 대박나게 사주는 사람들이 한국인이다. 그러나 나는 내 부모와 나를 경멸하고 가엾게 여긴다. 모름지기 사상이란 제각각의 특별한 삶에서 나오는 법! 나는 정직한 인간으로 살다가 죽고 싶다.

■ 무엇이 변하게 하고, 통하게 하고, 마침내 이루게 하는가

결핍이 각성되면 채우려고 하는 것이 생명의 본능이다. 그러니까 결핍이 변하게 하고, 통하게 하고, 마침내 이루게 한다.

■ 아동들과 어른들의 문제들

어린이는 애정 결핍이 문제이고, 어른은 금전결핍이 문제다.

■ 사회적 동물인간의 비극

우리는 모두 정신병자다. 그래도 어떻게 잘들 살고 있다.

■ 상처받은 만큼 현명해진다

사람은 수많은 경험을 통해 현명해진다. 그러나 이러한 현명은 상처투성이(一切皆苦)로 얼룩져 있다.

■ 자기경멸과 성장에 관련하여

자기라는 실상을 들여다보면 얼마나 수많은 타인으로 이루어져 있는가! 그러므로 자기경멸은 곧 타인경멸이요, 타인경멸은 곧 자기경멸이다. 그리고 인간은 이러한 경멸의 체험을 겪어야만 비로소 진짜 성장이 가능한 것이다.

■ 모든 것이 괴롭다는 불교의 명제를 생각하며

두 종류의 아픔이 있는데, 하나는 낫기 위한 아픔이요, 다른 하나는 더 악화되는 아픔이다.

이 두 종류의 아픔은 모두 고통스러운 점은 같지만 방향은 완전히 서로 다르다. 그러므로 중요한 것은 모든 고통이 아니라 모든 고통의 방향이다.

■ 불교의 기본명제에 대하여

일체개고(모든 것이 고통이야!)란, 모든 것에 대해 항상 불만족을 느끼며 스스로 괴로워하는 마음병이다. 그런데 이 마음병은 치료가 가능한 것인가? 부처의 가르침은 '치료가 가능하다' 는 것이다. 즉, 모든 것은 변한다는 사실을 분명히 인식하는 것과, 실체성은 없다는 깨달음과, 집착은 해야 할 이유가 없다는 깨달음과, 삶을 있는 그대로 받아들이는 온전한 지혜는 이 일체개고(모든 것은 고통이야!)라는 마음병을 근본적으로 치료할 수 있다는 것이다.

■ 화가와 시인

그림이 말하는 의미와 시가 그려내는 마음의 그림.

■ 날마다 지구를 보는 달

날마다 날 그리워 보러 오는 지구.

나는 아무런 말을 할 수 없네.

그저 사자(死者)의 눈물을 흘리며 바라보는 수밖에.

사랑하면서도 말을 못하고

매일 지나가는 모습만 보네.

날마다 떠오르며 나를 보고 가는 영롱한 지구.

삭막한 나는 언제 생생해질까?

■ 숲속에서의 관찰

오! 꽃들도 표정이 있네…

지나가던 어떤 우주가 이 친구에게 미소를 주었을까?

■ 인간의 진화

단 한 번만이라도 '일대사(一大事)'를 거대한 전율로 경험하며 지혜의 눈이 열린 사람은 결코 이전의 상태로 돌아가지 않는다. 돌아갈 수도 없다. 그는 이미 돌아갈 수 없는 다리를 건너버렸기 때문이다.

■ 반야바라밀의 의미에 대하여

반야바라밀(완전한 인식, 완전한 통찰)이란 자기 삶의 길에서 보고 듣고 느끼는 모든 것을 완성적으로 실현해나가는 것을 의미한다.

제 4 부

금강경 강의를 위한 나의 잡다한 비망록

&

"세 가지 좋은 것은 첫째 격려하고 힘나게 하는 사상, 둘째 진정시키는 사상, 셋째 밝게 해 주는 사상이다. 그리고 이 세 가지 좋은 것은 지상의 모든 사물을 광휘롭게 한다."

F.W.니체(1844-1900)의 《인간적인 너무나 인간적인(제2권 2장 332절)》에서

■ 사상의 운명

부파불교를 소승이라고 논파한 금강경의 부정논리가 금강경 자신의 부정논리로 논파된다는 것은 얼마나 운명적인 아이러니인가! 바로 이것이 불교 사상사의 운명이다.

■ 나의 부정적인 논리의 목적

금강경의 부정논리는 깊이를 지닌 긍정을 위한 것이다. 나의 부정논리도 마찬가지다. 예를 들면, 금강경 부처의 가르침과 금강경 경전 자체의 절대성을 부정하는 나의 논리의 목적은 금강경을 더욱 깊게 읽어내기 위한 것에 있다는 것이다.

■ 의존중독이 심화된다는 것과 부처가 된다는 의미의 차이

금강경을 매일 독송하는 자는 천년이 넘도록 불어나는데, 망상에서 깨어나는 자는 단 한 명도 없고, 오로지 금강경 경전 자체만 시간이 갈수록 절대신처럼 실체화, 신비화, 우상화, 중독화 된다면, 이것은 석가모니 부처(가장 계몽된 자)도 원하는 바가 아닐 것이다.

■ 금강경의 시밀레(simile)

금강경의 문체는 고대인도와 중국의 느린 음악과 같다. 그러나 나의 문체는 모든 위험성을 극복하는 과감하고도 경쾌한 언어의 프레스토 템포다.

■ 구원에 대한 욕구의 자극제

금강경을 읽는 것은 구원받고 싶다는 감정이 개발되는! 구원에 대한 욕구의 자극제가 필요하다는!

■ 금강경의 통속성과 비범성

금강경의 통속성은 자기경전의 우상화, 자기경전의 선전보급을 위한 욕망. 무시무시하게 가학대적인 강박관념.

그러나 금강경의 비범성은 즉비시명(사물의 명칭이나 개념은 본질이 아니라는 것, 또는 언어와 이름은 방편적인 가정이며, 가명일 뿐이라는 것)의 논리와 역설적인 모순어법이다.

■ 금강경의 모순어법

"집착하지 말고 집착하라"는 금강경의 가르침은 역설적인 모순어법이다.

■ 무집착에 대한 집착

만약 무집착을 최고의 목표로 삼고 있는 스님이 있다면, 그 스님만큼 집착이 강한 사람은 세속에서도 찾아보기가 힘들 것이다.

■ 무집착의 집착

불만이 없는데 반항하는 것. 결핍이 많은데 만족하는 것.

■ 금강경의 변증법 원리

시설(是說)은 테제(these)요, 즉비(卽非)는 안티테제(antithese)요, 시명(是名)
은 신테제(synthese)이다.

■ 비판정신과 재창조

역사적으로 볼 때, 개인이든, 가족이든, 단체(종교)든, 국가든, 부정의 과정
을 겪지 않은 재창조란 없었다.

■ 불교승려들의 순수함이란

부처(깨달은 자, 또는 망상에서 깨어난 자)의 높은 것(아뇩다라삼막삼보리심)을
향해 자신을 던지는 것이 불교승려다. 부처의 지혜(반야바라밀, 또는 가장 밝
고 투명한 통찰의 지혜) 속에 자신의 수많은 욕망을 숨기는 것이 불교승려들
의 순수함이다.

■ 마치 그물에 걸리지 않는 바람처럼

금강경에서 가르치는 무주(머무름이 없는 것, 또는 집착이 없는 자유로운 심리
상태)는 그물에 걸리지 않는 바람 같은 지성과 삶을 의미한다. 그러나 누가
이렇게 살 수 있겠는가? 인간이 추구하는 것은 안심입명인데.

여기서 안심입명이란, 매사 모든 곳에서 평형과 균형상태를 유지하는 것,
또는 자신을 안전하게 해주는 종교 교주, 또는 술과 담배와 섹스의 효험을
완전히 믿는 마음과 행동의 습관을 의미한다.

■ '마땅히 머무는 바가 없이 그 마음을 낸다'는 것에 대하여

《금강경》에서 유명한 '응무소주이생기심'이라는 문구의 핵심은 집착이 없는 마음인데, 여기서 무집착의 마음이란 이성과 감정으로 최선을 다해 행동을 하면서도 운명(흐름)에 내맡길 줄도 아는 마음을 의미한다. 왜냐하면 마음은 고정불변의 것이 아니기 때문이다.

■ 날마다 한 생각

금강경의 '왜냐하면'의 목적은 부처다. 그러나 부처는 이미 제행무상(모든 것은 다 지나간다는 것)과 제법무아(영원불변의 신은 없다)와 일체의 괴로움(모든 것은 괴로운 번뇌라는 것)에 의해 희생된 성자다.

그러므로 나의 '왜냐하면'은 일체유심조와 창조적 시설이다. 즉 덧없기 때문에 방향을 만들어낼 수 있고, 무아이기 때문에 실체를 만들어낼 수 있고, 괴롭기 때문에 변형되고 진화할 수 있는 것이다!

■ 가짜와 진짜에 대하여

금강경의 논리로 말하면, 진짜와 가짜는 존재하지 않는다. 왜냐하면 진짜도 가짜이기 때문이다. 그래서 금강경에서는 진짜 또는 가짜란 그 명칭에 지나지 않는 것이라고 가르친다.

■ 금강경 부처를 생각하며

내 모습을 보려고 해도 보이지 않고, 내 육성을 들으려 해도 들리지 않지만 나의 책은 무궁한 쓰임이 있다. 금강경(구마라집 중국어 번역본 제26장)의 부처를 생각하며.

■ 위로 구할 보리도 없고, 아래로 화할 중생도 없다

상구보리 하화중생이라는 명제에 대하여 나는 다음과 같이 안티명제를 시설한다. 즉 위로 구할 보리도 없고, 아래로 화할 중생도 없다.

석가모니 부처도 위로 브라만을 구하고, 아래로 아트만을 구하며 범아일여의 합일을 꿈꾼 적이 없다. 그런데 어찌하여 대승불교는 상구보리와 하화중생에 이토록 집착하는가?

보리라는 실체성도 없고, 중생이라는 정체성(이미 정해져 있는 본체로서의 성정)도 없는 것인데, 어찌하여 대승불교는 보리(구원적인 깨달음의 지혜)와 중생(구원의 대상)에 대해 이토록 아부하는가?

상하라고 했지만, 위가 곧 아래요, 아래가 곧 위이니, 위 아래에 고정불변의 자성(자체의 본성)이 없고, 보리중생이라고 했지만, 보리가 곧 중생이요, 중생이 곧 보리이니, 보리와 중생에 고정불변의 정체성이 없는 것이다. 그러므로 진정한 불제자는 대승불교의 고정관념(상구보리 하화중생해야 한다는 것)에도 사로잡히지 말아야 할 것이다.

■ 최고의 깨달음에 관한 설명은 이미 진부한 것

아뇩다라삼막삼보리는 미지의 것이 아니다. 새로운 것도 아니다. 체험되지 않은 것도 아니다. 아뇩다라삼막삼보리는 이미 우리가 알고 있는 것이며 수천년 동안 낡아빠진 것이며, 충분히 체험된 것이다. 그래서 아뇩보리(최고의 깨달음)에 관한 설명은 가장 오래된 습관적인 설명 이상이 되지 못하고 있는 것이다.

■ 언어와 실제

아뇩다라삼막삼보리란 '가장 높고 바르고 평등하고 올바른 깨달음'이라는 뜻이다. 그런데 이 아뇩다라삼막삼보리라는 말이 곧 아뇩다라삼막삼보리는 아니다. 하지만 말이 아닌 아뇩다라삼막삼보리가 고정불변의 실체로 있는 것은 아니다.

■ 구도자가 마지막에 만나는 악마

아뇩다라삼막삼보리는 절대명령이며, 초월적인 것인가? 만약 그런 것이라면 나는 기꺼이 아뇩다라삼막삼보리를 파괴시켜 버리겠다. 이것은 구도자가 첫단계에서 만나는 악마(장애물)이기 때문에.

■ 대승불교 반야부 경전작가들의 사치

아뇩다라삼막삼보리심이란 욕망을 정신화 하고, 미화시키며, 석가모니 부처를 장식하는 그 지루한 권태의 희생물(공양물)일 뿐이다.

■ 사자의 길

부처와 보살이라는 우상을 평생 모시고 사는 내시가 되어서는 안된다. 다시 한 번 더 초월하는 자유정신으로 세상 밖으로 천천히 그러나 당당하게 걸어 나오는 것은!

■ 놓아버리는 것도 놓아버려야 비로소 놓아버림이 된다는 것

금강경의 논리로 말하면, 놓아버리는 것도 놓아버려야 비로소 놓아버림이 된다. 그래서 놓아버리라고 말하는 것이다.

■ 나의 종교

나의 종교는 반불교적 불교이다. 나의 종교는 비종교적 종교이다.

■ 새 시대의 종교가 아닌 종교

종교를 근원적으로 제거하는 것과 종교를 완전히 새롭게 해석하는 것은 똑같은 것이어야 한다.

■ 중국사회에서는 경전과 주지는 일반적인 용어다

현대중국에서 '경전'이라는 용어는 일상의 언어문자로 사용되고 있다. 즉, 경전이란 그저 권위있는 것, 표준이 되는 것이라는 뜻이다. 예를 들면 아무개 문학경전전집(文學經典全集), 경전설계(經典設計), 대중가요경전(大衆歌謠經典). 경전작가(經典作家), 경전가수(經典歌手) 등등.

그런데 우리나라에서는 '경전' 하면 종교계에서 독점적으로 사용하는 최고의 가치와 권위의 상징으로 사서삼경, 팔만대장경, 성경 등 숭배하는 특별히 차별적이고 위계적인 용어다.

이제 우리는 거룩하게 종교계 속에서만 신성하게 특화되어 있는 언어문자들을 일반적으로 자유화시켜 민주적인 시대에 걸맞는 것으로 바꾸어야 할 것이다. 중국에서 텔레비전을 시청하면서 신기하게 느낀 점인데, 현대중

국에서는 '주지' 라는 말도 일반적인 용어로 보편화되어 있다.

■ 금강경의 즉비 논리

부처의 가르침은 부처의 가르침이 아니다. 최고의 깨달음은 최고의 깨달음이 아니다. 이것은 금강경의 역설적인 명제이다.

■ 진리를 표현하는 방법

역시 진리는 모순어법이나 모순형용법으로 역설적으로 표현해야 근사치에 가깝다.

■ 자기사상이 구제되기를 바라는 금강경

금강경은 자기사상을 구제받고 싶은 것이다.

금강경 부모는 대승불교 반야바라밀이다. 그리고 시대마다 금강경을 기억함으로써 이어가는 세속적 영향력, 똑똑한 성자들의 배후에 있는 세속적인 너무나 세속적인. 평범함과 비범함을 하나의 줄로 만들어 세대에서 세대로 이어가는.

■ 하얀 까마귀가 입에 물고 있는 푸른 장미

하얀 까마귀를 본 적이 있는가? 허공에 피어있는 푸른 장미를 본 적이 있는가? 토끼의 강력한 뿔에 찔려 본 적이 있는가? 거북이의 가장 부드러운 털을 만진 적이 있는가?

■ 최고의 아첨은 종교경전에 쓰여있는 것

힌두교의 바가바드 기타와 예수교의 성경에서 주장하는 헌신적인 신앙(박티, 열애)도 일종의 아첨이다.

■ 예수교와 불교공부의 다른 점

'믿느냐, 믿지 않느냐' 가 중요한 게 아니다. '이것이 대체 무엇이냐' 가 중요한 것이다.

■ 불상에서 부처의 진면목을 찾아 볼 수 있는가

스승이 말했다. 수보리여, 자네는 어떻게 생각하는가? 불상에서 부처의 진면목을 찾아 볼 수 있는가?

수보리가 말했다. 아닙니다. 불상에서 부처(망상에서 깨어난 자)의 진면목을 찾아 볼 수 없습니다. 왜냐하면 불상이란 아무것도 아니기 때문입니다. 물에 약한 흙과, 충돌에 약한 돌과, 도끼에 약한 나무와, 불에 약한 쇳덩어리로 만든 불상. 그리고 죽음에 약한 인간의 끈질긴 욕망.

■ 대승불교의 즉비논리와 회향과 시설에 대하여

금강경의 즉비시명(사물의 명칭이나 개념은 본질이 아니라는 것, 또는 언어와 이름은 방편적인 가정이며, 가명일 뿐이라는 것)이란 사물과 사물의 명칭은 고정적이고 결정적이고 실재적인 본체[the reality, 불멸의 존재덩어리, 자체성, 실체성, 정체성(이미 정해져 있는 본체로서의 성정)]를 갖고 있지 않다는 것이다.

즉비시명이란 '무엇은 곧 무엇이 아니다. 그러므로 무엇이라고 한다.' 라는 논리이다.

즉, 《밀린다팡하의 가르침(나가세나 비구의 이름에 관한 문답)》에서도 말하고 있는 바와 같이, 모든 사물과 사물의 명칭은 임시로 이름을 붙인 것이며, 가설이며, 시설되어진 것일 뿐이다. 왜냐하면 모든 사물과 사물의 명칭은 여러 가지 구성요소의 결합으로 발생하는 일시적인 성질만 갖고 있는 것이기 때문이다.

그런데 대승불교는 이러한 공성(자성이 텅 비어 있는 것, 모든 에너지와 물질의 토대, 빅 그라운드)에 관한 지혜를 모든 살아있는 것들에게 가장 좋은 것이 되게 해준다는 자비로 회향과 시설의 사상을 만들어내었다. 그때는 B.C.E.300년경 또는 B.C.E.200년경이었다.

■ 아뇩다라삼막삼보리

실제로는 도달할 수 없고, 증명할 수 없고, 약속할 수도 없는 것. 그러나 삶의 위안과 의무처럼 되어 있는 것.

■ 석가모니불교와 대승불교의 다른 점

석가모니의 사상은 객관적 지성적 논리적 이성적이며, 사실에 입각한 통찰력을 보여주고 있다. 그런데 이에 비해 대승불교 반야경 저작가들은 주관적 감성적 직관적이며, 이념에 입각한 타협적 통찰력을 보여주고 있다. 나는 석가모니 부처의 도를 닦는 사람이다.

■ 진여와 자성에 대하여

진여(Bhutatathata; 존재 그 자체)는 공성이기 때문에 진여(참으로 그러함, 또는 단지 그렇게 존재하고 있는 모든 것들)이지, 그 존재에 본체성이 있다고 해서 진여(Real Thing)라고 하는 것이 아니다.

자성(자체의 본성)이라는 말도 마찬가지다. 자성이란 자체성, 실체성이란 뜻이다. 이 자성이란 도성(道性), 선성(禪性), 불성에 익숙한 중국불교와 한국불교 조계종에서 주장하는 진여자성(참으로 그러한 자체성, 또는 존재 그 자체성)으로 참으로 신비하고 영롱한 한 물건(일심)이다. 그러나 자성 즉 자체성, 실체성은 석가모니의 가르침대로 연기무아의 공성(자성이 텅 비었음, 자성이 없음)이어야 한다.

■ 불성에 대한 나의 관점

조계종의 혜능은 말하기를 "불성에는 아인중생수자가 없다."고 했다. 하지만 내 철안으로 철두철미하게 말한다면, 불성(Buddhata) 자체가 본래 아인중생수자(我人衆生壽者)가 합작해서 만들어진 상(想)이다.

■ 먹을 줄 모르고, 말할 줄 모르는 법신과 응신과 화신을 어디에 쓸 것인가

쌍림부 대사는 "법신과 응신과 화신은 본래 먹는 것이 아니다." 라고 말했고, 규봉종밀은 "응신과 화신은 설법하는 자도 아니다." 라고 말했다. 하지만 먹을 줄 모르고, 말할 줄 모르는 법신과 응신과 화신을 어디에 쓸 것인가?

■ 자연계와 인간계

사람이 산과 강을 향해 "산은 산이요, 물은 물이다."라고 한다면, 산과 강은 사람을 향해 "인간은 인간이다."라고 하는가?

■ 공 또한 공한 이치; 불교는 허무주의가 아니다

쌍림부 대사는 대승불교 반야경에서 배운 그대로 "사람도 공하고, 법 또한 공하다."라고 했다. 그렇다면 그 공 또한 공한 것이다. 어찌 공에만 안주하는가?

■ 아뇩다라삼막삼보리의 마음

아뇩다라삼막삼보리심이란 전체성(Wholeness), 존재의 전체성(Allness), 존재 그 자체(Thing in itself)의 상태를 뜻한다. 즉, 정치인, 상인, 군인, 예술인, 학인, 종교인들이 각 분야에서 최선을 다하는 다양한 마음 그 자체의 상태. 또는 지구상의 모든 존재가 열심히 나아가고 있는 팽창하는 생명력 그 자체의 상태.

■ 비평가의 종류

비평가도 종류가 있다. 비평을 위한 비평가와 재창조를 위한 비평가.[14]

■ 아는 만큼 보인다는 것

아뇩다라삼막삼보리. 그러나 이 깨달음의 높이와 크기와 깊이는, 정신적 안목과 근원적이고 전체적인 통찰력에서 결정된다.

■ 실증적인 과학지식과 휴머니즘이 잘 발휘되는 세상을 위하여

중요한 것은 지식이 아니라 지식의 방향이다. 지혜란 바로 이 지식의 방향을 아는 것이다. 실증적인 과학지식과 휴머니즘이 잘 발휘되는 세상을 위하여.

■ 반야바라밀의 속도

완벽한 지성의 움직임. 가장 빠른 속도의 통찰력은 반야바라밀의 움직임이다.

■ 그냥 보는 것과 꿰뚫어보는 것

통찰력이란 존재나 현상의 이면까지도 명료하게 보는 능력에 관련된 것이다.

■ 반야바라밀의 목표

반야바라밀의 목표란, 살아있는 것을 반드시 죽이는 '완벽한 법칙' 에 대한 앎이나 깨달음을 의미한다.

■ 나의 지혜도 독자에게는 일개 지식일 뿐이다

내가 아무리 최선을 다해 표현하는 통찰력(깨달아 아는 것)일지라도, 독자

---

14) 니체(1844-1900)의 말이다. "평가하는 것은 창조하는 것이다. 평가에 의해서 비로소 가치가 생겨난다. 처음에 창조하는 자는 집단이었다. 그러다가 뒤늦게 개인으로 변해버렸다. 참으로 개인 그 자체는 가장 최근의 창조자다."

에게는 일개 정보와 지식일 뿐이다. 그러니까 나의 반야바라밀은 나의 반야바라밀일 뿐, 당신의 반야바라밀은 당신이 또 새롭게 개발하여 대중들과 공유해야 할 것이다. 바로 이것이 지적인 인류가 서로 피드백(feedback; 되먹이는 것)을 하며 발전하는 모습일 것이다.

■ 비판이 나쁜 게 아니라 무지가 나쁜 것이다

금강경을 비판적으로 읽는다면 그것은 과연 신성모독일까? 아니다, 비판이 나쁜 게 아니라 무지가 나쁜 것이다

■ 금강경 부처가 진오 화상에게

"어쩌다 금강경 전법의 후손 중에 이런 아이가 태어났는고? 2천년 동안 순종적이고 착한 아이들만 있어서 내가 무척 편했는데, 어쩌다가 이런 말썽꾸러기 아이가 나와서 내 속을 썩이는고?

그저 금강경 부처와 수보리 존자의 권위를 숭배하고, 이 가르침을 서사수지독송위타인해설(순응, 반복학습, 세뇌, 모방, 자타최면)하기만 하면 되는데, 왜 이 말썽꾸러기는 비판적 지지, 창조적 불만, 재창조적 반야바라밀, 금강경 비점담론 운운하며, 자기 부모 금강경을 이토록 못살게 구는고? 그러나 이 놈이 죽어 없어지면 나는 슬픔 때문에 통곡을 하게 될 것이다."

■ 신앙의 길과 지식의 길

신앙이란 무조건 믿고 추종하면서 배우는 것이다. 하지만 반야바라밀(망상에서 벗어난 자의 지성)은 의심하고 회의하면서 질문하고 분석하며 창조적

으로 깨달아 가는 것이다.

■ 반야바라밀의 가치

수신(修身), 수행(修行), 수성(修性), 수명(修命)하려면 수지(修知)부터 해야
할 것이다. 무지한 자의 맹목적인 용맹정진만큼 황당한 것도 없을 것이다.

■ 반야바라밀(지혜를 완성해 간다는 것)에 대하여

한 생각을 내자마자 격파해버린다는 점에서 지혜는 이미 완성적이다. 그
러나 완성이란 고정불변의 실체성이 아니다. 그러므로 완성은 계속 완성되
어야 할 것이다.

■ 지식은 인간의 운명

지식정보에 중독이 되면 약도 없다.

■ 금강경 화법시제(speech tense)의 의미와 용법에 관련하여

금강경의 여시아문(이렇게 나는 들었다는 것)은 직접화법인가? 간접화법인
가? 여기서 직접화법(direct speech)이란 다른 사람이 한 말이나 생각을 그대
로 옮기는 것을 말한다. 간접화법(indirect speech, 또는 reported speech)이란
다른 사람이 한 말이나 생각을 '전하는 자의 입장에서 고친 후' 전달하는 것
을 말한다.

■ 금강경 첫 구절에 대하여

여시아문(이와같이 나는 들었다는 것)은 사실은 여(사실 그대로, 또는 똑같은 불교)가 아니라 자기가 들은 것을 기억했다가 다시 그 기억을 끄집어내 쓴 것일 뿐이다. (금강경은 석가모니 부처가 죽은 지 8백년 후에 작성된 것이다.) 그러므로 여시아문은 사실 그대로의 말이 아니라 자신의 여러 감각기관에 의해 이미 해석되어진 글이다. 바로 이것이 왜 내가 오늘 지금 바로 여기 이 자리에서, 이 순간에 현존하는 나 자신의 여시아문을 쓰는가 하는 이유다.

■ 초기불교와 후기불교와 현대불교의 여시아문

"이렇게 나는 들었다"는 것은, "부처님은 그렇게 말씀하셨다"는 것이다. 그런데 부처의 말씀은 무조건 진리인가? 무조건 올바른 것인가?

우리는 회의할 줄 알아야 한다. 왜냐하면 왜(Why)가 없는 모방 학습만큼 불교를 비만증에 걸리게 하는 것도 없기 때문이다.

■ 금강경의 문장에 대하여

금강경은 가정법(假定法; subjunctive mood, 또는 condionals), 더 정밀하게 말하면 가정법현재(if+주어+현재형 동사)를 많이 사용한다. 그리고 의문문(interrogative sentence)과 부정문(negative sentence)이 많다.

금강경은 평서문이나 긍정문조차도 의문문과 부정문으로 바꾸어버린다. 질문함으로써. 부정함으로써.

■ 반야바라밀 전사들이 사용하는 무기

불교 호법신들이 들고 있는 도끼와 창과 칼은, 삿된 관념을 박살내는 '벼락같은 분노의 기질'이 강한 반야바라밀 전사(戰士)들이 사용하는 무기의 상징이다.

■ 금강경 부처의 깨달음의 시제는

금강경 부처의 깨달음은 단순과거시제(simple past tense)인가? 현재완료진행시제(present perfect tense)인가? 미래진행시제(future perfect continuous tense)인가?

■ 가장 고귀한 깨달음도 덧없는 것이다

아뇩다라삼막삼보리는 깨달음을 형용한 것이다. 그러나 깨달음은 형용할 수 없다. 왜냐하면 깨달음은 자체성이나 실체성이나 정체성(이미 정해져 있는 본체로서의 성정)이 없는 것이기 때문이다.

어째서 이러한가 하면, 아뇩다라삼막삼보리는 특별한 심리적 원인과 조건에 의해 생겨지거나 없어지는 것이기 때문이다.

■ 세상은 아름다운 무라는 명제에 대하여

"세상은 아름다운 무(nothingness)다." 라는 명제에 대하여, 대승불교 반야부 경전작가들은 색즉시공, 공즉시색이라고 말한다. 또는 진공묘유라고 말한다.

그런데 어째서 색이 즉 공이요, 공이 즉 색인가? 어째서 진공(즉, 자성이 텅 비어있는 것)이 묘유(신비한 존재)가 되었는가? 대체 이 우주의 대폭발을 야기시킨 원인과 조건은 무엇인가?

■ 반야경의 명제(색즉시공, 공즉시색)에 대하여

색을 공으로 해탈시키고, 공을 색으로 전화시키는 것은 대단히 강력한 중도적 에너지가 없이는 불가능한 것이다.

■ 무는 모든 존재의 모태

없는 것(nothingness)은 존재하지 않는 것이 아니다. 왜냐하면, 없는 것(nothingness)이야말로 모든 존재의 모태이기 때문이다. 이러한 사실은 현대 최첨단 과학이론에서도 증명되고 있는 사실이다.

■ 중생구제의 의미에 대하여

아뇩다라삼막삼보리 라는 언어문자의 가면을 쓰고, 불교라는 도피의 장소로 인도하는 것이 중생구제 행위(즉, 만물과 조화로운 공생관계를 이루어내는 것)인가? 나는 무여열반조차 불교의 궁극 목표가 되어서는 안된다고 생각하는 자이다.

■ 금강경 부처의 말; 경멸과 천대를 받음으로써 구원을 받는다는 것에 대하여

모든 망상에서 깨어난 자에게 있어서, 경멸함(즉 방치해버리는 것, 그대로 놔두어 버리는 것, 무관심, 무집착)이 없는 대자대비란 아무런 가치와 통찰이 없는 짓이다!

■ 지혜는 경계선을 가리지 않는다

금강경을 날마다 서사 수지 독송 위타인 해설하라는 강조는 오로지 금강경에만 일부종사하듯이 순결한 정조와 헌신을 바치라는 뜻인가?

《TV 동물농장》과 《세상에 이런 일이》에서 본 개 백구, 그리고 다르, 그리고 봉순이에 관한 이야기를 인상적으로 시청한 기억이 난다. 이 개들의 두뇌는 얼마나 고정관념과 강력한 성실성을 가지고 있는가! 그러나 인간의 사상은 이런 개들이 되어서는 안된다.

이 개들의 비극은 무지에 있다. 그러나 이 개들은 자신이 무지한 줄도 모른다. 이것은 얼마나 완벽한 비극인가! 어쩌면 우리 인간들도 이 개들과 마찬가지 신세일지도 모른다.

■ 금강경이라는 젖꼭지

금강경이라는 젖꼭지를 물려 진정시키고 잠재워야만 하는 불교의 구도자들!

■ 의미병(의미에 집착하는 정신병) 환자

최고수준의 성현에서부터 잡신이 들린 천박한 자들까지 모두 그 두뇌를 찬찬히 들여다보면, 자기가 말하고 듣는 것은 아무리 하찮은 것일지라도 전 우주적인 의미 또는 매우 심오한 뜻이 있는 것처럼 주장한다. 이러한 사람을 나는 '의미병(의미에 집착하는 정신병) 환자' 라고 부른다.

이 의미병은 특히 자기종교의 경전을 선전하는 자들에게서 흔하게 발견되는 일종의 정신병 증후군이다. 나도 마찬가지이다.

■ 나의 관점주의

유(有)를 무화(無化)해서 어쩌자는 것인가? 무(無)의 유화(有化)도 충분하지 않은데!

■ 무소유는 너무 많이 소유하고 있다

결핍된 양만큼 채워 넣어야 하는 탐욕의 크기. 즉, 무소유만큼 너무 많이 가지고 있는 것도 없다.

■ 탐욕으로 본다면 탐욕이 아닌 것이 없다는 것

불교는 '탐욕'을 무슨 원수처럼 대하는데, 고타마 싯달타가 부모 처자를 버리고 무단가출하여 일개 떠돌이 수행자로 지내면서 아뇩다라삼막삼보리를 구한 것도 '탐욕'이라고 여겨질 때가 종종 있다. 물론, 팔만대장경에서는 이 탐욕을 철저히 부정하고 있지만.

■ 무집착과 베풂 (또는 무주와 시설)

청렴과 탐욕은 손바닥과 손등의 차이다. 내게 중요한 것은 손바닥이나 손등이 아니라 손 그 자체이다.

■ 금강경 유전자의 자기복제 행위

지루하고 권태롭지 않은가? 금강경의 사상을 그대로 복사하는 우리들의 영혼이.

■ 금강경과 나의 관계

금강경과 나의 관계: 의존 중독을 경계하라. 독립지향적일 것. 독립은 모든 천박한 것들로부터 자신의 깨달음을 지켜낼 수 있는 것이기에 가치가 있는 것이다.

이에 비해 의존 중독은 자신이 의존하는 것으로부터 점점 더 쇠약해지고 나중에는 주체성을 상실하게 된다. 그리하여 자기가 의존하는 것만 존재하고, 자신은 존재하지 않게 되는 것이다.

■ 아뇩다라삼막삼보리라는 이름의 과대망상

'아뇩다라삼막삼보리심'이라고 하는 것은, 깨달음의 신비화이며, 마음의 우상화이고, 허영심의 발로이며, 과대망상이라는 질병이다.

■ 깨달음은 신비한 것이 아니다

깨달음이란 반성적 이해다. 이것은 사람이라면 누구나 일상적으로 느낄 수 있는 것이다.

그래서 쉽게 말하면, 상인이 손실(손해)도 필요한 것이라고 이해했을 때 그는 깨달은 것이다.

위정자가 아집을 버리고 공익을 실천할 때 그는 깨달은 것이다.

교수학자가 무학(더 이상에 지식에 매달리지 않고 실제를 향해 나아가는 것)을 터득했을 때 그는 깨달은 것이다.

출가승려가 환지본처(본래 자리, 또는 자신의 진면목을 알고 봄, 또는 진정한 자기에게로 귀환하는 것)할 때 그는 깨달은 것이다.

군인과 경찰이 친절하고 부드럽게 일을 처리할 때 그는 깨달은 것이다.

방안에만 처박혀 있던 사람이 드디어 여행을 시작할 때 그는 깨달은 것이다.

부부가 서로 대화를 통해 인내할 수 있는 키워드를 발견했을 때 그들은 깨달은 것이다.

등등 이러한 반성적 이해가 곧 깨달음이다. 그러므로 아뇩다라삼막삼보리(최고의 깨달음)는 결코 신비한 것이 아니다.

■ 금강경 부처의 가르침: 모든 것은 인연가합이다

가짜는 진짜가 있기 때문에 있는 것이다. 만약 진짜가 없다면 가짜도 있을 수 없는 것이다.

그런데 문제는 이른바 진짜라고 하는 물건('명품')이나 명칭('브랜드')도 사실은 가짜라는 것이다.

무슨 말인가 하면, 모든 존재의 구성요소는 덧없는(실체가 없는) 인연가합으로 만들어진 것이기 때문이다. 바로 이것이 "모든 존재와 현상은 가합이다."라는 금강경 부처의 가르침이다. 금강경 (구마라집 역본, 제5장)을 참조하시기 바란다.

■ 지혜의 능력

반야바라밀은 신체가 없는 기관이다. 반야바라밀은 육체가 없는 두뇌이다.

반야바라밀이라고 하는 지적인 바이러스(ideameme). 이 지적인 바이러스를 퍼트리는 매개체로서의 책.

"지혜의 완전성(The Perfection Of Wisdom)"이라고 하는 반야바라밀은

‘완벽한 통찰력’이라는 뜻이다. 영어로는 ‘전체적 지성(Total intelligence)’이라고 번역할 수 있다. 반야바라밀은 모든 것을 남김없이 안다는 뜻이다.

■ 환지본처와 태극에로의 복귀

금강경 제1장에 나오는 환지본처(본래 있었던 곳으로 돌아와서)라는 용어를 심오하게 비약해서 해설한다면, 주역에서 말하는 ‘태극에로의 복귀’ 또는 도가에서 말하는 ‘태일(太一)에로의 복귀’와 같은 경지라고 말할 수 있다.

■ 금강경 사상과 단학도가의 다른 점

금강경의 본처와 단학도가의 본처는 서로 다른 것이다. 즉, 불교의 본처는 무아(no self, selflessness)인데, 단학도가의 본처는 금단(金丹; mental continuum)이다. 단학도가의 대가이며, 한국의 천재문인 김시습(1435-1493)인 설잠스님은 “제일가는 화엄경 말끝마다 금(金)이 나오네.”라고 말한 바 있다.

■ 금강경 사상과 단학도가의 유사성

환지본처(본래 있었던 곳으로 돌아옴)를 단학도가서의 용어로 설명하면, 성명합일을 의미한다. 즉, 성(性)은 불에 속하고, 명(命)은 금(金)에 속하는 것인데, 이것이 합해 하나의 단(丹)을 이루면 반본환원(또는 환원반본)이라고 한다. 그러니까 금강경의 환지본처는, 단학도가에서는 말하는 반본환원(환원반본, 근본으로 돌아감)을 의미한다.

그러나 환지본처를 내 식으로 풀이하면 공으로 돌아감이다. 그리고 공으로 돌아가면 공이 공이 아니요, 색이 색이 아님을 깨닫게 된다. 그래서 공으로 돌아감은 결코 완공(頑空)이 아니다.

그리고 또, 나는 환지본처를, 해탈에서 또 해탈하는 부주(머무름이 없는 경지, 무집착)의 경지라고 말한다. 단학도가에서는 이러한 해탈의 경지를 탈태신화(脫胎神化)라고 말한다. 하지만 나의 통찰력으로 관찰해보면, 탈(脫)할 태(胎)도 없고, 화(化)할 신(神)도 없는 것이다.

■ 열반에 대하여: 장소적인 것과 심리적인 것

어떤 사람은 해탈이나 열반을 천국같은, 순수한, 신성한 장소적 개념으로 이해한다. 하지만 내게 있어서 초월이나 해탈이나 열반은 성숙됨, 또는 진화를 의미한다. 즉 심리적인 것이다.

■ 단학도가의 반본환원과 금강경의 환지본처의 이질성

단학도가에서 가르치는 반본환원의 목적은 포원수일(抱元守一; 수중포일(守中抱一))에 있다.

그러나 금강경 부처의 환지본처는 본처이기는 하지만 부주(머무르지 않는다는 것 즉, 무집착의 자유로움)를 의미한다. 바로 이 점에서도 단학도가(또는 선학도가)와 불교는 다르다.

■ 금강경의 '환지본처'라는 용어 깊이 있게 읽기

금강반야경 첫 장에 나오는 환지본처란 '본래 있는 곳으로 돌아와서' 라는 뜻이다.

그런데 이 환지본처를 깊이 있게 생각한다면, 본처란 본래의 마음자리, 순수한 마음자리, 참된 마음자리, 사실 그대로의 마음자리, 또는 자신의 진면목, 또는 참된 자기로 이해할 수도 있다.

이럴 경우 환지본처는 반본환원과 섭말귀본과 자가보장의 경지와 같은 의미를 갖게 된다. 즉, 환지본처의 본처란 모든 진리의 본원, 진원, 시원, 원초, 근원과 같은 뜻을 가지게 된다.

■ 금강경의 문자인 '환지본처'의 의미

입산과 환속, 벗어남과 얽매임, 올라감과 내려옴, 순수함과 더러움. 이것은 반드시 함께 이루어져야 한다. 부처의 자기초월적 지혜[즉, 원인과 조건에 따라 생성하고 소멸하는 것에 대한 지(智)]와 보살의 지혜(즉, 자비와 지성을 겸비한 이타행에 관한 앎).

■ 설명은 틀렸는데 답은 맞는 것

연등고불이 쓴 《성명쌍수로 풀이하는 금강경 진해》를 읽다가 빙그레 웃었다. 왜냐하면 금강경의 명제에 대한 도사의 관점과 설명은 틀린 것이었는데도 답은 정답을 맞추고 있기 때문이었다. 이런 느낌은 《육조단경》을 읽을 때에도 똑같았다. 중국인들은 정말 대단한 작가들이다.

■ 내기 이해하는 성명쌍수라는 글자 뜻

성명쌍수(性命雙修)란 성품과 혜명(慧命)을 동시에 함께 수행한다는 뜻이다.

성명쌍수(性命雙修)란 본성과 생명을 동시에 함께 수행한다는 뜻이다.

성명쌍수(性命雙修)란 정신과 육체를 동시에 함께 수행한다는 뜻이다.

성명쌍수(性命雙修)란 몸과 마음을 동시에 함께 수행한다는 뜻이다.

■ 성명쌍수론자를 만나고 와서

성명쌍수론자들은 자신의 생명에 대해 영원한 건강이라는 집착병과 그저 마음의 편안함(행복)만을 추구하는 게으른 자들이라고 여겨질 때가 종종 있다.

■ 혜명경의 저자 류화양에게

금강경의 '부주(머무르지 않는다)' 의 의미는, 당신이 주장하는 태식(胎息)만 아니라 금단(金丹; golden elixir)에도 집착하지 말아야 한다는 가르침이다.

■ 금강경의 '장로' 라는 명칭에 관련하여

장로(長老)라는 명칭은 금강경 이외에도 팔만대장경에 무수하게 많이 나오는데, 현재 불교계에서는 전연 사용하지 않고, 오히려 기독교에서 자기들의 말처럼 일상적으로 사용하고 있으니 어찌된 일인가? 장로의 마음의 근원(또는 용어의 계보학적인 내력)은 모르고, 그저 그 명칭만 훔쳐가서 사용하고 있으니, 무지한 자들 앞에서 꿈 얘기는 그만 두겠네.

■ 경전은 강한 중독성이 있는 물건이다

서경을 금과옥조처럼 신봉한 맹자가 진심 하편에서 서경을 믿지 말라고 말하는 의도와, 30년 이상 금강경을 읽고 또 금강경 관련 책도 여러 권 낸 바 있는 내가, 금강경을 수지독송하지 말라고 말하는 의도는 똑같은 것이다.

■ 깨달음은 순간이지만 인생은 계속 흐르는 것

깨달은 사람이 자신의 깨달음을 보존하고 육성하려면, 자신이 그동안 속해 있었던 종교단체(또는 심리적으로는 자기동일시 해왔던 종교성)에 계속 남아 있어야 하는가? 어쩌면 그렇게 처신하는 것이 쉬운 삶인지도 모른다. 왜냐하면 자신의 말을 잘 알아들을 줄 아는 사람은 그래도 ─전혀 낯선 사람들보다는─ 자신이 속해 있었던 익숙한 종교단체의 신자들이기 때문이다.

완전히 낯선 곳에 가서, 완전히 낯선 사람들과 완전히 낯선 용어로 대화를 한다는 것은 말싸움밖에 안되고, 또 자기 힘만 낭비하는 것밖에 안된다. 그래도 불심이 강한 불자들은 최소한 나에게 예의를 갖춘 행동을 하지 않는가!

■ 금강경의 선남선녀에 대하여

선남선녀란 원래는 가문이 좋은 집안의 남녀들을 의미했다. 그러니까 선남선녀란 장차 사회에서 권세를 누리며 영향력을 행사할 수 있는 지도자 층에 속한 이들이다. 그러므로 선남선녀란 구제대상인 하층서민의 빈곤과 소외와 불행을 모르는 사람들이다. 그들이 어떻게 알 것인가? 그리고 안들 어떻게 할 것인가? 구경꾼과 당사자는 서로 같은 심정일 수가 없기 때문이다.

금강경에서 선남선녀는 보살이라고 한다. 즉 좋은 집안의 남녀들임에도 불구하고 자진하여 이상주의적인 삶을 추구하는 사람들을 보살이라고 한다. 그런데 나는 선남선녀도 아니고 보살도 아니다. 나는 천민으로 고독한

'일천제(부처가 될 수 없는 자)'이다. 그러나 내가 스스로 고독한 '일천제'가 됨으로써 고독한 '일천제'를 구제한다는 의미를 설정할 수도 있다.

■ 사주팔자 해석학의 예언과 실제 사실에 대하여

병정화가 강력하게 지배하는 인성격에 경금상관용신이 병술년(2006년)을 만났으니, 파료상관이다. 파료상관이란 상관용신을 박살내어 버린다는 뜻이다. 상관의 단점은 인식의 유해성에 있다. 그래서 어느 추명학의 고수는 내가 죽을 수도 있다고 명리진단했다. 하지만 십이운성의 관찰법으로 말하면 기토가 술(戌)을 만나면 태(사상의 씨알)를 기르는 양(養)이다.

그래서 나는 시험삼아 일부러 내 운명을 향해, 나를 확실하게 죽여 달라고 원하기나 하는 것처럼, 오기 삼아 더 뜨거운 남방 국가로, 일부러 가장 뜨거운 계절을 선택해 과감한 장기여행을 갔다 왔다.

그런데도 정해년(2007년)인 지금 나는 여전히 살아 있다. 이 얼마나 천기(우주법칙의 작용)를 파악하기 어려운 운명인가! 그리고 또 놀라운 것은, 아직 출판하지 않은 나의 역저들이 모두 이 최악의 시기인 병술년(2006년)에 완성한 것이다. 이렇게 내 인생 최악의 때에 나로서는 가장 보람 있는 작품을 만들어내었으니, 어찌 오묘한 운명의 일이라고 하지 않을 수 있겠는가?

덧붙이는 말로, 2008년(무자년)부터 앞으로 10년 동안 내 대운(운명의 큰 흐름, 또는 자기 생에서 나타나는 운명의 사이클)은 신축(辛丑)이다. 내 사주팔자 일간 기토에서 볼 때, 신축이란 자기사상을 일관성 있게 체계적으로 전개시켜나가면서 동시에 아주 선각자적인 독자성을 보여주는 운명적인 시기임을 암시한다. 그래서 내 개인사(個人史)에서 2008년과 2009년 2년 동안에 폭발적으로 7권을 발표한 것일까?

■ 사주팔자 해석학의 10가지 성격유형론

나는 사주팔자 해석학의 10가지 성격유형론은 다음과 같이 정리한다.

1) 비견은 독단주의, 2) 겁재는 경쟁주의, 3) 식신은 쾌락주의, 4) 상관은 개혁주의, 5) 정재는 계산주의, 6) 편재는 치밀한 물질주의, 7) 정관은 원칙주의, 8) 편관은 행동주의, 9) 정인은 형이상학주의, 10) 편인은 감정주의이다.

다시 한 번 더 설명한다면, 1) 비견은 주체성, 독자성. 2) 겁재는 추진력, 3) 식신은 연구성, 4) 상관은 창작하는 힘, 혁신, 창의성, 5) 정재는 명확성, 6) 편재는 명석한 신속성, 7) 정관은 규칙적이고 단조롭고 단순하고 현상유지에 강한 것, 8) 편관은 결정력, 9) 정인은 야심이 적고 소극적이고 조용하고 오직 학문에 전념하는 성질, 10) 편인은 기획력이 탁월한 유형이다. 공상가, 몽상가, 게으름, 암시와 미신에 약함, 강한 편애. 인정과 의리를 중시하는 성질.

다시 한 번 더 설명한다면, 1) 비견과 겁재는 자기주장을 일관성 있게 밀고 나가는 경쟁과 승부욕이 강한 독립, 독선, 독단주의자들이다. 2) 식신과 상관은 연구와 창조성을 중시하는 표현주의자들이다. 3) 정재와 편재는 치밀한 설계와 사업으로 돈 문제에 가장 명석한 현실주의자들이다. 4) 정관과 편관은 질서를 위한 규율시행과 현상유지를 중시하는 법치주의자들이다. 5) 정인과 편인은 형이상학적으로 깊이 파고드는 문헌학적인 학문성과 예술감각이 탁월한 예술지상주의자들이다.

■ 내 운명의 용신

내 운명의 용신(즉, 내 사주팔자를 살리고 성공시켜주는 작용을 하는 것, 또는 자신이 앞으로 활용해야 하는 것, 또는 노력정진의 목표로서 사용해야 하는 것)은 이런 글쓰기에 내 힘을 꾸준히 소모시키는 것이다. 이것을 사주팔자해석학의 전문용어로는 상관용신이라고 한다. 즉, 상관(즉, 창조성)이 용신(활용방향)이라는 것! 또는 자신의 온갖 번뇌를 소진하고, 멸진하고, 열반시키라는 것!

■ 사주팔자와 일체유심조

사주팔자 해석학자들의 오만함은 자기마음을 중시하기 때문이다. 바로 이것이 왜 사주팔자 해석학자들이 불교의 마음철학을 공부하지 않으면 안 되는가 하는 이유다.

■ 내 뜻대로 되지 않는 게 인생이라는 것

어리석은 자가 자신만 믿고, 무능한 자가 요행만 바란다면, 언제 그가 이룰 수 있겠는가?

■ 잘못을 자기자신에게서 찾는다는 것

반구저기(잘못을 자기자신에게서 찾는다는 것)의 정신은 이성적이다. 이에 비해 감정은 본의든 본의가 아니든 자신과 남을 잘 속인다.

■ 옛글 다시 읽기, 고쳐 읽기, 새로 쓰기

종교경전의 독서는 스스로 행하는 세뇌작업이 아니라 다시 읽기와 되받아 치기(통찰의 대결)의 의미가 되어야 한다.

■ 모든 종교 경전과의 중독된 영적인 섹스

책을 읽는다는 것은 개념을 사랑하고 포옹하고 애무하고 즐기는 것이다. 예를 들면 내가 한 때 금강경과 도덕경과 장자서에 탐닉했던 것은 이 경전들이 내게 오묘한 쾌락을 주었기 때문이다.

■ 마치 연인처럼

내 정기신의 기원을 만들어준 책은 단 한 권의 책이 아니다. 그래도 말하라고 한다면 나집 역의 금강반야경이다. 왜냐하면 나집 역의 금강반야경은 내가 어릴 때 나를 유혹하여 내 정신적 처녀성을 빼앗은 첫사랑의 책이었기 때문이다. 물론 금강경 이전에 아주 좋아했던 애인의 이름은 인도 출신의 바가바드 기타였다. 그리고 금강경 이후에는 노자와 열자와 장자였다.

■ 어릴 때에 영향을 받는다는 것

사상의 영향을 받는다는 법칙은 운명적인 진리이다. 즉, 어릴 때 자기가 아주 좋아하는 그 사람이 미래의 자기가 되기 때문이다. 그러므로 사상의 영향을 받는다는 법칙은 인생에 좋은 것일 수도 있고, 나쁜 것일 수도 있다.

■ 금강경의 무여열반에 관련하여

금강경에 나오는 무여열반(남김이 없는 열반)의 뜻은, '번뇌와 갈등을 완전히 털어버림', 또는 '모든 집착을 완전히 제거해버림', 또는 '완벽한 소멸'

을 의미한다.

그렇다면 이러한 무여열반(즉, 번뇌의 완전한 소멸)을 구하는 자는 빨리 죽어야 할 것이다. 왜냐하면 죽음(에너지 연소)만이 불안정한 삶에 완전한 종지부를 찍을 수 있기 때문이다.

하지만 내가 이해하는 무여열반이란, 대인관계의 원인과 조건에서 발생한 모든 괴로움이라는 감옥으로부터의 완전한 자유를 의미한다.

■ 무여열반에 대하여

무여열반은 허무한 적막 지옥이 아니라, 숲속의 고요 같은 것! 이 숲속의 고요는 얼마나 생동적이며 창조적인 것인가!

■ 열반에도 질적인 레벨이 있다

불교의 궁극적인 목표인 열반에도 질적인 레벨이 있다. 유여열반과 무여열반.

■ 완전한 열반이란 무엇인가

비활성 기체의 자기 충족 상태를 불교용어로 표현하면, 무여열반(완전한 평안, 번뇌의 종식)이다.

무여열반이란 개인적인 발광이 완전히 사라진 마음 상태를 뜻한다.

■ 비활성 기체의 심리학

원자 한 개로 안정되어 있는 가스인 비활성 기체를 심리적으로 표현하면,

서로 고통을 주지도 받지도 않는 상태를 뜻한다고 할 수 있다. 왜냐하면 충족상태에 있는 비활성 기체는 아무것도 필요로 하지 않기 때문이다.

■ 무조건 갈등이 없는 것만이 최선은 아니다

무조건 갈등이 없는 것이 최선은 아니다. 갈등에도 의미와 가치가 있는 갈등이 있고, 또 소모적이고 비생산적인 갈등이 있다.

■ 행위자가 곧 행위다 라는 명제에 대하여

행위자도, 행위도, 행위과정도 모두 무아(실체성이 없다)라는 사실을 알아야 한다. 그래야 그 행위자의 행위가 부주(머무르지 않는 것, 무집착의 자유로움)의 경지가 된다.

■ 금강경과 노자의 사상

금강경의 안주와 부주 사상은 노자의 지(止), 부지(不止)와 비교할 수 있다.

노자 장자에서 말하는 지(止)는 '그만, 멈춘다' 는 뜻이고, 부지(不止)는 '결코 멈추지 않는다' 라는 뜻이다.

■ 체 게바라와 금강경의 부주사상

체 게바라(1928-1967.10)가 카스트로와 함께 혁명 성공 후 모든 권력을 손에 쥐었는데도, 그 권력에 안주하지 않고 전선으로 돌아가서 게릴라 생활을 계속했다는 것은 금강경의 부주사상(머무르지 않는다는 자유로움)으로 이해할 수 있다.

하지만 체 게바라의 이런 행동은 유전학적으로 모험과 스릴을 매우 좋아하는 유전자, 즉 죽음에 대한 공포를 끊임없이 극복하려는 유전자의 지시없이는 쉽게 할 수 없는 행동이다.

바로 이 점 때문에 짜릿한 모험을 즐기는 유전자의 힘이 강한 대학생들이체 게바라를 매우 좋아하는지도 모른다. 캐나다에서도 대학생들간에 체 게바라의 인기는 정말 대단하다. 하지만 만약 체 게바라가 모험과 위험 중독자에 지나지 않는 사람이었다면, 그는 금강경에서 말하는 진정한 의미에서의 부주사상가는 아니다.

■ 존 우드와 금강경의 무주상보시

부모로부터 받은 엄청난 재산을 모두 포기한 비트겐슈타인의 무욕(Selflessness)이나, 존 우드의 실천적인 보시행은 금강경의 무주상보시의 경지로 이해할 수 있다. 무욕만큼 강한 것도 없을 것이다.

■ 금강경의 응무소주이생기심

금강경의 '응무소주이생기심(집착하는 바가 없이 마음을 내는 것)'은 혜능처럼 중국 선종의 조사가 되게도 하고, '룸투리드(Room to Read)재단'을 설립한 존 우드같은 인물이 되게도 한다.

■ 나집 역의 금강경과 장자의 영향관계를 생각해보며

금강경에서 말하는 "마땅히 집착하는 바가 없이 그 마음을 낸다." 라는 구절은 인도 범어본에는 없는 구절이다. 그런데 구마라집의 중국어 번역본 금강경에 이런 구절이 들어 있는 것은 《장자(외편, 지북유)》에서 말하는 무사무려(無思無慮), 무처무복(無處無服), 무종무도(無從無道)하는 경지의 영향을 받은 탓이다.

■ 장자와 금강경에 나오는 똑같은 질문

《장자(외편)》에서, 지(知)는 무위위(無爲謂)에게 다음과 같이 물었다:

"어떻게 생각하고 어떻게 헤아려야 도를 알 수 있습니까? 어떤 곳에 살고, 어떤 일을 행해야 도에 안주할 수 있습니까? 무엇을 따르고, 무엇에 말미암아야 도를 얻을 수 있습니까?"

《금강경》에서, 수보리는 스승에게 다음과 같이 물었다.

"보살의 수레를 타고 나아가는 사람들은 어떻게 생활하고, 어떻게 수행하고, 어떻게 그 마음을 조절해야 합니까?"

■ 내가 머무는 곳이 곧 내 고향

내가 머무는 곳이 곧 내 고향이라고 말하는 사람은 둘 중의 하나다. 즉 고향이 없는 사람이거나 아니면 모든 곳을 고향으로 아는 사람이다.

■ 형무소의 한 독자로부터 온 편지; 한번 받은 편지는 영원히 받는다

대구 교도소에서 석진오 스님께 올립니다.

삼보님께 귀의합니다. 새 봄을 맞이하여 이렇게 지면의 글로나마 만나게 된 인연에 대하여 무척 감사드립니다. 뜻하지 않은 곳에서의 글에 다소 놀라셨다면 깊이 사죄 드립니다.

저는 현재 한순간의 잘못된 생각과 행동으로 인해 사회에 큰 무리를 일으키고서 대구 교도소에 수감되어 신앙의 끈을 부여잡고서 뒤늦은 후회로 속죄의 눈물을 흘리고 있는 큰 죄인 김항일이라고 합니다.

흔히 불가에서는 현세에 옷깃만 스쳐도 전생에 몇 수십억 겁의 소중한 인연을 쌓은 것이라고들 합니다. 그렇다면, 저와 스님이 지면의 글로나마 만나게 된 인연은 얼마나 많은 인연을 쌓은 것일까요. 그것은 아마도 몇 수천억 겁의 소중한 인연을 쌓은 것이 아닐까 하고 생각해봅니다.

석진오 스님. 제가 오늘 이렇게 스님께 글을 올리게 된 사연은 다름이 아니라 스님께서 설하신 금강경 책을 읽고서 깨달은 바가 있고, 많은 것을 생각하게 하는 계기가 되었기 때문에 스님의 도움을 좀 받을까 해서 입니다.

제가 독실한 불자 집에서 태어나 할머님 어머님 손을 잡고서 절에 다닌 어릴 적 인연으로 부처님께 의지하여 죄악으로 얼룩진 과오를 뉘우치고 죄업을 씻어 내고저 법사님의 권유로 금강경을 접한 후, 처음에는 멋도 모르고 그냥 읽어 내려 갈 때마다 솔직히 무엇이 무엇인지도 모르고, 그냥 금강경을 수지 독송하겠다는 법사님과의 약속 때문에 조금씩 읽어 내려가면서 차츰 시간이 지남에 따라 약간은 의심과 싫증을 느꼈던 것이 사실입니다.

그래도 끊임없이 금강경을 무턱대고 읽어 내려가면서 공부를 계속 하다 보니, 그만 금강경에 빠져 버리고 말았습니다. 그 동안 금강경 공부를 하기 위해 무진장 스님, 삼중스님, 우학스님, 무비스님, 법륜스님, 도올 김용옥, 청담스님께서 펴낸 금강경 책자를 보았으나 어딘가 모르게 미흡하고, "이것이다!" 라는 확신을 갖지 못하고 금강경이라는 글자에 빠져 헤어나지 못하였습니다.

그런데 스님께서 펴낸《금강경 에세이》라는 책을 읽으면서는 뭔가 조금은 알 것만 같은 그 무엇인가 강력하고 심오한 깨달음이 저의 뇌리를 스쳐 지나가곤 하여, 금강경이라는 책자와 더 쉽게 가까워져 새로운 흥미를 느끼고서 더욱더 많은 공부를 다시 시작하게 되었습니다.

석진오 스님. 이제 저는 수감생활에서 많은 시간을 오로지 금강경 공부를 좀더 깊이 있게 많은 공부를 하고 싶은 마음 간절합니다. 그래서 염치없이 스님께서 설하신 1) 금강경 어떻게 해석할 것인가 2) 금강경에 대한 나의 공부노트 3) 금강경 연구 등 스님께서 펴낸 많은 금강경을 어떻게 좀 받아볼 수 없을런지요. 죄송합니다만, 스님께서 여유분으로 보관하고 계신 금강경이 있으시면 좀 보내주시면 대단히 감사하겠습니다.

수감생활에서 뒤늦은 후회로 뉘우치며 참회하는 삶을 살아가고저 많은 시간을 금강경 공부에 열중하고저 하는 이 죄인에게 큰 은혜를 베풀어 주시길 간곡히 부탁드리며, 대자대비하신 부처님의 가피로 스님께서 하시는 일에 날마다 좋은 일만 있으시길 합장 발원합니다. 나무 미륵존 여래불. (우 704-600 대구광역시 달서구 달서 우체국 사서함 제 7호 xxxx호. 2001년 2월 19일 김항일 합장).

나는 이 편지를 읽고, 즉시 그가 원하는 것을 모두 보내주었다.

■ K에게

한순간에 저지른 범죄로 평생의 형벌을 받는다는 것은, 어쨌든 대인관계가 지옥같은 정글이기 때문이다. 그런데 여기서 어떤 사람은 대단한 문학가 또는 인식의 성자가 될 수도 있다. 왜냐하면 문학과 사상은 인식하는 관점에 따라, 표현하는 문체에 따라 매우 심오하고 위대한 것이 될 수도 있기 때문이다. 마치 도스토예프스키처럼, 니체처럼, 석가모니처럼!

■ 알면 한정되고, 모르면 가능성이 있는 것

너 자신을 알라고 하지만, 자기 자신을 모르는 게 좋다. 왜냐하면 자신을 알게 되면 삶이 한정되고, 모르면 무한한 가능성이 열리기 때문이다. 예를 들면 내가 오늘날 내가 될 수 있었던 유일한 이유는 내가 내 분수를 몰랐기 때문이다.

■ 중요한 것은 관점에 깊이가 있어야 한다

창의적인 사상가는 일반인들과 다르게 생각한다. 그러나 일반인과 다르게 생각한다고 무조건 모두 창의적인 사상가는 아니다. 중요한 것은 관점에 깊이가 있어야 한다. 그리고 이런 깊이는 하루아침에 얼렁뚱땅 쉽게 만들어지는 것이 아니다.

■ 미국의 한 독자로부터 온 편지 한 통

지난 7월 어느 날 L.A의 한 서점에 들렀다가 책이름이 마음에 들어서 집어 들고 온 책이 바로 《금강경 에세이》였어요. 내용을 읽어가면서 제 가슴이 환하게 밝아오는 커다란 기쁨을 누릴 수 있었습니다. 나는 LA 근교에서 28년 넘게 살아옵니다. 60년 세월의 거의를 기독교인으로요.

그런데 종교의 노예가 되어 가는 사람 모습이 싫어서 이제 교회도 그만두고, 몇 년째 음악. 책. 산책. 여행 등을 적절히 섞어서 즐기며 지낸답니다.

10여년 전 우연히 법정스님의 책을 읽다가 불교에 매력을 갖게 되었고, 작년에는 금강경 단행본을 선물 받아 읽었는데, 이번에는 진오 스님의 책을 읽고 나서 불경, 불교에 대한 저의 입장이 크게 정리 정돈이 되었다는 만족스러움을 얻게 되었습니다.

독자의 한 사람으로 이 같은 사실을 알려드리는 것이 좋겠다는 생각에 펜을 들었습니다.

마치 금강경이란 시루떡을 잘 쪄 내어서 푹 쏟아놓고, 한켜 한켜 잘라내며 먹어보게 하신 것 같아요. 불교뿐만 아니라 종교전반에 대한 '자유인'의 모습을 보았습니다.

이제부터 이 책은 제 친구들을 찾아가 그들의 잠든 의식을 흔들어 깨울 것입니다. 스님께서 책에서 숙제로 주신 meme에 대한 궁금증은 아직 해결 못하고 있습니다. 스님의 건투를 빕니다. 미국 L.A에서 곽혜정 드림(2000년 8월 28일에)

■ 이런 이야기를 하는 이유는

2003년 겨울 어느 날, 《금강경 에세이(시학사 2000)》을 읽고나서 나를 만나고 싶다는 노승이 한 분 있었다. 나는 내가 당시 머무는 암자에 인편으로 편지를 보내주신 노스님의 말씀을 읽고 곧바로 노스님을 친견하였다. 양산 통도사에 살고 있는 호명(1914-2004) 스님.

노쇠한 한국불교계에서, 내 책에 열정적인 독자반응을 보이시는 이런 감수성을 지닌 90세의 젊으신 노승이 계셨는가? 나는 순간 감동을 하였다. 나도 호명 스님처럼 저렇게 젊게 늙고 싶다.

■ 석가모니 불교

석가모니 부처가 조석예불과 염불을 했는가? 석가모니는 각종 제사의식을 집전했는가? 석가모니는 신자가 이사 간 집을 방문해서 주문을 읊조리며 축원해주기, 불안한 자들에게 부적 써 주기, 초상난 집에 가서 시다림 등을 했는가? 아니다. 석가모니는 나처럼 기존 사상(사고방식)의 질서를 무너뜨리고 창조적인 사상가의 길을 간 사람이다.

■ 석가모니는 어떤 경전을 날마다 수지 독송한 적이 없다

석가모니는 어떤 경전을 수지 독송한 적이 없다. 그런데 대승불교 경전에서는 석가모니 부처의 권위를 앞 세워 대승불교경전을 매일 서사하며 수지 독송하면서 타인을 위해 해설하라고 선전하고 있다. 더우기 그들은 "대승불교 경전을 수지 독송하면 한량없는 공덕을 과보(karmic result)로 받을 것이다." 라고 유혹하고 있다.

■ 금강경이냐, 법화경이냐

내 이해력에 의하면, 금강경은 어느 곳에서도, 즉 종교가 없거나 다른 곳에서도 인심이 통할 수 있는 경전이다. 왜냐하면 금강경은 주장하는 절대신이 없고, 오로지 독자를 깨닫게 하는 진리만을 추구하기 때문이다. 이에 비해 법화경 특히 관세음보문품은 바가바드 기타와 성경처럼 박티(즉, 신에 대한 열애와 헌신)를 가르치는 경전이다. 그래서 예를 들면, 금강경 좋아하고 선전하는 똑똑한 목사와 신부는 종종 있지만, 법화경 관세음보문품을 지지하고 좋아하고 선전하는 목사와 신부는 본 적이 없다. 바로 이것이 금강경

의 법력이다.

■ 법화경과 금강경은 낚시바늘이다

법화경과 금강경은 낚시바늘이다. 탐욕적인 구도자와 구복자는 곧바로 걸려들 것이다.

■ 금강경과 보살대사는 그저 구제만 하는 사람인가

이미 지나간 것을 구제한다. 이미 지나가버린 것을 구제한다. 현재 있는 것을 구제한다. 장차 있을 것을 구제한다. 금강경과 보살대사는 그저 구제만 하는 사람인가?

■ 금강경의 한 구절을 읽고.

금강경 제 18장에 나오는 '과거심 불가득, 현재심불가득, 미래심불가득'이라는 구절을 읽고.

자신의 미래를 정당화시키지 마라. 자신의 과거를 구제하려고 하지마라. 왜냐하면 현재 속에 모든 것이 들어있기 때문이다. 그러나 현재라는 것만큼 사람은 미혹시키는 것이 또 어디에 있겠는가? 우둔한 현재! 덧없는 현재!

■ 타인이 저지른 과거를 어떻게 구원할 수 있는가, 하는 문제에 대하여

내 부모가 (또는 타인이) 저지른 과거를, 희생자인 내가 왜 어떻게 구원하겠다는 것인가? 내가 고통을 받음으로써? 자신을 물고 늘어지는 고통을 인내함으로써? 아니면, 부모가 (또는 타인이) 저지른 과거를 진리처럼 성찰하고 통찰함으로써?

■ 새로운 도취제와 새로운 행복

새로운 도취제(불교)를 만들어낸 부처 만세! (다른 종교 교주들도 만세!)

이 도취제를 가지고 자기 집으로 행복하게 비틀거리며 찾아가는 신자들 만세!

■ 부처와 중생

부처란 '무여열반(완전한 행복)'을 미끼로 낚시를 던져 괴로워하는 중생들을 낚는 자라고 느껴질 때가 종종 있다.

그리고 중생이란 '대자대비(커다란 사랑과 연민)'를 미끼로 낚시를 던져 부처(또는 관음보살과 지장보살 등)를 낚는 자들이라고 느껴질 때가 있다.

낚는 자와 낚이는 자가 아닌 인생을 산다는 것은 얼마나 초월적이며 자유로운 것인가!

■ 중론의 중도와 금강경의 무유정법

용수가 쓴 중론의 중에도 머무르거나 집착해서는 안된다. 왜냐하면 중론의 중에도 고정불변의 정체성(이미 정해져 있는 본체로서의 성정)은 없는 것이기 때문이다.

■ 금강경의 무여열반에 대하여

완전한 열반을 원하는 자는 완전한 열반을 원할 정도의 고뇌와 갈등을 가지고 있는 자이다.

무여열반이란 '대인관계에서 괴롭고 넌더리나고 절망적인 오뇌감옥으로부터의 완전한 자유' 를 의미한다. 무여열반이란 행복에 가득 찬 고요한 마음의 상태를 의미한다.

■ 금강경의 현대성

'언제나 머무르는 바가 없이 그 마음을 낸다' 는 것은 언제나 유동적인 유목적인 사고방식과 똑같은 것.

■ 금강경의 다섯 가지 눈에 관하여

금강경(제18장)에 나오는 다섯 가지 눈에 관한 대화는 불교의 관점주의라고 설명하고 싶다. 즉, 다섯 개의 눈은 다섯 개의 관점이다.

그런데 관세음보살은 천개의 눈을 가지고 있다고 한다. 이 얼마나 폭넓은 관점인가! 하지만 이 모든 눈의 실체성을 인연법으로 부정하는 부처는 얼마나 현대적인가!

■ 금강경의 무득에 관련하여

금강경의 무득이란 '무(無)' 의 득(得), 즉 도교에서 주장하는 본체론적인 무의 체득이 아니라, 득자(得者)와 득물(得物)과 득법(得法) 모두 실체성이나 자체성과 정체성(이미 정해져 있는 본체로서의 성정)이 없는 무라는 뜻이다.

그런데 왜 조계총림의 방장들과 학자들은 무득(無得)을 종지로 특화하고 이상화하고, 신비화하고, 실체화하는가?

■ 절대무라는 명제에 대하여

절대무가 절대적인 무라면 어떻게 우리가 알 수 있겠는가? 그리고 만약 우리의 두뇌가 그 어떤 방법으로든 절대적인 무를 알 수 있다면, 그것은 이미 절대무가 아니지 않는가?

■ 절대무는 없다

절대무가 유와 무의 속성을 초월해 있는 것이라면, 그 절대무는 본체가 되지 않을 수 없다. 그러나 절대무는 실재하지 않는다. 왜냐하면 절대적인 무는 상대적인 유가 바라는 욕망일 뿐이기 때문이다.

■ 금강경 구제론은 내면의 마음에 있다

구제는 외부로부터, 타인으로부터 은총처럼 주어지는 것인가? 아니면, 자기자신이 내면에서 능동적으로 성취하는 것인가?

만약 구제가 타인으로부터 은총적으로 주어지는 것이라면 박티(신앙, 열애)가 진리일 것이다. 그러나 만약 구제가 자기자신이 내면에서 능동적으로 성취하는 것이라면 쁘라즈냐아(깨달음의 지혜, 근원적인 통찰력으로 완성하는 지혜)가 진리일 것이다.

금강경의 중생구제론은 어느 쪽인가? 금강경 구제론은 내면의 마음에 있다고 가르친다. 왜냐하면 이상적인 보살의 마음 조건으로 네 가지 상(고정관념)이 없어야 한다고 주장하고 있기 때문이다.

그리고 중생구제의 완성인 무여열반(완전한 평온을 유지하는 마음)이란 이러한 걸림없는 무억, 무기억, 망각적인 자유를 의미하며, 이 자유는 온갖 불안과 두려움으로부터 벗어나 있음을 의미한다.

■ 무억의 효능

더러운 마음을 떨쳐버리는 수행방법은 없다. 그저 가능한한 빨리 망각하는 것이 최선이다.

■ 중생구제의 방편이라고 모든 게 정당화되는 것은 아니다

석가모니가 자신의 전생 이야기와 미래 이야기를 책상에 앉아서 직접 쓴 적이 있는가? 나는 쓴 적이 없다고 생각한다.

그런데 누군가가 석가모니 부처의 전생과 내생을 잘 안다고 하면서, 어리석은 사람들의 마음을 흔들거나 조종하는 것은 진정한 부처의 가르침이 아니다.

■ 타인을 구제한다는 말의 의미에 대하여

타인을 구제한다는 말의 의미는 쉽고 이해가 가능한 것이다. 그러나 (실제 상황과 경험에 의하면) 타인을 구제한다는 것은 정말 어렵고 거의 불가능한 일이다!

우리 동물인간들은 인간 이상도 인간 이하도 아니다. 인간은 정말 이기적인 존재다. (생명체의 본성이란 탄생 이전부터 그렇게 만들어져 있는 것이다.) 그러므로 타인을 돕는 행위조차 자신을 돕는 행위라고 나는 말한다.

'타인을 구제한다' 는 명제에서 타인의 의미는 쉽고 이해가 가능한 것이다. 그러나 타인을 구제한다는 것은 정말 어렵고 불가능한 일이다! 나는 지

금 물질적인 구제 또는 의사가 환자의 장기 속에 있는 악성종양을 제거해주는 따위의 구제 행위에 대해 말하는 것이 아니다.

왜 우리 종교인들은 사람의 '구제'를 '포섭'으로 이해하고 행동할까? 왜 사람들이 자기가 소속해 있는 종교에 절대적인 신자가 되는 것을 '구제'라고 의식하며 말하는 것일까?

그리고 또, 왜 이렇게 나의 의식은 자신에게 소속감을 주는 종교단체조차도 부정하며 초월하려고 하는 것일까? 나는 말한다. 구제나 구원이란 없다. 있는 것은 영문도 모른 채 태어나서 영문도 모른 채 살다가 영문도 모른 채 죽는 지구 생명체가 있을 뿐이다.

■ 나의 불교 철학적 사명

마음 바깥에서 깨달음을 얻을 수 없다면, 마음 안에서는 깨달음을 얻을 수 있다는 말인가? 나는 안과 바깥(내부와 외부, 정신과 물질)이라는 관념을 지어내는 이 마음 자체를 없애 버린다. 마음은 아무것도 아니다.

나의 불교 철학적 사명은 초월적인 우주세계에서 인간의 내면적인 신성으로 옮겨 온 절대신이나 유심을 무화시키는 것이다

■ 아뇩다라삼먁삼보리와 반야바라밀이라는 망상

아뇩다라삼먁삼보리와 반야바라밀은, 완벽한 지성(지혜의 능력)을 성취하겠다는 강박적인 희망(또는 집착)에서 상상된 것인지도 모른다.

왜냐하면 아뇩다라삼먁삼보리(가장 보편적이고 평등한 깨달음)와 반야바라밀(지혜를 완성시키는 짓)은 고정불변의 실체로서 존재하는 물건이 아니기 때

문이다.

■ 두뇌가 지어내는 가상의 세계

초월한 것도, 초월된 것도 없다. 그런데 어떤 인간의 두뇌가 '나는 초월했다' '나는 신이다.' 라고 주장한다면 그는 초월한 것이다. 그리고 이것을 사실로 믿는 두뇌가 있거나, 그 인원수가 많아지면 그 '초월' 은 그때부터 힘을 얻어 현실계에서 자라나게 된다.

■ 은혜를 받았다는 생각에도 사로잡히지 말라

의식적이든 무의식적이든, 남에게 은혜를 베푸는 것은, 그 은혜를 받는 사람을 밧줄로 묶는 것이 된다. 그런데 만약 은혜를 받은 사람이 이 은혜의 밧줄을 풀고 자유롭게 움직이기 시작하면, 그는 은혜를 베푼 사람에게 배은망덕하거나, 배신자가 될 것이다.

그래서 금강경에서는 은혜를 베푼 자와 은혜를 받은 자 모두를 근본적으로 자유롭게 하기 위해서 '은혜를 베풀고 나서 잊어버려라.' 고 가르치고 있는 것이다. 그리고 이 가르침의 목적은 자유와 창조를 위한 것이다.

■ 자아의 가면에 대하여

자아가 없다면 어떻게 무아가 있을 수 있겠는가? 무아란 자아가 쓰고 있는 정말 멋진 가면이다.

■ 금강경과 장자의 무억의 경지

구마라집(343-413)의 중국어 번역본 《금강경(제6)》에 보면, 다음과 같은 가르침이 있다.

"나의 설법은 마치 뗏목의 비유와 같다. (즉, 강을 건너기 위해서 뗏목이 있는 것이지, 그 뗏목을 부여잡고 있는 것이 목적은 아니라는 것이다. 이와 같이) 법도 마땅히 버려야 하는데, 어찌 하물며 법이 아닌 것에 대해서는 더 말할 필요가 있겠는가?"

금강경에서 인용되고 있는 이 비유의 말은 《중아함경》으로부터 인용되어진 것이다. 즉, 중아함경(Majjhima-nikaya: 알라가두파마 수타13: 남전대장경 제9권 237쪽 사유경)에 "부처의 설법은 강물을 건너간 다음에는 내버리는 뗏목처럼, 법 그 자체를 궁극적인 교의로 취급해서는 안된다." 라고 적혀 있다. 참고로, 북조선 평양 사회과학출판사(1994.5.30)에서 나온 팔만대장경 선역본 제13권 금강반야바라밀경(구마라집번역본) 13쪽에서는, "나의 설교를 뗏목에 비유한 것임을 알면 법도 마땅히 버려야 하겠는데 하물며 법이 아닌 것이겠는가." 라고 번역되고 있다.

그런데 이러한 가르침은 장자서에도 보인다. 즉 장주선생은 《장자(외물편)》에 다음과 같이 썼다. "통발은 고기를 잡는 것이다. 그런데 고기를 잡고 나면 잊어버린다. 마치 토끼 잡는 올가미는 토끼를 잡고 나면 잊어버리듯이. 이와 같이 말이란 내 생각을 상대방에게 전달하는 것이므로 내 생각을 전달하고 나면 내가 말한 것은 곧 잊어버리고 만다." 라고. 임제의 스승인 황벽(?-850)선사도 《전심법요》에서 "고기를 잡으면 통발을 잊으라." 고 쓴 바 있다.

■ 니체와 비트겐슈타인의 경지와 금강경의 가르침

F.니체(1844-1900)는 《인간적인 너무나 인간적인》 제 2권 2장 335절(건축가의 도덕)에서 "집이 다 지어졌다면, (집을 짓기 위해 세웠던) 발판은 제거해야 한다." 고 썼다.

L.비트겐슈타인(1889-1951)은 《논리철학논고(6.54)》에서 다음과 같이 썼다. "나의 명제들은 다음과 같은 역할을 한다. 나를 이해한 사람은 그가 그것을 통하여 그것을 딛고 그것을 넘어서 올라갔을 때, 끝에 가서는 그것이 무의미한 것임을 인지한다. 다시 말하면, 그는 사다리를 딛고 올라간 후에는 그 사다리를 내던져 버려야 한다. 그는 이 명제를 극복해야 한다. 그때 그는 세계를 올바르게 보게 된다.(의역; 우리의 정신이 생각하는 질서는 어디에 도달하기 위해 조립하는 그물이나 사다리와 같다. 그러나 정신이 그 곳에 도달하면 정신은 그것을 버려야 한다. 왜냐하면 그것은 유용하기는 하지만 의미없는 것임을 보여주기 때문이다.)"

2천 5백년 전의 부처의 말씀이 적혀있는 《금강경(제6장)》에도 이와 똑같은 가르침이 있다.

"비구들이여, 내가 말하는 설법을 뗏목의 비유와 같이 알고 이해하는 사람은 법(명제)조차도 버리지 않으면 안된다. 하물며 법이 아닌 것(올바르지 않은 명제)에 대해서는 더 말할 필요가 있겠는가."

■ 금강경에 나오는 뗏목의 비유와 관련하여

사다리도 없고, 건너는 자도 없고, 건너야만 하는 목표도 없다. 왜냐하면 인생이라고 하는 사다리는 고정적인 것이 아니기 때문이다.

■ 철학적인 질문이 아닌 것

"철학, 누가 그것을 필요로 하는가?"

이 질문은 철학적인 질문이 아니다.

■ 이탁오와 금강경

상쾌한 아침이면 금강경을 읽었다고 하는 이탁오 선생은 금강경에서 과
연 무엇을 느꼈을까?

《사서평》을 출간했던 이탁오나 반골투사였던 루쉰이 금강경을 강론했다
면 참 흥미로왔을 터인데. 하지만 이탁오의 성정과 비슷한 내가 2000년도
에 이미 《금강경 에세이》라는 책을 낸 적이 있지 않은가! 누가 알겠는가? 세
밀하게 읽을 줄 아는 독자가 알겠지. 그런데 우리출판사에서 낸 나의《금강
경과 함께 깨어나기(2009년)》는 《금강경 에세이(2000년)》보다 한 층 더 예리
해지고 숙성된 지혜의 맛을 제공할 것이다. 그런가?

■ 백척간두진일보

《금강경 진해》는 성명쌍수(본성과 혜명 또는 정신과 육체를 함께 닦아서 금단
(金丹)을 만들어낸다는 도가의 교리)로 금강경을 풀이한 책인데, 이런 종류의
금강경 해설 책은 우리나라에서는 처음이다. 그래서 나는 이 책을 천천히
생각하며 읽다가 문득 번역자 유정식 선생에게 전화를 걸어 "이런 책을 소
개해주어서 고맙습니다." 라고 인사하였다. 그는 서울 인사동 헌책방에서
이 원서를 우연히 발견했다고 말했다. 유정식(1953-) 선생은 오진편과 금선
증론, 선불가진수어록, 내공입문, 상언파의, 주역참동계 진의, 종려전도집,

영보필법, 최공입약경, 황정요도, 현기구결, 남악혜사대사 입서원문, 어제 소요영에 관한 소고, 도덕경 석의 등을 번역한 분이다. 대단한 분이다.

이로서 금강경에 대해 거의 모든 분야(즉, 천문학과 생물학, 기독교 신학, 문학, 윤리학, 한문학, 정치학, 경제학 등)의 관점으로 해설된 책들은 한국에 모두 출판되어 있다. 금강경은 대단한 경전이다.

그런데 나의 금강경 해석학은 원전 사상비판적 해석학이다. 이러한 금강경 원전 비판적 해석학은 35년 전에 내가 처음으로 한국에서 시작한 원조다. 그런데도 사람들은 나의 불교학을 공부하려고 하지 않는다. 그 놈의 시기와 질투(즉, 편견과 고정관념) 때문에! 피차 짜증나는 말을 더 해본다면, 한국의 불교계 교수 학자들은 불교사상의 현실적 창조가가 아니라 불교사상의 해설가에 불과한 호구지책의 직업인들에 불과한 자들이면서도, 새로운 창의적인 생각을 줄기차게 발표하는 불교사상가를 그저 무시하거나 소외시켜버리는 재주만 가지고 있을 뿐, 직접 진지하게 연구할 줄도, 외국에 자랑할 줄도 모른다. 운명이다.

이에 비해 한국의 일부대학 신학계통의 교수 박사 석사들은 특별한 사상가도 아닌 다석 류영모와 신천 함석헌을 부지런히 연구하고 담론하고 있지 않은가. 그런데 불교계 학자들은 대체 무엇을 하고 있는가? 아마 어떤 독자는 내가 이런 투의 말을 하는 것에 대해, 석진오는 자아도취에 빠져 있는 미친 괴승이라고 냉소할지도 모른다. 상관하지 않겠다. 이것이 우리 한국불교인들의 운명이니까.

■ 서점에서 《중국철학의 이단자》라는 책 제목을 보고

왜 '한국철학의 이단자들' 이라는 책은 없는가? 한국철학계에는 이단자들이 없어서 그런가? 아니면 대학교에서 월급과 직위가 보장된 안정적인 교수 학자들이 무관심하고 게을러서 그런가? 아니면 불교학 강의에 너무 바빠서 불교를 '깨달을' 시간이 없어서 그런가? 이들은 '도대체 한국에서 이단자란 누구이며 어떤 사상가인가? 그들은 어떤 가치가 있는 것일까?' 라고 묻지도 않는다.

나는 웃으며 그들의 옆구리를 쿡쿡 부드럽게 찌른다. 나는 전통불교계의 이단자다. 아니, 나는 거의 모든 분야의 종교와 철학에 있어서 이단자이다.

■ 내가 이렇게 말하는 이유

나는 철학계의 시민권도 영주권도 없는 자이다. 나는 불법 체류자이다. 그러나 나는 진정으로 철학하는 영혼이다, 철학계의 그 어느 시민권자나 영주권자들 보다도! 나는 반철학의 철학자, 결코 철학자가 아닌 철학자이다.

■ 크리스토퍼 히친스는 석진오를 모른다

미국의 정치학자겸 저널리스트로서 세계 최고급의 일류논객으로 유명한 크리스토퍼 히친스는 《신은 위대하지 않다(God is Not Great(2007))》에서 "지금까지 불교가 스스로 보아도 틀린 구석이 있다는 사실을 증명한 불교신자는 단 한명도 없다."고 말했다.

그러나 그는 나를 모른다. 만약 크리스토퍼 히친스가 내 책을 읽었다면, 그는 이런 말을 결코 쓸 수 없을 것이다. 그러나 그는 한글을 모른다. 내 책은 모두 한글로 쓰여져 있다.

■ 불교가 허무주의와 다른 이유

P.C.드라바르카는 《인생은 꿈이다》에서 "인생이 무엇인가? 미친 짓이다. 인생이 무엇인가? 환상이며, 그림자이며, 꾸민 이야기이다. 게다가 가장 큰 선행도 보잘것없이 작다. 모든 생활은 꿈이고, 꿈 자체는 꿈에 지나지 않기 때문이다." 라고 썼고, G.W.돈버리(1828-1876)는 《익살꾼과 설교》에서 "인생은 농담에 불과하다. 기껏해야 꿈이나. 그림자나. 거품이나. 공기나. 증기에 지나지 않는다." 라고 썼다. 이런 인생관은 《금강경(제32장)》에 나오는 "모든 생성과 소멸은, 꿈이며, 환상이며, 물거품이며, 그림자이며, 이슬이며, 번개같이 덧없는 것이다." 라는 인생관과 정확하게 부합 된다.

그러나 이렇게 말하는 이유에 대해서는 서로 다르다. 즉, P.C.드라바르카와 G.W.돈버리는 허무주의적인 관점에서, 석가모니는 "수많은 원인과 조건에 의해 생성하고 소멸하는 것이기에 덧없다"는 관점에서 서로 다르다.

■ 비교해 볼만한 공부꺼리

불교의 색계(色界)와 공계(空界)를, 데이비드 보옴(1917-)이 설명하는 암재계(implicate order)와 명재계(explicate order)에 각각 대응시켜 생각해볼 것.

■ 금강경의 네 가지 상에 대하여

1) 무아상: '더 이상 나눌 수 없는 궁극적인 실체로서의 자아(진아)가 있다'고 생각하는 자는 깨달은 자가 아니다. 아트만이라고 하는 실체성이나 정체

성(이미 정해져 있는 본체로서의 성정)이나 자체성은 없다. 그러므로 자신의 고정된 관념이나 기만적인 자기성찰에 속거나, 사로잡혀서는 안된다는 것.

2) 무인상: 인간만이 우주만물의 척도라고 남을 속이거나 스스로 속아서는 안된다는 것.

3) 무중생상: 살아있는 모든 것은 영원한 것이라고 남을 속이거나 스스로 속아서는 안된다는 것.

4) 무수자상: 생명만이 절대적인 가치라고 남을 속이거나 스스로 속아서는 안된다는 것. 왜냐하면 죽음이 없는 생명(에너지 보존만 영원히 하는 것)은 없기 때문이다.

■ 자기 자신을 위한 불교

불교는 노년기의 지혜다. 그런데 나는 아직 노인이 아니다. 내게는 지금 장년기를 위한 불교가 필요하다.

■ 일체의 현상세계는 꿈이라는 것

이 먼지같은 감정. 이 번개 같은 선기(禪機). 이 무지개 같은 마음. 이 밤 안개 속에 우레 같은 대보살들의 정기신(精氣神). 이 모든 것은 얼마나 허망한 것인가? 그래서 금강경 부처는 말하기를 "일체의 현상세계는 꿈이요, 허깨비요, 물거품이요, 그림자요, 이슬 같고, 번갯불 같은 것이니, 마땅히 이와 같이 보아야 한다."고 한 것일까?

■ 죽은 자는 죽음에 맡기고, 산 자는 삶에 주목하는 것이 좋다

금강경 부처는 말하기를 "현상계는 별, 그림자, 등불, 환상, 이슬, 물거품, 꿈, 번개, 구름과 같이 덧없는 것으로 보아야 한다."라고 했다.

그러나 왜 현상계가 별, 그림자, 등불, 환상, 이슬, 물거품, 꿈, 번개, 구름처럼 덧없는 것인 줄을 잘 알면서도 집착할까? 그것은 내가 살아있기 때문일 것이다. 내가 만약 이미 죽은 자라면, 무슨 집착을 어떻게 할 수 있겠는가?

■ 법구경과 금강경을 지은 경전작가에게

법구경과 금강경을 지은 경전작가는 "만물이 물거품과 같고, 마음은 아지랑이와 같은 것"이라고 말하지 마라. 바로 그 물거품에서 이 놀라운 만물이 기적처럼 펼쳐졌고, 바로 그 아지랑이 같은 마음에서 모든 부처와 보살대사들이 나왔지 않은가!

■ 금강경(제18 일체동관분)의 명제에 대하여

불심과 중생심은 서로 다른 것이 아니다. 왜냐하면 불심도 중생심이 없었다면 어떻게 생겨날 수 없는 것이기 때문이다. 그러므로 나는 불심과 중생심이란 '고양이의 강력한 뿔' 이라고 통찰한다.

그리고 이렇게 통찰한 후에는 불심도 불심이 아니고, 중생심도 중생심이 아닌 '제 3의 마음' 이 작동하게 된다. 어떤 것이 제 3의 마음인가? 그것은 부처와 중생의 경계선을 넘어 자유롭게, 걸림이 없이 우주적인 진리로 나아가는 마음(항상 머무르지 않는 마음)이다. 여기서는 인간의 실존적인 의식(즉, 자신의 근거에 대해 고집하는 의식)은 문제가 되지 않는다. 우주적인 진리 자체

가 문제가 되는 것이다.

■ 인과의 도리를 넘어서야 보이는 진리를 생각하며

삼생(과거 생과 현재의 생과, 미래의 생)을 말하는 방장은 둘 중의 하나다. 즉 매우 평범한 사람이거나, 아무것도 모르는 사람이다.

■ 허무론과 실체론을 넘어서

불생불멸한다고 해서 독립독존하는 아트만(실체성)을 진리라고 착각하거나 오해해서는 안된다. 정말 깨달은 자는 단멸상 즉 본체론과 허무론에 사로잡혀 말하지 않는다.

■ 금강경의 무유정법의 의미

지구의 모든 공간과 시간도 일정하지 않다. 왜냐하면 이 또한 무수한 원인과 조건에 따라 끊임없이 변하는 것이기 때문이다. 이것이 금강경의 명제인 무유정법(정해진 법은 없다는 것) 즉 고정불변의 자체성이나 정체성(이미 정해져 있는 본체로서의 성정)은 없다는 의미이다.

■ 금강경 무유정법의 비밀

전해지는 것은 비밀이 아니다. 전해지지 않는 것이 비밀이다. 그런데 나는 전하면서 전하지 않고, 전하지 않으면서 전한다. 왜냐하면 전하는 것과 전하지 않는 것은 불변의 고정된 물건이 아니기 때문이다. 그러므로 비밀은 무유정법(정해진 법이 있는 것이 없다는 것)에 있는 것이다.

■ 신뢰와 배신의 심리학 : 인욕바라밀

흙탕물이 가라앉을 때까지 기다릴 인내심이 필요하다. 그래서 나는 그저 하루 종일 참고, 또 참고 참으면서 견디어 낸다. 지루하다.

■ 선악의 피안

세상에는 이기적인 행위도 없고, 비이기적인 행위도 없다.

■ 마음에 관한 단상

마음이란 바깥사물에 반연(인연에 끌려서 달라붙는 것)하여 생기는 것이다. 그러므로 사물이 없으면 마음도 없다.

■ 금강경의 생각과 관념이란

금강경의 무인상이란, 독립독존의 완전한 개체가 영원히 있다고 믿는 관념이 없다는 뜻이다.

무중생상이란, 중생이나 민중이나 대중(The public)이라고 하는 개념은 추상적인 것으로 실제로 존재하지 않는다고 하는 깨달음이다.

무수자상이란 영원히 살아있는 것은 없다는 깨달음이다.

■ 진정한 자유란

진정한 해탈이란 모든 종교 교리와 절대적인 신앙에 의해 조건 지어져 있는 마음으로부터 자유로운 상태를 뜻한다.

■ 인연법이란 무엇인가

인연법이란 모든 것은 서로 연관되어 있다는 상호관계성의 법칙이다.

■ 극복하거나 새롭게 설명해야 하는 것들

진여(眞如)란 '참 그대로, 참과 같다, 참이다, 실체, 실제' 라는 뜻이다. 진여란 존재 그 자체, 또는 묘유(妙有)를 의미한다. 이러한 진여(Real Thing 또는 Real Being)는 본성론적인 대승불교와 선불교의 핵심적인 단어이다.

그러나 내게 이 진여자성(실체적 존재로서의 자성)은 한국불교인들이 넘어서야 할 극복의 관념이며, 새로운 이름을 붙이거나 새롭게 설명해야 하는 것들에 지나지 않는다.

■ 불모반야바라밀

세계의 모든 성현들은 지식과 지성과 지혜를 서로 다른 것이라고 차별한다. 나는 지식과 지성과 지혜를 한 몸으로, 혼연일체로 생각한다.

■ 금강경의 네 구절의 게송을 읽으며

죽은 문구로 본다면, 살아있는 문구도 죽은 문구이고,

살아있는 문구로 본다면, 죽은 문구도 살아있는 문구다.

이렇게 죽은 문구와 살아있는 문구는 서로 별개의 다른 것이 아니다.

■ 용수가 무엇을 안다고, 감히 수보리의 경지를 논하는가

수보리 존자는 금강경에서 부처와 유일한 대화자로, 부처로 하여금 대승불교의 가르침을 유감없이 드러나게 한 주인공이다. 특히 《팔천송반야경》에서 수보리 존자의 설법의 경지는 천하 해공제일이다. 그런데 용수존자가 무엇을 안다고, 감히 수보리 존자의 이공(인공과 법공)을 대승불교 보살의 이공(불가득공, 공역불가득)과 비교하며 하대하는가?

대승불교의 논사들은 입만 열면 초기불교계의 성자들을 성문(법문을 많이 듣는 사람), 독각승(스승의 도움이 없이 혼자 깨달은 사람)이라고 비난하는데, 그렇게 잘난 체하는 대승불교의 논사들은 어느 나라에서 얼마나 대승 일을 하였는가?

■ 호구지책의 사상가들

반야경을 수지독송하면서 널리 알리면 그 행위로 받는 보상이 한량이 없이 큰 것이라고, 석가모니 부처를 보증인으로 내세워 주장하는 대승불교의 교활한 법사들보다도, "보시의 과보가 없다"고 정직하게 말하는 부파불교계 스님들이 오히려 더 순수한 데가 있다고 나는 생각한다.

■ 특별한 의지의 가치

일반적인 의지(general will)에 따르면 보통사람이 되고, 특수한 의지(즉, particularistic; 개체적 특수성)에 따르면 깨달은 자가 된다. 즉, 시대정신이나 유행에 따라가면 일반사람이 되고, 이것을 거스르며 전오하면 부처가 된다.

■ 위인들의 가치

안전함, 자부심, 행복감, 즐거움, 만족과 평화에도 안주하지 않는 사람이 정말 대단한 사람들이다. 만약 이런 위인들이 없었다면 인류는 얼마나 무지몽매했을 것인가? 21세기도 마찬가지다.

■ 내가 이렇게 말하는 이유

자애와 자비에만 안주하거나 집착하는 자는 진화의 주인공이 될 수 없다. 바로 이러한 이유에서 나는 14명의 달라이 라마보다 단 한 명의 새로운 부처(즉, 온갖 종류의 망상에서 깨어난 자)를 귀중하게 아는 사람이다.

■ 수행심리에 관한 성찰

수행하는 마음의 동기에 유익(有益)함만을 원하고, 손상(損傷)되는 것을 두려워한다면 그는 수행하지 않는 것이 좋다고 생각한다.

■ 존 카바트 진 박사의 책을 읽고

불교는 지금 실용주의자들인 서양인들에 의해 현대인들의 입맛에 맞게 새롭게 가공되고 있다. 이제 서양불교는 소수 불교학자의 손에서 벗어나 서양의 일반사회에서 자신의 생명력을 활기차게 움직이고 있다. 특히 주의깊은 성찰과 통찰력에서 나오는 지혜(Mindfulness; 正念) 명상을 과학화하고 의료에 도입한 존 카바트 진 박사의 책 《Wherever You go, there you are(당신이 어디를 가든 거기엔 당신이 있다)》를 읽고 나서 이런 느낌이 더 분명하게 확인되는 것 같다. "내가 어디를 가든 내가 나를 따라 다닌다."는 말은 에머슨의 유명한 문구이다.

■ 인종차별이 심한 서양인과 집단주의에 약한 동양인이 반성해야 할 점

서양인들은 그 어떤 피부색깔의 개인일지라도 인간은 모두 똑같다는 사실(전체성의 의미)을 배워야 한다. 그리고 동양인들은 그 어떤 혈연과 지연과 민족 집단일지라도 인간은 모두 서로 제각기 다르다는 사실을 배워야 한다.

■ 자아의식의 가치에 대하여

불교에서 자아(Ego)를 무슨 원수처럼 보고, 자아가 보일 때마다 항상 반야검(지성의 칼)을 사용하여 전멸시켜버린다. 그러나 이렇게 전멸된 자아가 어떻게 이 두뇌의 복잡한 구조에서 평생 자기동일성(Identity)을 유지할 수 있겠는가?

■ 어느 패배자의 회고

산전, 수전, 육지전, 니전을 다 겪어보고 인생무상을 느끼는 노승들이 운영하는 불교란 참 잔인한 것이라고 여겨질 때도 있다.

■ 스님들의 인생행로

세상 물정을 모르는 어린 스님이 이 세상에서 할 수 있는 일이란 무엇일까? 하지만 세상물정 잘 아는 어른 스님이 이 세상에서 할 수 있는 일이란 또 무엇일까?

■ 불교는 자성종이 아니다

견성이란 ‘사물을 있는 그대로 보는 능력’ ‘사물을 본연의 모습 그대로 보

는 능력'을 의미한다. 그러나 사물의 본연의 모습이란 고정불변으로 정해져 있는 것이 아니다.

■ 희망에 속고, 절망에서 눈물을 흘릴 때

나의 절망은 희망에 속고, 나의 희망은 절망에서 눈물을 흘린다. 이럴 때 금강경 부처는 '머무르지 마라, 집착하지 마라'고 가르친다.

그런데 왜 우리는 집착하지 않아야 하는가? 절망과 희망은 항상 어떤 원인과 조건에 의해 생겨난 것이기 때문이다.

■ 불행과 행복을 넘어서

나는 불행한 사람이다. 그래서 불행과 행복을 하나로 보니, 불행이 진정되었다. 여기까지는 좋았다. 그런데 문제는 내가 행복할 때, 마음 놓고 행복할 수 없다는 것이다. 왜냐하면 행복과 불행은 하나이기 때문이다. 그래서 금강경 부처는 행복과 불행에도 '머무르지 말라'고 한 것일까?

■ 인간 행동의 원인과 조건에 대해

인간의 행동은 선조와 부모로부터 전해 받은 유전자들의 습관과 어떤 상황이 빚어내는 힘에 의해 나오는 것이다.

■ 고정불변의 천성이란 없다

사람의 성격도 선조와 부모로부터 전해 받은 유전자들과 자신이 처해있는 환경상태와 여건에 의해 이루어지는 것이다.

■ 선천적인 것과 후천적인 것

우리들의 생각과 말과 행동과 습관과 성격은 전생의 유전자 노트에 이미 적혀 있는 대로 출력된 것이다. 그러므로 우리가 할 수 있는 방법은 이 유전 자를 새로운 환경조건에 놓는 것이다.

■ 죽은 지혜와 산 지혜

진공의 세계는 죽은 자에게 맡기고, 산 자인 우리는 반야의 세계를 완성하 는 것이 좋다.

■ 소극성과 적극성

단견과 상견에 집착하지 않는다고 해서 저절로 자기부정 또는 자기초월 이 가능한 것은 아니다.

유견과 무견을 분별하거나 차별하지 않는다고 해서 저절로 무위진인이 되는 것은 아니다.

연기무아와 중도의 이치를 알았다고 해서 저절로 무애자재하는 대자유인 이 되는 것은 아니다.

■ 부처와 조사는 아무나 되는 게 아니다

부처와 조사는 특별한 심리적 원인과 특별한 생활여건의 산물이다. 그럼 에도 불구하고 불가사의한 것은, 입산수도의 생활을 한다고 누구나 저절로 부처와 조사가 되는 것은 아니다.

■ 깨달은 자가 평범한 짓을 하는 이유

깨달아도 그 깨달음에 걸맞는 새로운 생활의 조건이 마련되지 않는다면, 그 깨달은 자만큼 무기력하고 괴로운 자도 없을 것이다. 바로 이것이 왜 깨달은 자가 제자 또는 추종자들을 찾는가, 하는 이유일 것이다.

■ 불교의 깨달음

불교의 깨달음은 실체성이나 정체성(이미 정해져 있는 본체로서의 성정)이 없다. 왜냐하면 불교의 깨달음은 공성(sunyata; 자성이 없음)의 자각이기 때문이다.

■ 만병통치약은 없다

만병통치약은 없다. 불교도 마찬가지이다. 확실한 정답은 없다. 그러므로 어차피 자기자신이 최선을 다하는 것밖에는 도리가 없다. 그러나 무지한 상태에서 최선을 다한 것만큼 끔찍한 것도 없을 것이다. 그래서 불교에서는 반야바라밀(근원적인 지혜, 통찰명상, 완전한 인식)을 중시하는 것일까?

■ 나의 복합적인 성격에 대하여

불교의 성격은 내성적이고 수용적이고, 예수교의 성격은 외향적이고 도전적이다. 이슬람교의 성격은 남성적이고, 도교의 성격은 여성적이다. 나는 이 모든 성격의 짬뽕이다.

■ 불교와 기독교의 성질에 대하여

불교는 지나치게 방어적이고, 예수교는 지나치게 공격적이다. 나는 이 두 가지가 섞여 있는 호모사피엔스 사피엔스(생각할 줄 아는 인간)의 후예다.

■ 중독이 아닌 게 없다는 것

유가는 유위 중독자들이고,

도가는 무위 중독자들이고,

불가는 열반 중독자들이고,

예수교와 이슬람교와 무교는 신 중독자들이다.

나는 이 모든 중독자들을 비판하는 비점담론 중독자이다.

■ 내 생각의 길에 대하여

나는 실증주의자이면서 동시에 관점주의자이다.

■ 내가 이해하는 서양의 관점주의와 불교사상의 연관성

관점주의는 그 어떤 관점도 고정불변의 실체성으로 인정하지 않는다는 것이다.

■ 자발적 가난

경제학 교수 또는 증권 전문가 또는 부동산 소개 전문가가 보통 중산층의 시민으로 사는 경우는 둘 중의 하나다. 철학자(또는 도인, 도사)이거나 아니면 재운에 장애가 많은 자이다.

이와 같이 나도 불교 사상가임에도 불구하고 고승 대덕이 못되는 이유는 둘 중의 하나다. 닭 벼슬에 관심이 없는 자이거나, 아니면 관운에 장애가 많은 자이다.

■ 지구상에서 아무도 죽지 않는다면

죽어야 살기 때문에 죽는다. 만약 죽지 않아도 살 수 있다면 아무도 죽지 않을 것이다. 그러나 이 지구상에서 아무도 죽지 않는다면, 모든 것은 분명히 전멸한다.

■ 오늘 새벽의 성찰명상

생명의 질을 높여야 하듯이, 죽음의 질도 높여야 한다. 왜냐하면 후생의 단순한 반복적인 업이란 지나치게 평범하고 지루한 것이기 때문이다.

■ 불교의 업적

석가모니 부처의 가르침은 인도의 베단타 철학과는 다르게 삶과 죽음의 연속체(continuum)를 부정한다. 이것은 죽음의 질을 매우 높이는 진리파악이다.

■ 생명체의 가장 강력한 습관은

생명체의 습관 중에서 가장 강력한 습관은 자기생명을 영원히 보존하려는 습관과, 자기자신의 강점을 전부 그대로 복제하려는 습관이다.

■ 석가모니의 깨달음과 인도 베단타 사상은 서로 다른 것

인도 베단타 철학에서 가장 핵심적으로 주장하는 것은, "실재(reality)를 창조하는 것은 의식(consciousness)이다." 라는 것이다. 그런데 불가의 유식학이나 유심론에서도 똑같은 주장을 하고 있다. 덧붙이는 말을 한다면, 본성론적인 대승불교 사상은 아무리 인도 베단타 철학과 차별화하는 말을 교묘하게 설명한다고 할지라도 그것은 인도 베단타의 사상과 똑같은 것이라고, 나는 인도 베단타 사상으로 증명할 수 있다. 하지만 석가모니 부처의 깨달음과 인도 베단타 사상은 서로 다른 것이다. 나는 이 다른 점을 인도 베단타 철학자들에게 석가모니 부처의 가르침으로 증명할 수 있다.

■ 믿음이 원하는 것

믿는 자는 자신이 믿는 대상과 일체감을 체험하려고 한다. 왜냐하면 믿는 자는 자신이 믿는 것과 동일시(Identity)를 원하기 때문이다.

■ 관찰자와 관찰대상을 실체화하지 마라

보는 자와 보여지는 것과 보는 과정은 모두 거북이의 털이요, 토끼의 뿔이다. 왜냐하면 이 모든 것에는 자체성과 정체성(이미 정해져 있는 본체로서의 성정)이 없는 것이기 때문이다.

■ 악마도 헛것이요 부처도 헛것이다

악마만 헛것이 아니라, 부처도 헛것이라는 사실을 깨달아야 전체적인 지혜가 완성된다.

■ 산티데바의 차별심

산티데바는 "자연상태의 열반과 실제의 열반은 다른 것"이라고 설명했다. 그러나 이러한 분별은 중생과 부처는 서로 다른 것이라는 차별적인 인식과 믿음에서 나온 것이다.

■ 자신의 에너지에 온갖 종류의 이름을 붙이기

최고의 깨달음을 얻어 부처가 되겠다는 열망과, 최고의 재물을 얻어 부자가 되겠다는 욕망은 사로 다른 것 같지만 사실은 똑같은 것이다.

■ 세속의 삶

재부와 권력과 명예 등에 관한 욕심을 내어 열심히 찾고 구하는 마음을 버리면, 과연 자신의 순수한 내면성을 지키게 될까?

수많은 대인관계를 복잡하게 겪지 않으면 과연 자신의 순수한 내면성을 지키게 될까?

중개인 본능이 강한 사람들과 관계를 맺지 않고 산다면, 다시 말하면 온갖 형태의 중개 수수료를 돈벌이로 하는 직업인들을 만나지 않고 산다면 과연 자신의 순수한 내면성을 지키게 될까?

자신의 일 자체를 즐기며, 이 사회에 자신의 존재를 과시하거나 인정받으려는 마음을 버리면, 과연 자신의 순수한 내면성을 지키게 될까?

항상 평온하고 한가하고 여유로운 일상을 누리면 과연 자신의 순수한 내면성을 지키게 될까?

■ 세속이라는 이름의 정글

무지한 정직이 언제 내게 이로움을 주었는가?

교활한 지혜가 언제 내게 해로움을 주었는가?

강자와 지자는 탐욕 때문에 남의 돈을 빼앗고,

약자와 무지한 자는 탐욕 때문에 자기 돈을 빼앗긴다.

■ 부와 명예욕이 권력과 지배욕으로 바뀔 때

부와 명예욕이 권력과 지배욕으로 바뀔 때, 조심하라. 이 욕망이 당신을 파멸로 이끌 수도 있다.

■ 회사 CEO와 국가 CEO

CEO란 남의 돈으로 각종 문제를 실험하는 사람들이다. 즉 회사 또는 단체 또는 국가가 망한다 하더라도 CEO자신은 결코 거지가 되지 않는다.

■ 돈 숭배주의자들의 금강경 강의를 바라보며

은행돈이든 고객의 돈이든 남의 돈으로 성공한 사람을 사주팔자 해석학의 전문용어로 편재라고 한다. 편재(돈으로 돈을 버는 재주가 뛰어난 금융가)는 타인의 어리석은 점을 이용해서 돈을 벌 줄 아는 재신(財神)의 상징이다.

현대는 온갖 종류의 재신들이 지배하는 세상이다. 그래서 지구상의 거의 모든 속인들은 돈 숭배주의자(Monetary-ist)들이다.

그리고 돈 숭배주의자들은 탐욕과 가상의 희소성을 창조하고 조작하는 방법에 관한 것을 광신적으로 추구한다. 그리고 마치 누구나 부처가 될 수 있다는 불교의 선전처럼, 누구나 부자가 될 수 있다는 선전을 하며 자기와 남을 기만하고 혹세무민한다.

■ 돈도 무아다

불교사상으로 성찰해보면, 화폐도 무아(즉, 부재한다는 것, 비실재)라는 사실을 분명히 깨닫고 증명할 수 있다.

■ 소유와 무소유 그리고 통찰력에 대하여

부자도 자신의 문화 욕구를 높이면 행복하지 않을 수 있다.

극빈자도 자신의 생활 욕구를 높이면 행복하지 않을 수 있다.

그러므로 행복하거나 행복하지 않을 가능성은 부자와 빈자 모두에게 있다.

생각건대, 만족하는 돼지보다 불만족에 시달리는 인간이 더 발전한다는 말은 틀린 말이 아니다. 하지만 나는 그 어떤 종류의 만족감과 불만족감에 대해서도 스스로 기만당하지 않는 통찰력을 갖고 싶다.

■ 운명

재부와 권세가 있으면 인생 대부분의 문제는 모두 해결할 수 있다. 그런데 재부와 권세가 있거나 없거나 상관없이 아무도 해결할 수 없는 문제가 있으니, 이것은 우주에서 날아오는 비인간적인 행성에 관한 문제이다. 즉, 생사 문제다.

■ 불교는 부자와 권세가들을 위한 불교인가

요점만 말한다면, 불교의 행복론은 자기 욕망을 줄이든가 없애버리라는
것이다. 하지만 이런 행복론은 더 이상 줄이거나 없앨 물질이 없는 사람들
에게는 절망적인 것이다.

■ 양반과 상놈의 상호의존성

부자와 권세가들도 못하는 것이 있어야 빈자와 서민들도 먹고 살 수 있는
법이다.

■ 이론과 실전의 차이

부자들의 어록을 쓴 저자들은 얼마나 많은 재부를 가지고 있는 분인지 궁
금해질 때가 있다.

■ 현대인의 초상

풍요함 속에서 빈곤하고, 화려함 속에서 외롭고 초라한 것이 우리 현대인
들의 모습이다.

■ 부자의 가치

부자란 현금을 10억원 이상 가지고 있고, 부동자산을 50억원 이상 소유하
고 있는 사람들을 가리킨다. 그런데 이러한 부자의 가치는 돈을 잘 쓰고 낭
비하는데 있다.

나는 말한다. 가득 차고 넘치는 것은 손상시켜 덜어내어야 하고, 결핍되

고 부족한 것은 이익으로 채워주어야 한다. 이것이 자연과 인간의 법칙이
되어야 한다.

■ 부자와 빈자의 사회 도덕률

사치와 낭비를 즐기지 않는 부자를 나는 존경하지 않는다. 검약하고 저축
을 열심히 하지 않는 빈자를 나는 존경하지 않는다.

■ 부자의 덕

부자의 덕은 태양이 자기 에너지를 낭비하듯이 무조건 베푸는 데 있다. 즉
성공한 개인이나 국가일수록 자신의 힘을 무조건 빼버리는 사회구조가 필
요하다.

■ 부자와 부처의 삶을 생각하며

부자가 가난한 사람처럼 행동하고, 부처가 어리석은 사람처럼 행동한다
면 누가 존경을 하겠는가? 자기자신이 할 것이다.

■ 인간의 본성

부자가 되면 명예를 원하고, 명예에 대한 욕구가 충족된 사람은 오래 사는
것을 원한다.

■ 정말 순수한 종교인이란

세속에서 목사와 신부와 스님은 영원한 경쟁관계로 서로 시비를 다툴 수

밖에 없다. 왜냐하면 이들은 모두 신자 수를 돈으로 아는 사업가들이기 때문이다.

정말 순수한 종교인이란 자신이 소속한 종단의 팽창적인 독점을 위해 활동하지 않는 목사(신을 선전하는 자)가 아닌 목사, 신부가 아닌 신부, 스님이 아닌 스님이다. 왜냐하면 이들은 항상 진리가 무엇인가 하는 정신적 구도상의 문제만 전업적으로 다루는 사람들이기 때문이다.

■ 인간의 본성

인간이라는 종족은 냉혹한 생존법칙이 지배하는 동물세계에서 최고의 강자가 되었다. 그런데 이제 인간은 시기질투 등 이상심리로 가득 찬 법칙이 지배하는 인류세계 내에서 서로 최고의 강자가 되려고 경쟁하고 있다.

■ 종교사업의 대상(고객)이 알아야 할 주의사항

예수교 목사들과 무당들과 불교의 사판승들(office monks)이 흔히 말하는 "확신한다"는 말만큼 속이는(위험한) 말도 없다. 그러므로 종교사업의 대상(고객)인 우리가 알아야 할 것은, '확신' 은 그 사람들의 확신이지 모든 사람들의 확신은 결코 아니라는 사실이다.

■ 이해득실에 가득 찬 마음

"전체적으로 볼 때에는." 이 말은 결코 전체적으로 보는 말이 아니다.

■ 중요한 것은 반야바라밀

통찰력이 없는 마음 챙김(mindfulness)이 무슨 의미가 있겠는가?

통찰력이 없는 용맹정진이나 실천이 무슨 의미가 있겠는가?

통찰력이 없는 참선수행 또는 요가수행이 무슨 깨달음의 효과가 있겠는가?

통찰력이 없는 무당과 목사들의 신체험이 무슨 영험이 있겠는가?

■ 선방 문고리만 잡아도 삼대가 복을 받는다고?

불교신자들은 사판승보다는 이판승을 존경한다. 왜냐하면 사판보다는 이판이 더 차원 높은 것이라고 생각하기 때문이다. 그러나 아는 자는 이판승과 사판승 모두가 자신과 타인을 알게 모르게 기만하는 자라는 사실을 잘 안다.

■ 진리의 숙성 과정

부정을 부정하면 긍정이 된다. 부정당하지 않은 긍정은 깊이가 없다.

■ 불교 심리학은 원인과 조건을 매우 중시한다는 것

대승불교는 관념론적인 심리학이고, 초기불교는 실재론적인 심리학이다.

그런데 내가 이해하는 불교는 관념론도 아니고 실재론도 아니다. 인연기멸론(어떤 인연에 의해 생겨나고 없어진다는 가르침)이다.

■ 불교에 대한 정의

불교는 유신론도 아니고, 범신론도 아니다. 불교는 인연기멸론(어떤 원인과 조건에 의해 발생하고 소멸한다는 가르침)이다.

■ 불교의 윤회론은 인연법의 영원한 순환을 의미한다

서양의 최고급 지성인들 중의 한 명인 리처드 도킨스(1941-)는, 기독교와 이슬람교보다 불교를 더 고등종교로 평가하면서도, 불교의 윤회론과 카르마 이론에 대해서는 최악의 미신으로 저평가한다.

물론 나도 불교의 무아론과 윤회론 중에서 하나를 선택라면 무아론자임을 자임한다. 그러나 이러함에도 불구하고 불교의 윤회사상과 업사상은 생물과학과 유전학적인 언어로 설명이 가능한 이론적인 체계라고 생각한다. 왜냐하면 지구상의 모든 생명체는 우주적이고 지구적인 상호작용의 진화적인 결과물이기 때문이다.

■ 무수한 인연법

원인도 무수하고, 조건도 무수하니 그 생성되는 결과도 무수하다.

■ 두뇌가 의식하지 않는 것

원인에도 무수한 원인이 있고, 조건에도 무수한 조건이 있다. 두뇌가 어떻게 이 모든 원인과 조건의 하나하나를 동시에 알 수 있겠는가?

■ 원인과 조건의 기본적인 공통점에 관하여

그 어떤 무수한 원인과 조건일지라도 이 모든 것의 공통점은 모두 에너지(힘)이다. 왜냐하면 에너지(氣)가 없는 원인과 조건은 아무것도 생성하거나 소멸시킬 수 없기 때문이다.

■ 인연법과 에너지의 관계

원인의 원인과 조건의 조건에도 에너지가 없으면, 원인과 조건을 성립시킬 수 없다.

■ 힘의 중요성

시설과 여건을 만들어서 에너지를 내지 않으면 결실이 없다.

■ 고생을 두려워 하지마라

포기할 줄 모르면 오만하다고 말하고, 포기하면 의지가 박약하다고 말한다. 큰 인물이 되기를 원하면서도 단련을 하지 않는다면 어떻게 체득할 수 있겠는가?

■ 불교의 관점

실패와 성공은 영원한 것이 아니다. 왜냐하면 실패와 성공은 원인과 조건에 의해 생겨난 것이기 때문이다. 그러므로 실패와 성공은 일시적인 것이다.

■ 성공과 실패의 주인이 된다는 것

성공과 실패의 희생자가 되는 것보다는, 성공과 실패의 주인이 되는 것이 이상적이다. 그러나 성공과 실패의 주인이 되는 일이 어찌 손쉬운 일이겠는가?

■ 실패의 교훈을 과장하지 마라

실패의 교훈을 과장하는 것은 실패에 대해 아첨하는 짓이다.

■ 홀로 서는 용기

리스크(Risk)를 감수하겠다는 것은 실패해도 후회하지 않겠다는 것이다.

■ 진여(존재 자체라는 것)에도 머무르지 마라

진여(Real Thing 또는 Real Being, 존재 그 자체라는 것)에도 머무르지 말라.
모든 것을 있는 그대로(즉, 애욕과 혐오감 없이 있는 그대로 보는 것) 받아들인
다면, 마음은 평온하겠지만, 무슨 발전의 변화가 있겠는가?

■ 어떤 것이 경이로운 명상인가

무(Nothing)에서 어떻게 유(Something)가 나오는가를 이해하는 일은 정말
경이로운 명상이다.

■ 석가모니의 깨달음을 더욱 심화시킨다면

석가모니의 깨달음을 더욱 심화시킨다면, 모든 원인과 조건의 궁극은 태
양에너지의 흐름이다.

■ 진공인데 묘한 생성이 있다는 것에 대하여

그 어떤 원인의 원인과 조건의 조건일지라도 에너지가 물질화한 것이다.

■ 천지만물이 원하는 것

감정이 있는 물건들과 감정이 없는 물건들은 이 지구에서 단단히 결합되어 있다. 이 궁극적인 이유는 안심입명(평형유지) 때문일 것이다.

■ 유정물과 무정물이 혼연일체인 이유

밥그릇과 나는 똑같은 것이다. 감정이 없는 물건과 감정이 있는 물건은 분자생물학의 안목으로 본다면, 완전히 똑같은 존재의 의미를 가지고 있기 때문이다.

■ 두뇌의 의식이 모르는 인연법

원인 속에 또 원인이 있고, 조건 속에 또 조건이 있다. 그러므로 원인과 조건은 무수하게 많다. 그런데 이 무수한 원인과 조건을 누가 상세히 하나하나 인지할 수 있겠는가?

■ 조건지어져 있는 것들에 대한 가르침

불교의 연기법(조건지어져 있는 것들에 대한 가르침)이란 수동적으로 이해하면, 어떤 결과가 생긴 원인과 조건에 대한 관찰이다. 그런데 이 연기법(조건에 의해 생겨난 것들에 대한 가르침)을 능동적으로 이해한다면, 어떤 결과가 나오게 원인과 조건을 적극적으로 시설하고 건립한다는 것이다.

■ 최고의 깨달음은 신앙의 대상이 아니다

불교의 연기법이란 상호의존의 작용으로 생기고 없어지는 것들에 대한 가르침을 의미한다. 그러므로 이러한 연기법은 믿음과 불신의 대상이 아니다. 왜냐하면 연기(Dependent Origination)는 그냥 현상의 사실 그대로 일 뿐이기 때문이다.

■ 최고의 유혹과 최고의 어리석음

최고의 깨달음은 최고의 유혹이다. 그리고 최고의 깨달음만큼 최고의 어리석음도 없다.

■ 나의 종교 사업은

우리나라에서 성행하는 불교와 예수교는 불안사업이다. 불안사업이란 불안한 마음을 가지고 있는 자들을 향해 안전과 안심을 보장하는 사업을 의미한다. 그래서 어느 나라이든지 미래를 예측할 수 없는 불안한 사람들이 많아질수록 보험사업과 종교사업은 번창하는 법이다.

그러나 나는 (가능한한) 깨어있는 사람을 상대로 불교를 논한다.

■ 왜 우리는 생각이 서로 다른가에 대하여

자기 선조와 부모로부터 전해받은 유전인자와, 자신이 현재 처해있는 현실적인 삶의 여건이 다르면, 이로 인해 사람들의 사고방식도 당연히 달라져 차이가 있게 된다.

■ 우주 그리고 지구와 인간

150억 년 전의 우주는, 아니 최소한 46억 년 전의 지구는 나 같은 사상가들이 출현할 것이라는 사실을 알고 있었을까?

■ 야생적인 지혜의 정글

아프리카의 사자들과, 북미대륙의 늑대들처럼 글쓰기. 그리고 때로는 혼자 숲속을 다니는 카리스마적인 호랑이처럼 글쓰기.

■ 반야바라밀의 집중력

지금 내 지성은 팽팽한 활과 같아서 이제 표적을 향해 손을 당기기만 하면 된다.

■ 세속의 중생구제란 중생을 자기화 하는 것

세속에서의 중생구제(즉, 만물과 조화로운 공생관계를 이루어내는 것)란 중생을 자기화하는 것일 뿐이다. 자기화란 무엇인가? 그것은 타인을 자기와 비슷한 것으로 닮게 하는 것, 자기와 똑같은 것으로 닮게 하는 것, 즉 자기에게로 종속시켜버리는 것이다.

■ 의지력의 중요성

그 어떤 원인과 여건일지라도 에너지가 없으면 아무 소용이 없는 것이다.

■ 소극적이고 내면적인 불교와 적극적이고 역동적인 불교

힘의 상승과 충만한 감정을 체험(개발)하기 위해 법구경과 금강경을 읽는다. 그런데 이 불교경전들을 읽어나갈수록 힘의 상승과 충만한 감정은 커녕

이 모든 것을 더욱 하강시키고 빈곤하게 만들어버린다.

그래서 나는 이 불교경전에 대해 폭력을 가함으로써 연금술적으로 변형시킨 힘의 상승과 충만한 감정을 스스로 체험(개발)한다.

■ 중생이 구제를 원하는 한, 구제는 없다

중생이 구제를 원하는 한, 구제는 없다. 왜냐하면 중생이 어떤 구제를 원한다는 것은 욕망이고, 이 욕망은 근본적으로 만족할 줄 모르는 갈증이기 때문이다.

중생이 원하는 구제는 한정적이고 제한적이다. 따라서 중생이 구제를 원하는 한, 구제는 결코 이루어지지 않는다. 그러므로 구원은 환상이라는 사실을 깨닫는 것이 구원이다.

■ 자기욕망의 극복

구제를 간절히 바라는 중생의 맹목적인 목적은 자기보존과 자기확장(팽창)에의 욕망이다.

그런데 불교는 이러한 욕망을 극복의 대상으로 삼고 있지 않은가! 이것은 일종의 새로운 욕망이 아닌가?

■ 인간은 자유인이 되기 위하여 스스로 구속적인 관념을 만들어 낸다

인간은 자유인이 되기 위하여 스스로 구속적인 관념을 만들어 내었다. 중생구제에의 관념을.

■ 나의 중생구제 방법

구제하지 않고 구제하는 것. 구제되지 않은 채 구제되는 것.

■ 나는 인식의 전사

나는 금강경 부처의 적이 아니라 필요한 반대자다.

■ 리스크(Risky)를 감수하며

사상가(Thinker)로서 내가 머물고 있는 곳은 매우 어렵고 불리하고 위험한 곳이다.

■ U.G.크리슈나무르티의 박덕한 깨달음

"깨달음을 재난"이라고 말하는 U.G.크리슈나무르티(1918.7.9–2007.3.22)의 설법은 정말 무시무시한 설법이다. 왜냐하면 이 단 한마디는 모든 종교의 근간을 파괴하는 통찰력이기 때문이다.

그러나 "깨달음을 재난"이라고 깨달은 그의 깨달음도 일종의 재난이다.

■ 선악을 넘어서: 선도 악도 생각하지 마라

인간 정신의 성숙함을 오로지 악한 경험에만 의존한다면, 우리는 얼마만큼의 희생을 해야 하며, 얼마만큼의 인내로 기다려야 하는가?

■ 구제문제가 난해한 이유

구제는 구제행위 속에서 자기만족을 향유하는 욕망 때문에 결코 타인을 구제할 수 없다.

■ 마음가짐보다는 환경조건을 개선하는 더 중요하다는 것

사고와 행동을 새롭게 바꾸려면, 우선 사고와 행동이 생겨나는 원인과 여건을 새롭게 해야 할 것이다.

■ 잔인한 진리

냉혹하고 잔인한 것은 인간생명을 위해 동물실험을 자행한다는 것.

이 잔인한 실험 속에 의학적인 발전이 있다면, 이것은 얼마나 잔인한 진리인가!

■ 탐욕의 가치

마음이 순수하다는 것은 탐욕이 없다는 것이다. 그런데 탐욕이 없다면 무슨 발전과 무슨 깨달음을 얻을 수 있겠는가?

■ 거칠고 야생적인 불교가 필요한 이유를 생각하며

중생구제라는 미명하에 불교는 정신병자와 천박한 자와 쓰레기 같은 자들과 한 패가 되어 무엇을 하려고 하는가? 장막을 걷어라! 진리를 보자!

■ 대승불교가 교활해질 때

대승불교가 자기방어를 위한 논리를 펼칠 때 가장 교활해진다.

■ 쇼펜하우어의 맹목적 의지론과 부처의 시설주의

석가모니는 쇼펜하우어가 주장한 맹목적 의지의 사상을 말한 원조다.

그러나 석가모니는 염세적인 철학자와 달리 자기 추종자들을 만들어 그 무리의 지도자 생활을 하였다.

어떻게 쇠퇴적인 것으로 강건한 것을 이루어냈는가,

어떻게 소극적인 것으로 적극적인 것을 이루어냈는가,

어떻게 허무적인 것으로 현실적인 것을 이루어냈는가,

어떻게 방어적인 것으로 공격적인 것을 이루어 냈는가,

어떻게 적대적인 것으로 삶을 사랑하고 끌어안았는가,

어떻게 약한 것으로 강한 것을 얻었는가,

어떻게 애매한 것으로 확실한 것을 얻었는가,

어떻게 무위로 위대한 유위를 성취했는가,

어떻게 지하적인 것으로 지상적인 것을 획득했는가,

어떻게 참되지 않은 허위인 것으로 가장 참된 진실을 획득했는가,

어떻게 가장 천박한 것으로 가장 고귀한 것을 얻었는가,

어떻게 가장 비현실적인 것으로 가장 현실적인 것을 얻었는가,

어떻게 가장 약한 것으로 가장 오래가는 강력한 권력을 성취했는가, 하는 점을 나는 석가모니에게서 배운다.

■ 대승불교의 타락

대승불교의 타락은 중생구제의 사상을 가르치기 시작하면서부터 시작되었다.

■ 꾸미지 않은 진리

나는 불교의 장엄(sublimity)한 개념들을 파괴하고 싶다. 나는 불교를 오늘날의 내 감각에 맞는 것으로 새롭게 장엄(꾸미는 것, 장식, 디자인)하고 싶다.

하지만 나는 가능하다면 '꾸미지 않은 진리'를 원한다. 왜냐하면 진리든 여자든, 화장을 하게 되면 실제의 모습보다 과장되게 남을 속이는 일이 되기 때문이다.

■ 장엄은 정엄이 아니라 그 명칭이 장엄이다

'장엄(solemnity)은 장엄이 아니라 그 명칭이 장엄이다'라는 금강경 제17장의 한 구절을 읽고.

과거의 낡은 추억에 도금을 칠하는 현재인에게 말한다. 불교를 거룩하게 꾸며대거나 아름답게 장식하지 마라. 왜냐하면 불교는 불교가 아니라 그 이름이 불교이기 때문이다. 그래서 이제 불교는 자유로운 복종과 굳어진 관습조차 떼어내버리고, 스스로 어리석게! 홀로서는 용기를 지닌 자가 나와야 한다. 생생한 현재는 낡은 과거의 지속이 되어서는 안되는 것이기에!

■ 불교계의 감투들

석가모니는 대통령이며, 관음보살은 복지부 장관이며, 지장보살은 지하건설부 장관이며, 아난다는 비서실장, 가섭은 법무부 장관이며, 수보리는 철학부 장관이며, 달마는 중국에 간 부처의 특사이며, 혜능은 중국특별지구 위원장인가?

■ 불교의 미신

극락왕생이라는 피안의 세계(서방정토)를 실체화하고, 절대적인 보살신으로 변화하는 불교는 미신이다.

■ 천박한 고귀

천박성의 배후에는 심오한 것이 있다. 그리고 이와 반대로 말할 수도 있다.

■ 부처의 설법

부처(깨달은 자)의 설법에는 직설법과 가정법이 있다. 여기서 직설법(直說法; indicative mood)이란 실제사실을 있는 그대로 말하거나 질문하는 형식의 표현법이다. 그리고 가정법(假定法; subjunctive mood 또는 conditionals)이란 일어나지 않은 일에 대한 소망이나 바램 또는 주장, 명령, 요구, 제안 등을 나타내거나 또는 현실이 아닌 일이 일어날 가능성에 대해 추측하는 형식의 표현법이다.

■ 부처는 명사가 아니라 동사다

부처(깨닫는 자)는 명사가 아니라 동사이다. 동사중에서도 행위동사(action verb)이며, 연결동사(linking verb)이다. 여기서 행위동사란 동작 생각 사건 등을 나타내는 동사이다. 그리고 연결동사란 사람이나 사물이 무엇인지 또는 어떻다든지 묘사하는 말을 연결해주는 동사이다.

■ 비난의 언어문자와 통찰의 언어문자는 서로 다른 것

나의 비판적인 말은 비난이 아니라 통찰이다.

■ 반야바라밀이란 무엇인가

반야바라밀(지혜의 완성)이란 존재의 본질을 통찰하는 인식의 위대한 힘이다.

■ 불교 인연법의 불규칙 동사

불교 연기법(즉, 모든 것은 원인과 조건에 의해 생성한다는 관점을 가르치는 것)에도 불규칙동사가 있다. 불규칙동사(irregular verb)란 정해진 규칙대로 변하지 않는 동사(verb)를 말한다.

■ 한 명의 중생도 구제한 바가 없다는 말의 의미

"한 명의 중생도 구제한 바가 없다." 이 말은 아주 잔인한 말이다. 즉, 자기영혼의 깊이를 성취하기 위한 일종의 잔인성이 보이는 말이다.

■ 중생구제 서원을 과대망상이라고 말하는 이유

중생구제를 위한 대망, 희망, 소원은 과대망상이요, 허영심의 발로다.

■ 불교의 목적은 열반이 아니라 적극적인 윤회여야 한다는 것

석가모니의 가르침의 목적은 중생의 안락이 아니다. 안락은 종말이기 때문이다.

■ 내가 이렇게 말하는 이유

중생구제를 주장하는 것은 거룩한 어리석음이다.

■ 불교 심리학의 존재 이유는 정직함 때문이다

중생구제 행위에 악덕과 위선의 요소는 없는가?

■ 나의 신앙은 하인의 신앙이 아니다

나의 신앙은 노예나 하인이나 내시의 신앙이 아니다.

■ 안전한 삶의 정글

안전한 생존이란 무엇인가? 울타리 안에 갇혀 사료를 공급받고 있는 가축들처럼 건강한 생존이다.

그러나 그 다음에는 인간의 먹거리를 위해 영문도 모른 채 살해되는 가축들처럼 이러한 가축들에게 안전한 생존이란 없는 것이다.

■ 똑같은 사상들

허무주의와 쾌락주의와 신비주의는 서로 다른 것이 아니다.

■ 불교를 짝사랑하거나 악용하는 이상한 목사들에 대하여

열반을 인격신으로 표기하고, 부처님을 하나님으로 표기하는 다석 류영모 사고방식의 예수교 사상가들과 목사들은 '될 수 있으면 (가능하다면)' 금강경이나 반야심경 같은 불교경전을 해설하는 책을 내지 마시기 바란다. 왜

나하면 금강경이나 반야심경은 저자와 독자에게 자기부정과 자기초월을 요구하는 경전이기 때문이다.

그런데도 동양사상에 관심이 많은 예수교 목사들이 겁 없이 이런 경전을 기독교(protestantism)적으로 왜곡하며 해설하는 것은 둘 중의 하나이다. 자신의 박학다식을 과시하거나, 또는 자신의 외로움을 화려하게 치장하는 허영심의 발로이다.

참고로, 예수교와 비슷한 불교사상은 반야부 경전이 아니라 정토부 경전들에 있다. 즉 관음경, 정토삼부경과 지장경 등은 예수교 신앙생활에도 큰 도움을 받을 수 있을 것이다.

그러나 반야경은 아니다. 왜냐하면 반야경에는 하나님도 미진(미세한 먼지 같은 것)으로 만들어버리는 무시무시한 지성이 들어있기 때문이다.

■ 불교를 왜곡시키는 사람들을 바라보며

예수교 신자들은 류영모, 함석헌, 장일순, 이현주, 박영호 같이 중국고전들을 잘 이용하는 비빔밥 신학자들일지라도 그들의 글을 보면 한계가 곧바로 보인다. 그 이유는 누가 알겠는가? 본인들도 모르는데! 부디, 기독교인으로서 앞으로 중국고전이나 불전에 관해 담론하거나 인용할 때에는 제발 '하느님(또는 하나님)'이라는 단어 좀 쓰지 말고 대신 다른 용어를 개발해서 쓴다면, 우리같은 무신론자들도 조금은 견디어 낼 수 있을 것이다. 마치 내가 신영복 선생의 글을 잘 견디어 내듯이.

■ 색즉시공에 대하여

석가모니 불교의 제법무아(모든 것에 실체성이 없다는 진리)를, 대승불교 반야경에서는 색즉시공(물질이 곧 진공이라는 것)이라고 표현한다.

색즉시공(물질이 곧 진공)이라는 명제는 형상과 모양이 있는 모든 사물을 비형상, 비형태, 비인격적인 것으로 파악하는 커다란 통찰력과 안목이 없이는 이해가 불가능한 것이다.

온갖 형태의 사물과 이 사물을 인식하는 자와 이 사물을 인식하는 과정 모두가 진공 무아라는 깨달음은 얼마나 놀라운 인간의 통찰인가!

■ 나쁜 증인

무지한 자의 다섯 감각기관 만큼 나쁜 증인도 없다.

■ 불교가 허무주의가 아닌 이유

불교의 적멸을 연기무아로 파악하면 허무주의가 아니다. 왜냐하면 모든 존재와 현상은 연기무아이기 때문에 오히려 적극적이며 자유로운 것일 수 있기 때문이다.

■ 극도에 이르면 다시 생동하는 것이 자연의 법칙

적멸(Nirvana)의 극도에 이르면 다시 생동하는 것이 우주자연의 법칙(Dharma)이다.

■ 반야바라밀의 쾌락

반야바라밀은 지혜의 완성, 완벽한 지혜를 뜻하는 대승불교 용어이다. 그런데 반야바라밀은 완결된 허무주의, 즐거운 진공상태, 텅 빈 결핍을 충만하게 하는 쾌락이기도 하다.

■ 인체의 신비를 바라보며

자기를 배운다는 것은 자신의 구조와 기능을 다시 의식화 한다는 것이다. 그리고 이러한 의식화 과정은 반야바라밀(지혜의 완성)을 위한 것이다.

■ 불교의 연기와 단학도가의 연기에 대하여

석가모니가 깨우치고 가르친 연기(조건에 의해 발생한 것)는 단학도가에서 말하는 연기(煉己)나 연기(煉氣), 연기(烟氣)가 아니다.

단학도가의 연기(煉己; 己性을 단련하는 것)에는 내연기(內煉己)와 외연기(外煉己)가 있다.

■ 내 사주팔자의 일간인 기토에 관한 단학도가적 이해

기토(己土)는 외부환경으로 말하면 땅이다. 하지만 내부환경으로 말하면 자기(自己)일 것이다.

토(土)에는 두 종류가 있는데 기토(己土)와 무토(戊土)가 그것이다. 그런데 단학도가서에서는 이 기토와 무토가 합치면 규(圭)가 된다고 한다. 즉 규(圭)는 황금연꽃을 상징하는 금단(金丹)을 만들어낸다고 하는 것이다. 그래서 성명규지(性命圭旨)라는 책도 있는 것일 게다. 대단한 기토(己土)다.

이렇게 외부적인 기토는 만물만생의 터전이요, 내부적인 기토인 자기(自己)는 정기신(精氣神)의 터전이다. 그래서 이 양기(養己; 煉己)에는 내양기(內養己; 內煉己)와 외양기(外養己; 外煉己)가 있다고 하는 것인가?

이런 생각들은 우연히 황룡스님이 엮은 《선가본경(仙家本經)》을 읽으면서 얻은 기토(己土)에 대한 이해점이다. 이제 내 사주의 일간인 기토에 대해 어떤 자부심과 신뢰감을 갖게 되어 고맙다. 하지만 이런 글을 쓰고 있는 나를 서양의 심리학자들이 본다면 크게 웃을 것이다.

■ 연(鍊)과 연(煉)의 의미

연(鍊)이라는 글자를 사전에서 찾아보니, 연(鍊)도 있고 연(煉)도 있다. 흥미로운 글자다. 왜냐하면 연(鍊)은 금(金)을 다루어 변화시킨다는 뜻이요, 연(煉)은 화(火)를 다루어 변화시킨다는 뜻이기 때문이다. 그래서 도가에서는 금(金)을 금단(金丹)이라고 하고, 화(火)를 진화(眞火)라고 하는 것인가?

금단화로(金丹火爐)에서 만들어진 이 금단을 대승불교와 선불교에서는 불성, 여래장, 자성, 한 물건, 한마음이라고 부르고 있는데, 이것은 틀리면서 맞고, 맞으면서도 틀린 말이다.

■ 도난당한 물건 도로 찾아오기

나는 요즘 내단공(內丹功)의 달인인 류화양 스님이 불가에서 훔친 물건들을 발견하고, 내가 그에게 비싼 값을 주고 다시 회수하고 있다. 구체적으로 그 장물의 목록을 작성해보면 다음과 같다;

내단도가(內丹道家)에서 말하는 금단(金丹)은 힌두교의 황금알과 대승불교의 여래장을 가지고 만들어진 개념이다.

그리고 지화(止火)는 지관법(止觀法)을 가지고 만들어낸 개념이다.

그리고 풍화(風火)는 초기불교에서부터 전해진 대승불교의 호흡법을 가지고 만들어낸 개념이다.

그리고 순행(順行)과 역행(逆行)은 초기불교의 연기순관(緣起順觀)과 역관(逆觀)을 가지고 만들어낸 개념이다.

그리고 화후(火候)는 역경(易經)의 사상(四象) 팔괘(八卦)를 가지고 만들어낸 개념인 것 같다.

■ 류화양 도사도 그 책을 읽으셨는가보다

내단공(內丹功)의 전문가인 류화양 도사가 쓴 금선증론(선기부)에 보니, 《금강경집주》로부터 인용한 것 같은 문구가 여러 번 보인다. 아마 화양 도사도 그 책을 읽으셨는가보다. 나도 이 책을 읽은 적이 있다. 반갑다.

■ 금강경과 내단경전의 사상을 생각하며

내 생각으로, 금강경 인생철학은 무실무허(실도 아니고, 허도 아니다)라는 중도사상에 근거한다. 하지만 선학의 내단경전 인생철학은 순역론(順逆論)에 근거한다.

나는 선가의 순역론(順은 凡을 이루고, 逆은 신선과 부처를 이룬다는 것)을 아주 좋아한다.

왜 나는 선가의 순역론을 좋아하는가? 그것은 순(順)에 나아가면 성정을 갖춘 사람이 되고, 역(逆)에 나아가면 기신(氣神)을 갖춘 사람이 되기 때문이다.

그러면 도대체 순역(順逆)이란 무엇인가? 순은 유클리드 기하학의 세계요, 역은 비유클리드 기하학의 세계다.

■ 류화양 도사와 금강경

류화양 도사는 "정(定)이란 고요함이 극에 이른 상태"라고 설명했다. 하지만 금강경 부처는 이 "정(定)에도 머무르지 말라"고 가르친다. 왜냐하면 입정(入定)이든, 선정(禪定)이든, 심정(心定)이든 공정(空定)이든 단정(丹定)이든 고정불변의 법은 없기 때문이다. 어째서 고정불변의 법이 없다고 하는가? 그것은 모든 것이 수많은 원인과 조건에 의해 발생하고 소멸하는 것이기 때문이다.

■ 유불선의 취약점과 강점

석가모니 불교와 대승불교의 약점과 강점은 세속으로부터의 도피와 진여자성(실체적 존재로서의 자성)의 집착에 있다.

신선단학의 약점과 강점은 금단(金丹)에의 집착과 텅 비어있는 데서 고요함을 지키는 것에 있다.

유교의 약점과 강점은 기득권자에게 유리한 위계질서 바로잡기에의 집착과 치세의 욕망에 있다.

그런데 나는 퍼지(Fuzzy; 선명하지 않은, 애매모호한, 혼탁하게 섞여 있는)한 사상가다. 고로 이 모든 것을 하나로 섞거나 삭제해버린다.

■ 유교와 도교와 불교의 핵심

유교는 성실(誠實)이요 존경(尊敬)의 철학이다.

도교와 초기불교의 결론은 허(虛)와 무(無)의 철학이다.

그런데 후기 대승불교는 무실무허(실질도 없고 허무도 없는 것)의 철학이요,
색즉시공 공즉시색(물질이 에너지로 나타나고, 에너지가 물질로 나타나는 것)의
철학이다.

■ 초월적인 진리와 내재적인 진리

모든 종교계의 스승들은 한결같이 "모든 지식을 초월하는 바로 그 자리
(道), 또는 하나님(브라만), 또는 불성(진여자성)을 향해 가라."고 가르친다.

그러나 나의 가르침은 다르다. 나는 다음과 같이 말한다.

그 어떤 지식일지라도, 그 지식을 초월하지 말고 도리어 그 지식 속으로
깊이 들어가 보라. 그러면 당신은 그 지식이 모든 지식과 연결되어 있다는
것을 알게 될 것이다. 누가 이 반야바라밀(전체적 지성, 완벽한 조건 발생의 실
상) 앞에서 경이로움을 느끼지 않을 수 있겠는가?

■ 독서 의존중독과 깨달음은 전연 다른 문제다

금강경을 평생 수지독송하며 타인을 위해 설교해주는 것과 부처(buddha)
가 된다는 것은 전연 다른 문제다.

■ 보시하는 것과 부처가 된다는 것은 전연 다른 문제다

절에 사는 스님들(즉, 부처와 보살과 조사를 선전하는 사람)에게 공손하고 깊

은 신앙심으로 무엇인가를 베풀어주는 것(보시바라밀)과, 부처가 된다는 것은 전연 다른 문제다. 그런데 스님들은 반야바라밀(지혜를 완성하는 것)보다 보시바라밀(즉, 신자들이 무집착으로 보시하는 것)을 더 좋아한다.

■ 출판행위와 깨달은 자가 된다는 것은 전연 다른 문제다

동서양의 지혜의 책을 출판한다는 것과 깨달은 자(buddha)가 된다는 것은 전연 다른 문제다.

■ 계율을 잘 지킨다는 것과 부처가 된다는 것은 전연 다른 문제다

계율을 지키는 것과 깨달은 자(buddha)가 된다는 것은 전연 다른 문제다.

■ 매일 조석으로 예불하는 것과 부처가 된다는 것은 전연 다른 문제다

평생 조석 예불 한번 빠트리지 않은 사람이라고 해서 그를 곧 깨달은 자라고 말하는 것은 신중한 판단이 아니다.

■ 수명장수와 부처는 전연 다른 문제다

평생 건강하게 사는 것과 부처(buddha)가 된다는 것은 전연 다른 문제다. 즉, 아무런 병고가 없이 100세를 산 사람이라고 해서 그를 곧 부처라고 말하는 것은 신중한 판단이 아니다. 종교는 장수와 건강에 관한 게임이 아니다.

■ 마음의 부모는 몸이다

불교는 육체를 경시하고 엄격하게 통제해야하는 대상으로 결정했다. 그

리하여 마음만 중요시 했다. 그러나 그 마음은 바로 몸에서 나온 것이다.

■ 대승불교의 가치는 시설과 건립에 있다

원인과 조건을 일부러 만들어내는 인간의 마음.

생성한다는 것과 시설하고 건립한다는 것.

■ 여래라는 아이디어 밈

여래(이와 같이 온 깨달은 자)라고 하는 아이디어 밈(Ideameme). 여래란 언어문자의 의미가 실체화된 것. 언어문자로만 존재하는 것. 그러나 이 여래가 우리를 조절하고 통제하고 관리하며 지배하고 있다.

■ 구제는 생각이나 말로 하는 게 아니다

중생을 구제하는 자는 기본적으로 재력과 권력과 영향력이 있어야 한다.

■ 불교는 세상을 향해 어떤 도움을 주는 것일까

불교는 세상을 향해 어떤 자극을 주는 것일까? 연인들의 사랑을 애욕이라고 부정하고, 세상살이의 모든 일을 환상이나 덧없는 꿈이라고 말하고, 잘나가는 사람들의 발목을 붙잡는 말을 하는 것 말고. 불교는 세상을 향해 어떤 도움을 주는 것일까?

■ 불교의 감정에의 원한

불교는 감정을 살리는 것이 아니고 죽인다. 왜냐하면 감정이 불교를 죽일까봐 미리 겁이 난 불교는 감정을 살해하는 것이다. 불교의 감정에의 원한.

■ 내가 이렇게 말하는 이유

나는 선사가 아니라 전사다. 자유로운 무소속의 삶의 전사. 그래서 나의 금강경 담론은 격투적이다.

■ 번뇌를 지닌 채 부처가 된다는 것

일종의 질병인 불교는 심오한 삶에 대한 자극제다.

■ 불교라는 이름의 마약

불교는 스님들이 미친 듯이 경건하게 중독되어 있는 일종의 마약이다.

■ 일반인들의 상식과 종교인들의 비법

《수습지관좌선법요》에 "그저 병이 있는 곳에 마음을 평안하게 멈추면 병이 즉시 치료된다."는 문구가 있다. 호오포노포노의 가르침에도 "내 생각이 병들었다면, 그 병든 생각이 내 신체의 질병을 유발한다. 그러므로 신성한 지혜의 도움을 받아 모든 질병을 치유한다."는 문구가 있다.

하지만 스트레스가 없다고 병이 없는 것은 아니다. 외과수술을 하면 완치할 수 있는 초기의 암은 병원에 가서 수술치료를 받아야지, 무슨 하나님이나 신성이나 천신에게 암을 낫게 해달라고 금식기도만 하는 짓은 현명한 사고방식이나 행동이 아니다.

수습지관좌선법요와 호오포노포노의 가르침에 나오는 이 문구는 귀문관살 같은 정신의 병에나 해당되지, 육체적인 병은 병원에 가서 전문의의 검사와 수술을 받아야 할 것이다.

귀문관살(鬼門關殺)이란 신경쇠약, 또는 신들린 사람처럼 기이한 행동과 말을 자주 하는 증세를 가리키는 것으로 사주팔자 해석학의 전문용어다.

■ 호오포노포노 이론의 한계

호오포노포노 이론은 "신성한 것이 함께 하면 내 무의식 속의 기억들이 제거되고, 이것은 다시 모든 사람들의 무의식 속의 기억들도 제거해준다." 고 주장했다. 하지만 채무자가 채무 기억을 완전히 제거했다고 해서, 채권자의 기억도 제거되는 것은 결코 아니다.

■ 호오포노포노 이론의 한계

호오포노포노 이론은 "내 믿음이 완전하면 그 완전한 믿음이 사랑이 넘치는 물질적 현실을 창조한다."고 주장했다. 하지만 예수같이 위대한 마음(믿음과 사랑)의 소유자도 십자가에 묶여 처참한 처형을 받았을 정도로 세상의 인심은 그렇게 만만하고 쉬운 것이 아니다.

■ 비극적인 낭만주의자

개인의 감정을 정직하게 표현한다는 점에서 나도 일종의 낭만주의자이다. 우울하고, 회의적이고, 외롭고 비극적인 낭만주의자, 말이다.

■ 일체의 고통이라는 불교의 명제를 생각하며

싯달타의 고뇌가 없었다면 어떻게 부처의 지혜가 생겨날 수 있었겠는가?

■ 자비심이 없는 자비심

동정하지 마라. 그게 바로 동정이다. 동정하지 않고 동정하는 것. 동정심이 없이 동정하는 것.

■ 자비이타는 사상이 아니라 인류생존의 한 방법이다

이타적인 자비는 허무주의 또는 본질주의라는 어떤 사상이 아니라, 인류의 생존본능에서 기인하는 것! 그래서 누가 만약 이타적인 자비가 아니라 이기적인 적대심을 진리로 삼아 주장한다면, 그 첫 번째 희생자(피해자)는 적대적인 이기심을 강렬하게 주장하는 자가 될 것이다.(2009년 11월1일)

■ 맹수와 인간의 한계

사자나 호랑이나 표범이 사슴을 보호하기 위해 이타적인 행동을 한 것을 본 적이 없다.

그리고 인간은 암세포를 보호하기 위해 이타적인 행동을 한 것을 본 적이 없다.

■ 구제하겠다고 하는 것도 과대망상일 수 있다

구제하지 말라, 그게 바로 구제다. 구제함이 없이 구제하는 것.

■ 불성은 불성이 아니라 그 명칭이 불성이다

인간성과 불성과 자성은 똑같은 말일까? 자성이란 '본래부터 스스로 갖추고 있는 부처의 성품' 이라는 뜻으로 불성(Buddha Nature)과 같은 말이다. 그런데 나는 일정한 또는 고정적인 불성이나 자성(자체성, 자체의 본성)보다는, 다양한 인간성이라는 용어를 선호한다. 왜냐하면 나는 나의 다양한 인간성으로 자기 성찰을 끊임없이 하고 있기 때문이다.

그리고 나는 불성을 니르아트만 또는 니르구나(무성, 무자성, without a nature)라고 가르친다.

■ 세속의 권력자들에 대해 석가모니는 어떤 처세를 하였는가

세속의 권력자들에 대해 석가모니는 어떤 처세를 하였는가? 1) 타협적이었다. 2) 절대적으로 부정하고 비판하며 반대한 은둔자였다. 3) 관계가 원만한 처신과 운영을 잘 했다.

■ 불교의 이상은 무엇인가

불교의 중생구제론은 일종의 사회주의적 동정인가? 자본주의적 동정인가?

■ 객관적 진리와 주관적 진리

아집을 버리고 사실을 추구한다. 물론 진실도 사실만큼 존중하면서.

■ 종교적인 죄인들

부처와 신에 대한 희생과 헌신의 감정은 자신을 방치하는 죄를 범한다. 자

신을 방치한 죄만 아니라, 자신을 노예로 쇠약하게 만든 죄까지 추가한다.

■ 비로자나 부처의 출현의 의미

가면을 쓴 다양성과 호환성. 이것이 비로자나 부처(Viroccana. the cosmic Buddha)의 출현의 의미다.

■ 진정한 부처는 불교종단을 넘어서 존재하는 것

종단이란 권력단체이다. 하지만 이 권력단체의 주지가 되고 원장이 되고 종정이 된다고 해서 저절로 부처가 될 수는 없는 법! 그런데 그들은 불교가 자신들만의 것(소유물)이라고 권리를 주장한다.

■ 불교는 누구의 무엇을 위한 것인가

불교는 윤리학인가? 불교는 처세론인가? 불교는 사회복지학인가? 불교는 건강의학인가?

■ 불교윤리의 문제점

집착은 어느 정도(fuzzy)의 문제이다. 왜냐하면 집착이 없는 것도 문제이고, 지나친 집착도 문제이기 때문이다. 그래서 가능하다면 중간 정도의 집착성이 좋다. 나는 집착의 장점도 있다고 생각하는 사상가이다.

■ 불행하고 고독했던 사람들이 일구어낸 사상의 작품들

교활한 지혜와 처세라는 심리적 원인과 여건에서 만들어진 것일지라도,

만약 주역과 노자 장자와 유마와 용수 같은 사람들의 책이 없었다면, 우리는 어디서 무슨 지혜의 즐거움과 고양됨을 만끽할 수 있었겠는가?

그러므로 위인을 보통사회의 윤리처세적인 잣대(standard)로 검증하고 판정하는 것은 심오한 사고가 아니다. 나의 생애와 사상에 대한 것도 마찬가지다.

■ 통찰력은 나의 운명

반야바라밀(통찰력, 또는 인식을 완성하는 것)은 이미 나의 운명이 되었다. 나는 언제까지 있을 것인가? 내가 이 세상을 떠나는 날, 누가 나를 찾을 것인가? 그러나 걱정하지 마라. 너는 또 나타나게 되어 있다. 그래서 나는 모든 일을 자연의 법칙에 맡기고 무념무상(not-thinking)으로 지낸다. 모순된 말이고 역설적인 표현이지만, 나는 원함이 없이 원하고, 의지함이 없이 의지하며 비록 아무것도 아니지만 살아있는 것 자체를 즐긴다.

■ 무서운 종교 의존중독

몸의 병이 나았는데도 계속 약을 복용하는 것은 또 다른 병을 생기게 하거나 약 의존중독을 강화시킬 뿐이다. 사람들은 종교 또는 사상을 마치 약국에서 약을 사듯이 찾아 복용한다. 그리고 평생 이 약을 습관적으로 복용한다. 그리고 마치 알콜 중독자와 담배중독자처럼 의존중독을 끝내 끊지 못한다.

이와 같이 어떤 사람들은 죽을 때조차도 어떤 신과 관음보살신, 지장보살신을 생각하면서 죽는다. 주역, 공자, 맹자와 노자, 장자도 자기 사상의 중독자들이요 희생자들이다. 그리고 불교도 중독성이 심한 것이다. 그런데 예수교의 의존심리 중독성은 치료가 불가능할 정도로 매우 심한 것 같다.

■ 독으로 독을 치료하는 것

독으로 독을 치료하는 것. 나의 금강경 공부.

■ 반야바라밀과 사탄 루시퍼

모든 악을 상징하는 사탄 루시퍼도 반야바라밀(전체적 지혜) 앞에서는 무릎을 꿇을 수밖에 없다. 왜냐하면 반야바라밀은 모든 선악을 꿰뚫어보는 해부학자이기도 하기 때문이다.

■ 반야바라밀의 존재

반드시 알아야 비로소 존재가 되는 것이 반야바라밀이다.

반야바라밀이란 모든 것 속에 내재해 있는 지식을 전부 아는 것을 의미한다. 그리고 그 지식에 올바른 방향을 부여하는 것이다.

■ 인과응보론과 반야바라밀

불교의 인과응보론은 내 깨달음의 세계(반야바라밀)에서는 아무런 소용이 없는 것이다. 즉, 내 깨달음(반야바라밀)은 원인과 결과라는 구조를 가지고 있지 않기 때문이다.

■ 금강경의 유목적인 사고방식: 머물지도 않고, 머물 곳도 없다는 것

금강경의 유명한 문구인 '마땅히 머무르는 바가 없이 그 마음을 낸다'는 것은 유목적인 사고방식과 똑같은 것이다. 즉, 한 곳에 머무를 수밖에 없는 농민생활보다는 어느 한 곳에만 머무를 수 없는 유목민의 생활에 더 적합한 것. 불교의 무집착론과 유목민들의 철학을 생각하며.

물론, 통속 심리학으로 말하면, '마땅히 머무르는 바가 없이 그 마음을 낸다' 는 것은 그 어떤 것에도 심리적으로(즉, 마음의 느낌이나 정서로) 의존하지 말고 자신의 의지와 능력과 지혜를 발휘하라는 뜻이다.

■ 부처의 32상 80종호론에 대하여

아리안민족이니, 유대민족이니, 한민족이니, 백인이니, 흑인이니, 황인이니 하는 모든 인종차별의 원조는 바로 생긴 모양의 차별적 인식이라고 생각한다.

그러니까, 석가모니에게만 있다는 특별한 신체적 특징으로서 32상 80종호를 주장하지 마라. 아무리 천상천하유아독존의 부처라고 해도 위장이 없냐? 심장이 없냐? 간이 없냐? 폐가 없냐? 왜 대승불교인들은 석가모니 부처의 32상을 이렇게 반복적으로 선전하는가? 그것은 석가모니의 존재를 신으로 변화시키기 위한 것이요, 또 추종자들의 외로운 삶 때문이다.

■ 부처를 구별하는 기준에 대하여

부처(망상에서 깨어난 자)를 구별하는 기준으로 신체적 특징이나 피부색을 말하는 것은 저급한 편견의 수준이다.

■ 부처가 최고의 깨달음에 도달했다는 징표는 무엇인가?

부처가 최고의 깨달음(아뇩다라삼막삼보리)에 도달했다는 징표는 무엇인가? 이 문제에 대해서는 금강경 제 20장을 참조해보실 것.

■ 출가승려의 삶이란

출가 승려들이란 편안한 삶을 위해 고달픈 길을 가고 있는 사람들이다.

■ 평범하면서도 비범한 삶

단순하게 사는 것만큼 복잡한 것도 없을 것이다.

■ 왜 어떤 국가의 독재자는 선을 그어놓고 자유로운 왕래를 막고 있는가

나는 민족성(국민성)을 넘어서 자유롭게 살고 싶어하는 유목민이다. 그런데 왜 지구상의 어떤 국가의 통치자들은 선을 그어놓고 자유로운 왕래를 막고 있는가?

특별히 나는 북한에서 가장 큰 대학교 도서관과, 가장 큰 서점에 가서 책 구경을 한번 하고 싶다. 북한 평양 사회과학 출판사에서 1994년 5월 30일에 출간한 팔만대장경 선역본 중에서 《금강경》 책을 중국의 모대학 도서관에서 발견하고.

■ 내가 매우 중시하는 것

나만큼이나 지독하게 고독했던 니체(1844-1900)는 그래도 좋은 국가와 시대에 태어났다. 왜냐하면 니체가 만약 서양 중세기에 태어났다면, 그는 책 한 권 내자마자 곧바로 가장 잔인하게 처형당했을 것이기 때문이다. 마치 자기주관대로 설교생활을 하다가 십자가 처형을 받은 예수처럼!

나도 좋은 국가와 시대에 태어났다. 왜냐하면 내가 만약 조선민주주의 인민공화국(북한)에 태어났다면, 나는 이 책 한 권 내기도 전에 이미 처형당했을 것이기 때문이다. 나는 일인 영구독재를 가장 싫어하는 개인주의자이며, 언론자유와 인권을 매우 중시한다.

■ 불가사의한 조선민주주의 인민공화국에 대하여

1) 북한에도 대학교가 있는 이상, 지성인이 있을 터인데, 어찌하여 일인독재에 잘 적응하고 살까? 2) 북한에도 청년학생들이 있을 터인데, 어찌하여 반항적이고 비판적인 사상문화가 없을까? 3) 국민이란 마치 동물원에 갇힌 야수들처럼 길들일 수 있는 기술의 대상인가? 4) 북한탈출자가 그렇게 많은데도, 극빈생활에 고통받는 자들이 그렇게 많은데도, 어찌하여 북한에서 데모하는 군중들이 없는 것일까? 일인독재 체제가 그렇게도 완벽한가? 고구려 민족성이 그렇게 순종적이고 낙천적인가? 북한 국민들은 그 어떤 조건이든 적응의 천재들인가? 불가사의한 북한이다!

■ 개인과 국가의 원한과 증오

개인 간의 시기질투와 원한과 증오도 무섭지만, 국가 간의 시기질투와 원한과 증오는 더 무섭다. 왜냐하면 어린 국민들은 영문도 모른 채 사회 모든 분야에서 희생자(피해자)가 되고 말기 때문이다.

■ 국가의 본성과 한계

평범한 천민이 고귀한 초인으로 변해가듯이, 국가가 자기 스스로 초국가(즉, 애국애족과 세금수탈에 의존하지 않는 국가, 국회의원이 필요 없는 국가)가 될 수 있을까?

■ 차별적인 법 집행을 바라보며

자기가 법을 만들어놓고 자기가 법을 먼저 어기는 사람들이 가정과 사회 (직장, 학교)와 국가에 얼마나 많은가! 법률은 적게 만들거나 없을수록 좋아지는 인간세상이 되었으면!

■ 국가와 개인의 관계

모르거나, 체념하거나. 또는 어리석거나, 순순히 받아들이거나 할 수밖에 없는 것들!

■ 중국 강서성 경덕진에서

침을 아무 곳에서나 내뱉고, 줄담배를 모든 곳에서 항상 빡빡 피워대는 대부분의 중국인들! 중앙선을 예사로 넘어가며 위험을 즐기는(?) 모든 운전기사들! 식당 의자 밑으로 쥐들이 돌아다니거나, 고양이만한 큰 쥐가 천정에서 손님을 빤히 쳐다보는 바람에 함께 갔던 내 파트너가 비명을 지르며 경악했던 최고급 식당들! 이 중국을 빨리 떠나고 싶다. 다시는 오고 싶지 않다. (2006년11월에)

■ 타인을 배려할 줄 모르는 최악의 인간들

모임에서 신문 잡지나 인터넷 뉴스에서 얻은 사실이나 여론을 가지고 서로 시비하며, 자기주장을 하는 내세우는 사람들은 정기신의 깊이가 없어도 즐겁게 참아낼 수 있다.

그러나 모임에서 술을 지나치게 먹어 만취하는 사람들, 끊임없이 줄담배를 피워대는 사람들은 도저히 견디어낼 수가 없다. 그들은 술과 담배를 못하는 나를 장애인이라고 하지만, 나는 그들을 고문기술자로 경험한다. 타인을 배려할 줄 모르는 최악의 인간들이다.

■ 중생이란 무엇인가

본래의 자기가 된다는 문제. 무엇이 본래의 자기인지 짐작조차 하지 못하고 있는 사람들.

■ 불교의 무아와 코타드 증후군 환자들을 생각하며

불교의 무아사상이 긍정적인 방향으로 가게 되면 부처와 보살이 될 것이고, 불교의 무아사상이 부정적인 방향으로 가게 되면 코타드 증후군(Cotard Syndrom) 환자가 될 것이다.

■ 원효 대사의 깨달음

원효(617-686)대사의 깨달음을 금강경 용어로 표현한다면 "응무소주이생기심"이다. 이 말뜻은 "항상 집착하는 바가 없이 그 마음을 낸다."는 것이다.

그런데 이 말을 조금 바꾸어서 신라시대의 불교사상가 원효 학풍으로 다시 말한다면 "그 무엇에도 얽매임이 없이 오직 마음을 직시해야 한다." 고 표현할 수 있다.

그러나 한국시대의 불교사상가인 나는 그 일심에도 머무르지 않는 자유사상가이다.

■ 내 마음은 일심이 아니라, 일천 개의 마음이다

내 마음은 하나의 마음이 아니라, 천 개, 만 개의 마음이다. 내 마음속에는 다양한 것들이 엄청나게 많다. 마치 이 세상사람들의 수만큼!

■ 원효 대사가 주장하는 명제에 대하여

원효 대사에게 묻는다. 어째서 삼계유심이요, 만법유식인가? "삼계연기심(三界緣起心)이요, 만법연기식(萬法緣起識)이다." 라고 해야 올바른 말이 아닌가?

신라승려 원효의 경지는 포일전진(抱一全眞)인 것 같다. 그러나 나의 통찰력은 "포(抱)할 일(一)도 없고, 진(眞)이라고 할 전(全)도 없다"는 것이다.

■ 원효 대사와 원효 학자들과 원효종의 종정에게 묻는다

마음을 진심과 망심으로 분별하고 차별하는 그 마음은 무슨 마음인가? 그리고 그 마음은 아트만[실체성, 자체성, 정체성(고정된 본체로서의 자성)]이 있는 것인가, 없는 것인가?

만약 그 한마음에 아트만(진아성, 진여자성, 본체성, 자성)이 없다면 왜 간단하게 무심이라고 하지 않는가? 그리고 만약 그 한마음에 아트만(실체성)이 있는 것이라면 왜 혼화무억(진심과 망심을 섞은 후에 집착하지 않는 기억)으로 구원하지 않는가?

■ 원효와 진오

원효 대사의 화쟁론으로 유명한 통불교론은 통불교(석가모니 불교와 부파불교와 대승불교와 선불교와 탄트라 불교 전체를 하나로 통합하는 불교)가 아니다.

그리고 나는 원효 대사가 살던 신라시대 감각 수준으로는 꿈도 꾸지 못할 정도로 변화된 상대성이론과 양자물리학과 우주천체학과 분자생물학과 뇌과학과 나노과학 시대에 살고 있다.

그래서 내 글은 원효의 대승통불교(대승불교 사상만을 통합하는 불교론)와는 비교도 되지 않을 정도로 모든 지식을 망라하는 잡종적이고 학제적인(Interdisciplinary) 길로 나아가고 있다. 그 증거를 되라고 한다면, 나는 《금강경 에세이(시학사, 2000)》《금강경과 함께 깨어나기(우리출판사, 2008년)》《번뇌를 지닌 채 부처가 된다(우리출판사, 2009)》와 《정반대의 조화(현대불교신문사, 2008)》《하나의 꽃에 다섯 잎이 피어난 뜻은 (우리출판사, 2008)》《야생지혜의 정글(우리출판사, 2009)》그리고 이 책 《자극이 필요한 불교(2010)》 등을 보라고 권하고 싶다.

신라시대 원효 대사가 어찌 한국시대를 사는 내 의식의 레벨을 이해할 수 있겠는가? 이런 말은 감히 건방진 말일 뿐일까? 나는 결코 그렇게 생각하지 않는다. 그런데, 나는 왜 이런 말을 하는 거지??

■ 원효와 진오의 외전 인용문들의 수적 차이

원효 대사가 인용한 외전의 경우, 장자나 노자 도덕경으로부터의 인용이 대부분이다. 그러나 나는 불교경전과 노자 장자 이외의 (신라국의 원효 대사로서는 도저히 상상도 할 수 없을 만큼의) 수많은 각 전문분야의 서적에도 관심이 많아 내 성찰의 자료로 삼는다.

■ 서양인 불교학자들에게

원효의 화쟁사상을 전형적인 절충주의라고 비판하는 서양의 불교학자들에게는, 원효사상을 퍼지이론으로 설명해주어야 한다. 이 말은 애종심과 애국심에서 하는 말이다.

■ 천민과 귀족의 운명

지구상에서 가장 높은 히말라야 산은 본래 지구상에서 가장 낮고 깊은 해저였다. 이와같이 지금 가장 높은 것은 장차 가장 낮을 것이 될 것이다. 그리고 지금 가장 낮은 것은 장차 가장 높은 것이 될 것이다.

■ 최고의 사상은 최고의 질문에서 탄생한다는 것

내게 있어서 사상은 곧 질문을 의미한다. 그래서 스스로 질문이 내 두뇌에 떠오르지 않거나, 내 두뇌가 타인의 수준 높은 질문을 만나지 못하면 내 삶은 곧 지루해진다.

질문 없는 삶은 고독의 극치이다. 이 고독의 극치를 불가에서는 무여열반(일체무관심과 무집착, 완전한 죽음, 완벽한 소멸)이라고 말한다. 그러나 내가 일상에서 최고의 깨달음과 사상을 쓸 수 있는 유일한 조건은 최고의 질문을 의식하는 순간이다.

■ 무조건 믿는 것이 능사는 아니다

언어문자의 주의깊은 사용을 기피하고, 진지한 토론을 기피하는 깨달음만큼 자기도취와 무지한 것도 없을 것이다. 모든 깨달음과 사상과 지식은 감정의 절차를 겪어야 한다.

■ 피드백의 중요성

내가 아는 어떤 50대 스님과 거사는 자기가 이미 최고의 깨달음과 지성과 불교지식을 다 알고 있는 듯이 행세한다. 그는 자신이 무여열반의 경지에 있는 것처럼 말한다. 그러나 피드백(되먹이는 것, 새로운 후득지를 창발하는 것)이 없는 깨달음이나 지성이나 지식만큼 박제화(고정화)된 것도 없을 것이다.

피드백(feedback; 되먹임)의 삶은, 일체 무관심하고 무집착하며 게으르며 그저 허무상태만을 유지하는 사람에게는 불가능한 것이다.

어떤 고승은 "오직 모르는 것이 있을 뿐!"이라고 설파했다. 그러나 나는 "오직 피드백(only feedback; 되먹이며 숙성시키는 것)이 있을 뿐!"이라고 말한다.

■ 내 통찰의 한계는 내 번뇌의 한계다

보통 일반인들의 무지와 어리석음이 끝없는 한, 나의 성찰과 통찰도 끝이 없다.

■ 죽음은 죽은 자에게, 삶은 산 자에게

죽음(또는 무여열반)과 죽음 이후에 관한 것은 죽은 자에게 맡기고, 지금 이 순간에 살아있는 우리는 삶에 대해 관심을 가지는 것이 좋다.

■ 공에도 머물지 말고 나아가 의미있는 시설을 할 것

대승불교의 공사상가(Sunyatavadin)들이 허무와 침체와 무기력에 시달리지 않으려면, 이 세상을 향해 적극적으로 무엇인가를 시설해내어야 할 것이다.

■ 나의 성찰명상

공으로 공을 부정하고, 또 공으로 공을 부정하는 것보다는, 어떻게 진공이 물질로 변화하는가? 그리고 진공이 물질로 변화할 때 그 에너지는 어디로부터 누가 왜 이끌어내는가에 대해 성찰명상하는 것이 좋다. 왜냐하면 나는 지금 이 순간이지만 살아있는 것, 살아있는 것이기 때문이다.

■ 네 운명을 사랑하라

절망과 한탄의 경험일지라도 그 경험이 너를 성숙한 사람으로 만들었다면, 그 절망과 한탄은 결코 무의미한 것이 아니다. 나도 어릴 때부터 여태까지 생을 지내오면서 수많은 절망과 비탄을 경험했다.

그런데도 아직 내가 이렇게 살아서 이런 글을 쓰고 책을 지어내며 저작가 행세를 할 수 있다는 것은 얼마나 의미와 보람이 있는 일인가! 물론 충분하지는 않지만!

■ 불교는 불교, 아교는 아교

나는 불교사상의 노예가 아니다. 그런데 어떻게 금강경 사상의 노예가 될

---

15) 니체는 《인간적인 너무나 인간적인》 제 2권 1장 194절(거미와 같은 세종류의 사상가)에서 "모든 철학적인 학파에는 다음과 같은 3종류의 사상가가 연달아 나타난다. 즉, 맨처음의 사상가는 자기태내에서부터 체액과 씨를 생산해내고, 두 번째 사상가는 그것으로 실을 뽑아내어 교묘한 거미줄을 만들어내며, 세 번째 사상가는 거미줄 어딘가에 숨어서 희생자를 기다린다. 그리고 철학으로 먹고 산다."고 쓴 바 있다.

수 있겠는가?

■ 무슨 종, 무슨 학의 시조라는 말을 듣고 ; 나는 나 자신의 계승자다

종(宗) 이전에 종이 있었고, 학(學) 이전에 학이 있었다. 그리고 시조(始祖)가 있기 전에 시조가 있었다. 그런데 왜 사람들은 어느 시점의 시조만을 절대시 하는가? 만약 그가 자기 사상이나 철학의 시조라면, 나도 내 사상이나 철학의 시조다.[15]

■ 부처와 종단창시에 관한 문제에 대하여

종단을 하나 창립하면 성공한 것이고, 이름없이 은둔자로 혼자 조용히 소멸해버리면 실패한 것인가?

■ 불교경전 감정사의 일

현실적으로 실용적인 가치가 없는 종교적 지식은 비판적으로 다시 읽어야 한다.

■ 나직경과 금강경

《나직경(羅織經)》에서 본 선무정평(善無定評), 악무정의(惡無定議), 관무정주(官無定主)라는 문구는 금강경의 무유정법(고정불변의 법은 없다는 것)과 똑같은 인식이라고 여겨졌다.

즉, 선무정평이란 ‘선에는 정해진 평론이 없다’ 라는 뜻이고, 악무정의란 ‘악에는 정해진 의론이 없다’ 는 뜻이고, 관무정주란 ‘관직에는 고정된 주인이 없다’ 는 뜻이다.

■ 탐욕의 세계에서 완전한 승자란 없다

탐욕의 세계에서 완전한 승자란 없다. 왜냐하면 탐욕의 고수는 항상 존재하기 때문이다.

■ 사상작가의 시작과 끝

1) 신문 잡지에 글 써내기. 2) 단행본 출판하기. 3) 전집 출판하기. 4) 재단법인체 설립하기. 5) 작가의 후학들이 세상을 향해 눈덩이처럼 작가의 사상을 굴려나가며 자기 직업화하기. 6) 인류가 전멸할 때까지 영적인 생물체로 존재하기.[16]

■ 의존중독 환자처럼

어떤 때에는 내 사상이 나의 매춘부가 아닌가 하고 여겨질 때가 있다.

■ 내 정신적 후손들을 생각하며

한국의 경주에 가면 1천5백 년 묵은 계란도 있는데, 내 책은 얼마나 살아남을 수 있을까? 오늘(2009년 11월 20일) 우연히 TV에서 《황제의 보물》이라는 기록영상물을 보았다. 도자기보다 더 가치 있는 것은 사상가의 책이 아닐까? 어쨌든!

---

16) 니체(1844-1900)가 《우상의 황혼(14절)》에서 쓴 명언이다. "그대는 무엇을 찾고 있는가? 그대는 자기 자신을 열배나 백배로 키우고 싶은가? 그대는 추종자를 찾고 있는가? 차라리 제로(O)를 찾아라."라고. 그러나 니체는 "창조자는 항상 친구를 구한다. 초인과 함께 창조하는 자를 구한다. 초인은 서로 수확하고, 서로 축복해 줄 수 있는 사람을 찾는다."라고 말하기도 했다. 《인간적인 너무나 인간적인》 제1권 9장 577절도 참조하시라.

■ 책의 출판을 천천히 서둘며

책은 이미 출판되었고, 서점에 전시되었다고 생각하라. 이미 출판된 책을 다시 교정한다는 마음으로 원고를 천천히 작성하라. 한번 출판되면 백년이상 갈 것인데, 이 책이 몇 달 늦게 나온다고 무슨 차이가 있겠는가! (이것이 바로 내가 이 책을 내는 일에 그동안 왜 서두르지 않았는가 하는 이유다.)

■ 나에게 정말 어울리는 그러한 독자에게

내 책이 수 천 권 팔리는 것보다 내 책에 대해 한 권의 심도 깊은 연구서를 써내는 단 한 명의 독자가 더 소중하다. 마치 구루지예프와 우스펜스키의 관계처럼. 또는 류영모와 박영호의 관계처럼.[17]

내게도 너무나 소중한 독자들이 있다. 서울의 정우동 선생님과 이영숙 선생님과 김영주 선생님, 대전의 오재영 선생님, 경주의 최응일 선생님, 남원의 이강일 선생님, 창원의 김여백 선생님, 부산의 안기조 선생님, 제주도의 이덕형 선생님, 그리고 이응수 선생님.

■ 내가 나에게

나는 종종 내가 독자들에게 구걸하는 거지, 동정을 구하는 거지같은 놈이라고 여겨질 때가 있다. 그때는 내가 가장 쇠약해져 있을 때다. 외로움 때문에! 그 놈의 외로움! 너무 없어도 탈이고, 너무 많아도 탈인 놈! 그런데 어쨌든! 독자들에게 구걸한다는 것은, 타인에게 이해와 사랑을 받고 싶다는 것은! 내 책의 호평을 바라는 것은! 내가 부끄러움을 느낄 줄도 모르는 뻔뻔한 거지같은 놈이라는 사실을 증명하는 것이 아닌가?

■ 제 모습을 똑바로 쳐다보며

정보를 가지고 있는 자는 정보를 구하는 자에게 정보를 주면 그만이다. 그런데 만약 정보를 가지고 있는 자가 정보를 전해주는 조건으로 어떤 대가를 바란다면, 정보를 가지고 있는 자는 그 정보의 가치조차 더럽게 만드는 셈이 된다.

내 글도 마찬가지다. 나는 내 인식방법이나 지혜를 책으로 내면 그것으로 끝이어야 한다. 그런데 내가 이 책의 출판조건으로 영원불멸의 명성이나 숭배와 찬양을 바란다면, 나는 얼마나 더러운 인간인가! 내 책은 어리석은 숭배가 아니라, 격파당하기 위해, 파괴되기 위해, 창조의 계기를 위해, 좀 더 앞으로 나아가는 인간의 통찰력의 개화를 위해 존재해야 한다. 내 책은 그저 하나의 문이요, 장벽일 뿐이어야 한다.

■ 두뇌의 존재 목적

사람들이 하는 말과 마음의 배후에는 의미를 전달하려는 두뇌가 있다. 그런데 이 생물적인 두뇌에 있어서 의미란 항상 자기보존과 유지와 확립이다.

---

17) H.W. 롱펠로우(1807-1882)의 시〈화살과 노래〉가 생각난다. "나는 하늘을 향해 화살을 당겼다. 어디에 화살이 떨어졌는지 아무도 모른다. 그렇게 빨리 날아가는 화살을 그 누가 볼 수 있겠는가? 나는 하늘을 향해 노래들을 띄워 보냈다. 어디에서 그 노래들이 멈추었는지 아무도 모른다. 그렇게 날아가는 노래를 그 누가 쫓아갈 수 있겠는가? 수많은 세월이 흐른 후에 나는 한 그루 느티나무에 박혀 있는 화살을 보았다. 아름다운 노래가 친구의 가슴 속에 여전히 살아 있었다." 하지만 F.W.니체(1844-1900)의 《인간적인 너무나 인간적인(제 2권 1장 198절)》에서 "표적은 맞추지 못했지만, 어쨌든! 자신이 쏜 총알이 대단히 멀리(물론 표적을 넘어서) 날아갔다거나, 비록 표적은 아니지만, 뭔가 다른 것에 명중했다는 은밀한 긍지를 가슴에 품고 사격장을 떠나는 기이한 사격수가 있다. 그런데 이와 똑같은 사람이 사상가들 중에도 있다."고 쓴 바 있다.

사후명성에 관한 문제와 관련하여 더 읽고 싶은 분은 니체의 《인간적인 너무나 인간적인》 제1권 6장 375절의 글을 참조하시기 바란다.

■ 빛나는 존재

그 어떤 빛나는 것도 자기보존을 위한 것이다. 그런데 그 빛 때문에 자기보존에 실패하는 것도 있다. 실제의 저자는 없이 책들만 살아서 돌아다니는 지적인 유령들의 세계.

"감사한 것은 내가 지금 여기 살아있다는 것이다." 라고 150년 전의 시인 하이네(1797-1856)는 쓴 바 있다. 하이네는 니체(1844-1900)의 정신에 결정적인 영향을 준 시인이다. 그런데 현재는 그의 글만 살아 있다.

"죽은 사람이 책을 통해 살아있는 사람에게 이야기를 한다는 것은, 얼마나 놀라운 일인가! 이 책이 전해지는 한, 죽은 사람의 생각도 살아있는 셈이다!" 사실이다. 이 말은 크리스토퍼 파올리니(1984-)가 쓴 소설 《에라곤》에 나오는 주인공 에라곤의 말이다.

■ 유교와 불교와 예수교의 교주들

죽어서 왕의 명칭을 얻은 공자. 소왕(素王).

죽어서 전륜성왕 또는 명륜성왕이 된 석가. 각제(覺帝).

죽어서 신이 된 남자 예수. 신제(神帝).

■ 나는 신자를 원하지 않는다: 이 책이 경전이 될 수 없는 이유

내가 이 책에서 보여주는 사상은 종교적 교리로 만들어낼 수 있는 것들이

아니다. 더구나 이 책에서 나를 교주로 만들어낼 수 있는 신앙학 재료는 일절 없다. 즉, 내 책은 우리들이 영원히 존숭하는 부처와 팔만대장경 같은 것이 아니다. 그러므로 이 책은 책으로만 존재하며 지성인들에게 자기기능을 다하는 것만으로도 충분한 것이다.

■ 인연법의 영원한 순환

나는 이 세상에 단 한 번만 태어나서 살고 있는 것일까? 아니면 여러 번 태어나서 여러 번 살았던 적이 있는 것일까? 현재의 내 두뇌의 기억으로는 알 수가 없다. 그러나 이 지구의 역사를 찬찬히 조사해보면 무언가 증거는 있다. 나는 35억 년 전부터 무수하게 몸을 바꾸면서 오늘날까지 살아오고 있는 것이다. 그런데 이 모든 사실을 왜 나의 두뇌는 명료하게 기억하지 못하고 있는 것일까? 언젠가는 다 알게 되는 날이 올까? 그 때, 나는 어디서 무엇이 되어 어떻게 살고 있을까?

■ 내가 죽어 묻힐 곳은 바로 이 책이다

내가 죽어 묻힐 곳은 바로 내 저서들이다. 당신의 무덤은 무엇인가? 대지(大地) 말고!

■ 내 묘비명

"누가 내 사라진 뇌에 기억의 분자 문법으로 비석을 세워 줄 것인가? 나는 지나친 통찰력 때문에 모든 계획을 내 뜻대로 이루지 못하고 죽은 사람이다."
Glenwood Memorial Gardens Cemetery. 52356 Range Road 232 Sherwood

Park Alberta Canada T8B 1B8.

■ 내 사상의 흔적과 존재 가능성에 대하여

과학자가 입자 가속기에 남긴 흔적을 보고 소립자의 존재를 알듯이, 내가 이 책 속에 남긴 문구를 보고 후현대인들은 나의 존재를 알 것이다. 그러나 나는 언제나 '없이' 있다. 왜냐하면 나는 이 책을 발견하고 읽는 자에게만 존재하기 때문이다.

■ 이 책의 운명에 대하여

책은 저자의 손을 떠나는 순간, 자신의 운명을 결정해줄 독자를 기다리게 된다. 그러나 아무리 좋은 책이라도 그것을 알아볼 만한 독자들의 손에 들어가지 않으면, 그 책의 운명은 외로울 수밖에 없다. 헤르만 헤세(1877-1962)가 쓴 《크눌프》에 나오는 글말이다.

"꽃은 서로 가까이 하기 위하여 향기를 보내고, 씨를 보내는 것이라네. 그러나 씨가 적당한 곳으로 가게 하는 일에 대해서 꽃이 할 수 있는 일이라곤 아무것도 없는 것이라네. 그것은 바람이 하지. 바람은 자기 좋을 대로 마음에 맞는 곳으로 마음대로 다닐 수 있으니까."

생각건대, 이 책은 한국불교계의 일반적인 정서에 매우 적합하지 않은 책이다. 그러나 자극적인 통찰이나 자기발전을 추구하는 불자라면, 한번은 언젠가 읽어야만 하는 책이다. 그 이유는 이 책의 첫 페이지만 읽어도 느낄 수 있을 것이다. 더 읽고 싶으신 분은 니체의 《인간적인 너무나 인간적인》 제1권 4장 208절을 참조해보시기 바란다.

■ 인기가 없는 사상가의 유형에 대하여

입이 재앙의 문이라고! 글 쓰는 게 재앙의 문이라고! 이렇게 겁을 주는 글 말은 한쪽의 면만 본 것이다. 왜냐하면 입 때문에 이득을 얻고, 글 때문에 행운을 얻은 자들도 매우 많기 때문이다.

사실, 남에게는 침묵과 절필이 미덕이라고 주장하면서, 정작 자신은 하고 싶은 말과 쓰고 싶은 글을 다 쓰고 있는 자는 지나치게 자기중심적이라고 여겨진다.

나는 한국에서 법정 스님과 해인 수녀 같은 인기작가 유형이 아니다. 나는 나와 처지가 똑같은 고독한! 인기가 없는 니체 사상가 유형이다. 그러므로 내 책은 내가 죽은 후에도 계속 인기가 없을 것이다. 그래도 나는 세상을 원 망하지 않는다. 괜찮다! 내가 죽은 후에 내 책이 나와 무슨 상관이 있겠는가!

■ 작가의 사후명성은 타자의 생을 위한 것

서점에서 죽은 저자들의 책들을 구경하고 있자니, 다만 이뿐이다. 사후 명성을 얻은들 죽은 자에게 무슨 소용이 있겠는가? 만사는 생자를 위한 것! 저자의 사후명성은 타자의 생을 위한 것!

■ 책을 내는 동기와 관련하여

이 책을 내는 동기는 명예욕과 허영심이 아니라, 내 삶을 견디어내기 위한 것이다. 그렇다면, 대체 무엇을 견디어내는가? 그것은 나의 정신병이다. 그 래서 글쓰기 치료법을 통한 자기회복을 시도하는 것이다. 하지만 이러한 글 쓰기 행위자체가 극복이 필요한 정신병(즉, 탐욕과 지루함과 쾌락과 행복이라는 악순환의 정신병)이라고 여겨질 때가 종종 있다.

■ 내 책 《야생지혜의 정글》에 대한 변명

내 책 《야생지혜의 정글(2009)》에 대한 변명. 나는 유시민 교수와 장정일 교수처럼 인기있는 베스트 셀러 작가가 아니다. 그리고 나에게 이런 종류의 글쓰기를 원하는 출판사 사장들에게 항상 미안함을 느낀다.

그런데 나는 여러 작가들의 작품을 설명하는 지식소매상이 아니라 나자신을 설명한다.(이 문제에 관련해서는 니체의 《인간적인 너무나 인간적인》제 1권 4장 197절의 문구를 참조하시라.) 나는 문제와 직접 대결하는 모습을 독자들에게 그대로 보여준다. 그래서 내 책은 어떤 독자들에게 불편함을 주고, 감정을 상하게 하고, 반발심을 갖게 한다. 인기가 없거나 악명을 얻는 것은 당연하다.

■ 영원히 반복하는 똑같은 것들의 운명

내가 미지의 독자를 기다리고 있는가? 미지의 독자가 나를 기다리고 있는가? 우리는 서로 그리워하는 연인인가? 서로 복수를 해야만 하는 원수인가?

■ 나의 비명소리를 누가 철학적으로 들을 수 있겠는가?

글을 써라. 강박적으로! 이제 침묵은 죽은 자에게 맡기고, 너는 살아 있는 동안 너의 비명소리를 외쳐라! 오! 나의 비명소리를 누가 철학적으로 들을 수 있겠는가?

■ 대학교 학부생들에게

불교인문학의 새로운 발전을 위한 전략과 전술상 결론의 요점만 말한다면, 희망은 언제나 20대 청년들에게 있다. 그래서 하는 말인데, 그대 나이에 내 책을 발견하고 읽는다는 것은 정말 의미 있는 것, 또는 특별한 경험이라고 생각한다. 왜냐하면 한 세대의 독자들은 결국 한 세대의 필자들로 이어지는 것이기 때문이다.

■ 인연법의 영원한 순환

그런데 20대 청년 독자는 내 책의 진가를 알 수 없다. 결핍과 충동에 시달리는 20대 청년 독자는 내 책을 그저 닥치는 대로 먹고 마실 뿐이다. 그리고 내 책의 효능은 20년 후에 나타난다. 그때 나는 출판계에 없고, 20대 청년은 장년이 되어 나의 역할을 하고 있을 것이다. 똑같은 정기신(精氣神)의 영원한 반복은 이렇게 이루어지는 법!

■ 저자와 똑같은 감수성을 지닌 독자에 대하여

발견하려는 자는 이미 발견된 자이다. 찾으려는 자는 이미 찾은 자이다.
저자가 곧 독자이며, 독자가 곧 저자라는 사실은 얼마나 희유한 인연인가!

■ 우주에서 인간존재의 의미

우리가 지금 여기 이렇게 있다는 것은 얼마나 놀라운 일인가!
우리가 서로 말을 주고 받으며 대화를 한다는 것은 얼마나 놀라운 일인가!
내가 이런 글을 쓰고, 당신이 지금 읽는다는 것은 얼마나 놀라운 일인가!

이 현대 한국 불교계에! 고구려시대 승랑 스님의 삼론학을 능가하는 학승이 있는가? 신라시대 원효 스님의 통불교를 능가하는 대사가 있는가? 원측의 유식학과 의상의 화엄학과 의천의 천태학을 능가하는 스님이 있는가? 고려시대 진각 스님의 선교학을 능가하는 선승이 있는가? 조선시대 설잠 스님 김시습과 휴정 스님의 삼교회통론을 능가하는 천재와 대사가 있는가?

그리고 또 현대 한국 유교계에! 조선시대의 이황 퇴계와 율곡 이이를 능가하는 성리학자가 있는가? 하곡 정제두의 양명학을 능가하는 학자가 있는가? 다산 정약용의 주역해설을 능가하는 역학자가 있는가? 그리고 또 현대 한국 정치계에! 광개토왕, 연개소문, 을지문덕을 능가하는 지도자가 있는가? 그리고 또 현대 한국 군사계에! 이순신 장군을 능가하는 군인이 있는가?

단 한 명도 없다는 것은! 이 현대 한국이 얼마나 퇴화된 시대임을 보여주고 있는 것이 아닌가? 그리고 이 시대가 퇴화된 시대라면! 우리는 마땅히 최고의 인문학(즉, 인간에 관한 학문과 담론)을 다시 낳고, 키우고, 성과를 내어야만 하는 역사적 책임을 통감해야 하는 것이 아닌가!

그리고 잃어버린 선조들의 정신이나 자신의 치열한 정신을 다시 찾으려면 (독자가 조소와 연민을 자아낼 이야기지만) 나 같은 사상가들의 가치를 알아야 할 것이 아닌가? 한국 역사상 엄청난 돈벌이에 성공한 한국인들이 돈으로 잘난 척하면서도 정신적 빈곤과 쇠퇴에 시달리는 것(예를 들면, 세계최고의 자살률과 이혼율과 저출산)은 어찌된 까닭인가?

일인당 국민소득이 2천5백만 원이 넘는 현대 한국에서, 우리는 과연 얼마나 새로운 성격유형의 부모이며, 정치가이며, 경제인이며, 예술가이며, 종교가이며, 사상가이며, 군인들인가?

■ 나 자신에게 묻는 것

나는 그동안 얼마나 더 예민하고 예리해졌는가? 라는 질문보다, 나는 그동안 얼마나 더 성숙해졌는가? 라는 질문을 나 자신에게 물어보고 싶다. 앞으로 30년 후에 다시 이 구절을 읽어볼 수 있기를!

일종무종일(一終無終一)[18]

---

18) 일종무종일(一終無終一)이란 천부경(Cheonbugyeong)에 나오는 문구로 '하나를 마치지만, 하나의 마침은 없다' 는 뜻이다. 이 사상은 다음과 같이 말해질 수도 있다. 즉, 하나의 마침 속에 하나의 시작이 있고, 하나의 시작 속에 하나의 마침이 있으니, 하나의 마침과 시작이 별개의 서로 다른 것이 아니다. 우리들의 생사도 마찬가지다. 시작은 삶이요, 마침은 죽음이다. 하지만 시작과 마침은 고정불변의 영원한 실체성이 아니니, 중요한 것은 시작과 마침의 존재가 아니라, 시작과 마침의 방향이다. 그렇다. 시작과 마침은 어디로 향하고 있는가, 그 방향에 따라 그 시작과 마침의 가치가 결정된다. 과연 내 불교사상의 가치는 무엇일까? 하지만 이 가치는 저자와 독자가 함께 만들어가는 것이 아닐까? 이 책은 나의 미발표 원고에서, 불교에 관련한 부분만 별도로 떼어낸 것이다.

未牧
普明禪師頌
未牧第一
猙獰頭角恣咆哮
奔走溪山路轉遙
一片黑雲橫谷口
誰知步步犯佳苗

初調
普明禪師頌
初調第二
我有芒繩驀鼻穿
一迴奔競痛加鞭
從來劣性難調制
猶得山童盡力牽

受制
普明禪師頌
受制第三
漸調漸伏息奔馳
渡水穿雲步步隨
手把芒繩無少緩
牧童終日自忘疲

迴首
普明禪師頌
迴首第四
日久功深始轉頭
顛狂心力漸調柔
山童未肯全相許
猶把芒繩且繫留

馴伏
普明禪師頌
馴伏第五
綠楊陰下古溪邊
放去收來得自然
日暮碧雲芳草地
牧童歸去不須牽

無礙
普明禪師頌
無礙第六
露地安眠意自如
不勞鞭策永無拘
山童穩坐青松下
一曲昇平樂有餘

任運
普明禪師頌
任運第七
柳岸春波夕照中
淡煙芳草綠茸茸
饑餐渴飲隨時過
石上山童睡正濃

相忘
普明禪師頌
相忘第八
白牛常在白雲中
人自無心牛亦同
月透白雲雲影白
白雲明月任西東

獨照
普明禪師頌
獨照第九
牛兒無處牧童閒
一片孤雲碧嶂間
拍手高歌明月下
歸來猶有一重關

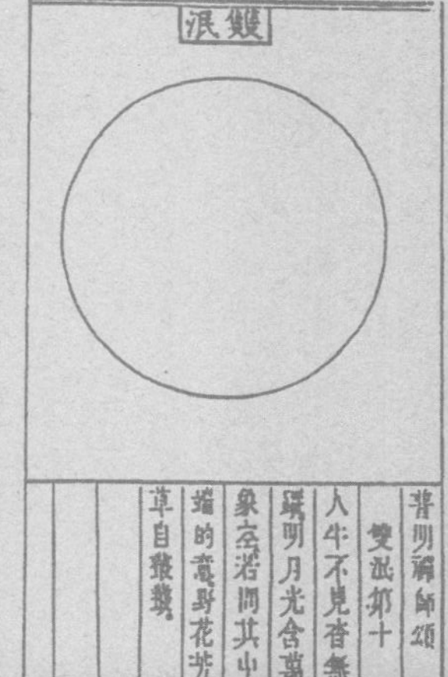
雙泯
普明禪師頌
雙泯第十
人牛不見杳無蹤
明月光含萬象空
若問其中端的意
野花芳草自叢叢